PPP模式的"蚁族"保障房建设研究

张建坤 著

东南大学出版社
SOUTHEAST UNIVERSITY PRESS
·南京·

内容提要

本书以现阶段"蚁族"住房问题为研究对象,在相关的社会学调查及理论分析基础上,研究建立"蚁族"保障性住房的建设体系。主要研究内容包括构建基于 PPP 的保障性住房建设模式、规划建设、共有产权的研究与设定、价格(租金)的确定以及准入、退出机制设计等。通过该研究一方面力求可持续地解决该群体的住房问题,为他们提供过渡性住房以助他们渡过暂时的困难时期;另一方面希望在社会保障层面实现"蚁族"保障性住房的建设体系与现行住房保障制度的"无缝对接",完善我国的住房保障体系并促进社会的和谐发展。

图书在版编目(CIP)数据

PPP 模式的"蚁族"保障房建设研究/张建坤著. ——南京:东南大学出版社,2017.6
　　ISBN 978-7-5641-6270-2

Ⅰ. ①P⋯　Ⅱ. ①张⋯　Ⅲ. ①住宅建设-研究-中国　Ⅳ. ①F299.233.5

中国版本图书馆 CIP 数据核字(2016)第 005401 号

PPP 模式的"蚁族"保障房建设研究

出版发行	东南大学出版社
出 版 人	江建中
社　　址	南京市四牌楼 2 号
邮　　编	210096
网　　址	http://www.seupress.com
经　　销	各地新华书店
印　　刷	常州市武进第三印刷有限公司
开　　本	B5
印　　张	24
字　　数	470 千字
版　　次	2017 年 6 月第 1 版
印　　次	2017 年 6 月第 1 次印刷
书　　号	ISBN 978-7-5641-6270-2
定　　价	55.00 元

＊ 本社图书若有印装质量问题,请直接与营销部联系,电话:025-83791830。

序言

张建坤教授是我国最早将工程管理的理论和方法延伸应用到社会科学领域,在保障房、"蚁聚"房、养老服务等方面做了大量的研究,并取得丰硕成果的学者之一。他2010年就申请到了国家社科基金项目"大学毕业生低收入群体保障性住房建设研究"(项目号10BJY042),2014年又获得了国家社科基金重点项目"大规模保障房住区社区居家养老服务体系构建与实施路径研究"(项目号14AJY013),此外,还承担过民政部、南京市社科基金等支持的相关研究项目,取得了一批研究成果。这不仅仅需要学者智慧、学术远见,而且需要有关注底层民众、关注弱势群体的仁心,更要有"安得广厦千万间,大庇天下寒士俱欢颜"的情怀。

本书就是张建坤教授承担的国家社科基金项目"大学毕业生低收入群体保障性住房建设研究"的研究成果。当今,我国大学毕业生人数众多,既是经济发展的中坚力量,也是社会稳定的重要基石和民族振兴的重要依托。同时,刚毕业的大学生大多数人又属于低收入群体,住房支付能力低,住房困难大,问题突出。这不仅影响毕业最初期几年的生活、工作,而且影响其事业的发展、人生的幸福,甚至关系到社会的和谐与稳定。构建大学毕业生低收入群体的保障性住房建设体系,可持续地解决该阶层的住房问题,是完善保障房建设体系、促进社会和谐发展的迫切需要。

本书从对"蚁族"——大学生低收入群体的住房问题的社会学调查开始,用大量翔实的数据和真实的案例,分析了他们的住房现状、消费能力、特征和居住满意度,构建了采用PPP(公私合营)模式解决"蚁族"保障性住房的融资、建设和管理体系,从选址、规划设计、产权、价格、准入和退出机制、物业管理都做了细致的研究和设计。

本书是张建坤教授多年前的项目研究成果,但所提出、研究和解决的问题恰恰是现在许多地方政府推动大学生创新创业、吸引创新型人才时需要面对的问题。由此可见本项目研究者的预见性和研究成果的价值所在。这样的成果不仅有很高的学术价值,而且有助于政府推行和完善"德政"。专家和学者就应该这样关注和解决国家社会经济中的问题,这是功德无量的事业!

张建坤教授于2016年11月因病去世,时年才53岁。直到生命最后他还在病床上修改本书的清样,还在为该领域的继续研究构想新的蓝图,尚没来得及写序言就匆匆离开了我们。

张建坤教授是我的学弟,我们在一起共事三十多年,又是至交,常常互相引为兄弟。张建坤夫人肖艳女士邀我代为写序,我义不容辞。但我对他的研究领域涉猎甚少,很难全面评价本书的学术和社会价值,既担心低估,又担心过誉,好在原著在此,读者自清。我最想说的是,本书凝聚着张建坤教授的心血,它向世人展示:中国还是有这样严谨务实地做学问,积极地为底层社会呐喊和设计,即使到生命最后还专注于学术,还在负重前行的知识分子!

这样的业绩和精神是会永存的!

成　虎

2017年3月26日

前言

  改革开放以来,我国普通高校毕业人数逐年持续增长,毕业人数由1978年的16.5万人增长到2015年的749万人。每年大量的大学毕业生步入社会,走上工作岗位,为国家、社会的发展贡献自己的智慧和力量。但随着近年来我国城市房价的快速上涨,大学生在毕业起初几年内的住房问题也越来越突出。大量一二线城市的调查结果显示,毕业5年之内的大学生普遍存在着住房支付能力不足的问题,其中部分人由于收入低、租房环境差而成为了我们现在所熟知的"蚁族"。"蚁族"是当下对"大学毕业生低收入聚居群体"的统称,他们广泛分布于我国各大主要城市,大都面临着收入不高、生活保障缺乏等阶段性困难,住房问题尤为突出。现有的住房困难不仅影响他们毕业初期几年的生活、工作,甚至影响到了其职业生涯的发展,同时也给社会带来了不和谐因素。因此,本书以现阶段具有鲜明"中国特色"的"蚁族"住房问题为研究对象,基于相关的社会学调查及理论分析,研究建立"蚁族"保障性住房的建设体系。本书的研究在理论与应用上,一方面力求可持续地解决该群体的住房问题,为他们提供过渡性住房以助他们渡过暂时的困难时期;另一方面希望在社会保障层面实现"蚁族"保障性住房的建设体系与现行住房保障制度的"无缝对接",完善我国的住房保障体系并促进社会的和谐发展。

  本书主要分为基础研究、核心研究和拓展研究三个部分。第一章、第二章为基础研究部分,主要是为深入了解"蚁族"群体的生存现状,把握其住房问题的发展和演化趋势,总结分析其住房消费特征和居住需求。基础研究部分为接下来的核心研究部分提供了重要支撑。核心研究部分则由第三章至第七章组成,研究内容包括构建基于PPP的保障性住房建设模式、规划建设、共有产权的研究与设定、价格(租金)的确定以及准入、退出机制的设计等,此部分针对"蚁族"的特点,构建了一个基于PPP系统的建设、运作模式,设计了清晰的实施路径,以动态、持续地解决该群体毕业初期阶段的住房问题。在拓展研究部分,本书根据相关研究的进展和实际情况,对保障房住区的物业管理、保障房住区对城市空间结构的影响等相关问题进行了一定的研究,以作为本书在保障性住房研究方面的扩充。本书的逻辑结构如下图所示。

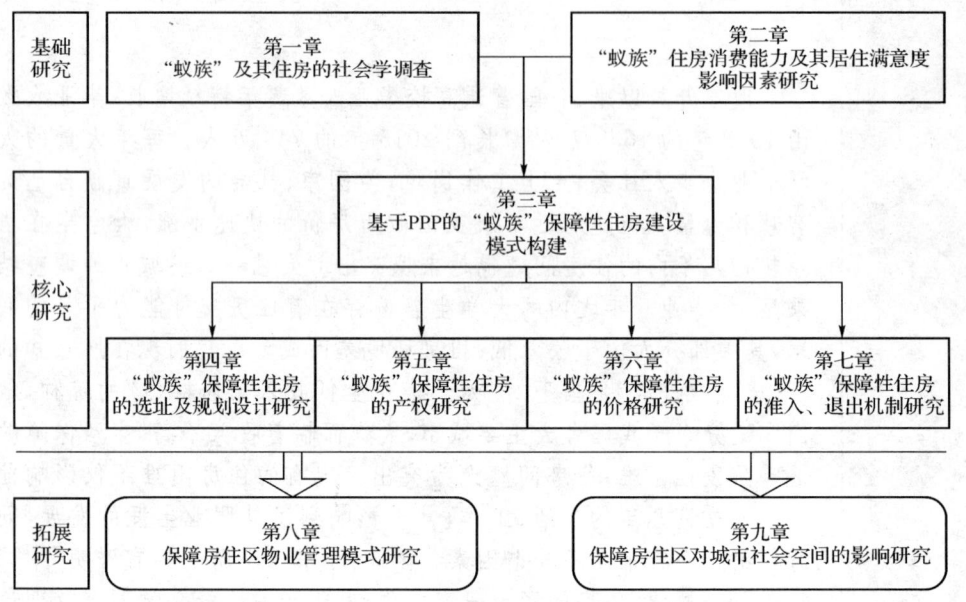

本书作为国家社科基金项目"大学毕业生低收入群体保障性住房建设研究"(项目号10BJY042)的研究成果,在项目研究过程中得到了课题组成员的全力支持,在此感谢他们的辛勤付出。课题在研究过程中参考了许多国内外专家、学者的著作、论文,在此向他们表示衷心感谢。同时,一并感谢为本研究提供大量数据资料的南京市住房与城乡建设委员会、南京安居建设集团等相关单位。此外,本书在撰写过程中得到了东南大学出版社的大力支持,各位编辑老师做了大量的出版校对及修改等工作,并提出了不少好的意见,为本书的出版付出了诸多努力,在此也表示深深的感谢。

目前我国保障性住房的制度建设方兴未艾,相关的理论与实践都在不断的丰富、发展和完善中,还有许多问题值得人们去研究和探讨。本书对"蚁族"这一特殊群体住房问题的研究也只能作为一个阶段性成果以供参考。加之笔者学术见识有限,书中难免有疏忽甚至错误之处,敬请各位读者、同行批评指正。

张建坤
2016.8

目录

1	**第一章 "蚁族"及其住房的社会学调查**
2	1.1 "蚁族"介绍
2	1.1.1 名称的由来
2	1.1.2 "蚁族"——大学毕业生低收入群体
3	1.1.3 "蚁族"现状
4	1.2 "蚁族"居住现状及相关问题的调查分析 ——以南京市为例
4	1.2.1 调查的背景和目的
4	1.2.2 调查方法
5	1.2.3 基本情况分析
10	1.2.4 居住现状及住房需求分析
17	1.2.5 大学毕业生低收入群体住房的特征
19	1.3 本章小结
19	参考文献
20	**第二章 "蚁族"住房消费能力及其居住满意度影响因素研究**
21	2.1 大学毕业生低收入群体住房消费能力研究 ——以南京市为例
21	2.1.1 住房消费能力的评价方法
26	2.1.2 大学毕业生低收入群体住房消费能力评价模型的构建
33	2.1.3 大学毕业生低收入群体住房消费能力实证分析
43	2.1.4 大学毕业生低收入群体住房消费能力影响因素的 Logistic 回归分析
57	2.2 大学毕业生保障性住房居住满意度影响因素研究 ——以嘉兴人才公寓为例
58	2.2.1 嘉兴人才公寓介绍
59	2.2.2 居住满意度理论
61	2.2.3 问卷调查和数据分析方法
62	2.2.4 调查结果分析
70	2.2.5 结论
72	2.3 本章小结
72	参考文献

77	**第三章 基于PPP的"蚁族"保障性住房建设模式构建**
78	3.1 相关研究综述
81	3.2 发达国家保障性住房建设模式及政策演变过程
81	3.2.1 美国
84	3.2.2 英国
85	3.2.3 新加坡
86	3.2.4 日本
87	3.2.5 德国
89	3.3 民间资本参与保障房建设的可行性分析
89	3.3.1 经济可行性分析
92	3.3.2 政策可行性
92	3.3.3 社会可行性
92	3.4 民间资本参与保障房建设的途径分析
93	3.4.1 REITs
93	3.4.2 债券
93	3.4.3 住房公积金
94	3.4.4 社保基金
95	3.4.5 资产证券化（ABS）
95	3.5 基于PPP的大学毕业生低收入群体保障性住房建设模式构建
95	3.5.1 基本思想
96	3.5.2 基本思路
96	3.5.3 主要内容
97	3.6 本章小结
97	参考文献
100	**第四章 "蚁族"保障性住房的选址及规划设计研究**
101	4.1 相关研究综述
103	4.2 保障性住房的选址
103	4.2.1 发达国家和地区的经验和做法
105	4.2.2 保障房选址策略
114	4.3 "青年公寓"的选址方案
114	4.3.1 建立选址决策模型
116	4.3.2 选址模式
117	4.3.3 建设模式
118	4.4 "青年公寓"建筑产品规划设计
118	4.4.1 建设规模的确定
125	4.4.2 建筑单体的设计

130	4.5 本章小结
131	参考文献
134	**第五章 "蚁族"保障性住房的产权研究**
135	5.1 相关研究综述
138	5.2 产权理论
138	5.2.1 产权的含义
140	5.2.2 产权的形式
141	5.2.3 产权的明晰
141	5.2.4 产权的功能
142	5.3 "青年公寓"共有产权构建
142	5.3.1 经济适用房的共有产权形式
144	5.3.2 "青年公寓"共有产权构建的法律基础
144	5.3.3 "青年公寓"的共有产权形式
145	5.3.4 算例——共有产权形式下的项目财务可行性分析
151	5.4 "青年公寓"控制权配置
151	5.4.1 "青年公寓"控制权含义
155	5.4.2 "青年公寓"控制权配置
159	5.4.3 "青年公寓"控制权配置对合作效率的影响
166	5.5 "青年公寓"共有产权配置
166	5.5.1 产权份额的分割
180	5.5.2 产权权能的分配
185	5.6 PPP模式下共有产权主体的权利和义务
185	5.6.1 共有产权人的处分权
191	5.6.2 共有产权人的管理权
193	5.6.3 共有产权人对第三人的权利和义务
196	5.7 本章小结
197	参考文献
201	**第六章 "蚁族"保障性住房的价格研究**
202	6.1 相关研究综述
203	6.2 "青年公寓"产品特性分析
203	6.2.1 公共租赁住房
204	6.2.2 共有产权产品
205	6.2.3 准公共产品
206	6.2.4 外部性产品
207	6.3 "青年公寓"的价格形成机理

208		6.3.1 "青年公寓"租赁价格产生的根源
210		6.3.2 政府的价格规制
215		6.3.3 "青年公寓"价格的形成过程
216	6.4	"青年公寓"的定价与政府补贴
216		6.4.1 国外公共租赁住房的定价和补贴模式
220		6.4.2 "青年公寓"的定价模式
233		6.4.3 "青年公寓"的补贴模式
238	6.5	"青年公寓"的调价
238		6.5.1 "青年公寓"价格变化的影响因素分析
239		6.5.2 "青年公寓"调价的原则及流程
241		6.5.3 "青年公寓"的调价模型
243	6.6	本章小结
244		参考文献
248	**第七章**	**"蚁族"保障性住房的准入、退出机制研究**
249	7.1	相关研究综述
249	7.2	"蚁族"保障性住房准入机制设计
249		7.2.1 准入机制设计的目的和原则
250		7.2.2 准入机制的影响因素分析
255		7.2.3 准入机制设计
260		7.2.4 轮候机制设计
264	7.3	大学毕业生低收入群体保障性住房退出机制设计
264		7.3.1 退出机制设计的目的和原则
265		7.3.2 美国、英国及我国香港退出机制设计具体分析和借鉴
267		7.3.3 退出机制设计
272		7.3.4 政策建议
273	7.4	算例分析
273		7.4.1 南京市大学毕业生低收入群体保障性住房准入与轮候机制设计
281		7.4.2 准入与退出机制运行状况的典型样本介绍
287		7.4.3 样本准入状况分析
289		7.4.4 样本退出状况分析
295		7.4.5 保障样本准入、退出实际可行性政策分析
297	7.5	本章小结
298		参考文献

301	**第八章　保障房住区物业管理模式研究**
302	8.1　研究背景及研究意义
302	8.2　国内外相关经验借鉴
306	8.3　主要研究内容
307	8.4　南京市保障房居住区物业管理现状分析
312	8.5　南京市保障房居住区物业管理模式构建
322	8.6　本章小结
323	参考文献
325	**第九章　保障房住区对城市社会空间的影响研究**
326	9.1　研究背景及意义
327	9.2　文献综述
327	9.2.1　国内外保障房住区的实践
330	9.2.2　当前研究评述
331	9.3　案例选择
333	9.4　空间的生产
333	9.5　空间的分异
334	9.5.1　居住空间分异
334	9.5.2　行为空间分异
335	9.5.3　公共服务设施分异
337	9.6　南京市保障房住区对城市社会空间的影响效应
343	9.7　南京市保障房住区对城市社会空间影响的产生因素
344	9.8　基于解释结构模型的影响因素分析
344	9.8.1　解释结构模型介绍
345	9.8.2　南京市保障房住区对城市社会空间影响的因素列表
346	9.8.3　模型构建
352	9.8.4　结果分析
353	9.9　南京市保障房住区对城市社会空间的影响机制
353	9.9.1　社会空间辩证法
354	9.9.2　南京市保障房住区社会空间的形成机制
355	9.9.3　南京市保障房住区社会空间的演化机制
356	9.9.4　南京市保障房住区对城市社会空间的影响机制
357	9.10　本章小结
358	参考文献

第一章 "蚁族"及其住房的社会学调查

本章提要

"蚁族"一词原是西方媒体形容日本工人群体的叫法,后被国内学者引用来概括"高校毕业生低收入聚居群体"。"蚁族"生活条件差、负担重,广泛分布于我国各大城市,数量庞大。

"蚁族"的住房问题,是近几年伴随着我国城市住房价格快速上涨和大量的高校毕业生走向社会而产生的,有着鲜明的"中国特色"。由于问题来得既快又急,已经引起了社会的广泛关注。他们虽然处在人生最初的、暂时的困难时期,却直接影响着国家的发展和社会安定。沉重的住房负担不仅透支他们的收入,还会透支他们再教育、创业的机会,给社会带来诸多问题和隐患。

为深入了解该群体生存现状,把握其住房问题的发展和演化趋势,本文进行了一系列的社会学调查。在对南京市大学毕业生低收入群体居住现状的调查中,我们通过问卷、实地考察等多种途径进行调查分析,努力全面揭示南京市大学毕业生低收入群体的基本情况,并着重从住房福利、居住方式、住房条件、住房支出和住房需求等五个方面,对其居住现状及需求进行深入系统的分析研究。

模式的"蚁族"保障房建设研究

1.1 "蚁族"介绍

1.1.1 名称的由来

"蚁族"一词是国外媒体用来形容居住拥挤、住房很小及终身雇佣制下,工作任劳任怨、劳动时间长、工作忠良、有团队精神的日本工人群体的居住状况的。这个名称的由来是基于日本工人群体与动物之一——蚂蚁的相似性而产生的。

典型"蚁族"是指跟蚂蚁一样,成群拥挤地住一起,住房很小,又勤劳辛苦的人群,主要包括城市拥挤聚居的普通市民(如棚户区的)、农民工、高校毕业生等,有市民蚁族、农工蚁族、青知蚁族等,而并不单纯指某个年龄群体。

1.1.2 "蚁族"——大学毕业生低收入群体

2009年,"蚁族"一词经由廉思的《蚁族——大学毕业生聚居村实录》而被国人所熟知。书中的"蚁族"是对"高校毕业生低收入聚居群体"的概括。他们受过高等教育,主要从事保险推销、电子器材销售、广告营销、餐饮服务等临时性工作,有的甚至处于失业半失业状态;他们平均月收入低于两千元,绝大多数没有"三险"和劳动合同;他们平均年龄集中在22～29岁之间,九成属于"80后"一代;他们主要聚居于城乡结合部或近郊农村,形成独特的"聚居村"。他们是犹如蚂蚁般的"弱小强者",他们更是鲜为人知的庞大群体。

从群体名称可以看出,"蚁族"具有三个典型特征:大学毕业,低收入,聚居。该群体是大学毕业生群体,即该群体成员均接受过高等教育。这就限定了群体的界限,即没有受过高等教育的青年农民工以及务农青年不属于此群体。此外,根据课题组研究显示:该群体年龄主要集中在22～29岁之间,以毕业5年内的大学生为主,"80后"占到调查总数的九成左右。也就是说,该群体以"80后"的大学毕业生为主,是一个"80后"高知群体。该群体是低收入群体,群体中大多数人从事简单的技术类和服务类工作。群体中甚至有的完全处于失业状态,全靠家里接济度日。

根据廉思课题组的调查,该群体月均收入为1 956元,既大大低于城镇职工平均工资,也低于大学毕业生毕业半年后的平均工资,因而可将其定位为低收入群体。因此,该群体是大学毕业生中月均收入2 000元左右的低收入群体。该群体呈现出聚居的生活状态,调查显示,该群体主要聚居于人均月租金377元,人均居住面积不足10 m²的城乡结合部或近郊农村,已经形成了一个个聚居区域——"聚居村"。这一群体的人数到底有多少,没有确切的统计数字。《人才蓝皮书:中国人才发展报告(2010)》统计显示,仅北京地区保守估计"蚁族"就有10万人以上。此外,

上海、武汉、广州、西安、重庆、太原、郑州、南京等大城市也都大规模存在这一群体。

我们的研究对象为大学毕业生低收入群体，与廉思书中的名称少了"聚居"二字。事实上，相比于廉思的调查，本研究对象范围更大一些，而为了表述上的方便，仍将本研究对象简称为"蚁族"。

1.1.3 "蚁族"现状

"蚁族"多从事保险推销、电子器材销售和餐饮服务等低层次、临时性的工作，绝大多数没有"三险"和劳动合同，有的甚至处于失业、半失业状态，收入低且不稳定。生活条件差、缺乏社会保障、思想情绪波动较大，挫折感、焦虑感等心理问题较为严重，且普遍不愿意与家人说明真实境况，与外界的交往主要靠互联网并以此宣泄情绪。

"蚁族"的总体心理健康水平低于全国平均水平，消极完美主义特质明显，大多数人对生活状态不满意，社会支持较低，且个体强烈地感受到一种心理层面的相对剥夺感。这与该群体面临的较高的生存压力、频繁更换工作或找不到自己理想工作的现状是密切相关的。严峻的就业形势及压力，理想与现实的差距，冲击着他们的内心。"蚁族"一方面对未来充满期待，另一方面，对于生存状况如居住环境、经济收入、社会福利等感到不满意。

"蚁族"群体在全国已有上百万规模。与现实生活中"蚁族"的庞大数量相比，在社会关注度上，"蚁族"却是一个被关注较少的群体。社会上经常出现以"农民工""下岗职工""农民"为主体的媒体报道和学术研究，而有关"蚁族"的学术研究和媒体报道则非常少见。在外来流动人口成为新闻媒体和文学作品（特别是打工文学）关注的主题，同时也日益成为学术界的主流话语和焦点时，"蚁族"却埋没于"青年农民工""流动人口""校漂族"等字眼之下，他们既没有被纳入政府、社会组织的管理体制，也很少出现在学者、新闻记者的视野之中。在某种程度上，这是一个被漠视和淡忘的群体，也是一个少有人关注和同情的群体。

随着中国社会城市化、人口结构转变、劳动力市场转型、高等教育体制改革等一系列结构性因素的变化，越来越多的大学毕业生选择在大城市就业。再加上全球经济的不景气及国内经济的"新常态"，"蚁族"的数量在未来一段时间内将快速增加。因此，尽管"蚁族"还没有形成社会学意义上的"社会阶层"，但日益显现的"蚁族"现象应当引起社会的充分关注和重视。

1.2 "蚁族"居住现状及相关问题的调查分析
——以南京市为例

1.2.1 调查的背景和目的

  大学毕业生低收入群体的住房问题是近几年伴随着我国城市房价快速上涨和大量的高校毕业生走向社会而产生的,有着鲜明的"中国特色"。由于问题来得既快又急,所以目前尚没有一个系统的解决办法。从严格的社会学意义上来看,大学毕业生低收入群体的住房问题其实是一个社会问题,它是由于社会内部矛盾发展到一定程度逐步演化而产生的。大学毕业生低收入群体住房难不仅影响了他们的生活质量,还影响由于住房而引起的其他方面发展,如婚姻、心理状况等。从问题的社会影响以及大学毕业生对于我国经济发展和社会稳定的重要性看,他们的住房问题影响的是整个国家的平稳发展和社会和谐。

  社会问题的解决需要政府和全社会各方面关注和支持。南京市作为全国重要的科教中心城市之一和全国重要的经济发达中心城市之一,每年都会吸引大量的大学毕业生求职就业,随之带来的就是大学毕业生的住房难题。随着南京市经济、社会全方位的发展,人口总量急速扩大,南京市大学毕业生就业数量也在逐年加速攀升,其中低收入群体的住房问题愈发突出。为了给大学毕业生提供一个更加和谐的社会环境,深入推动"科教与人才强市"战略的落实,全面聚焦"四个第一",实施创新驱动战略,我们通过对南京市大学毕业生低收入群体住房消费调查,全面分析在宁大学毕业生的生活现状,详细调查他们的住房基本情况及其存在的问题,准确把握他们的住房需求,分析他们的住房消费能力,并在此基础上提出相应的政策建议,为加快解决大学毕业生低收入群体的住房问题奠定科学基础。

1.2.2 调查方法

  在查阅文献和征求专家意见的基础上,我们设计了调查问卷,包括五个部分:基本情况调查、工作和收入调查、消费调查、居住现状调查和住房需求调查。调查问卷共有31道题,题型以单项选择题为主,同时还有少量多选题和排序题。调查问卷通过当面发放调查问卷、网络调查和发放电子调查问卷等方式进行,整个调查分为预调查和正式调查两个阶段。

  预调查阶段共发放问卷193份,回收有效问卷103份,我们在有效回收问卷的基础上,收集反馈信息,完善了调查问卷。正式调查在南京市毕业大学生居住集中地、新街口和珠江路等繁华地段以及朋友熟人所在的公司开展。截止到2011年7月10日,正式调查阶段共发放问卷682份,回收有效问卷515份,其中,当面调查问卷401份、网络调查问卷20份、电子调查问卷94份。问卷具体结构如图1-1所示:

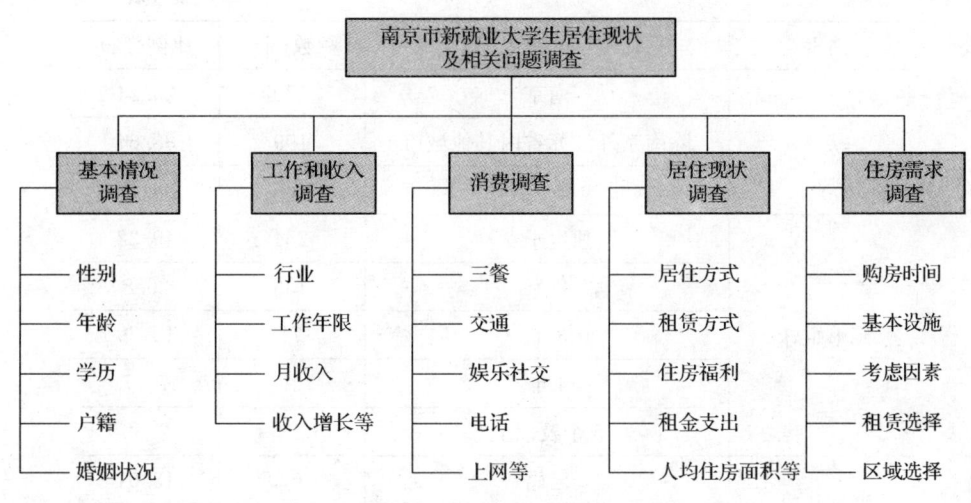

图 1-1 问卷主要内容

1.2.3 基本情况分析

调查到的基本情况见表 1-1。

表 1-1 调查的基本情况汇总表

因素	分类	频数(个)	比例(%)
性别	男	279	54.17
	女	236	45.83
年龄	21 岁以下	36	6.99
	21～25 岁	302	58.64
	25～30 岁	157	30.49
	30 岁以上	20	3.88
受教育程度	大专以下	28	5.44
	大专	207	40.19
	本科	252	48.93
	硕士及以上	28	5.44
户籍	本地城镇户口	179	34.76
	本地农村户口	108	20.97
	外地户口	228	44.27

续 表

因素	分类	频数(个)	比例(%)
家乡	南京	130	25.24
	除南京外江苏省内其他城市	199	38.64
	省外	186	36.12
兄弟姐妹	独生子女	254	49.32
	2个	138	26.8
	3个	71	13.79
	4个	39	7.57
	5个及以上	13	2.52
婚姻状况	已婚	67	13.01
	未婚	448	86.99
预计结婚年限	1年以内	68	13.17
	1～3年内	238	46.21
	3～5年内	132	25.67
	5年以后	77	14.95
工作年限	1年以内	136	26.41
	1～3年	264	51.26
	3～5年	70	13.59
	5年以上	45	8.74
上班的交通工具	公共交通	307	59.61
	自行车或电动车	101	19.61
	步行	77	14.95
	其他(私家车)	30	5.83
收入	1 500元以下	81	15.73
	1 500～3 000元	332	64.47
	3 000～5 000元	72	13.98
	5 000元以上	30	5.82

1) 人口学特征分析

对南京市大学毕业生低收入群体的人口学基本特征主要从性别、年龄、学历、户籍、婚姻状况等几个方面来考察。

(1) 性别与年龄

回收的有效样本中,54.17%的被调查者为男性,女性占45.83%,男性略多,见图1-2。

从年龄分布来看,被调查者年龄主要集中在21~30岁之间,占了全部样本的89.13%,他们中绝大多数是"80后"。从图1-3中可以看出,其中21~25岁的被调查者比例达到58.64%,即毕业后1~3年的本、专科生最多;25~30岁的被调查者占到30.49%,表明大学毕业3~5年的人数也较多;30岁以上的被调查者也占到3.88%,说明该群体中也存在少数毕业5年以上的人,这也从一个侧面反映出他们很难在短时间内摆脱"聚居"的困境,难以实现人生的蜕变。

从年龄还可以看出,大学毕业生低收入群体存在"三十而离"的现象,而不是传统文化中的"三十而立"。因为在毕业5年内的时间里,很难在城市里实现自己的梦想,迫于现实的无奈,他们只好选择离开。

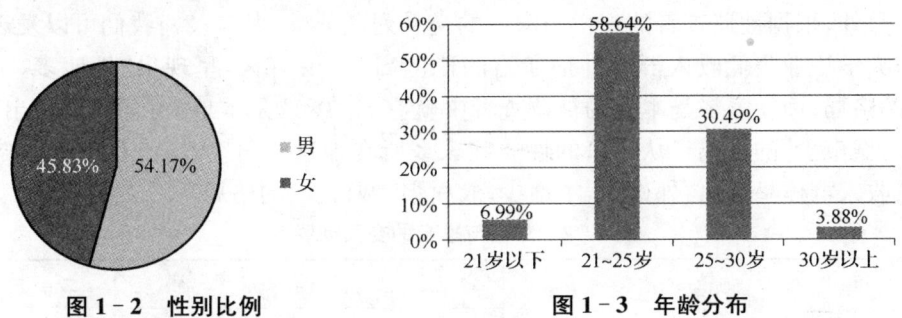

图1-2 性别比例　　　　图1-3 年龄分布

注:"21~25岁"的含义为25岁以下、21岁以上(含21岁),下同。

(2) 受教育程度

对被调查者受教育程度的研究发现,比例最高的为本科,占总数的48.93%,专科及以下所占的比例为45.63%,硕士及以上学历所占比例为5.44%,具体见图1-4所示。这个结果和实际情况也是很吻合的,我国的人才培养中,每年毕业的本科人数确实是最多的,基本已经是"大众教育"了,其次是专科生,而值得我们深思的是,在该群体中研究生学历的人所占比例接近6%,这也从一个方面反映了当下部分研究生的就业前景不是很好。

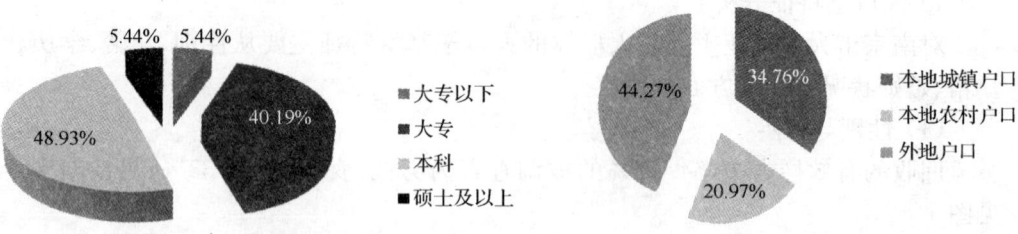

图 1-4 受教育程度　　　　　　　　图 1-5 户籍性质

(3) 户口及家庭所在地

就户口的性质而言,如图 1-5,有 34.76% 的被调查者为本地城镇户口,其中仅有 12.29% 是南京本地的,而外地落户南京的就有 87.71%,这说明南京落户政策较上海、北京、广州等地要宽松许多;尽管南京的落户政策相对宽松些,仍有 44.27% 的被调查者未能落户南京,为外地户口;另一较大比例就是拥有本地农村户口的被调查者,所占比例为 20.97%。这可能有两方面的原因:一方面,与南京的就业文化相关,很多南京本地人都希望在当地就业;另一方面,南京的就业环境好,可以提供的岗位也多,符合南京的就业需求。

另外,根据被调查者的户口与家乡的交叉列联分析(表 1-2),我们可以发现南京市大学毕业生低收入群体外地所占的比例高达 74.76%,呈现出"外地多,本地少"的格局;而在家乡是本地的被调查者中就有 83.08% 是本地农村的,呈现出"农村多,城市少"的格局。从户口的性质和家乡所在地这一角度看,南京市大学毕业生低收入群体呈现出"外地多,本地少,农村多,城市少"的格局。

表 1-2　户籍与家乡的交叉列联表

			家乡			合计
			南京	省内(不包括南京)	省外	
户籍	本地城镇户口	频数(个)	22	96	61	179
		比例(%)	12.29	53.63	34.08	100
	本地农村户口	频数(个)	108	0	0	108
		比例(%)	100	0	0	100
	外地户口	频数(个)	0	103	125	228
		比例(%)	0	45.17	54.83	100
合计		频数(个)	130	199	186	515
		比例(%)	25.24	38.64	36.12	100

(4) 婚姻状况

就婚姻状况而言,调查数据显示(见图1-6),86.99%的受访者为未婚,13.01%的被调查者已婚,不存在离异和丧偶的情况。出现这种情况跟被调查者的收入有关,即他们缺乏结婚的资本。从婚姻状况这一角度来看,南京市大学毕业生低收入群体绝大部分是未婚的,存在少数的同居现象。

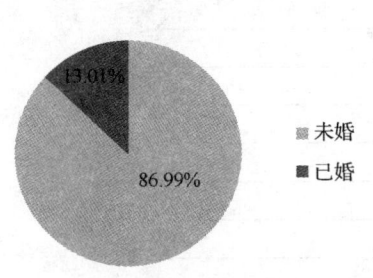

图1-6 婚姻状况

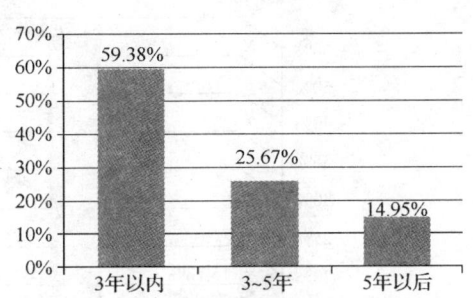

图1-7 预计结婚时间

在未婚的被调查者中,有59.38%的人表示希望在3年内结婚,而另外的25.67%的未婚者则选择在3~5年内结婚,还有14.95%的人表示目前暂不考虑婚姻,要在5年以后结婚,见图1-7。

而根据某机构所做的"中国大中城市青年居住状况调查",大多数青年人认为,结婚必须要有一套房子;近七成(67.4%)青年人明确表示,不愿租房结婚;在已婚的城市青年中,买了商品房的人占到五成(50.3%);24.8%的青年人会因为"住房压力"而选择"推迟结婚",所以事实上决定大学毕业生低收入群体能否结婚的主要因素之一是有没有一套属于他们自己的房子。

2) 工作和收入分析

(1) 工作状况

如图1-8所示,大部分被调查者工作年限都在3年以内,所占比例为77.67%,而工作年限在5年以上的仅有8.74%。这说明,这部分人参加工作时间较短。

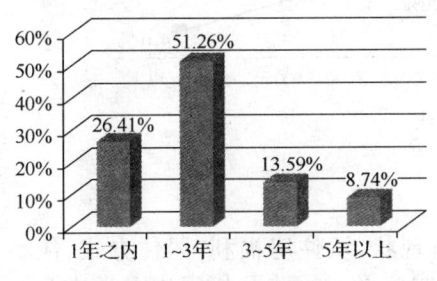

图1-8 工作年限

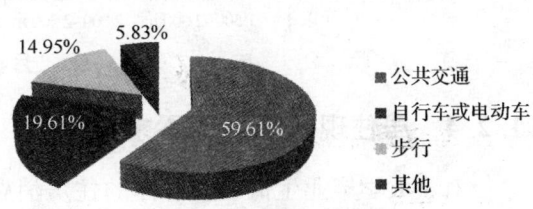

图1-9 上班的交通工具

如图1-9所示,在上班的交通工具这一项调查中,有59.61%的被调查者选择的是公共交通,这表明他们对公共交通的依赖性较高。

(2) 收入状况

在月收入这一项的调查中,发现被调查者收入集中在1 500～3 000元收入段。收入在3 000元以下的被调查者比例为80.20%。具体分布情况如图1-10所示。

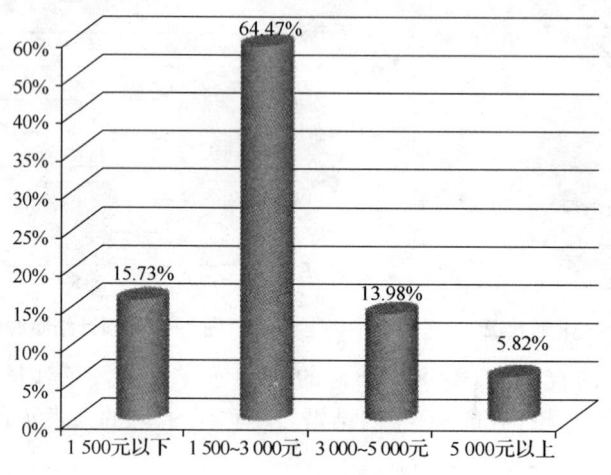

图1-10 月收入

图1-11是廉思在2010年所做的全国"蚁族"月收入调查数据,从图1-10与图1-11的对比中我们可以看出,南京市和全国的大学毕业生低收入者的收入分布趋势是一样的,都呈不规则的倒U形。

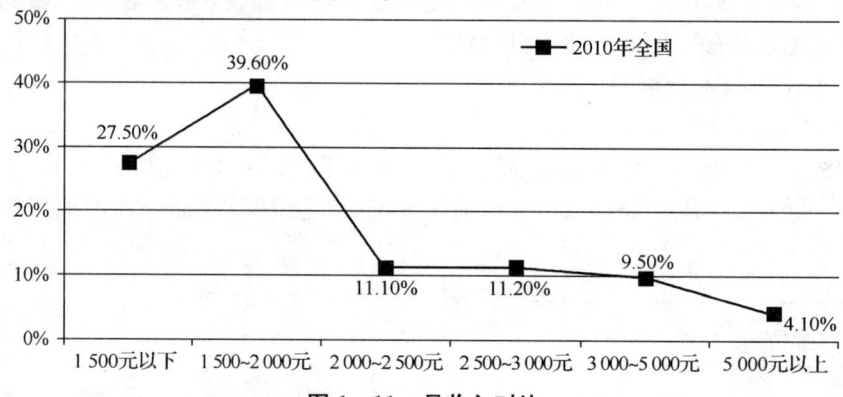

图1-11 月收入对比

1.2.4 居住现状及住房需求分析

对于大学毕业生低收入群体的住房消费整体现状,从住房福利、居住方式、住房条件、住房支出以及住房需求等五个维度进行描述,并进一步分析得出大学毕业生低收入群体住房消费的特征,为后续的深入分析奠定基础。

1) 住房福利

如图1-12所示,有46.41%的被调查者表示单位不提供任何的住房福利,而这其中收入在3 000元以下的就占到91.21%之多,这表明越是收入低的单位能够提供的住房福利就越少。而只有不到六成(53.59%)的被调查者表示单位提供一些住房福利。被调查者具体的住房福利分布如图1-13所示。

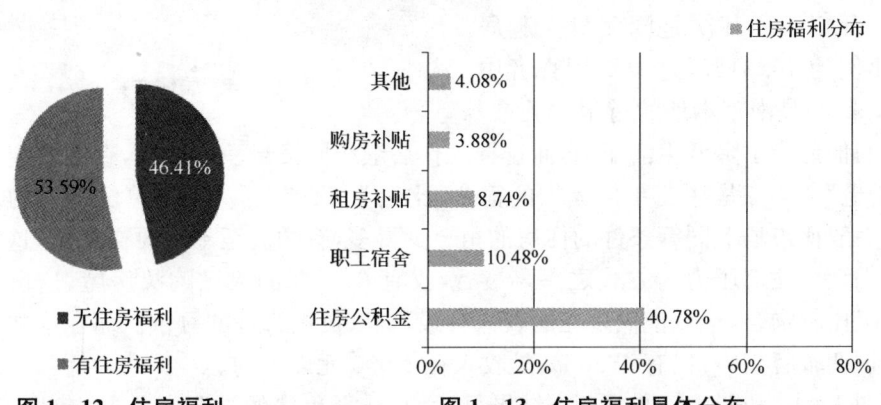

图1-12 住房福利　　　　图1-13 住房福利具体分布

在这些提供的住房福利中,按从高到低的比例排序为缴纳住房公积金、提供职工宿舍、给予租房补贴、给予购房补贴、其他。这表明在所有住房福利中,用人单位给予较多的住房福利就是为本单位的员工缴纳住房公积金,但是由于住房公积金使用规定及程序复杂,导致他们很难使用这一部分资金,也无法为他们支付租金。

从以上的调查结果我们可以看出,目前大学毕业生低收入群体多数是没有任何住房福利的,而即使有也多数是单位给他们缴纳住房公积金,这就使得他们只能依靠自己的力量到市场上去选择符合自己要求的住房。

2) 居住方式

表1-3　居住方式与月收入的交叉列联分析

		现在月收入				合计
		1 500元以下	1 500~3 000元	3 000~5 000元	5 000元以上	
居住方式	和父母一起住	13	61	7	3	84
	单位宿舍	18	47	6	5	76
	租房	50	207	52	14	323
	已购房	0	17	7	8	32
合计		81	332	72	30	515

从图 1-14 和表 1-3 中的数据统计结果我们可以看出，由于受到收入的限制，大部分的被调查者都选择了租房作为自己的住房来源方式，所占的比例为 62.72%。而在这些选择租房的被调查者中，有 79.57% 的收入在 3 000 元以下。其次是同父母一起居住，比例为 16.31%，这跟被调查者中有 25.24% 是南京本地的有很大关系，这说明他们为了降低生活压力，而选择工作后继续同父母一起居住，存在一定程度的"啃老"。第三是住在单位提供的宿舍，比例为 14.76%。因为单位提供的宿舍租金一般比市场上同等条件的住房的租金少得多，有的甚至不需要交租金，这也成为他们缓解住房压力的方式之一。最后，仅有 6.21% 的人已购买房屋，这也跟实际情况比较吻合，毕竟他们现在的收入有限，难以负担每月的月供。而在这些已购房的被调查者当中，仅有 46.88% 是收入在 3 000 元以上的。

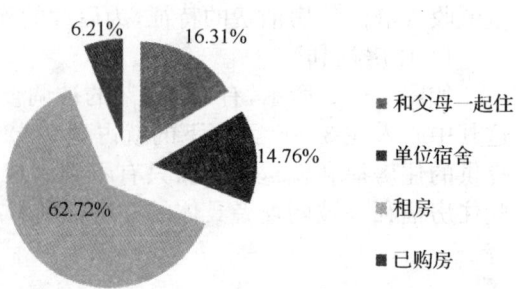

图 1-14　居住方式

图 1-15 和图 1-16 的调查结果显示，在选择租房的被调查者中，有 51.39% 的人选择了 2 个人住一间的，即采用合租的方式。而他们之所以较多的选择合租，是迫于经济压力，通过合租能够减轻租金过高的压力。仅有 7.75% 的被调查者是同 3 人及以上住一间，这表明他们在合租人数上还是有一定的可接受程度的。在可以忍受多少人住一间的调查中，发现仅有 4.66% 的人能忍受 4 个人住一间，这表明不应该按照以往的做法给他们提供集体宿舍，应该考虑他们自身的需要多提供些单人间和双人间，这样能从一定程度上保证房屋的出租率。

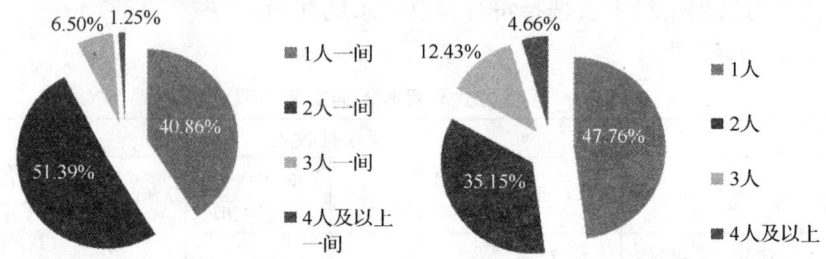

图 1-15　租房方式　　　　图 1-16　租房可接受人数

总之，目前大学毕业生低收入群体的主要居住方式为租房，且多为 2 人合租，这样可以减轻各自的住房压力。在可以接受的合租人数上，大多数人希望是独居和 2 人，对于集体宿舍比较反感，迫切希望能有一个自己的独立空间。

3) 住房条件

本文从住房所处位置、人均住房面积和选择住房时考虑的因素这三个方面来分析大学毕业生低收入群体的住房条件。

从住房所处的地段来看，47.18%的被调查者居住在市区范围内；居住在开发区的比例也有26.60%，这是因为他们中有部分人是在开发区内工作；而选择居住在郊区的人也有24.66%，因为郊区租金较低。这些数据说明刚毕业的大学生偏爱居住在市区，各种配套设施比较齐全，见图1-17。

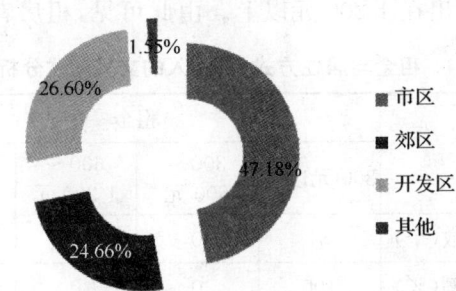

图1-17　居住的地段位置

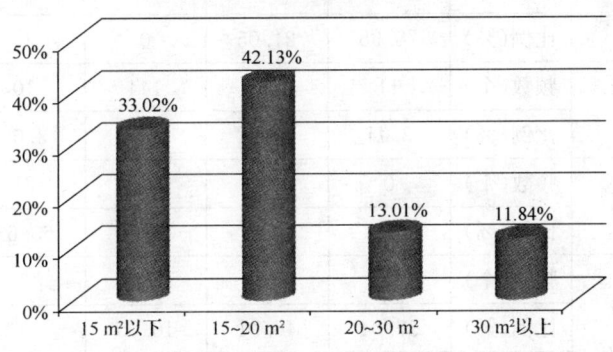

图1-18　人均住房面积

图1-18的调查结果显示，75.15%的被调查者人均住房面积低于20 m²，而人均住房面积在15 m²以下的也有33.02%，仅有11.84%的被调查者能达到全国人均住房水平，与2010年南京城市人均住房面积30 m²相比，仍有88.16%被调查者的人均住房面积处于平均线以下。

4) 住房支出

住房支出是用货币来衡量大学毕业生低收入群体住房消费现状的又一个维度，它能够相对直接地反映大学毕业生低收入群体的住房消费水平。由于在本次调查中，有62.72%的被调查者是通过租房的形式来解决住房问题的，为此本文用他们支出的月租金作为他们的住房支出，而对于同父母一起居住的我们将其租金视为0,而已购房的则将他们的月还款额作为他们的住房支出。

从表1-4可以看出,总的来说,大学毕业生低收入群体的月住房支出大多在1 200元以下,占93.99%,仅有6.01%的租房和购房者月住房支出在1 200元以上;而租金在1 200元以下的又以在600元左右的居多。

(1) 从数据中可以发现,选择与父母一起居住的大学毕业生低收入群体住房支出为零,暂时没有住房负担,而住的单位宿舍的住房支出都在600元以下,住房负担较轻,而租房者中有近五成的月住房支出在600元以上,购房者的月住房支出最多,有65.63%住房支出在1 200元以上。由此可见,租房者的月住房支出要比

表1-4 租金与居住方式、月收入的交叉列联分析表

			租金				合计
			300元以下	300~600元	600~1 200元	1 200元以上	
居住方式	和父母一起住	频数(个)	84	0	0	0	84
		比例(%)	100	0	0	0	100
	单位宿舍	频数(个)	60	16	0	0	76
		比例(%)	78.95	21.05	0	0	100
	租房	频数(个)	11	158	144	10	323
		比例(%)	3.41	48.92	44.58	3.09	100
	已购房	频数(个)	0	0	11	21	32
		比例(%)	0	0	34.37	65.63	100
月收入	1 500元以下	频数(个)	30	38	13	0	81
		比例(%)	37.04	46.91	16.05	0	100
	1 500~3 000元	频数(个)	105	112	100	15	332
		比例(%)	31.63	33.74	30.12	4.51	100
	3 000~5 000元	频数(个)	13	19	31	9	72
		比例(%)	18.05	26.39	43.06	12.50	100
	5 000元以上	频数(个)	7	5	11	7	30
		比例(%)	23.33	16.67	36.67	23.33	100
合计		频数(个)	155	174	155	31	515
		比例(%)	30.10	33.79	30.10	6.01	100

购房居住的少,合租的月住房支出要比独租少,可见通过合租减轻月住房支出是一种有效的方法,也多被他们采用。

(2) 从收入与租金的交叉列联分析的数据中可以看出,随着收入的增加,租金也有增加的趋势,这是因为随着收入的增加改善住房条件的趋势越明显,最后导致租金也相应地增加。而月收入在3 000元处租金分布出现一个转折点,月收入在3 000元以内的,租金分布主要在600元以内,月收入在3 000元以上的,租金分布主要在600～1 200元之间。

根据调查的数据绘出样本的住房支出收入比分布,具体如图1-19所示。

从图中所反映的数据中我们可以发现,住房支出收入比在25%以下(包括25%)的被调查者有34.21%,在25%～30%之间(包括30%)的被

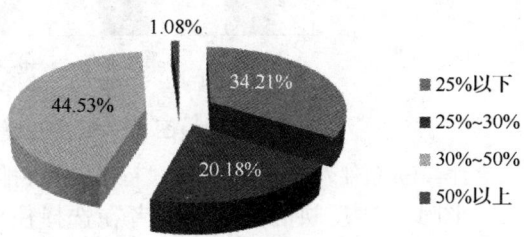

图1-19 住房支出收入比

调查者有20.18%,在30%～50%之间(包括50%)的被调查者有44.53%,而在50%以上的被调查者有1.08%。目前国际上普遍认为当住房支出收入比超过25%时,就认为他承受的住房支出收入比过高,存在住房困难的问题。根据这一结论,我们知道南京市大学毕业生低收入群体中有65.79%的被调查者住房支出收入比大于25%,即有超过六成的大学毕业生住房支出收入比过高。

5) 住房需求

知己知彼,才能百战不殆。同样,我们只有对大学毕业生低收入群体的住房需求有个清晰的了解,才能建设具有高满意度的住房,更好地解决他们的住房问题。为此,本研究从他们所希望有的住房设施、选择住房时所考虑的因素和预计的购房时间来分析他们的住房需求。

从图1-20我们可以看出,他们最希望有的住房设施就是独立的卫生间,这部分比例占所有被调查者的65.44%,这跟他们的现状有很大的关系,因为好多人租的房子都是男女共用的公共卫生间,而且洗浴和如厕的功能是在一起的,这样很不方便。其次是厨房,比例为28.93%。这跟目前的物价水平有很大的关系,他们希望通过自己做饭来节省吃饭的支出,也能保证卫生健康。第三是网络设施,所占的比例为25.63%。由于他们都是一群22～30岁之间的年轻人,大部分是80后,生活在网络时代,他们将网络视为自己重要的信息来源渠道。第四、第五分别为热水器和空调设施,比例分别为29.90%和23.69%。此外,我们在调查中发现,他们将前三个条件作为一种必需的、基本的条件,而后面两个是辅助性的条件,在自己经济承受范围内能有则更好。

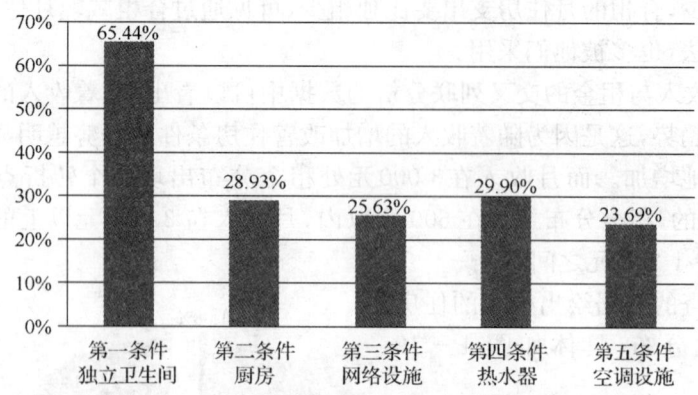

图1-20 希望有的住房条件

注：第 n 条件表示被调查者在进行住房条件排序时多数人将之排在第 n 位。

图1-21反映的是被调查者在选择住房时考虑的各种因素的一个排序图，它们的顺序依次为价格或租金、与公司距离、交通配套、生活配套、社区环境、房型、子女就学。从这一排序中我们可以看出，他们在选择住房的时候最看重的是价格或租金，因为这是他们实打实需要拿出去的钱；而其次考虑的就是与公司的距离，因为他们主要采用的是乘坐公共交通的方式上班的，与公司距离近些可以节省他们的交通支出；而将房子的户型作为第六考虑因素，因为他们觉得只是暂时居住在这，只要能达到基本的要求就可以，对房子的户型没有特殊的要求；最后，由于被调查者有80%的是未婚者，在选择住房时就暂时不考虑子女就学这一因素，这跟一个家庭在选择住房考虑的因素存在很大的差异。

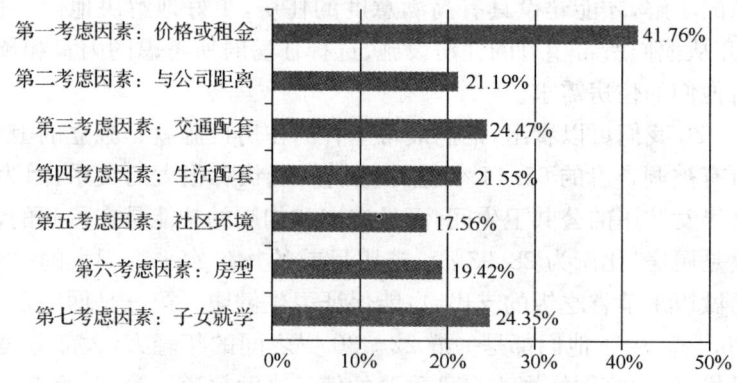

图1-21 选择住房时考虑因素排序

注：第 n 考虑因素表示被调查者在进行住房考虑因素排序时多数人将之排在第 n 位。

总之,大学毕业生低收入群体希望自己租住的房子具备独立卫生间、厨房和网络设施,并综合考虑住房所处的位置、租金及交通配套等因素来选择自己能够承受的住房。

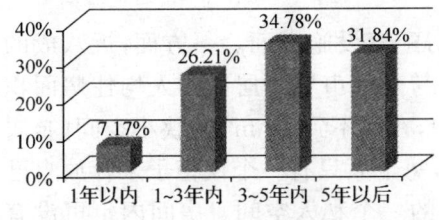

图 1-22 预计购房时间

图 1-23 是否希望住房政策向自己倾斜

图 1-22 预计购房时间的调查表明,第 5 年是他们购房时间的一个转折点,有近 68.16% 的被调查者希望自己能够在 5 年内购房,这表明他们对未来生活还是比较有信心的,而仅有少部分人选择在 1 年以内购房,而根据我们的调查发现,选择在 1 年内购房的大部分是在 1 年内即将结婚的,购房多半是作为婚房使用的。

当被问及"是否希望住房政策向自己倾斜"时,76.40% 的人表示希望得到政府的政策照顾,见图 1-23。

1.2.5 大学毕业生低收入群体住房的特征

1) 住房来源较为集中

大学毕业生低收入群体的居住方式主要是租房和员工集体宿舍。绝大多数大学毕业生留在大城市是希望自己能够有一番作为,在大城市有自己的一份事业。但是由于在自己工作的初期,收入较低,为了维持生活,生活消费都较为节俭,"能省就省"是他们的主流消费理念。他们大多数分布在城中村,比如玄武大道地区、城东马群的百水芊城、城北的月苑小区周边、四方新村等。还有一些租住在离市区相对远些的老小区,甚至棚户区,如江宁、马群、栖霞等地。租住在城中村的多半是在市区工作或是准备找工作的,他们为了离上班或找工作方便,会选择些求职公寓,但为了节省开支也一般采用与他人合租的方式。在我们的走访调查过程中,就发现一 10 m² 左右的房间被房东布置成上下高低铺床位 4 个,其条件远差于一般的学生宿舍,而其中就居住了 4 个女生,这样每人每月就只需要交 400 元左右的房租,比一个人租住一间要节省近 300 元,这对于收入本来就不高的她们是一笔很大的节约,甚至相当于她们一个月的伙食费。

单位提供的员工集体宿舍也是大多数工作了的大学毕业生低收入群体的一个主要的居住方式。一般而言,餐饮服务业、加工制造业的用工单位提供住宿的相对较多,有些单位还会根据员工的需要提供单身宿舍,但大多数都是至少 4 人一间的

17

集体宿舍。相比出租屋而言，员工集体宿舍通常不支付房租或象征性地支付少量房租，这就是部分大学毕业生低收入群体居住在集体宿舍的原因，也可能是他们选择这份工作的原因，毕竟可以省去自己找房子的麻烦，更主要的是可以节省开支。

2) 居住条件较差，私密性、安全性较低

居住条件主要反映在人均住房面积和住房配套设施方面。一方面，近八成的被访大学毕业生人均住房面积在 15 m^2 以下，与南京市城镇居民的人均住房面积水平存在明显差距。在我们调查的一个例子中，在那不到 10 m^2 的狭小空间内，居住着来自天南地北的 4 个女生，由于房间狭窄，每个人只有一个铁柜子来存放自己的贵重物品，这个柜子也是除床铺外自己唯一的一个私人空间。房间内也再没有什么空间放置行李，并且没有衣橱。女孩不方便折叠的职业正装、洗了没干的内衣只能挂在床头。为了尽量不碰到衣服，女生们进出要侧着身子。

另一方面，住房中满足日常生活需要的基本配套设施，如独立的洗澡间、男女分开的厕所、厨房等，在条件较差的租住房和员工宿舍中还相当欠缺，远远不能满足他们的基本生活需要。他们租住的房间通常都是洗漱、洗澡、厕所都在一起，而且整个出租房就一个这样的地方，是男女混用的。一个总面积大约为 300 m^2 的公寓内，居住着近 50 名大学毕业生，这些人都合租在一起，但是只有两个洗澡的地方。在房间里，右侧是一排洗脸池，每隔一段距离有一面镜子，房间的左侧有几个带门的隔间，上厕所和洗澡就都在这一个个只有三四平方米的空间里进行。"在这儿洗澡都是男生女生混在一起的，洗澡的人永远不知道墙的那一侧是不是异性。外面的人很难想象这种生活的无奈。"据了解，刚来的人尤其是女生，往往会有很长时间的不适应。但是一段时间以后，就经常可以看到有女生每天洗完澡出来，就穿了一件刚刚遮住臀部的汗衫，一路晃荡着从浴室走到集体宿舍。此时，生存的问题已经占据了他们的生活重心，大家都在为了生活而拼搏，对这些细枝末节的东西，已没有心情和兴趣去关注了。

为此，我们可以看出他们不仅居住空间狭小，也缺乏相应的基本生活配套设施，比如独立的卫生间，更别说空间设施等。在炎热的夏天他们还可以忍痛买个电风扇，但是到了寒冷的冬天，他们都将它形容为冰窖，这种艰辛都是我们所无法想象和体会的。

3) 住房支出收入比较高

从图 1-19 和前面的数据分析中可看出大学毕业生低收入群体住房支出收入比较高。

4) 受工作变动的影响，换房频率较高

在我们的走访调查过程中，发现他们毕业后的平均换工作次数为 2.2 次。其中有 12.18% 的被调查者换过 4 次及以上的工作，仅有 18.35% 的被调查者表示从毕业到现在还没有换过工作。由于大学毕业生低收入群体多半是工作年限在 5 年之内的,可见他们的换工作频率较高。相应地,其换房的频率也较高。频繁地变换住房,会无形中增加他们的住房支出,增加他们的住房压力。

1.3 本章小结

本章介绍了"蚁族"名称的由来及该群体的生活,并根据研究需要,将其定义为"大学毕业生低收入群体"。同时,本章通过大量调查问卷全面反映了南京市大学毕业生低收入群体的基本情况,并着重从住房福利、居住方式、住房条件、住房支出和住房需求五个方面对其居住现状及需求分析进行了详细的阐述。在此基础上,总结出了南京市大学毕业生低收入群体的居住特征:(1) 住房来源较为集中;(2) 居住条件差,私密性、安全性较低;(3) 住房支出收入比较高;(4) 受工作变动的影响,换房频率较高。

参考文献

[1] 廉思. 蚁族——大学毕业生聚居村实录[M]. 桂林:广西师范大学出版社,2009.
[2] 廉思. 蚁族Ⅱ——谁的时代[M]. 桂林:广西师范大学出版社,2010.
[3] 杨朵朵,马万里. 杭州大学毕业生住房问题调查分析[J]. 合作经济与科技,2008(7):126-128.
[4] 钱瑛瑛,戚丽琼. 都市新白领住房需求调研报告[J]. 上海房地,2008(4):18-21.
[5] 刘惠君,黄宇澄,周京奎,等. 住房梯级消费与分层供给模式探究——基于天津市大学毕业生住房问题调查[J]. 湖南工业大学学报:社会科学版,2010(1):8-12.
[6] 张建坤,姚燕. 现阶段大学毕业生住房问题分析及对策[J]. 东南大学学报:哲学社会科学版,2009(2):35-38.
[7] 宋英潇. 我国大学毕业生住房保障制度研究[J]. 建筑经济,2008(S2):15-17.

第二章 "蚁族"住房消费能力及其居住满意度影响因素研究

本章提要

住房消费能力是研究住房市场和住房制度的一个重要指标。住房消费者根据住房消费能力选择住房消费;房屋开发商通过评估不同收入阶层住房消费能力来制定不同的产品开发战略;政府根据住房消费能力确定住房保障标准、保障范围等。分析"蚁族"这一群体的住房消费能力,总结其住房消费特征,找出其住房消费过程中存在的问题,可以为保障性住房建设研究及相关政策的制定提供科学依据。

我国保障性住房的建设一般是由政府主导,但这种"家长式"建设往往忽略了保障性住房的实际使用效果。因此,准确把握住房需求,是提高保障性住房建设使用效果、提高投资综合效益的关键。对保障性住房的居住满意度调查分析,可以在一定程度上反映被保障者的需求情况。

本章将通过对南京和嘉兴两地的调查展开相应的研究。

2.1 大学毕业生低收入群体住房消费能力研究
——以南京市为例

国外学者对住房消费能力评价方法的研究已经较为丰富,主要有传统比率法和剩余收入法,其中传统比率法主要有住房支出收入比法和房价收入比法。就目前来看,学者们提出的以上三种测度方法仍存在一些缺陷。我们在国外有关既有住房消费能力评价方法研究成果的基础上,分析比较了比率法和剩余收入法各自的优缺点,借鉴相关经济学理论,构建大学毕业生低收入群体新的更为合理的住房消费能力评价方法,并利用南京市大学毕业生低收入群体的调查数据对评价模型进行了实证分析。

2.1.1 住房消费能力的评价方法

1) 住房支付能力的概念

住房消费能力取决于消费者对房价(包括购房和租房)的支付能力,房价越高,消费者的支付能力越低;反之,房价越低,则消费者的支付能力越高。为此,我们用住房支付能力来衡量大学毕业生低收入群体的住房消费能力。

支付能力(Affordability)一词由"承受、负担"(Afford)演化而来,"Afford"被定义为能够购买而不会给消费者带来财务上的负担。国外比较有代表性的定义有:

(1) Burke 认为住房支付能力是指在家庭能够支付住房支出的同时又能满足其他基本生活支出的能力。

(2) 美国国家低收入住房委员会、澳大利亚国家住宅发展委员会等机构对住房支付能力的定义为:在满足了食品、衣服、交通、医药和教育等必要开支后用于住房消费的能力。

国内有关住房支付能力的定义,比较有代表性的是刘洪玉和耿媛元,他们将住房支付能力定义为:设某家庭要占用一特定水平或档次 j 上的某住房(称为目标住房),该家庭第 i 月(或年)的家庭收入为 Y_i,该家庭在这段时期内的住房消费比例(即用于住房的消费与家庭收入之比,简称为住房消费倾向)为 α,而要占用此目标住房所需的月(或年)支出为 C_j,若满足支付能力关系式 $\alpha Y_i \geqslant C_j$ 或 $\alpha Y \geqslant C$,则表明该家庭对此住房具有可支付能力。

尽管对住房支付能力的研究越来越多,但对住房支付能力的定义仍缺乏一个统一、清晰的认识。但是,我们可以看出,不管是从哪个角度定义住房支付能力,其本质特点都是考虑住房消费与非住房消费之间的机会成本问题。

2) 传统住房支付能力评价方法阐述

在国外,住房支付能力常用的评价方法主要有比率法和剩余收入法。比率法是以比率的形式直接衡量住房支付与家庭收入之间的关系,即住房支出收入比;而剩余收入法以剩余值的形式间接衡量住房支付与家庭收入之间的关系。然而在我国,大多数学者常采用房价收入比作为住房可支付能力的评价方法,也有一些学者对房价收入比方法进行修正应用。

(1) 比率法

比率法主要是衡量家庭(居民)的住房支付与收入的比率关系,如果一个家庭(居民)的住房支付超过一定的收入比率,则可以认为该家庭(居民)面临住房支付能力问题。依据是否考虑住房质量差异,比率法可细分为传统比率法和质量调整比率法。

① 传统比率法

住房支付能力的一个常用标准度量是花费在住房上支出占收入的比率,也即传统比率法。比率法指用两个绝对指标的比值表示住房可支付能力大小的方法,如果比值大于(或小于)某个指定标准,则存在住房支付能力问题。这个指标是相对固定的,不随家庭收入和规模的变化而变化,人们通常将这个指定标准设定为25%或30%。Chaplin 和 Freeman 等使用传统比率法分别探讨了英国、中国香港、北京市场的住房支付能力。

图 2-1 的 OR 曲线是居民住房支出收入的标准比率曲线。其中 H 是住房消费数量,住房价格为 P_H;NH 是其他非住房生活必需品消费数量,价格为标准商品价格 1。

这样,当实际消费组合落在 A 区域时,就表示住房支出收入比率大于标准比率数值 b,居民住房消费超过标准数值或非住房生活必需品消费低于标准,不管怎样,居民都存在住房支付能力问题;落在 B 区域则表示没有住房支付能力问题。因此,如果居民具有住房支付能力,其消费组合应满足

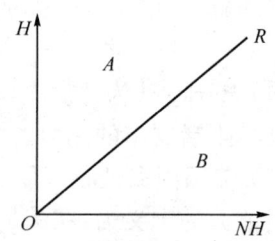

图 2-1 住房支出收入标准比率曲线

$$NH < \frac{1-b}{b} \times P_H H \quad (2-1)$$

传统比率法自提出以来逐渐得到广泛的应用,其优点也表现得越来越明显。其优点主要有:第一,公式简单,便于计算,且容易理解;第二,数据易获取,可以比

较容易地从政府的现有统计年报和调查报告中获得;其三,测量结果便于进行跨地区比较和跨时间比较。

尽管 Bogdon、Can 和 Stone 指出传统比率法具有以上的一些优点,但仍认为其存在许多缺陷。首先,没有考虑住房质量变化和家庭消费偏好;其次,收入通常使用的是暂时收入,未考虑收入的增长,而不是持久收入,但是从政府政策的角度看,使用持久收入衡量长期的住房可支付能力更为合理;最后,传统比率法采用的是单一判断指标,未考虑不同收入阶层(组别)家庭的住房支付能力的差异。

② 质量调整比率法

由于传统比率法存在以上的一些缺陷,不少学者开始考虑住房质量的变化对住房可支付能力的影响,建议使用质量调整比率法来衡量居民的住房支付能力问题,并引入了标准住房的概念。即住房应该是满足基本的生活和安全的,既要保证充足数量的供应,也要符合一定的质量标准。

图 2-2 描述的是居民在固定收入为 Y 的条件下,关于住房消费 H 和其他非住房生活必需品消费 NH 之间的决策关系。

H^* 为适当的住房标准,QY_0 曲线为等收入曲线。可以看出,在均衡点 m 处,一方面,居民住房支出收入比未超过标准比率 b;另一方面,又能达到适当住房的标准。所以,QY_0 曲线所表示的居民收入水平是足够的。因此,该收入水平的居民是具有潜在住房支付能力的。表现在图中即 A、B 区域具有

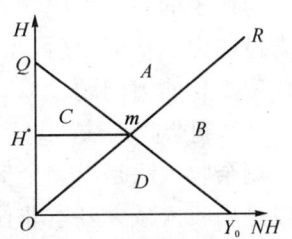

图 2-2 住房消费 H 和其他非住房生活必需品消费 NH 之间的决策关系

完全住房支付能力,在 C、D 区域不具有潜在的住房支付能力。同理,可以得出考虑适当住房标准下,居民具有住房支付能力,其消费组合应该满足的条件:

$$NH < \frac{1}{b} \times P_H H^* \qquad (2-2)$$

比较图 2-1 和图 2-2 我们可以发现,图 2-1 中 A 区域中也存在住房支付能力高的居民,而 B 区域也可能存在住房支付能力困难的居民,这就使得考虑标准住房的质量调整比率法的逻辑性要强于传统比率法。并且,在质量调整比率法中采用的住房成本是指从既定住房市场上获得符合基本质量标准的住房所必需的支出,而并不是传统比率法中采用的实际住房成本。为此,将住房支出与收入进行比较判断一个家庭(居民)是否存在住房支付能力问题。

相比传统比率法,质量调整比率法做了许多有益的尝试:一是通过选择成本最

低但满足最低标准的住房,将住房质量因素纳入到测度计算中;二是剖析了住房成本的地区差异;三是考察了居民住房消费偏好差异。

尽管质量调整比率法考虑了住房品质、地域差异,并且不把强偏好的住房消费视为住房支付能力问题,完善了传统比率法。然而,质量调整比率法仍有一些问题没能解决。其局限性主要有:第一,没有考虑市场上相应住房的供给量是否满足低收入家庭的需求。质量调整比率法的前提是假设市场上相应住房供给充分,而实际情况并非如此,因此无法衡量供给不足情况下家庭的住房支付能力问题。第二,住房质量因素考虑得不全面,如未考虑区位和邻里等因素。第三,收入仍使用的是暂时收入,未考虑收入的增长。第四,数据获取比较难,且不容易计算。

尽管质量调整比率法对传统比率法进行了改进,但仍未考虑到低收入家庭的实际财务约束,即其中部分家庭甚至不能将他们微薄收入的25%~30%用于住房消费。到20世纪60年代以及70年代初期,质量调整比率法开始受到以迈克尔·斯通为代表的一些美国学者的激烈批判,他们极力提倡采用剩余收入法来衡量住房支付能力。从那以后,在国际住宅学界,剩余收入法被更多地用来评价居民家庭的住房支付能力问题。

(2) 剩余收入法

剩余收入法是以剩余值的形式间接衡量住房支付与家庭收入之间的关系。它可以是用收入减去基本非住房支出的剩余,即如果实际住房成本大于这个剩余,则认为该家庭(居民)存在住房支付能力问题,反之,则不存在。也可以是用收入减去实际住房支出的剩余,即如果剩余收入小于标准的非住房支出,则认为该家庭(居民)存在住房支付能力问题,反之,则不存在。不管是哪个剩余,剩余收入法都强调的是收入、住房成本和非住房成本之间的相互作用。为方便论述,本文所说的剩余指的是用收入减去基本非住房支出的剩余。

剩余收入法的基本内涵可用图2-3来表示,图中EF为家庭收入约束线,H^*为满足家庭住房基本需要的最低支出,NH^*为满足基本生活需要的非住房必需品的最低支出。在EF的收入约束下,若家庭收入分配得当的话,在A点恰好能满足最低的住房支出和非住房支出,从而具有住房支付能力。在区域Ⅰ中虽能满足最低的住房支出,但无法达到最低的非住房支出,而表现为该区域内的消费组合存在住房支付能力

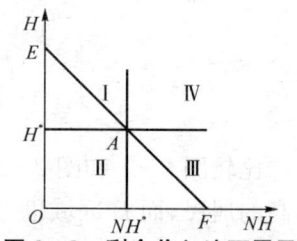

图2-3 剩余收入法下居民住房支付能力分布图

问题;同样在区域Ⅲ内虽能满足最低的非住房支出,但无法达到最低的住房支出,也表现为该区域内的消费组合存在住房支付能力问题;在区域Ⅱ中既没有满足最低的住房支出,也没有达到最低的非住房支出,从而该区域内的消费组合也存在住

房支付能力问题;在区域Ⅳ内既满足了最低的住房支出,也达到了最低的非住房支出,并且两者都有一定程度的扩展,表现为该区域内的消费组合不存在住房支付能力问题。总之,在区域Ⅰ、区域Ⅱ和区域Ⅲ的居民都存在住房支付能力问题,只有在区域Ⅳ中不存在住房支付能力问题。用公式表述为

$$Y - NH < P_H H^*, NH > NH^* \qquad (2-3)$$

与传统比率法和质量调整比率法相比,剩余收入法在逻辑上更加有力。

① 它兼顾了住房消费决定的主观性和住房消费的社会标准,可以研究不同收入群体的住房支付能力。

② 剩余收入法在评价居民住房支付能力时更具有客观性。比率法采用的住房支出占收入的25%或30%的标准是主观估计的,缺乏理论依据;而剩余收入法具有坚实的理论基础,即机会成本理论。事实上并非所有的住房支出比超过这一标准的家庭都存在住房支付能力问题,也并不是所有的低于这一标准的家庭就不存在住房支付能力问题。即比率法会高估小家庭和高收入家庭的住房支付能力,而低估了大家庭和低收入家庭的住房支付能力。如一些高收入家庭可能花费收入的80%用于住房消费,但仍然可以保持很高的生活水平,这种情况就不能得出"住房支出收入比超过30%即导致住房支付能力不足"的结论,也不能视为社会问题;一些极度贫困的家庭即使只把收入的10%用于住房消费,仍会面临严重的基本生活困难。

③ 更为重要的是,剩余收入法具有很强的政策含义,可根据住房可支付能力问题产生的原因,指导政府针对不同类型家庭制定不同的住房保障政策(如是否给予住房补贴以及住房补贴的额度等问题)。

与此同时,我们还应该看到剩余收入法的实际操作性问题,即基本的非住房消费支出标准的确定问题。目前国外常采用联邦贫困门槛线标准的四分之三或三分之二为家庭预算标准,国内有学者以当地最低20%收入家庭的非住房消费支出统计数据作为基本的非住房消费支出标准。即使不考虑联邦贫困门槛线标准和家庭预算标准的准确性问题,选取何种比例也存在很大的主观性,其本质上都忽略了同等收入对不同收入群体的福利效用差异。另外,剩余收入法中标准住房的确定也很难处理,现实中低收入家庭可以通过购买总价低于"标准住房"的住房来提高自身的住房支付能力。

总之,住房支付能力既有的评价的方法主要有传统比率法、质量调整比率法和剩余收入法,它们各具有优缺点,具体见表2-1所示。

表 2-1　住房支付能力既有评价方法优缺点一览表

评价方法	优势	不足
传统比率法	数据较易获取,公式简单,便于计算,且容易理解,便于进行跨地区和跨时间的比较	未考虑住房质量变化和家庭消费偏好,且未考虑不同收入阶层(组别)家庭的住房可支付能力的差异
质量调整比率法	考虑了住房品质和地域差异,逻辑性较强	未考虑到低收入家庭的实际财务约束
剩余收入法	兼顾了住房消费决定的主观性和住房消费的社会标准,更具有客观性,能研究不同收入群体的住房支付能力,并且具有较强的政策含义	实际操作性不强,难以确定基本的非住房消费支出标准

2.1.2　大学毕业生低收入群体住房消费能力评价模型的构建

1) 模型构建的理论基础介绍

(1) 可加性扩展线性支出系统效用函数

扩展的线性支出系统模型(Expend Linear Expenditure System,ELES)是经济学家 Liuch 于 1973 年在传统线性支出系统模型的基础上进行改进的模型。他用收入 I 代替传统线性支出系统模型中的预算 V,并将边际预算份额 b_i 的概念改为边际消费倾向。该模型克服了传统线性支出系统模型中待估参数难以估计的困难,广泛应用于居民消费结构分析。

传统线性支出系统模型是英国计量经济学家 R. Stone 于 1954 年提出的,他是在 Klein 和 Rubin 于 1947 年提出的直接效用函数的基础上推算出来的。

Klein 和 Rubin 于 1947 年提出的直接效用函数的一般形式为

$$U = \sum_{i=1}^{n} u_i(q_i) = \sum_{i=1}^{n} b_i \ln(q_i - \bar{q}_i), 0 \leqslant b_i < 1 \qquad (2-4)$$

其中 q_i 为某类收入阶层的居民对第 i 种商品的需求量,$\bar{q}_i$ 为某类收入阶层居民对第 i 种商品的基本需求量,即最低消费需求量,b_i 为第 i 种商品的边际预算份额。该效用函数认为,效用具有可加性,即总效用为各种商品的效用之和。

将公式(2-4)在预算约束 $V = \sum_{i=1}^{n} p_i q_i$ 下极大化,构造如下的拉格朗日函数:

$$L(q_1, q_2, \cdots, q_n, \lambda) = \sum_{i=1}^{n} b_i \ln(q_i - \bar{q}_i) + \lambda(V - \sum_{i=1}^{n} p_i q_i) \qquad (2-5)$$

由极值条件可以得出式(2-5)满足如下条件：

$$\begin{cases} \dfrac{\partial L}{\partial q_i} = \dfrac{b_i}{q_i - \bar{q}_i} - \lambda p_i = 0 \\ \dfrac{\partial L}{\partial \lambda} = \sum_{i=1}^{n} p_i q_i - V = 0 \end{cases} \quad i = 1, 2, \cdots, n \quad (2-6)$$

该方程组中共有 $n+1$ 个方程，利用前 n 个方程消去 λ，得出传统线性支出系统模型的一般形式：

$$V_i = p_i q_i = p_i \bar{q}_i + b_i (V - \sum_{j=1}^{n} p_j \bar{q}_j) \quad i, j = 1, 2, 3, \cdots, n, i \neq j \quad (2-7)$$

其中 V_i 即 $p_i q_i$ 为某类收入阶层居民对第 i 种商品的消费支出，V 为 n 种商品消费支出总和，即总消费支出。

由式(2-7)可以看出，某类收入阶层的居民对第 i 种商品的需求量是由两部分组成的：第一部分为基本需求量，即该类收入阶层居民维持基本生活所必需的最低消费需求量；第二部分为该类收入阶层居民的总预算扣除维持基本生活所必需的最低消费需求量的剩余部分中愿意用于对第 i 种商品的需求，该部分需求量与消费者的偏好有关。

在式(2-7)中存在两个待估参数：基本消费需求量 $\bar{q}_i$ 和边际预算份额 b_i。但是，由于总预算 V 是对 n 种商品消费需求支出总和，是一个内生变量，无法外生给出，因此使得该模型难以估计，限制了其在现实生活中的应用。因此，Liuch 用收入 I 代替预算 V、将边际预算份额 b_i 改为边际消费倾向 β_i。于是得出扩展的线性支出系统模型的表达式为

$$V_i = p_i \bar{q}_i + \beta_i (I - \sum_{j=1}^{n} p_j \bar{q}_j)(i, j = 1, 2, \cdots, n; 0 \leqslant b_i < 1; \sum_{i=1}^{n} \beta_i \leqslant 1)$$

$$(2-8)$$

其中，I 为可支配收入，β_i 为边际消费倾向。在该模型中，$p_i \bar{q}_i$ 为居民对第 i 种商品的基本消费支出；$\beta_i (I - \sum_{j=1}^{n} p_j \bar{q}_j)$ 为居民对第 i 种商品的超额消费支出。

将式(2-8)进行如下变形：

$$V_i = (p_i \bar{q}_i - \beta_i \sum_{j=1}^{n} p_j \bar{q}_j) + \beta_i I \quad (2-9)$$

$$\text{令 } \alpha_i = p_i \bar{q}_i - \beta_i \sum_{j=1}^{n} p_j \bar{q}_j, \text{则 } V_i = p_i q_i = \alpha_i + \beta_j I \quad (2-10)$$

式(2-10)是一个简单回归方程,可利用调查的消费支出数据求出 α_i、β_i 的估计值 $\hat{\alpha}_i$ 和 $\hat{\beta}_i$。

为此,得出

$$p_i \bar{q}_i = \hat{\alpha}_i + \frac{\hat{\beta}_i \sum_{i=1}^{n} \hat{\alpha}_i}{1 - \sum_{i=1}^{n} \hat{\beta}_i} \quad (2-11)$$

(2) 机会成本理论

剩余收入法的理论基础是机会成本,即在住房消费与非住房消费之间的选择与分配。早在1991年国外学者Whitehead就提出了机会成本是剩余收入法的根本逻辑基础的观点,他认为住房支付能力在本质上是住房与其他产品和服务的机会成本,在1993年另一学者Hancock也提出了类似的观点,认为现在所有有关住房支付能力的描述从本质上来看都是对机会成本的描述。为此可见机会成本在评判住房支付能力时具有重要的作用。

机会成本作为一个经济学概念,广泛地存在于个人、企业、政府的决策过程中。它是指一笔投资在专注于某一方面后所失去的在另外其他方面的投资获利机会,即在经济决策过程中,因选取某一方案而放弃另一方案所付出的代价或丧失的潜在利益,即选择最优方案而放弃次优方案的价值。由此可见,机会成本是由于资源的稀缺所引起的选择问题,当具有多种用途的稀缺资源使经济主体需要选择时,选择会带来成本,这一选择的成本就称之为机会成本。在运用机会成本进行决策选择时,应该坚持机会成本最小的原则,以实现经济资源利用效率的最大化。

机会成本最为重要的特点就是,它不同于经济生活中的实际成本,不是做出某项选择时实际支付的费用或实际造成的损失,而是对未来的预测。它的分析建立在所放弃的选择可能带来的收益上,而并非真正发生的收益或成本,是一种观念上的成本或损失。在西方经济学中,对机会成本的研究是借助于生产可能性曲线与帕累托最适度条件进行的。由于资源的稀缺性,不妨设定某一种资源的数量是既定的。于是,人们若将该项资源用于某一商品的生产,就不能用于另一种商品的生产,或者说,要增加某种商品的生产,就只能以放弃或减少其他商品的生产为代价。

若同时生产两种商品,则可以选择多种配合,每一种配合都表示既定数量的资源投入可以得到的产出。

假设收入为 I 的大学生,决定将其中 A 部分用于住房消费,那么 A 用于非住房消费所能带来的物质和精神上的收益就是 A 的机会成本,同理用于非住房消费的 B 部分收入的机会成本也就是将 B 用于住房消费所能带来的物质和精神上的享受。由于收入是固定的,只有在合理分配好住房消费与非住房消费的比例,才能使双方的机会成本达到最小取得平衡。居民在决定住房消费和非住房消费的分配比例时,根据各自的消费偏好和家庭结构又会存在差异,但是不管怎样,只要能同时满足最低的住房消费支出和非住房消费支出,我们就认为他不存在住房支付能力问题,否则存在住房支付能力问题。

(3) 住房引致贫困

住房引致贫困的概念首先是由 Stone(1993)在质疑传统住房消费占收入比例方法的基础上,提出用剩余收入法来评价居民的住房支付能力的过程中阐述的。他将由住房消费而造成的贫困称之为住房引致贫困,即在收入固定的情况下,在扣除相应标准的住房消费之后的剩余无法满足基本的非住房消费。这里所说的贫困既包括物质生活的缺乏,如在食品、衣着等方面的匮乏,也包括精神生活的缺乏,如由于基本生活需求没得到满足而产生的心理健康问题等。我们将 Stone 定义的这个住房引致贫困称之为直接的住房引致贫困。

随着政府对住房问题倍加重视,不断出现了如经济适用房、廉租房、公共租赁房等形式的保障性住房,但是由于在选址的时候过于仓促,导致大部分保障性住房处于地理位置较偏远的交通不便利区域,从而影响在此居住住户的就业,导致其缺少生活来源出现贫困。为此,本章将由于住房区位而引起的如就业等问题间接导致居民的生活贫困称之为间接的住房引致贫困。

总之,不管是由于住房消费直接或间接导致的生活贫困,都统称为住房引致贫困。在衡量大学毕业生低收入群体住房支付能力的时候应该考虑到这种潜在的因素,避免出现住房引致贫困。

2) 模型构建思路与构建过程

(1) 构建思路

在传统的住房支付能力评价方法中,比率法具有较大的主观性,而剩余收入法尽管有坚实的理论基础,但在确定住房标准的实际操作过程中又存在较大的主观性。为了能设计出一种更为清晰、合理、科学、实用的评价方法,使政府和大学毕业生自己能实时了解住房支付能力及其变化,并做出相应的调整,本章首先借鉴国外广泛应用的住房支付能力指数(Housing Affordability Index,HAI),根据效用函数可加性理论及机会成本理论对其进行修改,建立能反映大学毕业生低收入群体的住房支付能力指数,即修正的住房支付能力指数(Modified Housing Affordability

Index,MHAI)。其次,根据住房引致贫困理论建立租金消费结余(Rent Consumption Balance,RCB)指标,判断他们是否会因为租房而降低非住房基本生活消费支出而出现住房引致贫困问题。

具体思路如下:

① 根据大学毕业生的各项消费支出,测算不同收入层次的大学毕业生非住房生活必需品消费水平。

② 计算大学毕业生低收入群体的住房支出额。由于大学毕业生大部分是通过租赁的方式解决住房的,因此用其租金表示住房支出额。

③ 最后,根据公式计算出大学毕业生低收入群体的修正住房支付能力指数(MHAI)和租金消费结余(RCB)指标,并根据这两个指标来评价他们的住房支付能力。

(2) 构建过程

假定大学毕业生低收入群体为满足基本住房需要而在市场上租赁住房,并且市场上对这种住房的供应是足够的。

① 采用扩展的线性支出系统需求函数模型(Expend Linear Expenditure System,ELES)测算不同收入水平的大学毕业生的非住房生活必需品消费支出额,即非住房支出额。由于不同的消费主体会存在各种消费偏好,可能出现非住房支出过度或不足的不合理现象,采用扩展的线性支出系统模型可以消除这种不合理现象的影响。

② 采用租房支出测算住房支出额。由于大学毕业生大部分是通过租赁的方式来解决住房问题的,因此用其租金表示住房支出额,而本章主要评价的也是租房的大学毕业生低收入群体的住房支付能力。

③ 计算修正的住房支付能力指数(MHAI)和租金消费结余(RCB)指标。

3) 模型评价指标介绍

(1) 修正的住房支付能力指数

住房支付能力指数是国外发达国家房地产市场较为成熟条件下的一个分析指标,国外的许多咨询机构都发布这个数据(包括年度、季度、月度指数,分全国以及地方指数)。美国房地产经纪人协会(National Association of Realtors,NAR)在1980年将住房支付能力指数定义为:根据住房消费比例(住房消费支出占收入的比例)的上限要求,评价市场中处于中位数收入水平的家庭对处于中位数价格住宅的承受能力。若该指数大于等于100%,则目前的房价没有超过居民的支付能力,反之则存在支付能力问题。

其计算公式为

$$HAI = \frac{MEDINC}{QINC} \times 100\% = \frac{MEDINC}{12 \times 4 \times PMT} \times 100\% \qquad (2-12)$$

$$PMT = MEDPRICE \times 0.8 \times i \times \frac{(1+i)^{12n}}{(1+i)^{12n}-1} \qquad (2-13)$$

其中，$MEDINC$ 代表中位数家庭收入；

$QINC$ 代表获得中位数价格住宅贷款资格必需的收入；

PMT 代表月本利支出额，贷款成数按八成计算；

$MEDPRICE$ 代表住宅的中位数价格；

i 代表月抵押贷款利率（为年利率的 1/12）；

n 代表贷款年限。

研究发现，NAR 提出的住房支付能力指数计算方法存在一个较大的缺陷，即在公式 2－12 中的"4"是根据住房支出占可支配收入的 25% 来确定的，是一个经验数据，主观性较强。

自该种计算方法提出之后，国内外学者纷纷认识到这一方法的局限性，即具有较大的主观性，学者们也试图对这一公式进行完善。郑思齐（2007）用中位数家庭收入除以家庭具备购房能力的最低收入来计算 HAI，很显然未考虑家庭的非住房消费支出。

因此，为了在一定程度上克服比率法、剩余收入法所具有的主观性，住房承受能力指数及其修正方法仍具有局限性的缺陷，本章运用效用函数可加性原理，对住房支付能力指数的计算公式进行修正，将不同收入层次居民的非住房消费支出纳入其中，并使其运用于评价大学毕业生低收入群体的住房可支付能力。

本章舍弃套用 25% 的标准，直接将居民维持基本生活所需的月生活开支（不包括房租和住房贷款）加上每月必需的月还贷支出额（对于大学毕业生低收入群体来说则可为每月必须支出的房租），作为居民每月必要的收入。因为除了住房消费，居民还得有其他维持基本生活所需的非住房消费，例如食品支出、衣着支出、医疗保健支出等。则有

$$MHAI = \frac{MEDINC}{QINC} \times 100\% = \frac{I}{R+C} \times 100\% \qquad (2-14)$$

其中，C 代表居民非住房消费月基本支出；

R 代表维持基本住房需要的住房的市场月租金；

I 代表居民月可支配收入。

从效用函数可加性的原理出发，可加性扩展线性支出系统效用函数考虑了在住房消费偏好、家庭结构类型等不同的情形下家庭消费需求的变化，同时涉及家庭非住房、住房等两大类支出，完整地描述了家庭消费受家庭预算约束条件下在非住房、住房两大类消费之间进行选择、组合的特征。而剩余收入理论从机会成本角度

直观地描述了家庭预算约束在非住房、住房支出之间进行分配。

(2) 租金消费结余

租金消费结余(RCB)指的是剩余收入与住房支出额的差值,即月剩余收入与月租金的差值。如果 $RCB<0$,则表示居民只有通过降低非住房消费基本生活开支才能支付每月的租金;反之,如果 $RCB>0$,则表示居民不会因为租房而降低家庭非住房消费基本生活开支。具体计算方法为

$$RCB = RS - R \tag{2-15}$$

$$RS = I - C \tag{2-16}$$

其中,RS 代表剩余收入,为可支配收入与非住房消费基本生活开支的余额;I 代表居民月可支配收入。其他指标含义同前。

4) 模型应用步骤

大学毕业生低收入群体住房支付能力评价模型的具体应用步骤如图 2-4 所示:

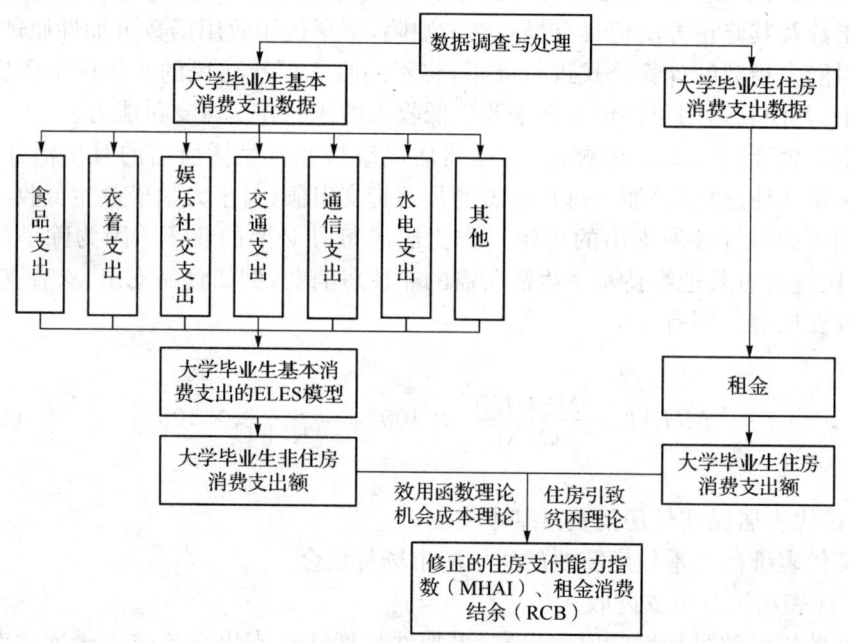

图 2-4 大学毕业生低收入群体住房支付能力评价模型应用步骤

在图 2-4 中,我们可以发现该评价模型的应用关键是对大学毕业生非住房消费支出额和住房消费支出额的测算。

第一,大学毕业生非住房消费支出额的测算。我们这里所说的大学毕业生都是未婚,所以其非住房消费与家庭的存在一定的差别,主要包括食品、衣着、交通、通信(电话、上网)、娱乐社交、水电费、其他(医疗、储蓄、偿还助学贷款等)。我们可以根据对这些支出的调查数据直接计算其非住房消费支出额。但是不排除存在这样一些大学毕业生:他们收入并不算高,而其非住房消费支出额却超出社会的一般水平,明显存在畸高的情形,如果以此非住房消费支出额来测算其住房支付能力指数和租金消费结余的话,显然会得到不合理的数据,影响我们的判断。为避免出现这一不合理现象,本章对样本数据中的大学毕业生按收入进行分层处理,运用 ELES 模型测算不同收入层次大学毕业生的非住房消费支出额,并以此来测算相应收入层次的大学毕业生的住房支付能力,最后在与其他各收入层次大学毕业生的比较中重点分析大学毕业生低收入群体的住房支付能力。运用 ELES 模型测算非住房支出额的另一个好处,就是可以不调查某大学毕业生的非住房消费支出情况,只需知道他的可支配收入就可以推断出该毕业生的非住房支出水平,从而减少工作量,节省资源。

第二,大学毕业生住房消费支出额的测算。由于目前大学毕业生租房的比例较高,接近 90%,所以以月住房租金来计算其住房支出额。

2.1.3 大学毕业生低收入群体住房消费能力实证分析

1) 数据的获取与处理

本章实证分析中,测算大学毕业生低收入群体非住房消费支出时用到的数据来源于我们在南京市所做的 515 份有关他们消费支出的调查数据,包括食品支出(x_1)、衣着支出(x_2)、娱乐社交支出(x_3)、交通消费支出(x_4)、通信消费支出(x_5)、水电消费支出(x_6)、其他(包括医疗、储蓄、偿还助学贷款等,x_7)等非住房消费支出。评价指标中所需的收入为调查获得的大学毕业生的月收入数据。

由于收入是影响居民消费的主要因素,因此在使用 ELES 模型测算大学毕业生的非住房消费支出额时对大学毕业生按收入分层处理。尽管在现实生活中,居民消费支出受到各种因素的影响,比如收入水平、商品价格水平、消费偏好、类似商品价格、消费者年龄等,但是其中最重要的因素还是消费者的收入水平。假设这些因素中除收入以外的其他因素保持不变,则居民消费支出水平可表示为居民收入的函数。即

$$C = f(y) \tag{2-17}$$

其中,C 代表消费,y 代表收入。

很显然,由于居民消费水平是居民收入水平的函数,而居民之间存在收入差

异,为此居民消费具有层次性。另外需要说明的是,由于我们在调查之前无法确定被调查者的收入到底是多少,为此我们只能先调查再找出我们需要的样本,而又因为在调查的样本中有近八成的被调查者收入在 3 000 元以下,基于此,本章只重点分析收入在 3 000 元以下的大学毕业生低收入群体,并且为了从不同收入层次大学毕业生的差异比较中突出低收入层次的非住房消费支出,同时又考虑层次划分过多带来实证结果不显著,样本大学毕业生按收入划分为两个层次,即第一组为年收入 1.8 万元以下(含 1.8 万元),第二组在 1.8 万元和 3.6 万元之间。各组具体样本数如表 2-2 所示。

表 2-2 样本数据分组表

组别	年收入(万元)	样本个数	所在比重(%)
第一组	1.8 以下	81	19.61
第二组	1.8~3.6	332	80.39
合计		413	100

各分组中变量描述如表 2-3 所示。

表 2-3 分组数据描述性统计

描述统计指标	月收入 (I)	食品 (x_1)	衣着 (x_2)	社交 (x_3)	交通 (x_4)	通信 (x_5)	水电 (x_6)	其他 (x_7)
第一组:1.8 万元以下								
平均值	1 362.96	527.53	199.01	220	78.89	54.86	147.84	184.32
中位数	1 500	570	205	225	85	60	155	195
最大值	1 500	630	210	230	90	65	170	205
最小值	1 000	400	180	200	60	45	120	150
标准差	174.24	59.76	8.78	10.37	8.84	6.75	15.47	16.95
观测值	81	81	81	81	81	81	81	81
第二组:1.8 万~3.6 万元								
平均值	2 046.69	566.64	301.3	315.6	99.79	71.45	167.18	190.00
中位数	2 000	590	300	315	100	70	160	190
最大值	3 000	910	435	375	155	115	270	267
最小值	1600	400	230	280	60	45	120	100
标准差	384.94	101.25	34.63	25.49	23.94	18.07	37.51	45.89
观测值	332	332	332	332	332	332	332	332

2) 数据分析过程
(1) 非住房支出的测算

在实证过程中,非住房支出用非住房基本消费支出代替,按 ELES 模型中居民基本消费需求计算。根据已构建的 ELES 模型,利用调查的样本数据进行模型参数的估算,得出式(2-11)中 α_i、β_i 的估计值 $\hat{\alpha}_i$ 和 $\hat{\beta}_i$,具体见表 2-4 所示。

表 2-4 ELES 模型参数估计结果

组别	参数	食品支出 (x_1)	衣着支出 (x_2)	社交支出 (x_3)	交通支出 (x_4)	通信支出 (x_5)	水电支出 (x_6)	其他支出 (x_7)
第一组	$\hat{\alpha}_i$	70.988 0	131.193 3	140.185 9	10.923 3	29.707 9	4.037 4	52.647
	$\hat{\beta}_i$	0.335 5	0.049 9	0.058 6	0.049 9	0.086 6	0.037 2	0.096 8
	R^2	0.948 7	0.936 6	0.964 7	0.942 8	0.936 3	0.936 5	0.975 1
	调整 R^2	0.947 9	0.935 6	0.964 1	0.941 8	0.935 2	0.935 4	0.974 7
	$D-W$ 值	2.156 1	1.548 2	2.176 6	1.719 8	1.798 8	2.043 0	2.020 7
第二组	$\hat{\alpha}_i$	89.905	144.783	183.497	20.543	30.555	22.165	36.286
	$\hat{\beta}_i$	0.233	0.077	0.064	0.059	0.096	0.046	0.136
	R^2	0.766	0.848	0.95	0.895	0.971	0.949	0.89
	调整 R^2	0.765	0.848	0.95	0.895	0.971	0.949	0.89
	$D-W$ 值	1.987	1.583	1.638	1.741	1.648	1.924	1.891

① R^2 值与 $D-W$ 值

计算结果表明,各组 ELES 模型中,样本各项消费支出参数估计值的 t 检验值均大于 2.39,即通过了显著性水平为 1% 的显著性检验,拟合度较好。同时,各组 ELES 模型参数估计中 $D-W$ 值均大于 1.5,说明变量之间不存在共线性,估计结果可以接受。可以利用该模型对各组样本大学毕业生的基本消费支出结构进行定量分析。

② α_i

截距项 α_i 表示各收入层次大学毕业生的经济水平对食品支出、衣着支出、娱乐社交支出、交通支出、通信支出、水电支出及其他支出等的最初影响。从截距项的大小看,收入对两组大学毕业生的每一类非住房消费支出的影响各不相同。但从总体上看,随着他们收入的增加,各类别非住房消费支出除少数类别外,均有增加的趋势。

根据 ELES 模型参数估计结果,各组大学毕业生低收入群体的非住房基本消

费总支出的计算式为

$$\sum_{i=1}^{n} p_i \bar{x}_i = \frac{\sum_{i=1}^{n} \alpha_i}{1 - \sum_{i=1}^{n} \beta_i} \quad (2-18)$$

由式(2-18)可以计算出各组大学毕业生低收入群体的非住房基本消费总支出(见表2-5)。

表2-5 大学毕业生低收入群体非住房基本消费总支出

组别	$\sum_{i=1}^{n}\alpha_i$	$\sum_{i=1}^{n}\beta_i$	$1-\sum_{i=1}^{n}\beta_i$	$\sum_{i=1}^{n}p_i\bar{x}_i$
第一组	439.682 8	0.714 5	0.285 5	1 540.04
第二组	527.734	0.711	0.289	1 826.07

从表2-5可以看出,两组大学毕业生低收入群体的非住房基本消费总支出分别为1 540.04元/月、1 826.07元/月。按南京市统计年鉴,2010年低收入户(可支配收入为1 181.17元/月)和中等偏下收入户(可支配收入为1 554.33元/月)家庭的家庭消费总支出分别为2 321.55元/(月·户)、2 727.12元/(月·户)(按2010年南京市户均人口为2.68人计算)。由于计算的大学毕业生低收入群体非住房消费总支出为其个人的,而低收入户和中等偏下收入户是按照家庭户均人口为2.68来计算的,考虑到这2.68中还有是没有收入的家庭成员,为此将其家庭总消费支出的2/3作为大学毕业生低收入群体非住房基本消费总支出的参照标准。即按照2010年南京市统计年鉴,这两组大学毕业生低收入群体的非住房基本消费总支出应该为1 547.7元/月、1 818.08元/月。以ELES模型测算得出的各组大学毕业生低收入群体非住房支出数据是合理的。

(2) 住房支出的测算

根据我们的调查发现,绝大多数大学毕业生低收入群体的居住方式都为租房的方式,但是考虑到收入的限制,往往选择的都是些居住环境较差的住房,降低了他们本应该有的住房条件。为此,本章对住房支出的测算分为两种情况来考虑。

① 采用调查得到的住房支出的数据,即每月的租金(其中与父母一同居住的租金记为0,而已购房的按他们每月的月供来计算)测算他们目前这种居住条件下的住房支付能力。这种测算方式考虑了他们在资金有限下的住房消费偏好、住房价格等因素的差异性。

② 不考虑不同个体的收入、住房消费偏好及住房价格等因素对住房选择的影响,他们完全从市场上获得住房。他们同样是采用的租房的形式,租金采用南京搜房网公布的 2011 年南京市单间住房的市场租金 710 元/月,以此来计算他们对市场租金的支付能力。

(3) 修正的住房支付能力指数和租金消费结余指标

根据式 2-14 和式 2-15,结合 ELES 模型测算出各组大学毕业生低收入群体的非住房基本消费支出额,计算两种情况下大学毕业生低收入群体修正的住房支付能力指数(图 2-5、图 2-6 所示)。其中◆表示的是情况一下 MHAI、RCB 值;■表示的是情况二下的 MHAI、RCB 值,分别用 MHAIi 和 RCBi 表示。

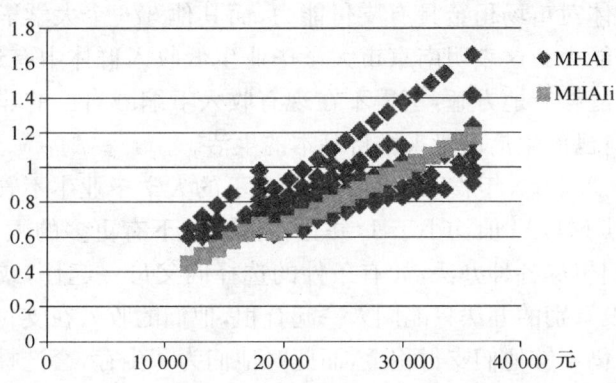

图 2-5 两种情况下样本数据的 MHAI 散点分布图

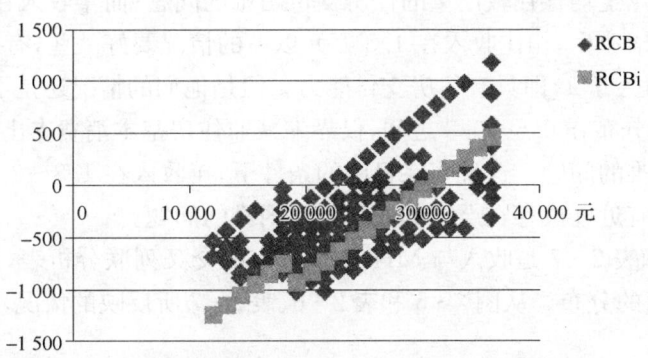

图 2-6 两种情况下样本数据的租金消费结余散点分布图

3) 测度结果分析

(1) MHAI 结果分析

比较图中两种情况下的 MHAI 值变化情况我们可以发现,从总体上看,大学毕业生低收入群体在情况二下的住房支付能力较情况一下的差,这是因为很多个体的租金增大了许多,从而导致 MHAI 数值的下降。表 2-6 和表 2-7 具体描述了这两种情况下 MHAI 值的分布情况,从表中我们可以发现:

① 按照他们目前的居住条件来计算的 MHAI 值中有 86.44% 的被调查者 MHAI 值小于 1,仅有 13.56% 的被调查者 MHAI 值大于 1。即有近九成的被调查者存在住房支付能力困难的问题,而其中又以 MHAI 值在 0.6~0.8 之间居多,占总调查人数的 47.22%。而在那 13.56% 的被调查者中,又以同父母一起居住和住在集体宿舍为主,所占的比例为 80.36%。这也从侧面反映了为什么会有这么多的被调查者的居住方式会是同父母一起住和住在集体宿舍;在情况二下的 MHAI 值就没有那么乐观,仅有 8.96% 的被调查者 MHAI 值在 1 以上,即只有 37 个大学毕业生低收入群体对市场租金具有支付能力,而其他 376 个大学毕业生低收入群体都不具有支付能力。这表明南京市大学毕业生低收入群体中有近九成的人,为了保证自己晚上能够有地方睡,不得不在现有收入下缩减自己的非住房基本消费支出,即以降低自己的生活质量来维持基本的生活。

② 按分组收入来看,年收入在 1.8 万元以下的大学毕业生不管是在情况一下还是情况二下,其 MHAI 值均小于 1,并且在情况二下有更多的人 MHAI 值低于 0.6。即尽管他们想尽各种办法,如有条件的选择同父母一起住,或是住单位提供的职工宿舍,或没有别的办法只能同人一起合租,他们的收入在支付完非住房基本消费的剩余收入仍不够他们支付租金,而此时他们为了生存,会选择降低自己的非住房基本消费的标准,这样就出现了"住房引致贫困"。这表明,年收入在 1.8 万元以下的大学毕业生均存在较严重的住房支付困难的问题;而年收入在 1.8~3.6 万元之间的大学毕业生,相比收入在 1.8 万元以下的情况要好一些,有一成左右的毕业生 MHAI 值大于 1,即具有住房支付能力。但是他们的情况还是不容乐观的,其 MHAI 值主要分布在 0.6~0.8 之间,仅靠缩减非住房基本消费支出无法解决他们的住房支付困难的问题。这说明在目前的条件下,年收入在 1.8~3.6 万元之间的大学毕业生中有近九成存在严重的住房支付困难的问题。

表 2-6 和表 2-7 是收入与 MHAI 值分布的交叉列联分析表,从收入的角度反映 MHAI 值的分布。从图 2-5 和表 2-6、表 2-7 所反映的情况,我们可以得出以下一些结论:

① 随着大学毕业生低收入群体收入的提高,MHAI 值也随之提高。不管是图 2-5 还是图 2-6 所反映的大学毕业生低收入群体的 MHAI 散点图,它都反映了这样一个趋势,即随着他们收入的提高,他们的 MHAI 值也随之稳步增长。

表 2-6 情况一的大学毕业生低收入群体 MHAI 值具体分布

			MHAI 值分布范围				合计
			1.0 以上	0.8~1.0	0.6~0.8	0.6 以下	
年收入	1.8万元以下	频数(个)	0	9	67	5	81
		比例(%)	0	11.11	82.72	6.17	100
	1.8万~3.6万元	频数(个)	56	148	128		332
		比例(%)	16.87	44.58	38.55		100
合计		频数(个)	56	157	195	5	413
		比例(%)	13.56	38.01	47.22	1.21	100

表 2-7 情况二的大学毕业生低收入群体 MHAI 值具体分布

			MHAI 值分布范围				合计
			1.0 以上	0.8~1.0	0.6~0.8	0.6 以下	
年收入	1.8万元以下	频数(个)	0	0	51	30	81
		比例(%)	0	0	62.96	37.04	100
	1.8万~3.6万元	频数(个)	37	90	205	0	332
		比例(%)	11.14	27.11	61.75	0	100
合计		频数(个)	37	90	256	30	413
		比例(%)	8.96	21.79	61.99	7.26	100

② 年收入不同,MHAI 值可能相同。图 2-5 的 MHAI 值散点图同时也表明,大学毕业生低收入群体收入虽有不同,但 MHAI 值一样,即有相同的住房支付能力。这种情形主要存在于收入位于接近分组点两侧的大学毕业生中,即年收入在 1.8 万元左右的大学毕业生低收入群体。主要是因为按收入分组后,收入不同,各组非住房基本消费支出额不同,计算出的剩余收入却完全相同,出现 MHAI 值相同的情况,显示出这些大学毕业生具有相同的住房支付能力。因此,居民家庭可支配收入不同,考虑不同的家庭消费偏好,仍然可能具有相同的住房支付能力。

③ 总的来说,不管是在情况一下还是情况二下,大学毕业生低收入群体的 MHAI 值集中分布在 0.6~0.8 之间,都存在严重的住房支付困难的问题。因为从剩余收入的角度看,MHAI 值在 0 至 0.8 之间的大学毕业生低收入群体,具有住房支付困难问题的可能性更大一些。对于那些 MHAI 值高的大学毕业生低收入群体,可以通过压缩非住房基本消费总支出来提高他们的住房支付能力。但随着

MHAI值的逐渐降低,非住房基本消费总支出压缩的空间会越来越小,达到具备住房支付能力水平的难度就越来越大。即使能够压缩非住房消费支出达到具备住房承受能力的水平,极有可能导致生活贫困,即"住房引致贫困"。

(2)租金消费结余(RCB)指标结果分析

从图2-6中可以看出,总的来说,情况一下的样本数据的租金消费结余要比情况二下的好,这也反映了大学毕业生低收入群体采取了措施来提高他们的住房支付能力。其中具体的分布见表2-8和表2-9所示:

表2-8 情况一的RCB分布情况

			RCB值分布范围		合 计
			0以上	0以下	
年收入	1.8万元以下	频数(个)	0	81	81
		比例(%)	0	100	100
	1.8万~3.6万元	频数(个)	56	276	332
		比例(%)	16.87	83.13	100
合 计		频数(个)	56	357	413
		比例(%)	13.56	86.44	100

表2-9 情况二的RCB分布情况

			RCB值分布范围		合 计
			0以上	0以下	
年收入	1.8万元以下	频数(个)	0	81	81
		比例(%)	0	100	100
	1.8万~3.6万元	频数(个)	37	295	332
		比例(%)	11.14	88.86	100
合 计		频数(个)	37	376	413
		比例(%)	8.96	91.04	100

从表2-8和表2-9中可以看出,两种情况下的RCB值均较小,且有近90%的被调查者RCB值小于0,表明这些被调查者中存在"住房引致贫困"的现象。

(3)MHAI与RCB对比结果分析

比较表2-6、表2-7、表2-8和表2-9,我们可以看出:

① MHAI和RCB判断指标的一致性。即在两种情况下,MHAI值小于1所

占比例和 RCB 值小于 0 所占比例的大小是一样的。这是因为它们都借鉴了剩余收入的思想。表明了这两个指标在判断住房支付能力上的一致性。

② 凡是 MHAI 值大于 1 的,其 RCB 值也大于 0;反之,所有 MHAI 值小于 1 的,其 RCB 值也小于 0。这说明 MHAI 值小于 1 的被调查者都存在"住房引致贫困"的现象。

4) 大学毕业生低收入群体住房消费能力低的原因分析

任何事物的产生都是有其出现的原因所在,同样大学毕业生低收入群体住房消费能力低的产生也存在各方面的原因,例如房价过高和收入过低等。

根据住房支付能力的衡量指标——住房可支付性指数的定义,我们可以发现房价(租金)和收入对住房消费能力的影响至关重要。

(1) 房价(租金)过高

房价过高是导致大学毕业生低收入群体住房支付能力过低的一个主要内在因素。房价高,首先表现出来的就是难买房,而即使买房了月住房支出也较多,就会导致住房支出收入比较高,最终表现为住房支付能力低。而由于房价高,

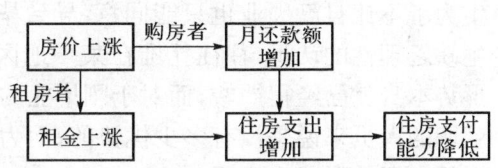

图 2-7 房价对住房支付能力影响的流程图

很多人没有能力买房而只能选择租房,这样租房市场的需求量就会增加,再根据供求理论租金也会增加,即房价的上涨无形中会促使租金上涨,而大学毕业生低收入群体中绝大多数是靠租房来解决住房问题的,租金的上涨自然而然就会增加他们的住房支出,最终导致他们的住房支付能力较低。具体见图 2-7 所示。

我国的房价之所以会过高,主要是在以下两种因素的综合作用下产生的:

首先,强烈的住房需求。价格是由供需决定的,我国的房价高,根本上是需求旺盛的缘故。而我国的住房需求之所以会这么高,有以下两个方面的影响:一方面,大部分人都有着一种"恋房情结",总觉得拥有一套属于自己的房子才有安全感。国人心目中的小康生活是"耕者有其田,居者有其屋"。《辞海》在解释"家"这个字时也提到,"宀"即房屋,意为有房才有家,正是这种"有房才有家"的思想形成了刚性的买房需求;另一方面,我国的传统观念认为租房不如买房。租的房子始终是别人的,用别人的房子去成家立业,多多少少总会有种"寄人篱下"的感觉。

其次,宽松的房地产信贷政策。有报告指出,高房价最直接的推手是我国较为宽松的信贷政策和优惠税收政策。前不久在华盛顿参加国家货币基金组织和世界银行年会的央行行长周小川表示,房价涨速过快是宽松货币政策的一些负面影响。随着国内房价的快速上涨,银行在房地产市场的竞争中进一步加剧,各银行为了争夺市场份额,让大量的银行信贷资金流入房地产市场,银行信贷快速扩张使得银行资金高度向房地产市场聚集,从而推高了国内房价上涨,吹大了国内房地产市场的

泡沫,致使银行成为了房价暴涨的幕后推手。由此看来,宽松的货币政策带来的流动性充裕为房价快速上涨提供了"温床"。

(2) 收入低且工作不稳定

收入是影响住房支付能力又一重要的内在因素。由于大学毕业生低收入群体收入普遍较低,主要在3 000元以下,这从根本上导致了其住房支付能力偏低。不管是采用住房支出收入比、剩余收入指标还是住房可支付性指数来衡量他们的住房支付能力,其收入都与住房支付能力之间存在正相关的关系。

刚毕业的大学生收入之所以低,是有其特殊原因的:首先最大的一个问题就是就业难,而出现就业难的最本质原因就是就业市场上供大于求,往往一份工作就有上百人甚至更多去应聘,这样一种一对多的状况,就会促使企业压低工资,而毕业生为了不让自己失业也只能同意,导致毕业生在就业市场上处于弱势;其次,毕业生缺乏理性的认识,往往扎堆在某一地区,比如长三角地区,由于这些地方的就业形势本身就已经很严峻,而对于刚毕业的大学生来说,他们相对于在该地区的已经就职的人员来说是没有多少优势的,而为了实现呆在大城市的愿望,他们最终只能以低工资的形式来实现。

除了以上所分析的两个原因外,还存在住房供给结构、居民住房消费偏好等外界因素的影响。

(3) 住房供给结构不合理

由于大学毕业生低收入群体的特殊需求,而市场上能满足他们需求的住房数量有限或是没有,为此导致他们的住房支出增加,从而降低他们的住房支付能力。更值得一提的是,有些功能对于他们来说是过剩的,但是受现有住房市场的限制,导致他们不得不为这一过剩功能支出,这也从一定程度上降低了他们的住房支付能力。

(4) 住房消费偏好不合理

住房的选择需要受到不同主体的住房消费偏好的影响,而不同的住房消费偏好也会影响各主体的住房支付能力。根据调查数据显示,大学毕业生低收入群体主要是年龄分布在24~30岁之间的未婚青年,受国外超前消费的影响较深,追求享受,使住房消费与自己的收入不匹配,导致住房支付能力偏低。

(5) 家庭负担较重

据我们调查发现,南京市大学毕业生低收入群体中有86.99%的是未婚,即没有组织自己的家庭,仍属于父母组成的这个大家庭中,而这部分人群中又以来自农村的居多。众所周知,目前我国农村家庭收入水平不高,而且往往兄弟姐妹较多。在我们的调查过程中发现,有50.7%的被调查者家里有2个及以上的兄弟姐妹,并且大部分都接受了或将接受高等教育。根据有关机构的调查发现,我国培养一个大学生需要49万元的成本,这对于一个农村家庭来说是一笔很大的开销,而要是有2个或以上的小孩,这笔支出将大大增加。因此,为了让自己的小孩顺利完成学业,父母只好选择借钱或是学生在学校申请助学贷款,这就造成刚毕业的大学生需要帮助父母承担自己以往的教育成本,比其他家境好的同学多承受了一些债务。因此,为了尽快还清债务,他们会缩减一切可以减少的支出,这其中就包括住房和维持基本生活消费的支出,这样他们的住房消费能力就受到很大的影响,会尽可能地减少。

总之,大学毕业生低收入群体住房支付能力低主要是受房价过高和收入偏低的制约,再加上市场上提供的住房往往功能过剩及他们本身存在的一些超前的不合理住房消费偏好,最终在内外因素的共同作用下,导致了他们总体的住房支付能力偏低。

2.1.4 大学毕业生低收入群体住房消费能力影响因素的 Logistic 回归分析

通过对南京市大学毕业生低收入群体的住房消费现状及住房支付能力的分析,可以看出他们的住房消费并不是一个孤立的行为,其住房消费行为及住房消费能力主要受收入的影响,但是它还受其他一系列因素的影响,比如性别、受教育程度、户口等,而找出其中的主要因素,对于改善大学毕业生低收入群体住房消费现状及提高他们的住房支付能力有重要的理论和现实意义。

1) 影响大学毕业生低收入群体住房消费能力的因素分析

住房支出对于收入有限的大学毕业生低收入群体来说,是一笔很大的支出。它受到各种因素的影响,大学毕业生需要综合考虑各方面的因素来决定采取哪种居住方式,或是选择在哪里租、租一个多大面积的住房。但总的来说,可以分为(1)与住房有关的因素,如居住方式、住房面积、住房所处的位置、租金等;(2)与住房无关的因素,如收入、年龄、受教育程度、婚姻状况等表示个体特征的因素。

(1) 住房因素

表2-10 住房因素与MHAI值的交叉列联分析统计表

			MHAI值分布范围				合 计
			1.0以上	0.8~1.0	0.6~0.8	0.6以下	
居住方式	和父母一起居住	频数(个)	31	30	13	0	74
		比例(%)	41.89	40.54	17.57	0	100
	单位宿舍	频数(个)	13	32	19	1	65
		比例(%)	20.0	49.23	29.23	1.54	100

续表

			MHAI值分布范围				合计
			1.0以上	0.8～1.0	0.6～0.8	0.6以下	
居住方式	租房	频数(个)	12	84	157	4	257
		比例(%)	4.67	32.68	61.09	1.56	100
	已购房	频数(个)	0	11	6	0	17
		比例(%)	0	64.71	35.29	0	100
住房位置	市区	频数(个)	31	70	77	3	181
		比例(%)	17.13	38.67	42.54	1.66	100
	郊区	频数(个)	15	42	64	1	122
		比例(%)	12.29	34.43	52.46	0.82	100
	开发区	频数(个)	10	45	54	1	110
		比例(%)	9.09	40.91	49.09	0.91	100
人均住房面积	15 m² 以下	频数(个)	16	59	72	4	151
		比例(%)	10.60	39.07	47.68	2.65	100
	15～20 m²	频数(个)	22	56	94	1	173
		比例(%)	12.72	32.37	54.33	0.58	100
	20～30 m²	频数(个)	11	18	20	0	49
		比例(%)	22.45	36.73	40.82	0	100
	30 m² 以上	频数(个)	7	24	9	0	40
		比例(%)	17.50	60.00	22.50	0	100
租金	300 元以下	频数(个)	39	60	33	2	134
		比例(%)	29.10	44.78	24.63	1.49	100
	300～600 元	频数(个)	8	49	89	3	149
		比例(%)	5.37	32.89	59.73	2.01	100
	600～1 200 元	频数(个)	9	36	71	0	116
		比例(%)	7.76	31.03	61.21	0	100
	1 200 元以上	频数(个)	0	12	2	0	14
		比例(%)	0	85.71	14.29	0	100
合计		频数(个)	56	157	195	5	413
		比例(%)	13.56	38.01	47.22	1.21	100

① 居住方式

用 SPSS 对大学毕业生低收入群体的居住方式与住房支付能力做交叉列联分析,结果如表 2-10 所示。从表中频数与百分比统计可见,选择不同居住方式的大学毕业生低收入群体其 MHAI 值确实存在差异。同父母住在一起的其 MHAI 值在 1 以上的分布最多,其次是住在集体宿舍,而租房者的 MHAI 值多数分布在 0.6~0.8 之间,存在较大的住房支付困难的问题。而由于购房者在总样本中所占的比例最小,以致其 MHAI 值的分布与实际存在一定的差异。

② 人均住房面积

从表 2-10 中统计的数据我们可以知道,人均住房面积的不同也会引起 MHAI 值的不同。人均住房面积在 30 m^2 以下的,其 MHAI 值有近半数的是在 0.6~0.8 之间,即存在严重的住房支付困难的问题。并且随着人均住房面积的增大,其 MHAI 值有下降的趋势,这表明人均住房面积与 MHAI 值之间可能存在一种负相关的关系。

③ 住房位置

根据表 2-10 所反映的情况,我们可以得出以下的信息:住房所处的位置不同,其 MHAI 值也存在一定的差异,但是这种差异相较前两者而言,不是特别明显。这表明住房位置与 MHAI 值之间可能不存在显著性的相关关系,或者这种显著性关系比较弱,可以忽略不计。

④ 租金

从 MHAI 的定义中我们就知道,租金是影响 MHAI 值的一个重要因素,而表 2-10 所列出的统计数据也验证了这一关系。租金在 300 元以下的 MHAI 值较大,其中有 29.10% 的 MHAI 值大于 1,几乎占所有 MHAI 值大于 1 的 70%。另外,随着租金的增加,其 MHAI 值也出现了下降的趋势,这表明其可能同人均住房面积一样,与 MHAI 值之间可能存在一种负相关的关系。

(2) 非住房因素

由于影响居民住房支付能力的非住房因素较多,结合以往文献总结出的影响家庭住房支付能力的非住房因素,如性别、年龄、收入等,本章对这些因素进行简单的分类:第一类,描述个体的人口学特征因素,包括性别、年龄、文化程度、户口、婚姻状况、结婚时间、兄弟姐妹数量;第二类,表示个人工作和收入状况的因素,包括工作年限、月收入、上班的交通工具。下面通过 SPSS 运用交叉列联对这两类因素对 MHAI 值的影响进行简单的分析:由于被调查者绝大多数是未婚的,因此不对婚姻状况和结婚时间进行交叉列联分析;而对兄弟姐妹数量的交叉列联分析考虑分项较多,而可能只在是否为独生子女之间存在 MHAI 值的差异,因此合并其他选项只分析是否为独生子女;而对于收入这一项,由于在上一章中就定性地讨论了它与 MHAI 值的关系,为此在交叉列联分析中就不再讨论。最终的分析结果见表

2-11 和表 2-12 所示。

表 2-11 个体人口学特征因素与 MHAI 值交叉列联分析统计表

			MHAI 值分布范围				合计
			1.0 以上	0.8~1.0	0.6~0.8	0.6 以下	
性别	男	频数(个)	27	76	83	3	189
		比例(%)	14.29	40.21	43.91	1.59	100
	女	频数(个)	29	81	112	2	224
		比例(%)	12.95	36.16	50.00	0.89	100
年龄	21 岁以下	频数(个)	1	12	19	3	35
		比例(%)	2.86	34.28	54.29	8.57	100
	21~25 岁	频数(个)	31	89	142	2	264
		比例(%)	11.74	33.71	53.79	0.76	100
	25~30 岁	频数(个)	18	50	34	0	102
		比例(%)	17.65	49.02	33.33	0	100
	30 岁以上	频数(个)	6	6	0	0	12
		比例(%)	50.00	50.00	0	0	100
文化程度	大专以下	频数(个)	0	7	16	1	24
		比例(%)	0	29.17	66.67	4.16	100
	大专	频数(个)	22	70	88	4	184
		比例(%)	11.96	38.04	47.83	2.17	100
	本科	频数(个)	28	77	89	0	194
		比例(%)	14.43	39.69	45.88	0	100
	硕士及以上	频数(个)	6	3	2	0	11
		比例(%)	54.55	27.27	18.18	0	100
户籍	本地城镇户口	频数(个)	31	67	60	2	160
		比例(%)	19.38	41.87	37.50	1.25	100
	本地农村户口	频数(个)	12	8	19	1	40
		比例(%)	30.00	20.00	47.50	2.50	100
	外地户口	频数(个)	13	82	116	2	213
		比例(%)	6.10	38.50	54.46	0.94	100

续表

			\multicolumn{4}{c	}{MHAI值分布范围}	合计
			1.0以上	0.8~1.0	0.6~0.8	0.6以下	
独生子女	是	频数(个)	38	73	88	3	202
		比例(%)	18.81	36.14	43.56	1.49	100
	否	频数(个)	18	84	107	2	211
		比例(%)	8.53	39.81	50.71	0.95	100
合计		频数(个)	56	157	195	5	413
		比例(%)	13.56	38.01	47.22	1.21	100

从表2-11中我们可以看出,性别和年龄在各分项分布的MHAI值没有多大的差异,它们的变化可能对MHAI值的变化产生的影响较小;而在文化程度、户籍、是否独生子女这三项中,不同分类对应的MHAI值分布范围有较大的差异,尤其是在户籍和独生子女间,明显可以看出本地户口的大学毕业生低收入人群承受的住房压力要比外地户口的小,是独生子女的承受的住房压力也要比不是独生子女的小,这表明它们的变化对MHAI值的变化会产生显著的影响。

表2-12 工作和收入状况因素与MHAI值的交叉列联分析统计表

			\multicolumn{4}{c	}{MHAI值分布范围}	合计
			1.0以上	0.8~1.0	0.6~0.8	0.6以下	
工作年限	1年以内	频数(个)	11	29	79	1	120
		比例(%)	9.17	24.17	65.83	0.83	100
	1~3年	频数(个)	25	97	106	3	231
		比例(%)	10.82	41.99	45.89	1.30	100
	3~5年	频数(个)	7	24	8	1	40
		比例(%)	17.50	60.00	20.00	2.50	100
	5年以上	频数(个)	13	7	2	0	22
		比例(%)	59.09	31.82	9.09	0	100
上班的交通工具	公共交通	频数(个)	37	87	121	2	247
		比例(%)	14.98	35.22	48.99	0.81	100
	自行车或电动车	频数(个)	8	35	42	2	87
		比例(%)	9.19	40.23	48.28	2.30	100

续表

			MHAI值分布范围				合计
			1.0以上	0.8~1.0	0.6~0.8	0.6以下	
上班的交通工具	步行	频数(个)	8	25	28	1	62
		比例(%)	12.90	40.32	45.16	1.61	100
	其他	频数(个)	3	10	4	0	17
		比例(%)	17.65	58.82	23.53	0	100
合计		频数(个)	50	157	195	5	413
		比例(%)	13.56	38.01	47.22	1.21	100

观察表 2-12 我们可以得到如下信息：第一，工作年限越少，其 MHAI 值也越小，而且在第 3 年出现了一个转折，前 3 年内的 MHAI 值主要分布在 0.6~0.8 之间，3 年以上的 MHAI 值主要分布在 0.8~1.0 之间；第二，对于上班的交通工具而言，MHAI 值的分布范围没有明显的变化，需要进行进一步的分析。

2) 住房消费能力影响因素的 Logistic 回归分析

Logistic 回归分析是调研分析时常用的一种分析方法，通过 Logistic 回归分析，可以预测一个分类变量每一分类所发生的概率。由于在 Logistic 回归模型中，应变量为分类变量，自变量可以是区间变量，也可以是分类变量，或是两者的混合，解决了调研问卷中既有定性变量又有定量数据时仅限于对资料进行列联表法的困境，让定性、定量资料的相关性分析有了突破性的进展，使调研的分析结果更具有说服力。

(1) Logistic 回归模型介绍

本章采用的 Logistic 回归模型是二分类 Logistic 回归模型，即因变量为二分类变量，它能很好地反映自变量与因变量之间的关系。其模型表达式为

$$\text{logit}(P) = \beta_0 + \beta_1 x_1 + \cdots + \beta_p x_p \quad (2-19)$$

由公式 2-19 可以逆推出事件发生的概率 P 和不发生的概率 $1-P$：

$$P = \frac{\exp(\beta_0 + \beta_1 x_1 + \cdots + \beta_p x_p)}{1 + \exp(\beta_0 + \beta_1 x_1 + \cdots + \beta_p x_p)} \quad (2-20)$$

$$1 - P = \frac{1}{1 + \exp(\beta_0 + \beta_1 x_1 + \cdots + \beta_p x_p)} \quad (2-21)$$

其中，β_0 为常数项；x 是自变量；β_p 是 $x_i (i=1,2,\cdots,p)$ 对应的偏回归系数；P

为事件发生的概率;$1-P$ 为事件不发生的概率。

通过大量的分析实践,发现 Logistic 回归模型可以很好地满足对分类数据的建模需求,因此目前它已经成为了分类因变量的标准建模方法。但是,运用二分类 Logistic 回归模型对数据有一定的要求:

① 反应变量为二分类的分类变量或某事件的发生率;
② 自变量与 logit(P) 之间为线性关系;
③ 残差合计为 0,且服从二项分布;
④ 各观测间相互独立。

这种对后验概率建模的方法具有很多有吸引力的特征。例如,如果分布是具有相等差矩阵的多元正态分布,那么它就是最优的解。此外,对于 X 为离散变量的情况,如果用具有同一个交叉项的对数线性模型来对分布建模,那么它也是最优的。还可以把这两个最优的特征组合在一起,那么就得到了一个可用于混合变量(也就是既有离散变量又有连续变量)的有吸引力的模型。

(2) 变量的选取与处理

① 因变量修正的住房支付能力指数(MHAI)的描述

根据观测的数据发现,样本数据的 MHAI 测算的实际值分布在 0.5~1.7 之间,且集中分布在 0.8 左右。考虑到本章重点分析的是 MHAI 值发生变化的可能性,因此需要对 MHAI 值进行重新定义。如果 MHAI 值大于或等于 0.8,MHAI 值定义为 1;否则,定义为 0。

② 自变量的选择与筛选

在上面已用 SPSS 的交叉列联分析对影响 MHAI 值变化的影响因素进行了初步分析,包括住房因素和非住房因素。因此,我们把它们作为本文 Logistic 回归模型的自变量。但是,在最初的 SPSS 数据中,自变量有很多是多分类变量,而进行 Logistic 回归分析要求自变量最后是二分类变量或连续变量,为此,需要对自变量重新进行描述和定义。具体描述见表 2-13 所示。

表 2-13 变量描述及定义

变量	变量定义
MHAI	MHAI 值大于等于 0.8 时,MHAI=1;否则,MHAI=0
性别	1=男,0=女
年龄	1=21 岁以下,2=21~25 岁,3=25~30 岁,4=30 岁以上
文化程度	1=大专及以下,0=本科及以上
户籍	1=本地,0=外地
婚姻状况	1=已婚,0=未婚

续 表

变量	变量定义
结婚期限	1=3年以内,0=3年以后
是否独生子女	1=是,0=否
居住方式	1=同父母一起或集体宿舍,0=租房或购房等
住房位置是否在市区	1=是,0=否
租金是否低于市场租金	1=是,0=否
人均住房面积是否低于 20 m²	1=是,0=否
上班的交通工具	1=公共交通,2=自行车或电动车,3=步行,4=其他
工作年限	1=3年以内,0=3年以上
月收入	连续变量,取实际值

a. 文化程度。由于问卷将其分为4类,即大专以下、大专、本科、硕士及以上,而调查结果显示文化程度在大专及以下的和本科及以上的比例相当,基本各占一半,基于此将文化程度这一变量按本科为界限分为两类,对文化程度这一变量进行重新定义。如果文化程度为大专及以下,则文化程度的值为1;如果为本科及以上,则文化程度的值为0。

b. 户籍。在调查的过程中,为了了解清楚被调查者的户口,对这一项进行了细分,将本地户口拆分为3个分类,即本地城市户口、本地集体户口、本地农村户口。但是这对于 Logistic 分析来说又过细,因此将本地城市户口、本地集体户口和本地农村户口合并为一类本地户口,另一类为外地户口。因此,新的户籍的定义为:如果户口为本地户口,则户籍的值为1;如果为外地户口,则户籍的值为0。

c. 结婚期限。同样,考虑到问卷的设计,需要对有些选项进行合并,而合并的依据是尽可能希望这两个分类的数目能多一些,避免出现两类数据分布太极端。因此,根据调查的结果显示,在未婚中打算在3年内结婚和3年以后结婚的人数呈六四开的状态,因此,将这一变量重新定义为:如果结婚期限在3年以内,其值为1,反之则为0。

d. 家里兄弟姐妹的数量。由于国家计划生育政策的实行,在这一代人中独生子女所占的比例较大,因此按照是否为独生子女对这一变量进行重新定义,即兄弟姐妹的个数为0,则其值为1,反之则为0。

e. 居住方式。基于与结婚期限同样的考虑,避免分类数据的分布过于极端化,并结合具体的调查结果,将居住方式这一变量重新定义为:如果居住方式为同父母一起住或集体宿舍,则其值为1;若为租房或购房等,则其值为0。

f. 住房位置。根据调查数据发现,郊区与开发区之间的租金差异较小,而其与市区的差异则较大。基于此,以市区为分界线,将这一变量定义为住房位置是否在市区,如果是则其值为 1,如果否则其值为 0。

g. 租金。租金影响 MHAI 值的方式是通过与市场租金的差异来体现,因此将市场租金作为租金分类的标准,而这里所说的租金是前文提到的 710 元/月。如果租金低于市场租金,则其值为 1,否则为 0。

h. 人均住房面积。根据调查的结果显示,南京市大学毕业生低收入群体的人均住房面积在 20 m² 左右,因此按 20 m² 的分界标准定义一个新的变量,看人均住房面积是否低于 20 m²,如果是则为 1,反之则为 0。

i. 工作年限。通过观察调查的结果数据,发现被调查者的工作年限在第 3 年是个转折点,因此以 3 年为界,重新定义工作年限这个变量,即如果工作年限在 3 年以内的,则其值为 1,否则为 0。

需要说明的是,年龄和上班的交通工具这两项为无序多分类变量,为此需要对它们设置虚拟变量,并且都是以分类的第一种情况为参照水平,即年龄以 21 岁以下为参照水平,交通工具以公共交通为参照水平。

(3) 自变量的共线性检验

从 Logistic 回归模型的假设条件中我们知道,它要求各自变量之间必须相互独立,而且它同线性回归一样,对自变量中存在的多元共线性比较敏感。为此,在进行 Logistic 回归模型之前,需要对自变量进行共线性检验。

多元共线性可以用容忍度(Tolerance)的统计指标来检验。容忍度的定义如下:

$$Tolerance = 1 - R_{x_k}^2 \qquad (2-22)$$

其中,$R_{x_k}^2$ 为 x_k 作为因变量时与其他自变量之间的确定系数。当 $R_{x_k}^2 = 1$ 时,容忍度便等于 0,说明该自变量与其他自变量完全相关,无法用模型进行估计。当 $R_{x_k}^2$ 很大时,容忍度便很小,表明该自变量与其他自变量之间的相关性较强,即存在多元共线性的现象。对于容忍度的判断标准,本文采用 Menard 在 2002 年提出的一个标准,他认为当容忍度小于 0.20 时,就可以认为各自变量间存在多元共线性的关系,当容忍度小于 0.10 时,则认为各自变量间存在较严重的多元共线性关系。

另一判断多元共线性的指标为方差膨胀因子(Variance Inflation Factor,VIF),它是容忍度指标的倒数。容忍度指标可以通过运行同样因变量和自变量设置的线性回归来取得。因为只考虑自变量之间的关系,容忍度指标的估计与模型中因变量的函数形式无关。

因此,按上述思路,建立各自变量与因变量间的普通线性回归方程,得到各自变量的容忍度及方差膨胀因子如表 2-14 所示。

表 2-14 各自变量共线性检验判断指标

变量	共线性统计量	
	容忍度	膨胀因子(VIF)
性别	0.938	1.066
年龄	0.604	1.657
文化程度	0.928	1.077
户籍	0.807	1.239
婚姻状况	0.750	1.334
结婚期限	0.819	1.221
是否独生子女	0.837	1.194
居住方式	0.655	1.528
住房位置是否在市区	0.925	1.081
租金是否低于市场租金	0.639	1.564
人均住房面积是否低于 20 m^2	0.756	1.322
上班的交通工具	0.913	1.095
工作年限	0.695	1.439
月收入	0.651	1.535

容忍度及方差膨胀因子检验结果表明,各自变量的容忍度均大于 0.6,且 VIF 值较小,不存在显著的多重共线性。

(4) Logistic 回归模型主要统计指标介绍

① 模型效果的判断指标

Logistic 模型通过极大似然法求解的极大似然值实际上也是一个概率,其值在 0~1 之间。取值为 1,代表模型达到完美,此时其对数值为 0;似然值越小,则其对数值越负,因此,-2 倍的对数似然值就可以用来表示模型的拟合效果,其值越小,越接近于 0,说明模型拟合效果越好。另外,在 SPSS 的输出结果中,还给出了两个伪决定系数:Cox & Snell 决定系数和 Nagelkerke 决定系数,它们从不同角度反映了当前模型中自变量解释因变量的变异占因变量总变异的比例,也可以作为判断模型整体有效性的指标。

② 模型拟合优度检验的判断指标

模型的拟合优度检验是指,通过考察当前模型是否可以进一步改善,检验当前模型与饱和模型的预测效果之差是否有统计学意义。常用的拟合优度的检验方法有 4 种,即 Pearson 拟合优度检验、Deviance 拟合优度检验、似然比检验和 Hosmer-Lemeshow 检验,其中 Hosmer-Lemeshow 检验常用于自变量很多,或自变量中包含连续性变量的情况。由于 SPSS 在二分类 Logistic 回归模型分析中没有前两种方法的结果,因此,本章采用 Hosmer-Lemeshow 检验来判断模型的拟合优度。若检验结果无统计学意义($P>0.05$),表示模型预测值与观察值之间的差异无统计学意义,从而意味着模型较好。

③ 判断自变量与因变量间关系的统计指标

通过显著性概率 P 值可以检验各自变量与因变量之间的联系是否具有统计学意义,本章中的检验标准为 0.05,当 $P<0.05$ 时,说明两者之间的联系是显著的,否则为不显著。各自变量的回归系数 β_i 表示在其他自变量固定不变时,自变量 x_i 每改变一个单位,比值比的自然对数值的改变量。而 $Exp(\beta_i)$ 表示自变量 x_i 每变化一个单位,期望事件出现概率与不出现概率的比值是变化前的相应比值的倍数,即优势比(Odds Ratio,OR)。

(5) Logistic 回归模型结果分析

建立 Logistic 回归模型,是为了讨论在众多可能影响 MHAI 值变化的影响因素中哪些是较显著的,对 MHAI 值影响较大的,可用来确定提高大学毕业生低收入群体住房支付能力的措施。由于本章自变量较多,在确定选入标准($a=0.05$)和剔出标准($a=0.10$)的水平上,使用 SPSS18.0 进行 Logistic 回归处理。在处理的过程中,使用向后筛选法,即首先将全部变量引入回归方程,然后进行变量的显著性检验,在一个或多个不显著的变量中,将 t 值最小的那个变量剔出,再重新拟合回归方程,并进行各种检验,直到方程中所有变量基本显著为止。结果是,进入模型变量的有户籍、居住方式、租金、人均住房面积、上班的交通工具和收入。同时,用优势比 OR 和回归系数解释模型中的变量。各系数在回归报告中给出(见表 2-15)。

表 2-15 变量的 Logistic 分析结果

变量	β 回归系数	S.E 标准差	Wald 卡方值	df 自由度	Sig. 显著性概率	$Exp(\beta)$ 优势比
户籍	1.197	0.456	6.889	1	0.009	3.311
居住方式	5.603	0.780	51.605	1	0.001	271.320
租金	4.485	0.780	51.605	1	0.001	88.633
人均住房面积	0.999	0.563	3.142	1	0.076	2.715
上班的交通工具			7.712	3	0.052	

续 表

变量	β 回归系数	S.E 标准差	Wald 卡方值	df 自由度	Sig. 显著性概率	Exp(β) 优势比
上班的交通工具(1)	0.760	0.512	2.201	1	0.138	2.139
上班的交通工具(2)	0.439	0.662	0.440	1	0.507	1.551
上班的交通工具(3)	−2.461	1.224	4.656	1	0.031	0.071
月收入	0.015	0.002	63.482	1	0.001	1.015
常量	−33.782	4.297	61.798	1	0.001	0.001

−2 Log likelihood:171.188　　Cox & Snell R Square:0.620　　Nagelkerke R Square:0.828

Chi−square:6.719　　df:8　　Sig.:0.567

从表 2−15 中可以看出,使用向后逐步法对数据进行 Logistic 回归分析的模型中,Cox & Snell 决定系数和 Nagelkerke 决定系数分别为 62.0% 和 82.8%,说明模型中的自变量预测因变量的能力良好。从表 2−15 中还可以看出,Hosmer−Lemeshow 拟合优度检验得到的检验 P 值为 0.567($P>0.05$),表明模型预测值与观察值之间差异无统计学意义,即模型拟合度良好。

经由 χ^2 检验,在显著性水平为 0.05 的条件下,户籍、居住方式、租金、人均住房面积、上班的交通工具、月收入在大学毕业生低收入群体的住房支付能力的问题上存在显著差异,并且都呈正相关。以下对这些存在显著差异的影响因素进行逐一分析。

① 户籍

户籍因素对应的 P 值,即显著性概率为 0.009,远小于 0.05,表示该因素对 MHAI 值的变化存在显著性的影响。户籍因素对应的优势比 Exp(β) 为 3.311,表明在其他自变量值固定的情况下,本地户口的大学毕业生低收入群体相对于外地户口的大学毕业生低收入群体的住房支出适当的优势比为 3.311,说明本地户口的大学毕业生低收入群体对住房支出的承受能力要比外地户口的高,为其 3 倍左右。另外,从其回归系数大于 0 可以看出,户籍因素与 MHAI 值的变化呈正相关。

② 居住方式

居住方式的显著性概率为 0.001,远小于 0.05,表示该因素对 MHAI 值的变化存在显著性的影响。其对应的优势比 Exp(β) 为 271.320,表明在其他自变量值固定的情况下,与父母一起居住或住在集体宿舍的大学毕业生低收入群体相对于租房或购房的大学毕业生低收入群体的住房支出适当的优势比为 271.320,同父母一起居住或住集体宿舍比其他居住方式表现出绝对的优势。这也符合实际情况,因为同父母一起居住无需承担租金,而住集体宿舍只需象征性地缴纳很少的租金,自然而然他们承受的住房压力就较小。另外,从其回归系数大于0可以看出,居住方式也与MHAI值的变化呈正相关。

③ 租金

观察表2-15可以发现,租金的显著性概率也为0.001,表示它与MHAI值的变化存在显著性的影响。而且由于租金设置了参照水平,即与市场租金进行比较,从其优势比Exp(β)可以知道,在其他自变量不变的时候,那些实际住房支出低于市场租金的大学毕业生低收入群体的住房承受能力是实际住房支出高于市场租金的大学毕业生的88.633倍,其住房支出的压力远小于那些住房支出高于市场租金的大学毕业生。

④ 人均住房面积

从表中可以发现,该自变量的显著性概率为0.076,大于0.05,表明该变量对因变量无显著性的影响。但是,我们可以从其Exp(β)值进行分析。考虑到该自变量在进行Logit回归时,是按人均住房面积是否低于20 m^2 进行分类的,从其对应的Exp(β)中我们可以知道,人均住房面积在20 m^2 以下的住房压力要比人均住房面积在20 m^2 以上的大学毕业生少很多,为其1/3左右。这说明人均住房面积越小,其住房压力也越小,这也是为什么大学毕业生低收入群体的人均住房面积偏小的原因所在。

⑤ 上班的交通工具

由于上班的交通工具为无序多分类变量,因此在进行Logit回归分析时,设定了3个哑变量,并以公共交通为参照水平。从整体上来看,该变量的 P 值为0.052,大于0.05,因此可以认为它与因变量之间不存在显著性的影响。但从其分类变量来看,有一分类变量的 P 值小于0.05,但是根据总的检验比分项的检验更有权威的原则,认为上班的交通工具这一自变量与因变量间不存在显著性的影响关系。

⑥ 月收入

观察其显著性概率,发现其 P 值为0.001,远小于判断标准0.05,则表明该变量的回归结果十分理想,与因变量间也存在较强的显著性关系。其回归系数也大于0,表明随着收入的增加,其住房承受能力也有增加的趋势,两种之间存在正相关的关系。

总之,从以上的分析结果我们可以知道,户籍、居住方式、租金和月收入与因变量MHAI值存在显著性的影响关系,并且都是呈正相关的关系。这为我们提高他们的住房承受能力提供了方向。

3) 提高大学毕业生低收入群体住房消费能力的措施

大学毕业生是社会发展的动力,是国家的重要组成部分,而在这个庞大的群体中又存在很大一部分的低收入者,他们如蚂蚁一样蚁居在城市的各个角落。2009

年廉思的"蚁族"居住现状的调查,使得人们逐渐开始关注他们的住房问题,而要改善他们目前的住房困难,不能只简单地给他们提供住房,况且政府也很难承担这样一笔支出,而应该从根本上提高他们的住房消费能力,只有这样才能实现可持续发展。虽然,现在已经有诸如公共租赁房制度、公积金住房等住房保障开始面向大学毕业生低收入群体,但是光靠这些政策措施是不够的,它还需要住房政策、金融政策、税收政策,以及其他社会保障政策的共同作用,即通过采用各种手段,合理调整住房成本和剩余收入,从而来提高他们的住房消费能力,也就是从降低住房支出、增加收入和降低非住房支出这三个方面来提高他们的住房消费能力。

(1) 降低住房支出的措施

公共租赁房和住房公积金制度均从降低住房支出的角度来提高住房消费能力。而根据大多数大学毕业生低收入群体的居住方式来看,住房支出主要为每月的租金。因此,降低住房支出的最有效方法就是降低他们每月需要支出的租金。租金又受到市场因素的影响,综合考虑可以采用以下的一些措施:

① 将他们纳入住房保障的范围,为他们提供低价住房

目前,国内主要是以政府建设公共租赁房,以低租金的形式出租给大学毕业生低收入群体的一种保障方式。大学毕业生低收入群体当然希望租金越低越好,但是由于租金的制定受房屋建造成本的影响,因此应尽可能地压缩建造成本,以使大学毕业生低收入住户支出的租金最少。为此,一种办法是通过制定严格的公共租赁房的面积标准,尽量满足他们的基本生活需要,将每套的建筑面积控制在 30 m^2 左右,避免造成面积上的浪费,最终实现住房支出的降低;另一种方法是降低开发企业所得税和营业税的缴纳,或减免部分税收。

② 扩大公积金制度的受益面,推行公积金转付租金的制度

住房公积金是由企业和个人共同缴纳的资金组成,是居民购买住房的一种储蓄金。在对住房公积金制度的研究过程中,学者们逐渐发现了我国公积金制度的缺陷,即居民只有在购买住房时才可以使用。因此,有人提出扩大公积金的用途,希望可以用于支付租金,而这一做法也在部分城市得以实现。由于大多数的大学毕业生低收入者都是采用的租房的居住方式,短时间内没有能力购房,这就造成了他们所缴纳的住房公积金被冻结,无法发挥作用,而住房公积金转付房租这一制度却能使该部分资金运作起来,直接降低他们的住房支出。但是考虑到这一制度的运行时间,我们应该尽可能地缩短其所需要的操作流程,使更多的人享受到这一政策优惠。

③ 规范租房市场,减少交易成本

交易成本不仅存在于住房消费市场,也同时存在于住房建设过程之中。建设过程中的交易成本增大了建造成本,从而推高房价,最终表现出来的就是居民的住

房支出增加。

（2）增加收入的措施

根据大学毕业生低收入群体住房消费能力影响因素的 Logistic 回归分析，我们可以知道收入是一个重要的影响因素，并且住房消费能力会随着收入的增加而增加。因此，收入的增加对住房消费能力的增长会产生显著的影响。因此，提高大学毕业生低收入群体收入以逐步增强其改善住房条件的能力是提高他们住房消费能力最根本的措施。

① 增加就业机会，树立正确的职业观

大学毕业生低收入群体收入低的一个原因就是我国严峻的就业形势，只有改变这种严峻的就业形势，即提供更多的就业机会，才可能增加收入。在提供更多就业机会的同时，更为重要的是大学毕业生得端正自己的职业观，正确认识自己，通过提高自己的职业技能来选择合适的职业，提高自己就业时的竞争优势。

② 鼓励大学毕业生自主创业，为他们自主创业提供政策支持

在就业形势严峻的情况下，鼓励和支持大学毕业生自主创业也是一种增加收入的方式。

（3）降低非住房消费支出的措施

按照剩余收入的思想，收入在扣除非住房消费支出的剩余就是可以用于住房消费的资金，显然降低了非住房消费的支出，就会增加可以用于住房消费的资金，间接提高了他们的住房消费能力。非住房消费支出即除住房外其他维持基本生活所必需的支出，该部分支出受其所在城市的经济和物价水平的影响。因此，要降低他们的非住房成本支出，就应该采取各种政策稳定物价、降低通货膨胀率。只有整个城市的物价水平下降，他们的非住房成本支出才能有所下降，从而达到提高他们住房消费能力的目的。

2.2　大学毕业生保障性住房居住满意度影响因素研究——以嘉兴人才公寓为例

现阶段大学毕业生面临着住房面积小、居住水平低，住房支出比重大、租房负担重，房价收入比高、购房压力大，处于"夹心层"的尴尬境地。日趋庞大的大学毕业生规模（根据教育部公布的有关数据，2010 年全国普通高校毕业生人数为 630 万，2011 年为 660 万，2012 年则达到了 680 万）则使其住房形势越加严峻。随着"十二五"规划纲要中"实现广大群众住有所居"住房保障目标的提出，以及国家人才战略的推进，各地在解决大学毕业生住房问题上纷纷加大了力度，采取了多种手段。如将新就业的大学毕业生纳入公共租赁住房的保障对象，兴建专门面向大学

毕业生的青年(人才)公寓,鼓励有条件的企业自建集体宿舍、公寓等。为大学毕业生提供的保障性住房在帮助其顺利度过困难的就业初期起到了很大的作用。

全国各地的大学毕业生保障性住房正在如火如荼地大规模建设。已建成的此类保障性住房的入住效果不一,如何避免建设资源的浪费,这是目前保障性住房建设面临的一个重要问题。本节将以嘉兴人才公寓为例,调查并分析入住人才公寓大学毕业生的居住满意度。研究目的在于,一是通过居住满意度评估嘉兴人才公寓的居住质量,进而评估嘉兴人才公寓的建设成效;二是通过分析找出影响大学毕业生居住满意的重要因素,以期能为现阶段大学毕业生保障性住房建设提供参考和建议。

2.2.1 嘉兴人才公寓介绍

自跨入新世纪以来,随着嘉兴市经济和社会事业的快速发展,对人才的需求也越来越迫切。嘉兴市每年引进大专毕业生及以上专业人才超过2万人,其中市区引进数将近一半,但每年有20%以上的引进毕业生流失,主要原因就是居住问题,它成为嘉兴市引进人才的瓶颈。为创造引进、留住、用好人才的环境,嘉兴市将人才公寓的建设连续两年列入了市政府的十大实事工程进行推动,2004年3月成立嘉兴人才公寓建设开发有限公司,启动嘉兴人才公寓工程项目建设。

嘉兴"人才公寓"建设按照"政府推动、公司运作、特许经营、盈亏平衡"的指导思想进行,在获得市财政部门2 700余万元资金后,积极通过财政支持、多渠道借贷、专项资金补助和出售回租部分公寓楼及出售商业配套房等五个途径筹措资金1亿元,用于人才公寓一期、二期工程建设,并通过滚动开发进行三期工程的建设。公司于2005年7月顺利建成全省首个毕业生入住的"人才公寓"。到2010年10月,人才公寓共建有4幢公寓楼(3幢11层和1幢16层)、1幢11层高端人才住宅周转楼和1幢3层的商业配套楼。

公寓房的户型分大、小两类,大的套内建筑面积为16~18 m^2,小的为10~14 m^2。高端人才住宅每户建筑面积43~59 m^2。公寓为入住人员提供了基本生活配套,做到了大学毕业生拎包即可入住的要求。公寓内部进行了简单装修,日用家具、卫生设备等基本起居设施俱全,有线电视、固定电话接口及宽带网终端均一一到位,每户还配有空调、电热水器;小区内除绿化外,还提供了部分的体育设施;公寓周围也有配套的餐厅、超市、银行、洗衣房等。人才公寓由专门的物业公司统一进行管理。

嘉兴人才公寓是市政府为解决刚来嘉兴工作的外地大学毕业生居住问题而实施的筑巢引凤项目。因此,申请入住的人员需符合以下条件:(1)家庭住址不在本市;(2)从嘉兴市外引进(含本市高校市外生源)到嘉兴市区或市属企事业单位工作;(3)大专及以上毕业生,其中应届生优先安排。公寓投入使用以来,申请入住者踊跃，入住率一直保持在99%以上，至今已先后安排4 500余人次的大学生入住。

作为政府公益事业项目，人才公寓不以盈利为目的，价格上充分考虑到了毕业生的实际经济状况，房租基本定在市场基准价的70%左右。应届毕业生第一年租金标准给予当年基准价30%的优惠，第二年租金标准给予当年基准价20%的优惠，第三年租金标准以当年基准价为标准确定。历届毕业生和其他各类人才的租金标准以高于应届毕业生租金标准20%的原则确定。具体标准见表2-16。

表2-16 人才公寓租金标准

公寓房月租金标准(元)

2009年租金基准价		应届生			历届生		套内面积(m²)
		第一年	第二年	第三年	第一年	第二年	第三年	

2009年租金基准价	第一年(应届)	第二年(应届)	第三年(应届)	第一年(历届)	第二年(历届)	第三年(历届)	套内面积(m²)
A、B幢(小)	215	150	180	215	180	215	255	9.62
C幢(小)	255	180	215	255	215	255	300	11.43
E幢(小)	300	200	240	285	240	285	340	13.53
A、B、C幢(大)	315	220	265	315	265	315	370	15.95
E幢(大)	350	250	300	350	300	350	410	17.76

高端人才住宅楼月租金标准(元)

户型		租金标准	物业管理费	建筑面积(m²)
F幢(小)	一室一厅一厨一卫	650	35	43
F幢(中)	二室一厅一厨一卫	750	40	49
F幢(大)	二室一厅一厨一卫	850	50	59

注：A、B、C为11层公寓楼，E为16层公寓楼，F为11层高端人才住宅周转楼。

2.2.2 居住满意度理论

目前对于居住满意理论界尚没有形成明确的定义，但它与顾客满意有相似之处。根据顾客满意的定义，可以发现满意具有以下特征：(1)满意是一种心理状态，具有主观性。(2)满意是人们对产品或服务全面体验后的总体评价。(3)满意具有动态性，并非一成不变，它会随着客观条件、经济水平的发展而变化。(4)满意包含感知与情感，难以准确地测量。居住满意也应具有以上四个特征。Canter (1977)将居住满意定义为在一个特定地方居住所得到的满意感。Galster & Hasse(1981)指出居住满意测量的是家庭的实际居住条件与期望居住条件之间的差距。Baldassare(1986)认为居住满意是个体对其居住环境的主观评价。本章采用大多数学者认同的定义，认为居住满意是居民将住房和邻里环境的实际情况与理想情况进行比较后产生的心理感知状态。当居住实际情况与理想情况一致时，居民越容易感到满意，反之，则容易感到不满意。

居住满意度是描述一个人达到或者获得他在住房需求方面的满足感。对于规划设计者、开发商和政策制定者而言，居住满意度是一个重要指标，它主要应用于以下四个方面：(1) 预测住户对整体生活质量的感知；(2) 居住满意度是早期住宅流动性的指标之一，因此它会改变住房需求并导致邻里变化；(3) 私有和公共部门判断住宅开发成功与否的一项专用评估指标；(4) 改善居民居住环境不足之处。

居住满意度的理论基础是它可以度量住户实际居住条件和他所期望的居住条件的差距。住户通常根据他们的需求和愿望来对居住满意度作出评判。对居住条件的满意意味着现有状况和期望居住条件的高度吻合。另一方面，现状和期望的不一致会导致居住的不满意。

居住满意度研究的逻辑关系见图 2-8 所示。

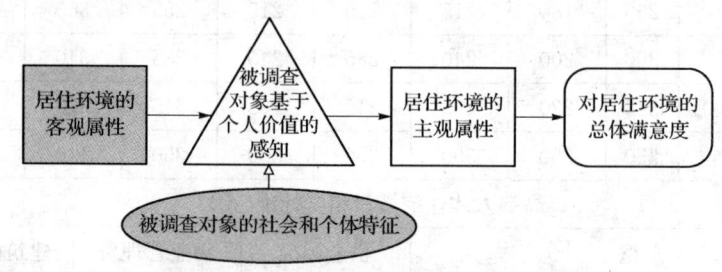

图 2-8　研究居住满意度的理论逻辑

国外学者对居住满意度的研究可以分为两类，一是评估居住质量，二是预测居住行为。在居住满意度的影响因素研究方面，已有居住满意度文献主要关注三方面问题：居民社会人口特征、住房特征和社区社会空间状况。其中社会人口特征研究涉及年龄、种族、教育水平、性别、婚姻状况、收入等对居住满意度的影响。第二，住房特征包括住房面积、区位、物权等方面，例如租房者比自有房屋者的居住满意度低。第三，就社区状况而言，如社区设施条件（学校、医院等）、交通便利性、物业服务及其居民的社会经济构成状况、物业管理、周边环境、邻里关系、噪音干扰等。在研究对象方面，国外对居住满意度的研究涵盖了低收入群体、老年人群、高收入者及大学生等不同人群。在对居住满意度的数据分析方面，运用了包括多元回归、逻辑回归、结构方程在内的多种研究方法。

国内方面，诸多学者根据我国的国情，在居住满意度的评价指标建立、影响因素分析和实证测评等方面做了一系列的研究。运用数理统计软件（如 SPSS）进行的定量分析与定性分析相结合的方法在实证研究中普遍适用。

2.2.3 问卷调查和数据分析方法

在查阅文献和征求专家意见的基础上，我们设计了调查问卷，包括两部分：第一部分为居住满意度指标，第二部分被调查者的基本情况。第一部分共有27个满意度指标，包括1个总体指标和5个项目的26个指标，每个指标均采用Likert四点量表记分方式：1. 很不满意；2. 不太满意；3. 基本满意；4. 非常满意等来表示满意度的等级。第二部分主要采用的是选择的形式，内容包括被调查者的年龄、性别、学历、居住和工作等情况。

本次调查的对象为入住嘉兴人才公寓的大学毕业生，我们选取了入住率接近饱和的人才公寓一期工程的3幢公寓楼（均为11层）为我们入室调查的楼宇。调查组分为三个小组，每个小组负责一幢楼，于晚上六点半（此时大部分人都已下班回家）进入公寓。主要采取问卷调查和访谈入住者的方法。每个小组从每层公寓楼中随机选取9~12户进行入室调查。调查共发放问卷303份，回收问卷299份，有效问卷297份。调查问卷结构组成见图2-9所示。

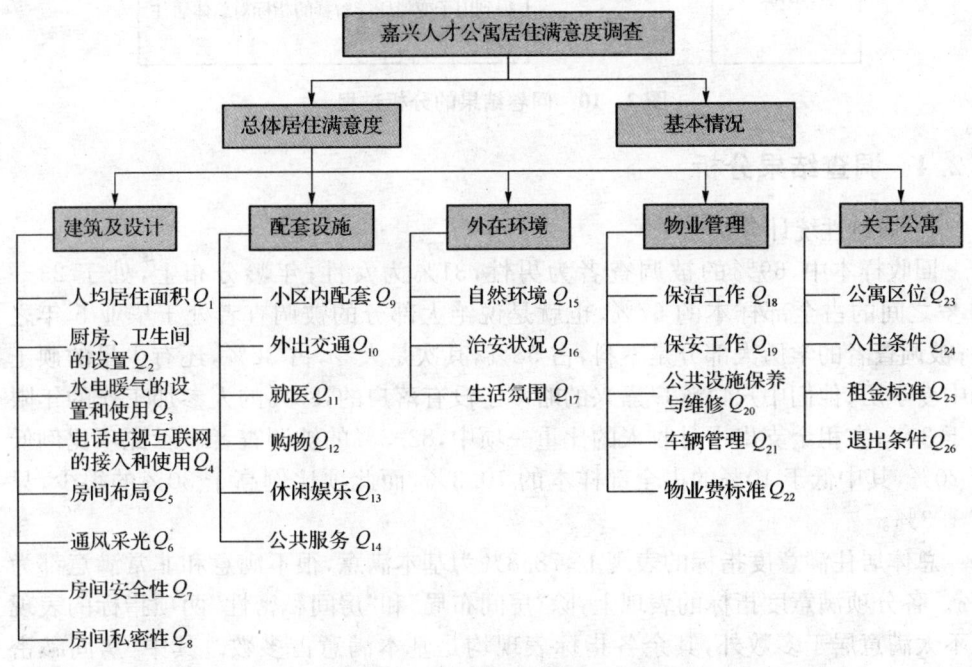

图2-9 调查问卷的结构组成

问卷结果的分析过程如图 2-10 所示。

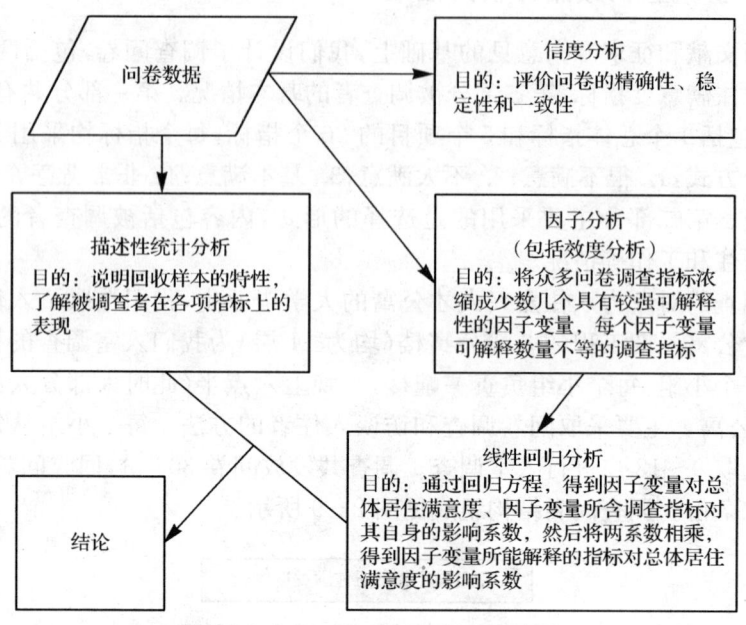

图 2-10 问卷结果的分析过程

2.2.4 调查结果分析

1) 描述性统计分析

回收样本中,69%的被调查者为男性,31%为女性;年龄分布上,处于 23～26 岁之间的占全部样本的 67%,也就是说绝大部分的被调查者处于毕业 5 年之内;被调查者的学历大部分是本科,占 58%,其次是大专,占 32%,还有少量的硕士和中专学历;他们中户口落户嘉兴的略多于没有落户的,86%的人参加工作的年限低于 3 年;在租金支出占月收入的比重一项中,83.3%的被调查者表示此项比例低于 20%,其中低于 10%的占全部样本的 10.3%,而此项比例高于 30%的很少,只有 1.3%。

总体居住满意度指标的表现上,78.8%为基本满意,很不满意和非常满意都为 3%。各分项满意度指标的表现上,除"房间布局"和"房间私密性"两项指标的表现是不太满意居于多数外,其余各指标表现均是基本满意占多数。其中"房间私密性"的很不满意的比例达到了 22.2%,是我们这次调查中很不满意表现最多的两个指标之一,另外一个指标为"厨房卫生间的设置",为 23.2%。其余指标中,只有"厨房卫生间的设置"和"就医"两个指标的基本满意比例略低于 50%。大部分的指标的满意等级分布大致相同。在各分类项目中,项目"物业管理"表现为满意级别(基本满意加上非常满意)的比例最高,达到了 80.82%,其次是项目"外在环境"为 79.43%,最低的是项目"建筑及设计"的满意等级表现。

2) 信度分析

信度表示对一种现象的测度的稳定性和一致性的程度。它主要是评价问卷的精确性、稳定性和一致性,即测量过程中随机误差造成的测定值的变异程度的大小。信度越高,代表同一量表内不同题项所测量到的分数受到误差的影响越小,因此说明同一量表不同题项之间的分数并没有受被调查者一致性行为的影响。信度有外部信度和内部信度,外部信度指在不同时间进行测量时调查结果的一致性程度,一般用"重测信度"。内部信度指的是调查表中一组问题是否测量的是同一个概念,一般用 Cronbach's α 系数及"折半信度"。在单一维度内考察测量题项之间内在一致性最常用的指标是 Cronbach's α 系数。其公式为

$$\alpha = \frac{K}{K-1}\left(1 - \frac{\sum S_i^2}{S^2}\right) \tag{2-23}$$

本调查问卷信度的检测采用内部一致性方法,以 Cronbach's α 系数来检测问卷题目,得到的 α 系数值越高,则代表其检测的因子内部一致性越大,信度越高。Nunnally(1975) 认为,Cronbach's α 系数若大于 0.7 则表示信度很高,若小于 0.35 则属于低信度,0.5 为最低可接受的信度水平。

SPSS 统计软件分析后的结果如表 2-17 所示。

表 2-17 SPSS 分析结果

Cronbach's α 系数	N of Items
0.902	26

α=0.902,说明该问卷有很好的信度。

3) 因子分析

因子分析是研究如何以最小的信息丢失,将众多原始变量浓缩成少数几个因子变量,以及如何使因子变量具有较强的可解释性的一种多元统计分析方法。按照因子分析的出发点,可用一个数学模型来表示这一思想。假设原有变量有 p 个,分别用 $x_1, x_2, x_3, \cdots, x_p$ 表示,其中 $x_i (i=1,2,\cdots,p)$ 是均值为零、标准差为 1 的标准化变量,$F_1, F_2, F_3, \cdots, F_m$ 分别表示 m 维因子变量,m 应小于 p。于是有

$$x_1 = a_{11}F_1 + a_{12}F_2 + \cdots + a_{1m}F_m + a_1\varepsilon_1$$
$$x_2 = a_{21}F_1 + a_{22}F_2 + \cdots + a_{2m}F_m + a_2\varepsilon_2$$

……

$$x_p = a_{p1}F_1 + a_{p2}F_2 + \cdots + a_{pm}F_m + a_p\varepsilon_p$$

也可以矩阵的形式表示为

$$\boldsymbol{x} = \boldsymbol{AF} + a_{ij}\boldsymbol{\varepsilon} \tag{2-24}$$

其中，F 为因子变量或公共因子，可以把它们理解为在高维空间中的互相垂直的 m 个坐标轴；A 为因子载荷矩阵，a_{ij} 称为因子载荷，是第 i 个原有变量在第 j 个因子变量上的负荷。如果把变量 x_i 看作 m 维因子空间中的一个向量，则 a_{ij} 表示 x_i 在坐标轴 F_j 上的投影，相当于多元回归分析模型中的标准回归系数；ε 为特殊因子，表示了原有变量不能被公共因子所解释的部分，相当于多元线性回归模型中的残值项。

因子分析常常有以下四个基本步骤：
（1）确认待分析的原有若干变量是否适合作因子分析。
（2）构造因子变量。
（3）利用旋转方法使因子变量更具有可解释性。
（4）分别计算因子变量得分。

表 2-18 是居住满意度调查问卷有关 KMO 测度和巴特利特球体检验结果。KMO 是 Kaiser-Meyer-Olkin 的抽样适度测定值，当 KMO 值越大时，表示变量间的共同因素越多，越适合进行因子分析。一般认为 KMO 如小于 0.5，则不适合进行因子分析。该表结果显示，KMO 值为 0.812，适合作因子分析。表中的巴特利特球体检验的 χ^2 统计值的显著性概率是 0，小于 0.01，同样说明数据具有相关性，是适宜作因子分析的。

表 2-18　KMO 测度和巴特利特球体检验结果

KMO 抽样适度测定值		0.812
巴特利特球体检验	近似卡方	1 170.485
	自由度	325
	显著性	0.000

表 2-19 所示为总方差分解表。从表中可以看出，大于 1 的特征根共有 8 个，因此取 8 个共同因子。这 8 个共同因子解释了总体方差的 70.912%，即累计贡献率达到 70.912%。

表 2-19 总方差分解表

成分	初始特征值			提取平方和载荷			旋转平方和载荷		
	合计	方差(%)	累积方差(%)	合计	方差(%)	累积方差(%)	合计	方差(%)	累积方差(%)
1	7.836	30.137	30.137	7.836	30.137	30.137	3.595	13.827	13.827
2	2.333	8.973	39.110	2.333	8.973	39.110	2.602	10.009	23.836
3	1.987	7.643	46.753	1.987	7.643	46.753	2.555	9.829	33.665
4	1.480	5.693	52.446	1.480	5.693	52.446	2.391	9.197	42.862
5	1.456	5.599	58.045	1.456	5.599	58.045	2.126	8.178	51.040
6	1.210	4.655	62.700	1.210	4.655	62.700	1.800	6.921	57.961
7	1.120	4.307	67.007	1.120	4.307	67.007	1.729	6.652	64.613
8	1.015	3.905	70.912	1.015	3.905	70.912	1.638	6.300	70.913
9	0.915	3.518	74.430						
10	0.724	2.784	77.214						
11	0.663	2.551	79.765						
12	0.598	2.300	82.066						
13	0.583	2.243	84.309						
14	0.563	2.167	86.476						
15	0.498	1.916	88.392						
16	0.430	1.655	90.047						
17	0.393	1.512	91.559						
18	0.342	1.316	92.875						
19	0.305	1.173	94.048						
20	0.294	1.131	95.179						
21	0.268	1.032	96.211						
22	0.240	0.923	97.134						
23	0.214	0.825	97.959						
24	0.201	0.772	98.731						
25	0.177	0.683	99.414						
26	0.152	0.586	100.000						

表 2-20 为因子负荷表。将表中同一列的因子负荷较大的评价指标归为一类,据此可以解释共同因子的含义。

共同度是每个测评指标因子负荷的平方和,共同度越大,表明该测评指标对共同因子的依赖程度越大,也就是说用这些共同因子来解释该测评指标就越有效。一般来说,当共同度大于 0.4 时,共同因子就能很好地解释该测评指标了,共同度相对较小的根据经验可以剔除。分析结果显示,各测评指标因子的共同度都大于 0.4(最小 0.570),说明问卷中设置的测评指标对居住满意度的影响是显著的,每一指标的设置是有必要的。

表 2-20 因子负荷表

因子	因子变量含义	因子负荷							
		1	2	3	4	5	6	7	8
F_1	Q_{16}	0.753	0.101	0.163	−0.004	0.199	0.109	−0.027	0.160
	Q_{19}	0.751	0.177	0.198	0.127	0.259	−0.093	0.048	0.069
	Q_{18}	0.732	0.121	0.233	0.101	−0.222	0.179	0.078	−0.025
	Q_{15}	0.682	0.088	0.198	0.041	−0.048	0.355	0.089	0.239
	Q_{20}	0.521	0.495	−0.068	0.062	0.181	−0.083	0.053	0.266
	Q_7	0.489	−0.012	0.056	0.057	0.330	−0.208	0.479	0.255
	Q_{23}	0.468	0.461	0.181	−0.043	−0.121	0.454	0.063	0.067
F_2	Q_{25}	0.127	0.793	0.094	0.154	0.248	−0.181	0.082	−0.010
	Q_{22}	0.088	0.758	0.087	0.076	0.064	0.192	0.306	0.183
	Q_{26}	0.159	0.553	0.203	0.312	−0.165	0.072	−0.179	0.191
F_3	Q_{12}	0.231	0.123	0.833	0.150	−0.013	0.045	−0.013	0.076
	Q_{13}	0.154	0.164	0.816	−0.064	0.218	0.065	0.107	−0.070
	Q_{10}	0.345	0.025	0.544	0.161	0.263	0.369	−0.123	0.012
F_4	Q_1	−0.109	0.228	0.082	0.829	0.064	−0.015	0.144	0.117
	Q_2	0.157	0.099	0.065	0.748	0.124	0.033	0.148	0.219
	Q_{24}	0.405	0.381	−0.123	0.480	0.184	0.334	−0.085	−0.194
	Q_{11}	0.292	−0.021	0.368	0.406	0.365	0.178	−0.093	0.114
F_5	Q_4	−0.035	0.141	0.141	0.003	0.824	0.142	0.077	0.117
	Q_3	0.254	0.054	0.121	0.359	0.689	−0.011	0.069	0.018

续 表

因子	因子变量含义	因子负荷							
		1	2	3	4	5	6	7	8
F_6	Q_{17}	0.126	−0.003	0.125	0.091	0.105	0.793	0.237	0.116
	Q_{14}	0.080	−0.012	0.419	0.004	0.451	0.508	−0.026	0.157
F_7	Q_6	0.012	0.064	−0.074	0.019	0.027	0.147	0.824	0.064
	Q_5	0.091	0.218	0.163	0.422	0.024	0.109	0.704	−0.064
F_8	Q_8	0.199	0.196	−0.014	0.123	0.188	0.100	0.017	0.776
	Q_{21}	0.242	0.448	0.040	0.263	−0.050	0.080	0.107	0.565
	Q_9	0.100	−0.087	0.470	0.365	0.090	0.216	0.077	0.484

注：问卷中第 n 个指标表示为 Q_n。

4）线性回归分析

线性回归分析是侧重考察变量之间的数量变化规律，并通过一定的数学表达式，即回归方程来描述这种关系，进而确定一个或几个变量的变化对另一个变量的影响程度，为预测提供科学的数学依据。

（1）因子变量线性回归分析

下面将运用 SPSS 软件，围绕居住满意度和上述因子分析结果的各项因子的线性关系进行统计分析。

在多元线性回归分析中，引入自变量的多少是很重要的。由于本次问卷调查的因子分析结果有 8 项因子之多，为能在选择变量的每一阶段都可剔除不显著的自变量，所以选择线性回归分析中的逐步筛选法（Stepwise）筛选自变量。

通过运行 SPSS 软件，建立了以居住满意度（S）为因变量，以 F_1、F_2、F_4、F_5、F_7 为自变量的线性回归模型。回归系数与显著性检验表如表 2-21 所示。

表 2-21 回归系数与显著性检验表

模型	非标准化系数		标准化系数	t	显著性	回归系数的 95% 置信区间	
	回归系数	标准误差	标准回归系数			下限	上限
(Constant)	2.818	0.041		68.491	0.000	2.736	2.900
F_4	0.199	0.041	0.381	4.805	0.000	0.117	0.281
F_1	0.164	0.041	0.313	3.954	0.000	0.081	0.246

续表

模型	非标准化系数		标准化系数	t	显著性	回归系数的95%置信区间	
	回归系数	标准误差	标准回归系数			下限	上限
F_2	0.161	0.041	0.309	3.903	0.000	0.079	0.244
F_7	0.107	0.041	0.205	2.591	0.011	0.025	0.189
F_5	0.100	0.041	0.191	2.407	0.018	0.017	0.182

从所有模型的所有解释变量的 t 检验情况来看，几乎所有的变量的系数都在 0.02 的水平上，显著异于 0。说明这些变量都可以作为解释变量存在于模型中，解释居住满意度（S）的等级。因此，可建立回归方程：

$$S = 2.818 + 0.199 F_4 + 0.164 F_1 + 0.161 F_2 + 0.107 F_7 + 0.1 F_5$$

上表中的标准化回归系数可以衡量自变量对因变量的贡献程度。依据标准化回归系数建立标准化回归方程：

$$S = 0.381 F_4 + 0.313 F_1 + 0.309 F_2 + 0.205 F_7 + 0.191 F_5$$

（2）因子变量的各项指标线性回归分析

由于指标较多，在进行此项线性回归分析时同样采用逐步筛选法（Stepwise）进行线性回归分析。

运行 SPSS 软件后，5 个因子的分析结果如表 2-22 所示。

表 2-22　因子 F_4 的回归系数及显著性检验表

模型	非标准化系数		标准化系数	t	显著性	回归系数的95%置信区间	
	回归系数	标准误差	标准回归系数			下限	上限
(Constant)	−3.566	0.246		−14.506	0.000	−4.054	−3.078
Q_1	0.766	0.076	0.572	10.104	0.000	0.616	0.917
Q_2	0.393	0.067	0.339	5.830	0.000	0.259	0.526
Q_{24}	0.304	0.090	0.167	3.395	0.001	0.126	0.482

因子 F_4 的标准化回归方程为：

$$F_4 = 0.572 Q_1 + 0.339 Q_2 + 0.167 Q_{24}$$

表 2-23　因子 F_1 的回归系数及显著性检验表

模型	非标准化系数		标准化系数	t	显著性	回归系数的 95% 置信区间	
	回归系数	标准误差	标准回归系数			下限	上限
(Constant)	−5.431	0.279		−19.480	0.000	−5.984	−4.877
Q_{16}	0.440	0.095	0.293	4.618	0.000	0.251	0.629
Q_{18}	0.550	0.090	0.346	6.128	0.000	0.371	0.728
Q_{19}	0.443	0.102	0.271	4.328	0.000	0.240	0.647
Q_{15}	0.265	0.111	0.144	2.391	0.019	0.045	0.485
Q_7	0.162	0.075	0.106	2.154	0.034	0.013	0.312

因子 F_1 的标准化回归方程为：

$$F_1 = 0.346Q_{18} + 0.293Q_{16} + 0.271Q_{19} + 0.144Q_{15} + 0.106Q_7$$

表 2-24　因子 F_2 的回归系数及显著性检验表

模型	非标准化系数		标准化系数	t	显著性	回归系数的 95% 置信区间	
	回归系数	标准误差	标准回归系数			下限	上限
(Constant)	−4.862	0.266		−18.249	0.000	−5.391	−4.333
Q_{25}	0.710	0.090	0.457	7.882	0.000	0.531	0.888
Q_{22}	0.618	0.086	0.408	7.223	0.000	0.448	0.788
Q_{26}	0.435	0.088	0.243	4.917	0.000	0.259	0.611

因子 F_2 的标准化回归方程为：

$$F_2 = 0.457Q_{25} + 0.408Q_{22} + 0.243Q_{26}$$

表 2-25　因子 F_7 的回归系数及显著性检验表

模型	非标准化系数		标准化系数	t	显著性	回归系数的 95% 置信区间	
	回归系数	标准误差	标准回归系数			下限	上限
(Constant)	−3.512	0.192		−18.327	0.000	−3.892	−3.131
Q_6	0.875	0.075	0.629	11.587	0.000	0.725	1.024
Q_5	0.545	0.077	0.386	7.119	0.000	0.393	0.697

因子 F_7 的标准化回归方程为：

$$F_7 = 0.629Q_6 + 0.386Q_5$$

表 2-26 因子 F_5 的回归系数及显著性检验表

模型	非标准化系数		标准化系数	t	显著性	回归系数的95%置信区间	
	回归系数	标准误差	标准回归系数			下限	上限
(Constant)	−5.181	0.295		−17.542	0.000	−5.768	−4.595
Q_4	1.129	0.103	0.639	11.014	0.000	0.926	1.333
Q_3	0.583	0.097	0.350	6.039	0.000	0.391	0.775

因子 F_5 的标准化回归方程为：

$$F_5 = 0.639Q_4 + 0.350Q_3$$

各项指标对总体居住满意度的影响系数等于其在因子变量线性回归分析中的标准系数乘上在对应因子变量中的标准线性回归系数。结果如表 2-27 所示。

表 2-27 各项指标对总体居住满意度的影响系数

指标		影响系数
Q_1	人均居住面积	0.218
Q_{25}	租金标准	0.141
Q_2	厨房卫生间的设置	0.129
Q_6	通风采光	0.129
Q_{22}	物业费标准	0.126
Q_4	电视电话互联网的接入和使用	0.122
Q_{12}	购物	0.108

注：影响系数保留三位小数，小于 0.1 的指标没有罗列。

2.2.5 结论

1) 对大学毕业生保障性住房进行居住满意度调查和分析是必要的

居住满意度被视为衡量个体对其总体生活质量的感知的关键手段，进而成为评估居民对当前居住环境的满意程度和判断所建住房成功与否的特殊评价工具。当前的大学毕业生保障性住房建设并不是一蹴而就的，而是处于不断推进的过程中。已建成项目的建设成效需要居住满意度来检验，通过对其进行评价，指出其可取和不足之处，为后续项目的建设积累经验。此外，居住满意度的影响因素在一定程度上反映了居民对居住条件的要求。新就业大学生有着其特殊的住房需求，应该将他们与普通家庭的住房需求区分开来，分别对待。为避免出现保障性住房闲置而导致的资源浪费,在项目规划设计阶段应充分了解并掌握大学毕业生的实际住房需求,从而更有针对性地建设大学毕业生保障性住房,使此类保障性住房更好地发挥社会和经济效益。

2) 运用因子分析、线性回归分析等统计分析方法对嘉兴人才公寓居住满意度进行影响因素分析是可行的

由于问卷包括的细分指标有 26 项之多,回收问卷所包含的信息量较为庞大。本章采用因子分析方法将这 26 个原始变量浓缩为 8 个因子变量(这 8 个因子变量的累计贡献率达到 70.912%),简化了数据分析量。然后利用线性回归分析中的逐步筛选法筛选其中的 5 个因子作为自变量,建立了与因变量居住满意度之间的线性回归模型。同样,每个因子与自身所解释的指标之间也建立了相应的线性回归模型。各项指标对居住满意度的影响系数表示为各指标对因子的影响系数与因子对居住满意度的影响系数的乘积。结果显示,影响嘉兴人才公寓住户居住满意度的主要因素有 7 个,按影响系数排名,依次是"人均居住面积""租金标准""厨房卫生间的设置""通风采光""物业费标准""电视电话互联网的接入和使用"和"购物"。这 7 个指标对居住满意度的影响系数均大于 0.1,总体影响系数达到了 0.871。这些指标一方面反映了大学毕业生对人才公寓居住满意影响的重要程度;另一方面,这也在一定程度上反映了大学毕业生群体在就业初期对居住条件的要求。

3) 嘉兴人才公寓整体居住质量较好,但仍有不足之处

嘉兴人才公寓自建成以来,至今已先后安排 4 500 余人次的大学生入住,且随着人才公寓三期工程的投入使用,大学毕业生群体在嘉兴住房难的问题得到了有效解决。这说明嘉兴人才公寓从试点效果上看是可行的。上述描述性统计分析结果中,81.8%的被调查者对嘉兴人才公寓表示满意,各分类指标的满意比例也达到了 73%,这表明嘉兴人才公寓整体上是符合大学毕业生居住需求的。人才公寓在一定程度上确保了大学毕业生的居住质量。

虽然嘉兴人才公寓整体是较为成功的,但我们也从调查中发现了嘉兴人才公寓的一些不足之处,如"建筑及设计"中"房间布局"和"房间私密性"两个方面,非常不满意的样本数量占多数,说明人才公寓在当初的建筑设计中出于各种条件限制(如成本较少等)忽略了这些方面对大学毕业生生活的影响,虽然最后的线性回归分析中,此两个指标对最终的居住满意度影响较小——包含指标"房间私密性"的因子 F_8 在线性回归分析筛选自变量的过程中被剔除,而"房间布局"对居住满意度的影响系数为 0.079 13,处于进入回归分析的 15 个重要影响指标中的第 10 位。但考虑到入住嘉兴人才公寓的住户的特殊性,如单身入住,以及大学生群体对自身隐私的看重,这两方面应该在此类大学生公寓中得到相应的重视。

2.3 本章小结

本章在对南京市大学毕业生低收入群体的住房消费调查分析基础上,根据扩展的线性支出系统模型、机会成本理论、剩余收入理论和住房引致贫困构建出新的住房支付能力的评价模型,采用修正的住房可支付性指数和租金消费结余指标,评价了南京市大学毕业生低收入群体的住房消费能力。结果表明,有近90%的大学毕业生低收入群体存在住房支付困难的问题,其中有近60%的存在严重的住房支付能力问题。

房价高、收入水平低、住房供给结构不合理、住房消费偏好不合理,以及家庭负担较重,是造成大学毕业生低收入群体住房支付能力整体偏低的主要原因。随后的 Logistic 回归分析对可能影响住房消费能力的因素进行了筛选,分析结果显示"户籍""居住方式""租金""人均住房面积"和"收入"为影响住房消费能力的显著性因素。最后结合这些显著性因素,从住房支出、收入和非住房支出这三个方面,提出提高大学毕业生低收入群体住房消费能力的具体措施。

在国家大规模兴建保障性住房的背景下,为推进人才战略,各地正积极兴建大学毕业生保障性住房。这一波"家长式"建设的实际效果,却是政府及相关方面不太关注的问题。而保障性住房的建设必须要充分考虑住户的实际需求,否则将出现所建住房空置率高的情况。为避免社会资源的浪费,使保障性住房充分发挥其应有的社会效益,应在建设初期了解并掌握大学毕业生的实际住房需求。居住满意度的影响因素在一定程度上反映了这些需求,通过对居住满意度的影响因素分析可以为政府相关决策提供依据。对嘉兴人才公寓的实证分析充分体现了这一过程。问卷调查的分析结果显示,嘉兴人才公寓居住质量较好,大多数指标表现为满意级别,但在房间布局和保护入住者隐私方面仍需改善。在对调查数据进行因子分析和线性回归分析后发现,影响嘉兴人才公寓居住满意度的主要因素有"人均居住面积""租金标准""厨房卫生间的设置""通风采光""物业费标准""电视电话互联网的接入和使用"和"购物"等7个指标。

参考文献

[1] Kruythoff H. Starters in the housing market in an urban region: the case of the Randstad Holland, a diversified housing-shortage area[J]. Housing

Studies,1994,24(9):219-239.

[2] Rosser M. Home ownership and graduates[J]. Housing Finance, 1997, 37(2):31-39.

[3] Glen Bramley. Home ownership Affordability in England[J]. Housing Policy Debate, 1993(3):815-830.

[4] Steven C B. Measuring the Affordability of Homeownership[J]. Urban Studies, 1996(33):1867-1877.

[5] Liuch C, Williams R. Cross Country Demand and Savings patterns: An Application of the Expended Linear Expenditure System[J]. The Review of Economics and Statistics,1975,57(3):320-328.

[6] Miehelini C. New Zealand Household Consumption Equivalence Scales from Quasi-unit Record Data[J]. Discussion Paper,1999,99(2):58-64.

[7] Narayana N S S, Vani B P. Earning and Consumption by Indian Rural Laborers:Analysis with an Extended Linear Expenditure System[J]. Journal of Policy Modeling,2000,22(2):255-273.

[8] Hui E. Measuring affordability in public housing from economic principles: Case study of Hong Kong[J]. Journal of Urban Planning and Development, 2001, 127(1):34-49.

[9] Chaplin R, Freeman A. Towards an accurate description of affordability[J]. Urban Studies, 1999, 36(11):1949-1957.

[10] Mohammad Abdul Mohit, Mansor Ibrahim, Yong Razidah Rashid. Assessment of residential satisfaction in newly designed public low-cost housing in Kuala Lumpur, Malaysia[J]. Habitat International,2010(34):18-27.

[11] Dolapo Amole. Residential satisfaction in students' housing[J]. Journal of Environmental Psychology, 2009,29(1):76-85.

[12] Jian Ge, Kazunori Hokao. Research on residential lifestyles in Japanese cities from the viewpoints of residential preference, residential choice and residential satisfaction[J]. Landscape and Urban Planning, 2006,78(3): 165-178.

[13] Karien Dekker, Sjoerd de Vos. Residential Satisfaction in Housing Estates in European Cities:A Multi-level Research Approach[J]. Housing Studies, 2011,26(4):479-499.

[14] Scott Baum, Kathryn Arthurson, Kara Rickson. Happy People in Mixed-up Places: The Association between the Degree and Type of Local

Socioeconomic Mix and Expressions of Neighbourhood Satisfaction[J]. Urban Studies,2010,47(3):467-485.

[15] Maarten Kroesen, Eric J E Molin. Estimation of the effects of aircraft noise on residential satisfaction[J]. Transportation Research Part D: Transport and Environment,2010,15(3):144-153.

[16] Inha Kim, Kyungnam Park, Youmi Lee. An Analysis of Residential Satisfaction for Low-Income Senior Citizens[J]. Journal of Asian Architecture and Building Engineering,2009,8(2):393-399.

[17] Maria-Eugenia Prieto-Flores. Residential satisfaction, sense of belonging and loneliness among older adults living in the community and in care facilities[J]. Health & Place,2011,17(6):1183-1190.

[18] Whitehead C M E. From Need to Affordability: An Analysis of UK Housing Objectives[J]. Urban Studies,1991,28(6):871-887.

[19] Bramely G. An Affordability Crisis in British Housing:Dimensions, Causes and Policy Impact[J]. Housing Studies,1994,9(1):103-124.

[20] Bratt R G. Shelter Poverty:New Ideas on Housing Affordability[J]. American Planning Association,1995,61(2):285-286.

[21] 廉思.蚁族——大学毕业生聚居村实录[M].桂林:广西师范大学出版社,2009.

[22] 廉思.蚁族Ⅱ——谁的时代[M].桂林:广西师范大学出版社,2010.

[23] 杨朵朵,马万里.杭州大学毕业生住房问题调查分析[J].合作经济与科技,2008(7):126-128.

[24] 钱瑛瑛,戚丽琼.都市新白领住房需求调研报告[J].上海房地,2008(4):18-21.

[25] 刘惠君,黄宇澄,周京奎,等.住房梯级消费与分层供给模式探究——基于天津市大学毕业生住房问题调查[J].湖南工业大学学报:社会科学版,2010(1):8-12.

[26] 张建坤,姚燕.现阶段大学毕业生住房分析及对策[J].东南大学学报:哲学社会科学版,2009(2):35-38.

[27] 宋英潇.我国大学毕业生住房保障制度研究[J].建筑经济,2008(S2):15-17.

[28] 虞晓芬.我国居民购房消费行为特征与影响因素分析[J].房地产市场,2001(9):23-25.

[29] 宫克,王龙德,周健勇.上海城镇居民住房消费市场的研究[J].上海理工大学学报:社会科学版,2003(9):24-27.

[30] 杨文武. 房价收入比指标研究[J]. 统计研究,2003(1):47-49.

[31] 李伟. 从另一种角度计算房价收入比[J]. 统计与信息论坛,2004(7):92-93.

[32] 李爱华,成思危,李自然. 城镇居民住房购买力研究[J]. 管理科学学报,2006(10):8-18.

[33] 郜浩,吴翔华,聂琦波. 房价收入比计算方法改进及实证研究——以南京市为例[J]. 价格理论与实践,2010(9):35-36.

[34] 吴刚. 城市居民住房支付能力研究——基于2000—2008我国10城市的经验数据[J]. 城市发展研究,2009(9):20-25.

[35] 向肃一,龙奋杰. 中国城市居民住房支付能力研究[J]. 城市发展研究,2007(2):29-33.

[36] 汤腊梅. 基于收入增长的城市居民住房支付能力分析[J]. 求索,2010(11):86-88.

[37] 虞晓芬. 基于居民住房负担能力的房价合理性评价研究——以浙江杭州为例[J]. 价格理论与实践,2004(11):34-35.

[38] 周建军,王韬. 近十年我国城镇居民消费结构研究[J]. 管理科学,2003,16(2):73-77.

[39] 马新文,冯睿. 利用扩展性线性支出模型测量西安市贫困线研究[J]. 软科学,2005,19(6):11-13.

[40] 杨雪,王志斌. 城市低保线省际水平差异实证研究——基于31省(市、自治区)的扩展线性支出法测算[J]. 人口与经济,2011(2):69-76.

[41] 印凡成,刘丽莹,黄健元. 城镇居民最低生活保障线的测定[J]. 统计与决策,2011(4):19-21.

[42] 刘洪玉,耿媛元. 住房支付能力分析[J]. 建筑经济,1999(7):39-41.

[43] 戚文举,叶荣德. 基于不同视角的国外住房支付能力测度研究评述[J]. 华东经济管理,2009(10):137-140.

[44] 陈杰,朱旭丰. 住房负担能力测度方法研究综述[J]. 城市问题,2010(2):91-96.

[45] 周仁,郝前进,陈杰. 剩余收入法、供需不匹配性与住房可支付能力的衡量——基于上海的考察[J]. 世界经济文汇,2010(1):39-49.

[46] 李子奈,潘文卿. 计量经济学[M]. 北京:高等教育出版社,2005.

[47] 郑思齐. 住房需求的微观经济分析——理论与实证[M]. 北京:中国建筑工业出版社,2007.

[48] 张文彤. SPSS统计分析高级教程[M]. 北京:高等教育出版社,2005.

[49] 陈浮. 城市人居环境与满意度评价研究[J]. 城市规划,2000,24(7):25-28.

[50] 杜宏武. 影响小区居住环境质量居民满意度因素——以珠江三角洲地区若干小区为例[J]. 城市规划汇刊,2002(5):48-55.

[51] 虞晓芬,黄忠华. 自有住宅者与租赁住宅者居住满意度影响因素的实证研究:以杭州市为例[J]. 财贸经济,2010(7):122-126.

[52] 李晨. 居住满意度模型与住宅市场分析[J]. 当代财经,2003(6):79-81.

[53] 李志刚. 中国城市"新移民"聚居区居住满意度研究——以北京、上海、广州为例[J]. 城市规划,2011(12):75-82.

第三章 基于PPP的"蚁族"保障性住房建设模式构建

本章提要

　　PPP(Public-Private Partnerships,简称"公私合营")模式作为一种私人机构与政府公共部门的合作模式,其应用已从传统的公用事业领域拓展到公共住房项目,尤其是在美、英等国已被广泛应用。在国家大力推进保障性住房建设的背景下,国内充足的民间资本和宽松的政策环境已经具备保障性住房PPP模式项目的运作前提。我们将PPP模式运用于大学毕业生低收入群体保障性住房建设中,以"公私合营"思想对大学毕业生低收入群体保障房建设、运作进行系统分析。拓展了PPP在保障性住房建设中的应用。

3.1 相关研究综述

国内外经验表明,住房关系民生,特别是中低收入者的住房问题不仅是经济问题,同时也是社会问题和政治问题(Galster,2008;何元斌,2010)。住房问题不能完全通过市场化来解决,政府要承担起责任。住房保障实质上是住房领域的社会保障,是对住房困难人群的一种社会救助(汪利娜,2009)。住房保障的目标是要实现"住有所居",而要达到此目标,必须要通过保障性住房的供给来实现。

从发达国家和地区的住房发展进程看,各个国家都根据不同的经济发展要求,适时提出相应的住房供应模式。当住房极其紧缺的时候,政府多会直接介入住房的市场供应,采取直接建设或补贴建设的方式增加住房供给;当住房供应进入较充足阶段,政府直接介入住房市场供应的力度开始逐渐减弱,鼓励通过市场运作的方式供给和取得住房,政府逐步减少住房的直接建设或补贴建设直至全社会的住房不再短缺,此时需要解决的是部分中低收入者住房难问题,而不是全社会的住房匮乏问题(Ball,2011;Meen,2005;White & Allmendinger,2003;苏晶,2007)。西方发达国家为中低收入者提供保障性住房已有近百年的历史,虽然各个国家的情况不同,名称各异(如美国、荷兰的"公共住房",德国的"社会住房",英国的"可支付住宅"等),但历程大致相似。先是国内中低收入者住房问题突出,矛盾凸显,这时政府往往都是采取集中的建房方式大量提供保障性住房,虽然这种建设模式能快速缓解住房供需矛盾,解决中低收入者住房问题(Blackley,1999),但这种大包大揽的建设模式也给政府带来了巨大的财政压力。同时,集中式建设造成的对城市社会空间结构的冲击,形成的居住分异,产生的贫民窟(Crump,2002)、种族隔离(Halasz,2011)等问题同样严重。为了缓解财政支出压力,政府减少了直接建房的做法,转而通过各种优惠政策支持私人机构开发建设廉价住房,向低收入家庭供应(Kleit & Page,2008)。政府通过减免有关税费,提供贴息贷款,提供低价公有土地来降低开发商的开发成本。私人机构的介入不仅大大降低了政府直接的财政支出,而且在有效维持保障性住房的供应数量基础上提高了管理效率(Becker等,2001)。目前,西方大多数国家的保障性住房建设投资以私人机构为主,政府转为辅佐地位(郭玉坤和裘丽岚,2007)。

政府由直接干预转变为间接干预,保障性住房产权日趋私有化和住房补贴以房租补贴为主,是多数国家住房保障的发展趋势。随着经济的发展,各国住房水平日趋提高,保障性住房也逐渐向舒适型、享受型转变(Landis,2010;郭玉坤和裘丽岚,2007)。

综上所述,国外学者从经济学、公共管理学等不同学科的视角对住房保障制度进行研究,并且已从宏观和中观的政策研究逐步过渡到对处理不同具体问题的微观研究,形成了一个系统化的研究框架。而西方发达国家也将这些对住房保障制度的研究成果应用到各国的住房政策当中,主要做法是根据研究成果形成相互补充、比较完善的住房保障法律体系(包括宪法、民法等法律中有关住房保障的诸多条文,也包括颁布的有关住房保障的专门性法律)。这些法律在住房保障制度中发挥着极其重要的作用,主要体现在以下几个方面:提供建立住房保障制度的依据;明确住房保障制度的目标;规定住房保障的实现方式;用以引导和规范其他经济主体的行为;鼓励其服务于政府对于住房保障的整体目标;保证住房保障制度落实等。

公私合营(Public-Private Partnerships,简称PPP)是一个比较新的概念,它在不同的经济、文化背景及应用场合中的内涵不同,不同的国家和地区对PPP的理解和定义也不同。欧盟委员会《公私伙伴关系与共同体公共合同与特许法律绿皮书》将PPP定义为:公共机构与商业社会之间为了确保基础设施的融资、建设、革新、管理与维护或服务的提供而进行合作的形式。美国公私伙伴关系全国委员会对PPP的认识是公共机构(联邦、州和地方)与营利性公司之间的一个协议。通过协议,公私两个部门共享彼此的技术、资产来为公众提供服务和设施。除了共享资源外,它们还要共同承担提供服务和设施中的风险并分享服务和设施带来的收益。加拿大公私伙伴关系全国委员会将PPP描述为"公共部门和私营部门的一种风险合作关系,它根据每个合作者的专长,通过资源、风险及收益的适当分配来更好地满足公共的需要"。上述三个委员会都是从广义的角度来定义PPP,即PPP是公共部门与私营部门为满足公共需要而建立起来的一种合作关系。而狭义的PPP则是对一系列项目融资模式的统称,包括BOT(Build-Operate-Transfer)、TOT(Transfer-Operate-Transfer)、DBFO(Design-Build-Finance-Operate)等多种融资模式,狭义的PPP更强调公私合作过程中风险的合理分担机制和项目资金的价值(Value for Money)。需要强调的是,无论是广义的定义还是狭义的定义,PPP都是指一个大的概念范畴,而不是某一种特定的项目融资模式。因此,不可以将PPP与BOT、TOT、DBFO等项目融资模式并列起来比较。

美国公用事业私营化的重要推动者萨瓦斯教授(E. S. Savas)将PPP的概念归结为了三个层次:首先,它在广义上指的是公共部门和私营部门共同参与生产物品和提供服务的任何安排;其次,它指的是一些较为复杂的、由多方参与并被私营化的基础设施项目;再者,它也指企业、社会机构或个人和地方政府为改善城市状况而建立起来的一种正式合作关系。

PPP模式在全世界的广泛应用已经成为了一种趋势。在全球各个地方,政府在各类项目中正与私营资本合作,从各类具体的项目融资到增强政府服务的提供能力等多个方面都建立了私营资本参与建设的机制。世界银行估计,40%的发展中国家基础设施总投资是由私营机构提供的。国外,PPP模式的应用已从传统的公用事业领域拓展到公共住房项目,尤其是在美、英等国已被广泛应用,并建立了相应的法律法规,以保障其在公共住房建设中的应用效果。美国政府通过设置广泛的政策及金融机制,激励私营部门进入公共住房的建设领域,并通过包容性区划法,要求私人开发商将其开发的部分住房服务于中低收入住户,增加"廉价"住房的供给。英国将PPP模式应用于宜居住房,通过风险的合理分担提高资金价值,并在各自的价值链上实现增值。而"规划得益"政策大大地吸引了私人机构参与的积极性。

从1996年开始,我国政府开始在公路、发电厂、自来水厂等基础设施领域推广BOT模式,并取得了一定的进展。2004年7月国务院颁布了《国务院关于投资体制改革的决定》,提出要进一步拓宽项目融资渠道,发展多种融资方式;放宽社会资本的投资领域,允许社会资本进入法律法规未禁入的基础设施、公用事业及其他行业和领域。从此之后,公用事业领域的市场化浪潮开始席卷全国,PPP项目在全国各地涌现。在PPP模式适用于保障性住房方面,国内学者也进行了充分的研究。唐祥来(2006)认为保障性住房具有公共产品的性质,并对私人供给机制进行了博弈分析。冯念一(2007)、巴曙松(2006)等认为,充足的民间资本和宽松的政策环境,已初步具备保障性住房PPP模式项目的运作前提。万冬君(2006)、刘友平(2008)、贾士靖(2009)等对保障性住房PPP模式运行的融资、风险、支付能力等进行了一定研究。谢书倩、杜静(2009)从我国国情出发,借鉴发达国家和地区在公共住房领域的"公私合作"实践经验,探讨了PPP模式在我国公共住房项目中的应用内涵,并对其成功运作的关键因素进行了分析。田一淋(2008)提出建立以中间组织为枢纽的PPP模式住房保障体系。郑彦璐、邓小鹏等(2010)针对保障性住房PPP模式下私人机构参与后公私合作的过程中出现的各类风险,根据风险因素的不同,在对保障性住房PPP模式风险成本收益分析的基础上,对公共部门与私人机构的协调博弈和"讨价还价"博弈两个部分分别进行了分析。

在将PPP模式引入我国保障性住房领域的研究方面,国内学者做了很多有益的尝试。国内的研究将焦点过多地集中于PPP模式在我国保障性住房中的适用性,且更多的是规范、定性的分析,但对PPP模式中利益相关方的风险分担、利益分配等关键问题都没有进行深入的研究,也缺乏有效的实证、定量的分析。在实践中,我国住房保障领域也已存在着政府与私营机构的合作关系,例如,政府划拨建设用地、税费减免政策,并委托房地产企业建设和出售经济适用房,或者政府通过放宽建筑容积率的规划控制,以换取房地产企业在其开发的商品房小区内配建保障性住房等。这种政府和房地产企业的合作关系属于广义上的PPP模式,但它只是在保障性住房的建设阶段,而不涉及保障性住房的运营阶段。国内缺乏PPP模式下保障性住房项目运营的经验,这也给相关的研究带来了困难。

3.2 发达国家保障性住房建设模式及政策演变过程

3.2.1 美国

(1) 美国联邦政府在20世纪30年代之前,在住房建设问题上基本采取的是听由私人开发、市场调节的自由放任政策。

(2) 公共住房计划。两次世界大战时期及战后都出现了住房严重短缺的现象。这种情况下,居民的住房保障需求相对强烈,政府直接建房的方式有利于刺激住房的供给,因此公共住房计划在这一阶段占据住房政策的核心位置。

所谓公共住房,是指政府为城市低收入的人建造和维修的、收取低额租金并由政府管理的住房。

美国公共住房主要有政府直接建房和政府补贴开发商建房两种。

从20世纪30年代开始,联邦住房管理局就利用贷款和补助金补助地方营建公共住房,供应低收入家庭。

从20世纪70年代开始,为了减轻政府负担,美国政府减少了直接建房的做法,转而支持私人机构开发建设廉价住房,向低收入家庭供应。政府通过减免有关税费,提供贴息贷款,提供低价公有土地来降低开发商的开发成本(褚超孚,2005)。

从效率性方面分析,公共住房建设计划可以在短期内较快地增加城市住房存量,能够迅速缓解城市低收入阶层的住房供应短缺问题,但从长期来看,这种住房保障方式对住房市场带来的更多的是负面影响。一方面,一旦经济形势好转,无法独立负担住房的城市低收入阶层人口数量相对减少,这样,新建的公共住房就会被大量闲置,许多房产还未到生命周期就很快过时。另一方面,对于政府而言,直接投资建设公共住房需要大量的资金投入,政府的财政负担过高。

从公平性方面分析,美国的公共住房建设在解决城市低收入阶层住房需求,实现全社会居住公平方面的努力效果是有限的。种族隔离、新贫民窟现象、公共住房进入市场与私人建房产生竞争等问题开始出现(李莉,2008)。

到了20世纪80年代末,公共住房在有些学者看来已经到了穷途末路状态,尽管许多地方住房机构坚持实施高品质的住房计划,但多数公共住房计划问题重重,积重难返。在此情况下,联邦政府于1992年出台了HOPE Ⅵ计划,对公共住房进行调整。该计划的主要内容包括四个方面:一、通过对旧公共住房工程整体或部分的拆除、维修、翻新等方式,改善问题公共住房社区的居住环境;二、改善公共住房计划所处地区的问题,并对周边社区进行改善;三、提供可以避免或减少低收入人口大量聚集的新型住房;四、建设可持续发展的社区。在此基础上,公共住房数量日益减少。

(3) 补贴住房建设计划。"补贴住房建设计划"是20世纪60年代住房法推出的一项新的调控住房市场的保障方式,在经济学界被称为"砖头补贴"。这一计划针对接近于低收入阶层的中低等收入家庭,而不是针对最底层家庭,与公共住房建设计划的受惠对象不同。美国政府通过诸如向私房拥有者提供低息贷款和"税收信贷"等扶持政策,鼓励个人或私人开发商参与中低收入家庭住房的开发建设,以及公共住房或私人住房的翻建。

在美国住房发展史上,此类计划的实施中,单纯从住房供应量方面讲,其效果甚至比公共住房建设更明显。

补贴住房建设计划在美国联邦公共住房政策史上实行得最晚,同时实行时间也最短,20世纪90年代以后此类计划基本都停止了,这一计划的实施存在很多问题。首先,补贴住房计划的政府干涉程度更大,需要政府紧密安排投资计划,并对分配办法和市场流通实施严密监控,但这种干预与美国自由的市场化环境无法相融。其次,联邦政府需要额外付出巨大的监督成本,在减少投资上并没有明显效果。再次,这一计划主要针对收入中等偏下阶层,引起了低收入群体的不满,公平性较差(李莉,2008)。

(4) 房租补贴类计划。房租补贴类计划在经济学界被称为"人头补贴",是自20世纪70年代以后美国住房保障的主要方式,一直沿用至今。现阶段,美国住宅产业中的供求矛盾已经有所缓和,政府主要采取向低收入群体提供补贴的方式,通过提高低收入群体的支付能力来实现住房保障的目的。同时,政府鼓励中低收入阶层积极购房,对购房者实行税收优惠(李璐,2011)。

在住房补贴方面,美国的住房补贴包括租金补贴与贷款补贴。

收入在一定标准下可享受租金补贴。美国的租金补贴有租金证明及租金优惠券两种形式。享受租金证明的住户只能在联邦政府规定的租金水平下寻找住房,而享受租金优惠券的住户则不受此限,如果住房租金低于政府规定的市场租金,住户可保留优惠券继续使用,而当住房租金较市场租金为高时,住户需自己承担租金差价(李璐,2011)。

为增加低收入群体的支付能力,鼓励他们积极购买住房,美国政府建立了联邦家庭担保项目,鼓励金融机构对低收入群体进行贷款及贷款担保。美国政府一直致力于降低低收入阶层申请住房贷款的标准及贷款利息,并推出了实现零首付的"美国梦计划"。

这一计划是目前备受学界推崇的一种公共住房政策，比较适应20世纪70年代以后美国的住房发展现实。它避免了政府对住房市场的直接干预，只是利用补贴提高城市低收入阶层的住房支付能力，而且因不涉及建设环节，政府不需要付出较多的监督成本，节省了政府财政开支。最重要的是，对现有存量住房的利用方面，房租补贴类计划远远超过美国联邦政府使用过的其他两类住房保障方式。这一计划在一定程度上平衡了各阶层对住房水平的需求，消除了居住隔离。

同时，鼓励居民扩建、改建自有房屋，建成后则要求他们按照政府事先规定的房租出租给中低收入家庭（赵以邗，2011）。

在建设规划方面，美国法律规定，开发商在进行住宅区建设时，要将其中15%的住房作为经济适用房出售给中低收入群体。"居住融合"的原则使中低收入群体同样享有完善的社区公共服务设施，有效削弱两极分化的不良影响，对实现社会公平有着积极作用。

在资金来源方面，美国政府分别成立了房利美（Fannie Mae）和房地美（Freddie Mac）两家住房抵押贷款公司，通过购买抵押贷款资产，将其重新打包为债券出售给投资者，用以实现资金在投资者和购房者之间的流动（王洋和胡国晶，2009）。

美国公共住房由联邦政府提供住宅建设资金、维修资金和部分管理运营资金，建设管理资金融资方式主要有住房抵押贷款证券化（MBS）和房地产信托投资基金（REITs）。美国公房建设制度经过近八十年的发展，目前已经形成了以联邦国家抵押协会和联邦住房贷款抵押公司为主体，大量私营抵押公司为补充的二级抵押市场，为公房建设、流通提供了强有力的资金保障。同时还以政府信用及公房项目的现金流为基础发行免税住房债券，债券还常常通过金融担保公司的参与以提高债券信用等级，该债券最大的特点是利息收入免税，即政府在向持有该债券的投资人征收联邦个人所得税时，其利息收入允许从其总收入中扣减。美国政府还鼓励个人和开发商参与中低收入家庭住房和公共住房的开发建设（刘仁海，2010）。图3-1为美国住房保险模式示意图。

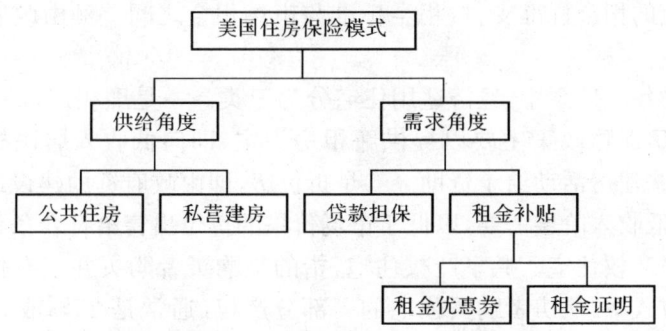

图3-1 美国住房保险模式

美国住房保障政策完成了由供给保障为主到需求保障为主的转变，形成了较为完善的住房保障体系。美国采取的是"市场为主、适度保障"的原则，公共住房只覆盖占总人口比例15%以下的中低收入家庭。

3.2.2 英国

英国的公共住房政策起源甚早，早在1851年英国政府就颁布了《劳动阶级公寓法》，授权地方机构为低收入阶层建设住房（Peter Malpass & Alan Murie, 1998）。二战后，政府投资大力建设公共住房，这也成了英国住房福利制度的重要组成部分。

70年代后，低收入阶层对政府建设的公共住房需求量大幅下降，由于之前大力建设公共住房，国家和地方财政负担过大，而且这种模式忽视了市场机制在住房中的作用，降低了住房市场运作的效率，并造成了贫民大量集中的现象，使得住房品质和社区质量下降。

1979年保守党重新执政以后，对公共住房政策进行了一系列改革。推行出售公共住房，鼓励私人投资建设住房，实行私有化住房政策，同时提高公共出租住房租金标准（李莉，2008）。

1980—1990年期间英国进行房改后，把全国公房由政府所有逐渐转化为私人合作及非营利性质的住房协会所有，并由住房协会出售公房和提租，通过税收减免，提供开发低息贷款以及财政拨款的方式，以加快住房的建设与筹措维修资金（刘仁海，2010）。在出售公房时，引入公共住房居民"优先购买权"，将公共出租住房优先出售给原住户，政府还给予一定的购房补助，尽可能帮助住户获得房屋产权。

虽然对公共住房政策做了一些改革，但政府直接投资兴建公共住房的政策依然在实施。

对英国而言，只要其收入低于政府设定的标准，租户可以申请住房补贴，政府将补助提供给住宅消费者。另外，针对社会出租，承租户承租社会出租住宅时只需按政府所规定的租金标准支付，租金标准与市场租金之间差额由政府直接补助给出租者。

在英国的住宅体系中，经济适用住宅分为三类。一是廉租房，20世纪80年代以前，英国住房保障政策主要以提供廉租房为主，即向低收入居民提供低租金住房，政府对一些建房活动给予资助。二是折价房，即由政府资助建设或开发商建设的，为满足中低收入阶层需要，以低于市场价格的价位出售给符合条件的家庭的住宅。三是共享产权住宅。共享产权住宅，指的是购买者购买并享有住宅的部分产权。在这种方式下，购房者购买住宅的一部分产权（通常是25%或50%），代表政府管理经济适用住宅的住房协会拥有剩余的产权。购房者在居住期间需要向住房协会支付剩余产权的租金(政府会对租金给予部分补贴)。当购房者有能力购买更多产权时,可以向住房协会提出申请,购买其余部分的产权(吴宁和陈卫华,2011)。

3.2.3 新加坡

新加坡与英国很相似,主要以提供公共住房为主。

(1) 1960年,成立了专门的"住房开发委员会"(Housing and Development Board,简称HDB),并给予雄厚的财政支持和较大的法定权力。仅HDB成立后的第二年,就有7 000套简易公寓房建成,并有超过1.1万套正在建设当中。在这一阶段,住房严重短缺,政府主要将组屋出租给中低收入阶层。公民在申请公共组屋时需达到一定资格,其中包括公民权、无私有财产、收入水平不能超过限额标准以及家庭构成四个条件。

(2) 1964年HDB推出了著名的"居者有其屋"计划。该计划主要针对低收入及中等收入阶层两类居民。计划在开始阶段发展缓慢,部分原因在于建成的公共组屋数量太少,但更重要的原因是首付款的数额太大,大部分人无力承担。新加坡公共住房补贴政策偏重于对建屋发展局建房的补贴,而直接对居民租房和购房补贴就显得不那么重要了。

(3) 1968年通过了中央公积金法(修正案),允许居民用公积金储蓄购买组屋。其主要做法是,凡是在新加坡有薪金收入的人,都必须与其雇主按同等比例将月薪的一部分交存于中央公积金局,雇员可以用来买房,但不能用于支付房租(褚超孚,2005)。在这一阶段,HDB低价向广大中、低收入家庭出售,并鼓励私人建房。

新加坡的住房公积金来源于雇主和雇员每月强制交纳的储蓄资金,政府将公积金存款的部分作为国民住房首期付款之用,不足之数由每月交纳的公积金分期支付(谢树锋和庞永师,2008)。政府主要通过政府债券的形式将中央公积金存款变为政府可支配资金,政府在通过向建屋发展局发放贷款的形式将中央公积金等存款源源不断地转入建屋发展局,为新加坡公共住房建设提供了强有力的资金链。

2000年新加坡人口普查显示,2000年高达88%的家庭住在公共住房,92%的家庭拥有本身的住房。

(4) 自2004年8月开始,建屋发展局推出了组屋预购制度,分别针对那些家庭月收入不超过3 000新元的符合条件的家庭出售住房。在该制度下,建屋发展局将未来半年内计划开工兴建组屋的详细资料向社会公布,让申请者预购,并根据预购结果调整建房计划,符合条件的家庭则在房屋建好后获得新房。

2005年3月,设计、兴建和销售组屋计划实施,私人部门参与到公共住房的整

个开发过程中,以促使公共住房能够更好地满足新加坡居民的需要。

2006年3月,开始额外公积金住房资助计划,让过去两年家庭月收入不超过3 000元的新加坡公民在首次购买二手组屋时,可获得一定额度的购屋津贴,后来,该津贴的领取资格进一步放宽,补贴水平也有所提高(孙翠霞,2011)。

3.2.4 日本

日本以补贴住房建设为主要方式。

(1) 1951年,日本政府颁布了《公营住宅法》,明确指出公营住宅由中央政府拨款补助,地方公共团体直接建设和管理,用以向低收入者提供廉价的租赁住宅。政府定期公布家庭收入标准,为达到一定收入标准的低收入家庭提供公营住宅(李莉,2008)。

(2) 在日本的住房保障体系中,第三部门的介入是日本住房保障的一大特色。日本于1967年3月成立勤劳者住宅协会,它是低收入家庭住房供给主体,集储蓄、融资、建房、分配、维修和向外出租或出售房屋等功能为一体,日本政府明确规定其为"非营利性组织",具有强烈的"政府色彩"。1971—1980年是日本公营住宅建设的高峰时期,每年平均建设7万套以上。

(3) 1996年日本对《公营住宅法》进行了修改,提出公营住宅房源新思路,即一是由地方公共团体建设公营住宅,二是由地方公共团体收购民间住宅,三是由地方公共团体租用民间住宅等三条途径(陈成文和胡竹君,2012)。随着社会经济水平的提高,每年公营住宅的新建数量逐渐减少,2003年公营住宅的套数是2 183套,占住宅总数的比例是4.7%,截止到2008年,住宅套数下降为2 010套,占住宅总数比例下降为4.1%(黄修民,2010)。

(4) 日本在相当长时间内实施的公共住房政策是"以政府为主导、以住宅规划为目标、以公库为资金支持、以公团为建设主体"。该政策在解决中低收入阶层的居住需求方面取得了显著成绩,积累了不少成功的经验(熊国经和周敏建,2012)。金融住宅公库是为了促进住宅建设,对银行及其他一般金融机构难以提供长期低息的住宅资金进行贷款而设立的机构。公团住宅是由国家投资成立住宅公团为城市中等收入者建造的住宅,并给予租、售优惠,政府向公团提供低息贷款和部分周转金。

(5) 但是近年来,日本的住宅供应量相对充足,家庭构成呈现少子女、高龄化趋势,住宅市场向存积型转变。针对这些问题,日本的公共住宅政策也发生了较大的改变(黄修民,2010)。

2004年7月,都市基盘整备公团与地方都市开发整备部门统合成立了"都市再生机构"(Urban Renaissance),其前身是住宅公团,其主要目的是对现有租赁住宅进行整理。其从事业务的资金主要来源于租赁住宅的房租收入和城区开发所获得的土地的收益,国家不再进行任何形式的补贴和补助。

2007年4月住宅金融公库被废止,取而代之的是"住宅金融支援机构"。该机构是以民间住宅贷款证券化业务为主,改组之后主要通过财投机关债、政府保证债、财投债等形式向社会筹措资金。总体来说,政府的干预程度大大降低。

针对贫困群体,日本制定的《公营住宅法》保障日本的贫困家庭人人"居者有其屋",所谓公营住宅,《公营住宅法》详细的规定为:即由日本各级政府建造并管理的向低收入家庭出租的住宅,也就是"廉租房"。由东京都政府管理的叫都营住宅,由县政府管理的叫县营住宅,由区政府管理的叫区营住宅,由市政府管理的就叫市营住宅。中央政府向地方政府修建的租赁用住宅提供补助。

在资金支持方面,日本政府在法律上规定了劳动金库(工人银行)与住宅金融公库(住宅银行)作为日本住宅合作社发展服务机构,负有融资的义务,而且政府还给予一定的优惠以降低贷款利息。针对个人建房,政府给予低息贷款。日本还引进以职工财产存款为财源的财团基金和以养老保险基金为财源的退休基金作为融资渠道。

住宅合作社建设房屋的土地60%来源于国有土地,目前日本政府正在积极实现对国家、地方公共团体等机关团体的土地有优先购入权的目标。

3.2.5 德国

(1) 19世纪,一些居民开始投资建造住房,除自己居住外,把多余房屋出租,形成了房屋租赁市场,1847年住房合作社开始在德国城市出现。合作社依靠社员入社资金,并从国家和银行获取一定的贷款建房出租给社员居住(李莉,2008)。合作社是德国解决住房问题的特色组织,在战后成为住房保障的骨干力量。

(2) 二战后,德国住房短缺严重,德国不得不实行住房配给制度,以满足市民住房需要。住房不允许私自出售和出租,而由政府住房局负责以低租金分配给住户。东德地区是通过政府建造大量公共住房提供给国民居住的方式来解决住房问题。西德地区自战后到20世纪末则一直是通过政府补贴住房建设的方式来应对战后的住房短缺情况,具体的做法包括:国家提供免息贷款促进合作社建造大量房屋;运用金融财税手段鼓励私人购建房,推动私人投资商、企业主、机构投资者、房地产开发商建造房屋出租出售;政府还通过为投资商提供一定数量的免息贷款,建造社会福利房,低租金租给城市低收入者居住(李莉,2008)。

(3) 从20世纪60年代初,德国开始推行住房私有化和对低收入家庭提供住房补贴,重点扶持自由住房建设,并主要为低收入阶层提供住房保障。

(4) 20世纪90年代后,德国住房短缺问题得到根本解决,1965年以后,引入住房补助金来帮助那些无法负担租金的承租人。居民实际交纳租金与可以承受租金的差额,由联邦政府和州政府各承担一半。国家开始大力倡导私有住房的建设,用税收来补贴购买或建造自己使用的私有住房,1996 年国家对私有住房的补贴达到了高峰。这里只有收入低于某个特定界限以下的人才能享受补贴,此外还需考虑家庭成员的数量。因为无论是扣减模式中的税收返还,还是补贴模式框架下的补贴支付,都必须"从所得税收入中拨付"。

(5) 1998 年后,德国开始了从"住房政策到住房市场政策"的明显转变。2003 年适当减少了对私有住房的补贴支出,直到 2006 年基民盟/基社盟和社民党组成的大联合政府取消了私有住房促进政策(比约恩·埃格纳,2011)。

(6) 德国的住宅储蓄制度起源于英国 1775 年的住房信贷合作社制度。1924 年,德国科隆成立了第一家住宅储蓄银行。1931 年,德国把住房储蓄制度纳入国家监管之下,并制定了专门的法律。20 世纪 50 年代以来,随着住宅建设的持续增长,住宅储蓄制度得到了快速发展。到目前为止,德国已经形成了非常完善、成熟的住房储蓄制度。

德国住房储蓄制度是为实现购建房筹资而形成的互助合作融资体系,主要特点是:先储蓄,后贷款;利率固定,低息互助;用途唯一,专款专用;还可获得政府储蓄奖励。住房储蓄制度已成为一种独具一格的住房融资模式。

一方面是在公共住房金融政策上,德国推行住宅储蓄制度。另一方面德国只有公共租赁房,没有经济适用房这种有产权的房屋。德国政府根据各地政治、经济区别划出相对固定的区域,并集中在这些区域大规模建造保障房。低收入家庭通过申请,以较低的租金租住这些房屋,政府则按照市场参考价将租金补贴直接给予开发商(韩函,2011)。

德国的住房政策有六大手段,传统的有四种:

(1) "租赁法"。"租赁法"是一种纯规制型的手段,它为房屋的租赁人和业主之间签订合同确立了法律框架。

(2) "住房补助金"用来帮助那些"不能独立获得合适的、与家庭情况相宜住房的家庭,即经济学意义里的无市场能力的家庭"。住房补助金大多被作为房租补贴支付(很少作为购置房屋的补贴),也就是说补助金的数额是根据家庭收入、房租金额、住房大小和家庭成员的数量来确定的。住房补助金由联邦和州各承担一半。

(3) "自有住房促进"是针对那些购置私有住房以供自己使用的人。私有住房促进有两种基本模式,即扣减模式和补贴模式。扣减模式适用至 1995 年底,在此期间,购买或建造房产的支出可以从应纳所得税中扣减。而自 1996 年以来实施的补贴模式实行的是真正的补贴,也就是国家按照特定的标准给予补贴。

(4) 社会保障住房建设曾长期被作为德国住房政策的主要手段。社会保障住房建设的目标是,通过公共财政支持促进联邦德国私有租赁房建设。主要由联邦德国大型住房企业承担的私有住房建设要么是通过直接的补贴,要么是通过联邦和各州之间、投资者和主管的乡镇之间构建合同来实现的,后一形式更为常见。最常见的模式是促进"社会保障住房",它由获得联邦和州补贴的住房企业建造,房屋建设地所在的乡镇因而获得了占用权。乡镇可以将有"居住许可证"的人,比如社会救济金受领者,安置在这些住房里。须由乡镇支付的房租也有法律规定,并被称为"成本房租"。房租数额只容许够住房企业支付该住房日常的运营成本。当先前在住房建设项目中规定的期限(通常是 20 至 30 年)到期之后,乡镇的占用权和住房企业成本房租的规定都取消了,从这时起,住房可以被作为一种经济商品自由出租乃至出售。

20 世纪 90 年代末运用两个新的手段,即社会城市和东部城市改造是延续和补充传统的城市建设的促进手段。这些项目支持市中心的增强、空置场地的再利用、社会弊病的消除("社会城市"),还有拆除长期不再需要的住宅大楼,安排土地再利用以及使城市的基础设施与德国东部城市的萎缩相适应("东部城市改造")。

社会保障房建设作为建筑物促进手段在 2001 年底最终被停止,取而代之的是"社会居住空间促进"。与此同时,《住房补助金法》在停滞 10 年后于 2001 年修订,以使住房补助金数额与上涨的房租和消费价格相适应,由此完成了政策的市场导向。但是与联邦德国以前的住房政策不同的是,国家不再在住房市场上推行供给政策,而是自 20 世纪 90 年代末以来,始终扮演着支持个人的需求角色。

3.3 民间资本参与保障房建设的可行性分析

3.3.1 经济可行性分析

民间资本参与我国保障房建设的过程,相对于资本的持有者来说是一个投资的过程,其追求的是利润的最大化。投资是资本的垫付活动,从垫付资本到获利需要一个较长的时期。在这个比较长的过程中,由于政治、经济、技术、自然、心理等众多因素的变化,投资预期收益不确定,投资者面临亏本甚至破产的可能性,可见,投资具有风险性。如果说获得预期收益使投资者具有内在的动力,那么,要承担一定的风险又使投资者具有内在的约束,因为投资所可能获得的效益是未来时期的预期效益,是不确定的。如果轻易可获得收益而无任何的风险,投资者就会有一种永无止境的投资扩张的冲动;相反,如果风险是确定的,而无获利的可能性,投资者就会停止投资。可见,只有在风险和效益相统一的条件下,投资行为才能得到有效调节。

所以,对于民间资本来说,其是否有意愿参与到保障房建设项目中来,最为关键的因素是风险较小的项目是否具备足够的项目盈利能力来满足投资者的利益回报的需求。

一般来说,项目的盈利能力主要包括两个方面的内容:

(1)一是项目稳定的需求量及能够产生的稳定现金流。

从保障房本身来说,按照住房和城乡建设部的数据,2008 年的保障房建设规模仅有 100 多万套,2009 年达到 330 万套,2010 年保障性安居工程建设规模达到 580 万套,2011 年保障性安居工程已经开工 1 043 万套,基本建成了 342 万套,提前超额完成了开工建设 1 000 万套的任务。2012 年全国计划新开工建设 700 万套保障房。仅从数字上看,新开工的保障房数量好像较上年少了,但是 2012 年实际在建工程量巨大,按照住房和城乡建设部的估算,2012 年实际在建工程量至少有 1 700 万套,这包括 2009 年新开工的部分项目就要竣工,2011 年新开工的 1 000 万套中多数到 2012 年还在建。综上所述,目前全国范围内有建设保障性住房的艰巨工作任务,老百姓对保障性住房需求大,有着稳定的需求量。

此外,从保障房建设所需资金和政府投资资金看来(见表 3-1),对于民间资本的需求量也不小,而且民间资本充足,也为民间资本参与保障房建设提供了条件。

表 3-1 保障房资金需求表 （单位:亿元）

城市	保障房资金需求	政府投入	资金缺额
全国	11 000	3 000	8 000~9 000
江苏	13 000	4 838	8 162
广州	80	34.7	45.3
上海	480	—	—
重庆	250	75	175
深圳	140	70~80	60~70
北京	560	400	160
天津	180	80~100	80~100
武汉	22	—	—

对于保障房,尤其是公共租赁住房来说,不会导致垄断,且存在一定的竞争性,而向承租户收取的租金收入是稳定的资金来源,可以有效回收成本,而且项目风险不高,收益稳定。由此可知,私人资本参与到公共租赁住房建设中也具有可行性。

(2) 二是特定风险下较为稳定的收益率。

投资效益的内涵十分丰富,如微观经济效益和宏观经济效益,直接效益和最终效益,财务效益和社会效益。作为民间的资本主体,其最终的目的通常是在尽量规避风险的前提下,追求效益的最大化。

保障性住房是我国城镇住宅建设中较具特殊性的一种类型住宅,它通常是指根据国家政策以及法律法规的规定,由政府统一规划、统筹,提供给特定的人群使用,并且对该类住房的建造标准和销售价格或租金标准给予限定,起社会保障作用的住房。对于民间资本来说,由政府保障使其风险可以控制在较小范围内。

对于民间资本来说保障房建设没有强烈的直接利益驱动,甚至可以说直接投资收益是薄弱的,据统计,保障房建设投资净利润只有3%左右,而投资商品房,一般可在15%以上,但间接利益多元化。尤其是对于民间资本中的房地产开发企业来说,这些间接利益驱动主要包括:

① 通过参与配建项目实现低成本拿地。目前,北京、青岛、兰州、河北、福建、江苏、四川、湖北和广州等省市在土地出让环节都明确了保障性住房的配建比例。民间资本通过参与配建项目,相对于纯市场方式,可能实现低成本拿地。通过参建保障房,民间资本控制了拿地成本,平衡了保障房建设方面的利润损失。

② 通过在保障房地块上配建商品房来实现盈利。配建方式可以从两种视角来看待,一种是土地出让环节在商品房土地中搭配一部分保障房土地,最后由购买土地的民间资本负责建设,利润主要在于商品房销售部分。第二种是允许民间资本将保障房地块拿出一部分建成商品房对外销售,利润主要由允许作为商品房对外出售的那部分售房款构成。

③ 低价格获得商业用地。保障房社区都会配套商业,民间资本如果参建保障房,就可以顺便投资开发保障房小区中配建的配套商业,并且可以按照市场机制出售或出租这些配套社会商业地产,从而盈利。

④ 通过参建保障房来提升市场占有率和社会影响力。在房地产调控趋于严厉、保障房建设力度显著加大的双重背景下,一些民间企业为了保证自己的开发规模和市场占有率,也会参建保障房,不仅承担社会责任,同时提升自身品牌的社会影响力。

⑤ 通过参建保障房来获得融资优惠。一些地方政府对保障房建设提供了融资方面的优惠。比如,上海晶城项目是一个保障房项目,前期投入40多亿元资金,其中一半为上海城开集团自有资金,另一半由政府出面担保,向银行贷款,上海城开集团享受还贷利率为银行基准利率的优惠。

由此可见,民间资本参与保障房建设的项目风险收益比较小,有足够的吸引力使民间资本进入。

3.3.2 政策可行性

我国政府针对项目建设过程中存在的问题也在积极寻求利用社会资金为保障性住房建设投入做坚实物质基础，并出台了一系列政策、法规及文件，积极鼓励和引导民间资本投入我国各种基础设施和公用事业项目建设。六届三中全会通过的《中共中央关于完善社会主义市场经济体制若干问题的决定》中提到要大力发展和积极引导非公有制经济，允许非公有资本进入法律法规未禁止的基础设施、公用事业及其他行业等领域。自2010年6月由国家住房和城乡建设部、发改委及财政部等七部门联合颁布的《关于加快发展公共租赁住房的指导意见》发布以来，各个地方政府也开始因地制宜地制定并实施公共租赁住房项目管理办法。同期，全国公共租赁住房工作会议召开，时任国务院副总理李克强出席了会议并强调要加快发展公共租赁住房，推动保障性安居工程建设，并指出公共租赁是一项复杂艰巨的任务，要坚持"政府组织、社会参与、依法管理、市场运作"的原则，将公共租赁住房纳入保障性安居工程建设规划中去，在土地、财税、金融等方面加大政策扶持力度，正确引导社会力量共同参与，多渠道多方式筹集房源和资金。同时鼓励各个地方政府在国家总体政策的原则下，探索发展适合当地经济的融资模式。

国家政策的提出和完善为民间资本进入保障房建设领域铺平了道路。

3.3.3 社会可行性

私人部门参与到保障房项目中去的动力在很大程度上取决于项目所在地的社会环境和发展潜力。保障房尤其是公共租赁住房是未来政府着力发展的民生工程，同时是以政府信用为保障，项目风险很低，目前社会安定和谐，政治性风险也较低，具备吸引私人投资者的条件。

20世纪80年代的民营化浪潮推动公私合营模式在世界各国迅速发展起来，90年代以来，我国也开始采用，并且应用领域有不断扩大的趋势，有很多成功的案例，期间也积累了很多宝贵经验，比如"鸟巢"主会场、北京地铁4号线、奥运会水上公园项目、上海竹园第一污水处理厂等。近年来，PPP模式在城中村改造中得到应用，我国的保障性住房领域还没有采用PPP模式，但是在上海、广州和温州等地开始有了以公私合作形式供应公共住房的政策构想以及尝试性探索。这些都对我国民间资本参与公共租赁住房建设有重大的借鉴意义。

3.4 民间资本参与保障房建设的途径分析

民间资本参与保障房建设主要有REITs、债券、住房公积金、社保基金和资产证券化等方式。

3.4.1 REITs

房地产投资信托基金(REITs)作为一种新型投融资工具,虽然在国外发达金融市场上发展已经相对成熟,但在国内其运作尚处于尝试阶段,在保障房建设方面存在不可控制的风险(见表3-2),因此在实际中可行性并不高。

表3-2 保障性住房应用 REITs 的不可控风险

风险因素	风险解释
政策法规	REITs 专项法规缺位
	现有的税收政策对 REITs 的扶持力度不够
金融市场	金融市场不成熟,市场监管机制的缺失导致 REITs 的违规现象
	市场上缺乏专业基金和财产管理人才,影响 REITs 运作
保障房机制	保障房低租金不能满足 REITs 高分红的要求
	保障房准入退出制度不完善

3.4.2 债券

(1)公司债券:发行公司债券的企业必须是承担有限责任的"公司制"企业,有严格的限制条件,而各地的保障性住房建设公司仍处于起步状态,大多不具备发行公司债券的条件,而金融市场上用于住宅建设的公司债券多由房地产开发企业发行。

(2)企业债券:2011年国家发展和改革委员会办公厅下发的《关于利用债券融资支持保障性住房建设有关问题的通知》中提出了鼓励地方政府投融资平台公司发行企业债券用于保障性住房建设,并在实际中已经采用。但是这些企业债券主要投向棚户区改造、统建还房等类型的保障房项目,这一类项目或者和商业地产捆绑,或者背后有着一级土地开发整理内容,有着可观的经济效益。而对于经济效益较差的公共租赁房很难采取企业债券融资。

3.4.3 住房公积金

住房公积金参与保障房建设的方式有两种:一是直接介入方式,是指在28个试点城市推行的住房公积金贷款支持保障房建设;二是间接介入方式,即将住房公积金增值收益用作保障房建设的补充资金,这也是住房公积金在保障房建设中的主要的运用形式。

从目前住房公积金与社会保障性住房的现状,以及我国住房公积金支持保障性住房建设的实际情况来看,虽然 2009 年 10 月 14 日,住房和城乡建设部等 7 部门联合印发了《关于利用住房公积金贷款支持保障性住房建设试点工作的实施意见》,提出了住房公积金支持保障性住房建设的系列政策,但是在实际工作中存在较多的障碍因素(见表 3-3),使得住房公积金参与保障房建设并不可行。

表 3-3　住房公积金参与保障房建设的障碍因素

经济因素	住房公积金投资渠道有限,畅通性不佳
	住房公积金的投资收益率低,稳定性和有效性欠佳
	侵犯住房公积金缴纳个体的合法权益
政策因素	政府政策执行不到位
	行政监督力度不足
	法律法规体系不健全
风险因素	住房公积金资金运作风险较大
	金融贷款风险较难控制

3.4.4　社保基金

目前,全国社保基金已经在南京、天津、重庆三地,通过房地产信托基金的方式,为当地的公租房建设提供融资 105 亿元,其中向南京市保障房建设有限公司发放的 30 亿元贷款,期限为 2 年 11 个月,利率为 6.05%,由江苏国际信托有限公司发行,民生银行提供连带担保责任。

社保基金对投资的安全性、流动性和收益性要求不同于普通基金。所以,在社保基金绩效的评价过程中应该考虑到安全性和流动性的指标,并能够将其置于收益性之前。安全性是社保基金投资过程中第一位要实现的目标,这是绩效评价不同于普通基金的最根本原因。

社会保障基金是人民的"养命钱",为了保障资金的安全性,社保基金必须为信托贷款设计合理的担保结构。

目前,随着社会保险参保人数的增多,我国社保基金不管从收益还是盈余都呈逐年递增趋势。但是,全国老龄委员会 2006 年 2 月 23 日公布的《中国人口老龄化发展趋势预测研究报告》表明,从 2001 年到 2020 年,我国平均每年将增加 596 万老年人口,年均增长率达 3.28%,大大超过总人口 0.66% 的增长速度。到 2023 年,我国老年人口将达到 2.7 亿,与 0~14 岁少儿人口数量相等。到 2050 年,这一数目更是超过 4 亿,老龄化水平达到 30% 以上。随着人口老龄化的迅猛发展,社会保障方面的支出需求也将越来越大,这就使得本就不足以弥补保障房建设资金缺口的社保基金无法承担起保障房建设的融资重任。

3.4.5 资产证券化（ABS）

资产证券化是以项目所拥有的资产为基础,以该项目资产的未来收益为保证,通过资本市场发行证券来筹集资金的融资方式。从结构上看,资产证券化的最大特色是构建一个特设交易机构,需要融资的企业将能够在未来产生现金收入的资产或收益权出售给特殊目的实体（SPV）,由 SPV 作为债券的发行人,用它发行债券的收入购买要证券化的资产,用该资产未来的现金收入向投资者还本付息。

目前国内由于立法的缺失,对 SPV 的法律地位界定不清,SPV 更难以取得公司法人资格,也难以取得公开发行证券的资格。而保障房自身较低的利润率条件下,SPV 的合法避税问题难以实现,增加了证券化融资的成本。此外,债券利率问题也是不可忽视的风险。过高,则导致开发成本过大,盈利不足；过低,则会影响债券出售,不能筹到资金。

以上风险的存在使资产证券化融资的可行性并不高。

3.5 基于 PPP 的大学毕业生低收入群体保障性住房建设模式构建

全面改善大学毕业生低收入群体生存和发展问题,首先要解决其住房问题。由于大学毕业生低收入群体住房困难现象是部分高校毕业生走向社会初期阶段的一种生活现象,属于过渡时期的暂时困难,随着对社会的适应和能力的提高,他们能够较快地步入良性发展之路。因此,通过政策保障,解决高校毕业生、低收入群体的婚前、过渡性住房,帮助他们渡过暂时的困难时期,不仅有利于他们的快速发展,也能够完善现行住房保障体系,促进和谐社会的构建。

针对大学毕业生低收入群体的特点,可以建设保障性的公共租赁房——"青年公寓",给大学毕业生低收入、未婚群体提供过渡性住房。

3.5.1 基本思想

建设"青年公寓"目的是解决大学毕业生低收入群体过渡时期的住房,手段是采取 PPP 模式,基础是政策保障,关键是吸引和鼓励民间资本进入。

从 PPP 模式在经济适用房、廉租房领域并不成功的应用来看,关键是没有解决好民间资本进入的问题,过多地依赖政府财政投入,使得 PPP 建设经济适用房、廉租房模式走向不可持续的"死胡同"。因此,在应用 PPP 模式构建"青年公寓"时,必须从建设、产权、定价、机制设计、政策制定、社会认可等多环节、多角度,充分融入对民间资本的激励思想,从而形成强大的吸引合力,引导民间资本积极进入,增加"青年公寓"自身的造血功能,减少政府财政和管理的压力,使 PPP 模式的"青年公寓"建设朝着可持续方向发展。

构建如图 3-2 所示的基于 PPP 模式的"青年公寓"运作框架,并在此框架基础上形成具体的运作模式,有效解决大学毕业生低收入群体的住房问题。

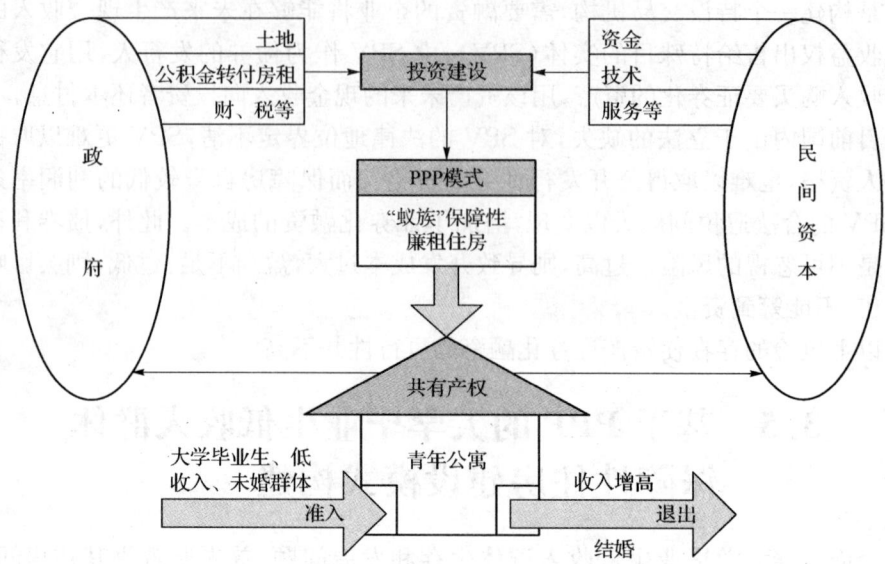

图 3-2 基于 PPP 模式的"青年公寓"运作框架

3.5.2 基本思路

(1) 政府划拨土地,民间资本投资建设,形成共有产权形式、只面向高校毕业、低收入、未婚群体保障性租赁的"青年公寓"。

(2) 将"青年公寓"项目纳入城市建设管理之中,科学规划、建设数量合理、标准适当、配套完善、公共交通便利的单身公寓。

(3) 制定准入和退出机制,政府统一管理。一方面保障大学毕业生低收入群体的住房过渡需求;另一方面使已婚、收入增高者及时退出,提高保障效率。

3.5.3 主要内容

在此运作模式下,有三部分主要内容,包括:

(1) "青年公寓"中政府与民间资本的产权共有

PPP 模式下的"青年公寓"建设,关键是要吸引民间资本,否则又回到财政投入解决保障性住房的老路上。吸引民间资本,关键在于:① 要产生稳定、满意的投资收益；② 产权明晰。因此，设立政府与民间资本共有产权形式的"青年公寓"，能够实现在保证政府主导的前提下，最大限度地吸引民间资本，降低大学毕业生低收入群体住房的实际支出，使"青年公寓"走向一个可持续发展之路。

(2) "青年公寓"的准入、退出机制

"青年公寓"应保障大学毕业生低收入群体毕业后最初几年的居住问题。随着年轻人的成长和能力的提高，收入也会相应提高。当收入增长到一定水平，或者结婚成家，应该脱离保障范畴，进入社会住房体系。因此，须制定完整、系统的进入、退出机制，对"青年公寓"实施动态控制。主要包括：① 合理的保障期限；② 基本租金，在保障期内，只支付基本租金；③ 超出保障期限或者收入超出保障范围而不主动搬出者，通过梯度加收租金实现挤出。

(3) "青年公寓"的租赁价格

要使 PPP 模式的"青年公寓"得以实现，必须确立"三方满意"的合理租金，即：① 在一定期限内，民间投资回收成本并产生合理利润；② 保障大学毕业生低收入群体良好居住，支持有所积累前提下的合理租金支出；③ 正常的政府财政投入和公积金转付房租。因此，通过对利益相关者的诉求及相关影响因素的分析，最终确定其租金标准、调整范围及政府补贴力度。这部分内容也正是本文的主要研究所在。

3.6 本章小结

本章就大学毕业生低收入群体保障性住房建设，构建一个系统的、基于 PPP 模式的建设、运作体系，设计了清晰的实施路径。其核心思想为：政府划拨土地，民间资本投资建设，形成共有产权形式，只面向大学毕业生低收入群体保障性租赁的"青年公寓"，动态、持续地解决该群体初期阶段的保障性住房。该建设模式赋予了保障房建设自身的造血功能，为保障房建设构建了一条可持续发展的路径。

参考文献

[1] Galster G C. U. S. Housing Scholarship, Planning, and Policy Since 1968: An Introduction to the Special Issue [J]. Journal of the American Planning Association, 2008, 74(1): 5-16.

[2] Meen G. On the Economics of the Barker Review of Housing Supply [J]. Housing Studies, 2005, 20(6): 947-971.

[3] White M, Allmendinger P. Land-use planning and the housing market: A comparative review of the UK and the USA[J]. Urban Studies, 2003, 40(5): 953-972.

[4] Ball M. Planning Delay and the Responsiveness of English Housing Supply [J]. Urban Studies, 2011, 48(2): 349-362.

[5] Crump J. Deconcentration by demolition: public housing, poverty, and urban policy[J]. Environment and Planning D: Society and Space, 2001, 20(5): 581-596.

[6] Blackley D M. The long-run elasticity of new housing supply in the United States: Empirical evidence for 1950 to 1994 [J]. Journal of Real Estate Finance and Economics, 1999, 18(1): 25-42.

[7] Halasz J R. Fair and affordable? Racial and ethnic segregation and inequality in New York City rental housing[J]. Housing Policy Debate, 2011, 21(2): 267-293.

[8] Kleit R G, Page S B. Public Housing Authorities Under Devolution[J]. Journal of the American Planning Association, 2008, 74(1): 34-44.

[9] Becker F W, Dluhy M J, Topinka J P. Are Private Managers of Public Housing more Successful than Public Managers? [J]. The American Review of Public Administration, 2001, 31(2): 181-200.

[10] Zhang X Q, Kumaraswamy M M. Hong Kong experience in managing BOT projects[J]. ASCE Journal of Construction Engineering and Management, 2001, 2(127): 154-162.

[11] Brian B, Mark R H. CAPAM Symposium on Networked Government: Building public trust through public-private partnerships[J]. Internation Review of Administrative Science, 2005, 71(3): 475-492.

[12] Gonzalo L, David R. The Informal Construction Sector and the Inefficiency of Low Cost Housing Markets [J]. Construction Management and Economics, 2008, 87(6): 610-613.

[13] Li B, Akintoye A, Edwards P J. The allocation of risk in PPP/PFI Construction projects in UK [J]. Internation Journal of Project Management, 2005, 36(5): 9-18.

[14] Kaiji C. A life-cycle analysis of social security with housing[J]. Review of Economic Dynamics, 2009, 114(9): 327-347.

[15] 何元斌. 保障性住房政策的经验借鉴与我国的发展模式选择[J]. 经济问题探

索,2010(6):164-170.

[16] 汪利娜. 我国保障性住房的政策演变及思考[J]. 现代城市研究,2009(12):7-11.

[17] 郭玉坤,裘丽岚. 国外住房保障制度的共同特征及发展趋势[J]. 城市问题,2007(8):85-89.

[18] 欧盟. 公私伙伴关系与共同体公共合同与特许法律绿皮书[M]. 2004.

[19] 赵青松. PPP模式下保障性住房定价与补贴研究[D]. 南京:东南大学,2010.

[20] 张彪. 应用PPP模式发展公共租赁房的研究[D]. 武汉:华中师范大学,2011.

[21] 王灏. PPP的定义和分类研究[J]. 都市快轨交通,2004(5):23-27.

[22] 柯永建. 中国PPP项目风险公平分担[D]. 北京:清华大学,2010.

[23] 袁竞峰. 基于VFM的PPP项目绩效管理研究[D]. 南京:东南大学,2009.

[24] 卫欣,刘碧寒. 国外住房保障制度比较研究[J]. 城市问题,2008(4):92-95.

[25] 陈双,夏志坚. 浅析PPP模式在中国的发展[J]. 经济论坛,2010(11):39-42.

[26] 唐祥来. 公共产品供给的"第四条道路"——PPP模式研究[J]. 经济经纬,2006(1):17-20.

[27] 冯念一,陆建忠,朱嬿. 对保障性住房建设模式的思考[J]. 建筑经济,2007(8):27-30.

[28] 巴曙松,张旭,王淼. 中国廉租房的融资特征及其发展路径研究[J]. 西南金融,2006(10):8-11.

[29] 万冬君,王要武,姚兵. 基础设施PPP融资模式及其在小城镇的应用研究[J]. 土木工程学报,2006(6):115-119.

[30] 刘友平,张丽娟. 住房过滤理论对建立中低收入住房保障制度的借鉴[J]. 经济体制改革,2008(4):154-158.

[31] 贾士靖,王珊珊. 基于有效需求模型的城镇居民保障性住房标准支付能力研究——以河北省为例[J]. 建筑经济,2009(11):61-63.

[32] 谢书倩,杜静. PPP模式在我国住房保障体系实施中的应用研究[J]. 项目管理技术,2009(8):40-44.

[33] 田一淋,马光红,黄晓峰. 以中间组织为枢纽的PPP模式住房保障体系探讨[J]. 建筑经济,2008(2):36-38.

[34] 郑彦璐,邓小鹏,李启明. 保障性住房PPP模式的风险分配理论分析[J]. 东南大学学报:哲学社会科学版,2010(S1):22-25.

[35] Housing and Development Board. Annual Report[R]. Singapore:Housing and development Board,1961.

第四章 "蚁族"保障性住房的选址及规划设计研究

 本章提要

　　作为政府与民间资本共同出资建设的保障性住房，"青年公寓"的选址及规划设计承载着社会保障资源效用最大化、效率最大化的功能。"青年公寓"的选址应从城市整体发展的角度，综合考虑被保障人群交通、就业、配套、居住等问题。合理的选址及规划设计可以使"青年公寓"有机地参与到城市整体运行中，给"蚁族"提供居住便利的同时防止"空间失配"现象的产生。

4.1 相关研究综述

"青年公寓"由于是政府与民间资本共同建设的,所以它既是一种保障性住房,又是一种特殊的房地产住宅项目。这种房地产住宅项目带有社会福利的性质。开发商不能一次性收回资金,有赖于项目的循环运作,所以严格地来说它不是一个一次性产品。其区位影响作用大,而且影响因素也复杂多变。因此,我们不能仅凭自己简单的直觉、朴素的经验和初步调查或结合三者来决定,过分依赖主观因素。

目前,关于保障性住房合理地址方案的确定方面有如下的一些研究。王承慧、杨靖(2010)从地块的可操作性评估、地块的商业价值和适居性评估,综合确定出用地适居性较高的地块作为保障性住房建设的可选择用地。汪冬宁等(2010)从土地成本和居住品质的角度提出保障性住房选址应该遵循的原则,即地理环境较优原则、土地价格上限原则、与规划相协调原则和社区层级组织原则,并提出了"土地位置与土地价格的均衡最优""轨道交通邻近优先""公共配套优先""产业用地适度结合""居住人群多层次混合"等选址策略。郑思齐、张英杰(2010)从居住分异理论出发,提出居住分异会严重损害弱势群体的利益。他们的人力资本积累速度、收入增长速度以及公共品消费水平都会更低,进一步扩大收入差距,并降低社会流动性,给弱势群体带来显著的福利损失,而且在代际之间也会有持续的影响。同时借鉴发达国家的做法,提出了适度混合居住的配建模式;结合现有公共交通,发展以公共交通为主导的住区模式以及激励地方政府和房地产商的制度激励,通过以上几点来共同改善保障房的空间选址。

关于保障房选址的评估指标体系方面,国内外学者也提出了不同的观点。Current(1990)从功能定位的角度上认为选址应考虑成本最小化、需求的方向、利润最大化及环境的问题。Owen(1998)则从静态决策的角度指出选址应注意如何使交通距离(包括时间、成本)最小化、如何使覆盖面最大化、如何确定中心、如何处理多重目标及不受欢迎的功能。

关于保障房选址的影响因素方面,谭德精、杜晓玲(2004)从生产角度认为选择建设地点主要考虑:① 工程地质、水文等自然条件是否可靠;② 建设所需水、电、运输条件是否落实;③ 投产后原材料、燃料等是否具备。另外,对生产人员的生活条件、生产环境也应全面考虑,即要满足生产的便利性。

赵玲娟(2008)从投资收益的角度将影响开发商开发楼盘的因素归纳为房地产投资软环境和投资硬环境。软环境包括:① 政策环境,即各级政府制定的宏观政策,比如政府未来规划,尤其是关于吸引外部投资的规定;② 管理环境,即政府在审批、监督、协调时的方式、方法和效率,以及收费标准是否合理等;③ 经济环境,主要是指当地的经济增长速度、经济的协调性、产业结构的合理性及市场体系的健全性和运行机制的健康性;④ 文卫环境,主要指投资地治安状况、社会风气、道德准则以及当地人们的价值观念、人口素质等;⑤ 自然环境,气候状况好,风和日丽,适宜居家,居住感受好,开发商开发此处就有很大的商机,否则,开发商就要再三斟酌。硬环境包括:① 资源状况,在该区位内,水电气供应状况直接影响开发出的楼盘的质量和需求。若水电气供应不连续,楼价和需求量直接受其影响;② 土地状况,土质好坏直接影响着开发成本,土质好,开发成本一般较低;土质差,开发成本相对较高,开发成本直接反映到楼盘价格里,影响开发商开发该地楼盘成功与否;③ 交通状况,地处交通便利地带对开发出的楼盘有着积极的影响,交通好,出行方便,这也是购房者考虑的一个重要因素;④ 周围环境;⑤ 现代科技设施状况;⑥ 人口密集度及购买力。

刘友平(2005)基于项目运营的考量,认为选址必须为招商和销售考虑,就选址影响因素提出了"一般条件"和竞争性条件。一般条件包括:① 经济指标,包括项目所在城市的人均 GDP、年社会零售总额、职工平均年收入;② 人口指标,包括项目所在城市总人口、城市人口、项目地块 3 km 人口和 5 km 人口;③ 交通指标,包括地块面临的主干线道宽度、公交线路数量、车流量和人流量等;④ 地块指标,包括项目地块的面积、形状、临街面宽度和深度等指标。竞争性条件主要包括项目地块的商业竞争环境和城市发展规划。

施建刚(2001)、邵振华(2005)从区位投资环境各要素存在的范围不同,将影响房地产项目选址的因素分为宏观、中观、微观区位因素。宏观因素指国家的投资环境;中观因素指区位地的经济发展水平、购买力等;微观因素指具体场所的自然经济及社会条件。另外,施建刚还介绍了软硬的划分方法,硬区位因素指交通运输、邮电通信等;软区位因素则指各种社会、政治、经济、文化等条件。

基于已有的研究成果可知,由于土地资源的稀缺性,决定了房地产住宅项目选址要遵循"帕累托最优原则",所谓"帕累托最优",通俗的解释就是在资源配置过程中,经济活动的各个方面实现效益最大化。选址遵循"帕累托最优"有两个层次的含义:第一个层次是微观经济意义上的,即房地产开发企业获得最大的经济效益;第二个层次是宏观经济意义上的,即社会获得最大的社会效益。在房地产住宅项目选址决策中要达到"帕累托最优",就必须通盘考虑和选址相关的宏微观所有影响因素。

因此,综合现有国内外的研究现状,本文将房地产住宅项目选址决策的评估指标体系归纳为宏、微观 2 个方面 29 个因素。

(1) 宏观方面

建设规划、优惠政策、房地产政策的改革动向、文化背景。

(2) 微观方面

① 地块本身。地理位置、面积、形状、气象、水文、地质地貌、适建风格、地价、交通、周边配套设施、项目用地周边的环境(包括区域环境、小区环境、室内环境等)、周边已有建筑的类型、周边的社会环境(如治安)、市场状况、未来发展潜力、噪声污染、区域内大气污染、各种环境纠纷(如新老小区的环境纠纷)、生活和建设资源(水电气等)。

② 开发商角度。拟建项目规模、档次、建设类似项目的选址经验、该项目建成后的租售价格。

③ 目标客户群角度。包括居民反应、消费需求及购房心理。

4.2 保障性住房的选址

4.2.1 发达国家和地区的经验和做法

1) 中国香港公屋的区位选择与就业问题

(1) 公屋带动新城建设

香港特区政府为了推动香港新城建设,开发市郊土地的市场价值,在1972年提出了十年建屋计划。政府对新城的公屋、商业、教育、医疗、工业、交通等设施统一规划建设。新城发展将集中于市区的人口有效地分散至新界各区。经过20多年的新城建设,新界居民占全港人口的比例由23.3%上升到49.9%,居住公屋的人口占到新界人口的62.8%,缓和了香港居住紧张的问题。

(2) 公屋的区位选择以公共交通为主导

在原先公屋的规划阶段中,香港特区政府将土地发展的成本及安置一个公屋单位的成本作为新城选址的优先考虑因素。但从新市镇发展的情况来看,当初的判断有失偏颇,如今在相同的价格条件下,交通网及就业的机会成为居民选择居住地方的先决因素。香港现行的公屋规划是步行为尺度,同时非常注重公交与住区的接驳、步行的舒适性、停车配置等方面。

(3) "自给自足"解决就业

在居民就业方面,香港实行的是新城工业用地与劳动人口互相配合的原则。香港特区政府希望通过廉价工业用地、丰富的人力资源及良好的基础设施吸引私人市场来新城创造就业机会。然而,在实际运作过程中,特区政府没能处理好生活与配套、居住与就业的关系,导致这项政策的实施效果不尽如人意。

2) 新加坡新镇与组屋选址

新加坡建屋发展局以建立能够自给自足的新市镇为目标,而非单一功能的住宅区。这类新镇一般从大型综合类居住项目发展而来，能够相对独立于城市中心且有相对完善的配套设施。因为新加坡国土狭小，新镇中政府组屋密度高、层数多，新镇更像是高度集约发展的大城市系统中的一个结点，通过快速交通体系将新镇与城市中心紧密联系起来。新镇内一般会于边缘地带预留10%～20%的土地用于建设工业配套设施。另外，为了增强居民生活的归属感，政府在拆迁安置时也会对新旧住区的距离加以充分考虑。

新加坡分为五个区域，五个区域内共有55个规划区（Development Guide Plan，DGP），其中33个规划区内包括23个新镇（New Town）。每个新镇约4万～10万户，有五至八个邻里（Neighborhood），每个邻里组一般有四至八栋组屋。新加坡组屋采用了"邻里中心"的规划思想。组屋区一般分为三级，不同用地规模与建设规模对应着不同服务范围的居住规模。1991年五个区域概念取代了原先的环形规划概念，新规划的要点在于在市中心周围设立区域中心，且要求区域中心均衡分布于全岛，这样既能提供就近就业的机会，也可以推进居民活动，进而缓解市中心的资源压力。新规划的运用使人们得以享受更高质的多样化住宅。

3）欧美发达国家保障性住房的选址

（1）美国的公共住宅（可支付住宅）

可支付住宅是美国应对中低收入家庭住房问题的重要举措。20世纪90年代后半期以来，美国可支付住宅主要由社区发展社团（Community Development Corporations，CDCs）和民间非营利私人公司提供项目建设全过程，包括可行性研究、设计到工程施工，政府主要在政策、资金等方面提供支持。

由于美国城市化进程已趋稳定，非营利发展公司和CDCs在决定公共住宅的规模和选址时，主要基于成熟社区的需要考虑。为了使得低收入住区有良性发展，在片区控制性规划中会特别考虑使其尽量融入大社区，也会将低收入住区的选址定在交通发达的地段以为低收入群体就业提供便利，同时还应注意其选址的多样化。

美国住房与城市发展部（Department of Housing and Urban Development，HUD）自1970年起，以不同收入阶层混合居住的发展策略取代了原先集中建设公共住宅的做法。为分散贫困人口，HUD主要采取两种方法：一是将待开发的公共住宅单元分散到既有中高收入邻里中；二是将可支付住宅和一般商品住宅混合开发，其中两类住宅的配建比例根据当地住房市场的状况确定。

（2）英国的可支付住宅

英国可支付住宅（Affordable Housing）是地方政府为解决中低收入家庭的住房问题，通过行政干预提供的廉价住宅。为防止空间聚集导致的社会问题和反社会行为，英国的可支付住宅一般均匀分布在城市边缘以避免大规模的可支付住宅在城市内集聚,这种布局方式也有利于增进社会各阶层间的交互,使得可支付住宅的低收入群体获得更便利的生活环境。不同社会群体的街道混合居住,形成了更具活力的城市生活景象,也为低收入群体提供了更多的就业机会。

除了英美之外,欧洲其他国家也采取了类似政策,即将低收入群体住房分散到一般住区中,以促进不同阶层群体间的交流,例如德国慕尼黑市政府特别规定,房地产商新建的住宅区中必须有20%的面积用于福利住房。

4.2.2 保障房选址策略

综合以上发达国家和地区的经验做法,保障性住房的选址应从城市整体发展的角度,综合考虑被保障人群交通、就业、配套、居住等问题。保障性住房用地的选择不能完全由市场来控制,单纯根据土地价格进行选址,而应由政府给予相当的政策支持。不仅要在区位上考虑被保障人群综合的、长期的居住成本,而且应在供应量上给予保障。

合理的选址对住区开发与住区运营起到至关重要的作用,合理的选址意味着住区可以有机地参与到城市整体运行中,并承载着正常、舒适的居住生活。

目前保障性住房选址带来的突出问题有就业困难与公共配套不完善造成的生活成本高、生活不方便等,应当把低收入保障性住宅规划纳入城市总体规划,并做专项规划。应从城市整体发展的角度,综合考虑低收入人群交通、就业、配套、居住等问题进行选址,避免把条件最不利的用地选定为低收入保障住宅用地。

保障性住房用地的选择不能完全由市场经济来控制,而应由政府给予相当的政策支持。不仅在区位上要考虑低收入者的居住综合成本、长期成本,并且在供应量上要给予保障,确保保障性住房的年用地量不小于该年居住用地总量的20%。

1) 保障房选址的指导思想与布局原则

(1) 指导思想

① 保障性住房用地的选择不能完全由市场经济来控制,而应由政府给予相当的政策支持。保障性住房选址应从城市整体发展以及中低收入人群的切实需要出发,综合考虑交通、就业、配套、居住等问题。以降低保障人群居住的综合成本(包括时间成本)为衡量目标,避免把条件最不利的用地选定为保障住宅用地。并且应当将保障性住宅规划纳入城市总体规划,进行专项规划。

② 既要考虑统一集中建设的集约性,又要避免过大规模的集中建设而造成的贫民窟。控制单个保障性住房项目的规模,在"居住区"范围内选址,并"梯度混合"建设保障性住房与普通商品房。

③ 保障性住房的建设应与城市建设的发展方向相一致、开发时序相匹配。在新城基础设施先行的基础上,鼓励保障性住房带动新城发展。适当高强度建设保

障性住宅,集约用地。

④ 保障性住房不能等同于劣质房、廉价房,应关注民生,满足中低收入人群基本生活质量的需求,重视人权。在保障性住房建设中应追求建设及使用全过程成本最低化。可以降低其"奢侈性"要求,根据人群特点适当降低相应标准。

⑤ 针对保障性住房家庭的实际需求,制定规划、单体专项标准。做好单体建筑设计研究,做到小而宜,充分考虑建筑的长效性;并从交通组织、环境布局、配套设施等方面深入设计,做到实而不华。重视保障性住房的公共交往空间及其外部城市形象,促进社会和谐与进步。

(2) 布局原则

① 符合城市空间结构调整方向的原则。统筹中心城、新市区协调发展,兼顾城市发展现状,同中心城功能调整优化相结合。重点在中心城中心地区以外区域(在近郊区和新市区)安排保障性住房,以引导人口合理分布。

② 保障性住房选址,要考虑周边配套的先行建设以及配套的成熟程度,建议纳入"居住区"范围进行选址,避免孤立选址,保证居住生活所需的最基层配套。

③ 强化轨道交通及公共交通引导作用的原则。综合考虑轨道交通等基础设施支撑条件对土地利用强度和交通出行的作用,重点在轨道交通沿线用地和站点周边用地集中安排保障性住房,以有效解决居住出行,缓解交通拥堵状况。

④ 综合考虑就业与居住的均衡发展需求的原则。结合产业布局和人口就业结构,综合考虑就业与居住的均衡发展需求。在新市区或"板块"建设过程中打破旧有城市规划,强调明确功能分区的方式,将无污染工业、第三产业有效地与居住功能适当混合,以保证就近就业。

⑤ 采用"集中"和"配建"相结合的方式进行建设的原则。按照"大分散、小集中"以及"梯度混合"的模式进行空间布局,促进社会公平和融合。

2) 在新市区与近郊区的选址策略

老城土地资源有限,并且地价昂贵,通过大力建设新市区才能有效解决城市居住的整体压力问题,保障性住房的建设结合新市区开发能够起到一箭双雕的作用。新市区的开发建设既可以为保障性住房提供可得的土地,缓解主城区居住紧张的问题,同时保障性住房的建设能够加快土地的成熟,提升新市区的人气。香港的新城公屋开发给我们提供了相应的经验。保障性住房建设必须在新市区市政等配套设施先行的基础上进行,处理好生活与配套、居住与就业以及出行与交通的关系。只是通过提供廉价土地的方式是不可取的,政府必须为新市区制定一套居住与就业分散相配套的发展政策,需要政府多个部门的共同合作才能实现新市区的良性发展。

同时,在近郊区,地价较低,原有的居住密度较低,拆迁量不会太大,在将来的城市发展过程中,处于综合地价相对低廉的位置,从而可以有效控制经济适用房的成本。并且,这些区域交通设施比较成熟,交通相对便利,交通成本相对不高,因此也是保障性住房选址的合适区域。

(1) 必须在总体规划的指导下,纳入"居住社区"范围进行保障性住房选址

根据《南京经济适用房调查报告》,保障性住房的建设地段周边荒凉,缺少应有的交通配套、商业配套和教育配套,居民的生活极不方便;并且由于交通成本高(时间成本、经济成本),扼杀了居民许多就业机会。另一方面,单个保障性住房项目孤立建设,周边没有可供借用的其他住区配套,居住氛围难以形成。因此在保障性住房选址时,必须考虑周边配套的先行建设以及配套的成熟程度。

① 在居住控制用地上,有时序地选址

保障性住房用地的选址必须在居住控制用地上选址,而不应占用新老城区之间的绿化隔离带、工业与居住之间的绿化隔离带以及工业用地。一方面,从城市规划的角度讲,新老城区之间的隔离地带对于城市的健康生长而言是极为重要的,能够有效地避免城市以摊大饼的方式无序蔓延。另一方面,若在这些地段建设保障性住房,居民将难以分享完善的配套及城市发展带来的好处。最为严重的方面是,在这些地段建设保障性住房,某些污染源可能危害居民的生命健康。而目前现实中,为了追求低地价,已经出现了以上违法操作,使总体规划不能顺利实施,同时也给保障性住房建设带来了极大的隐患。

同时需要强调的是,保障性住房的选址要结合城市的发展方向与发展时序,避免与城市总体规划相背离或步调相差过大而造成长期配套缺失。

② 纳入"居住社区"范围进行选址,避免孤立选址

理论上,城市的居住用地是由一个个"居住社区"所组成(图 4-1)。《南京新建地区公共设施配套标准规划指引》中"居住社区"的概念与规模相当于《城市居住区规划设计规范》中居住区的概念与规模。"居住社区"是以社区中心为核心、服务半径 400~500 m、由城市干道或自然地理边界围合的以居住功能为主的片区,人口规模为 3 万人左右。居住社区级配套相对完善,能为居民提供较为综合、全面的日常生活服务项目。在"居住社区"内选择保障性住房用地,能够保证居住时有居住社区级配套。从规划控制的角度来看,这些设施应由政府统一建设或在商品房住区开发中安排配建。保障性住区尽量"借用"这些公共设施,减少自身的配建,从而减轻保障性住宅建设的资金压力和运营成本。要使以"居住社区"选址的模式得以实施,必须要在城市总体规划的指导下,完成保障性住房的专项规划(图 4-2)。

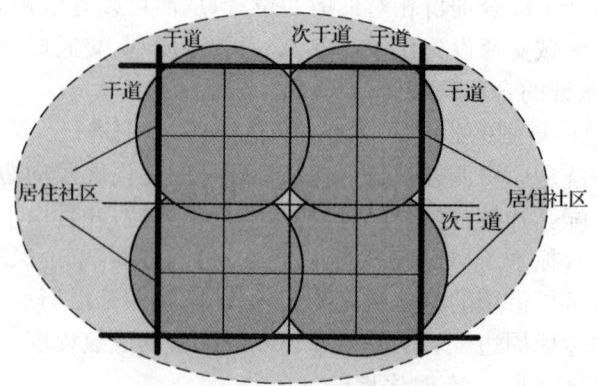

图 4-1 居住用地构成示意图

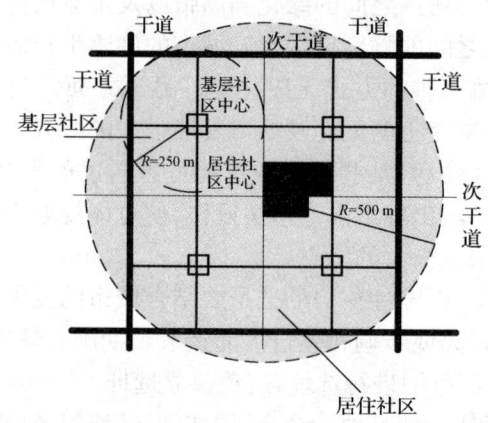

图 4-2 "居住社区"示意图

(2) 控制用地规模,与不同收入人群居住用地混合

社会学研究认为,混合社区是基于社会和谐的理想,混合居住模式被认为是解决不同社会阶层隔离问题、促进不同阶层居民交往的有效方法,并利于提高中、低收入人群的就业。大片低收入"同质"住区的建设,丧失了"互补性"就业的机会,例如中高档住区能够提供钟点工、保姆以及超市、商场服务员、清洁工等就业机会。然而混合居住模式也存在一系列问题,因此我们必须去寻找一种适度的混居方式,保留混居优点的同时,尽量避免其带来的问题。适度的混居方式可从以下几点进行控制:

① 保障性住区应以合适的规模与其他商品房住区混合

"混合社区"采用"小隔离、大混合","社区混合、邻里同质"的规划布局理念,有利于在尊重居住者合理选择住所权利的基础上,推动社会各阶层的融合与发展。

单个保障性住区建设规模以"基层社区"的规模进行控制为宜，在"居住社区"范围内与其他商品房住区混合，不建议在"组团"及"组团"以下规模的用地内混合建设保障性住房与中、高档商品房。同时，保障性住区规模不能过大、过于成片集中，每个保障性住区周边应为其他类型的商品房住区，使不同收入阶层的居民既能相对独立，又有机会互助和交流。根据调查研究，"居住社区"的社区配套全部由低收入人群支撑将存在一定问题。比如南京摄山新城，其社区中心的公建商业配套空置率很高，因为低收入人群没有足够的消费能力来支撑这些商业设施。混合居住也利于提高教育配套设施的生源与质量。参考国外与国内的相关经验，一个"居住社区"中，保障性住房的建设量不宜超过60%（参见表4-1）。图4-3为居住社区中，保障性住区与中档商品房住区的几种混合模式示意图。同时建议，居住社区中心应尽量安排在中档商品房住区中建设，以减少保障性住房建设的资金压力。

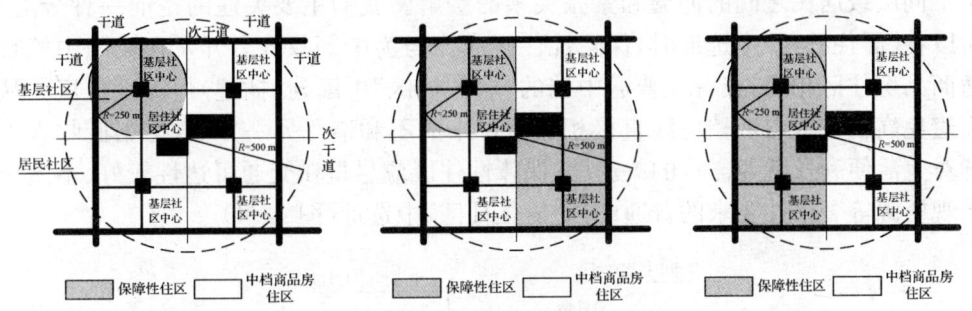

图4-3 保障性住区与中档商品房住区的三种混合模式示意图

表4-1 国外不同收入阶层混合的做法

国家	具体做法
美国住宅与城市发展部（HUD）的"倡导规划"（Advocacy Planning）	以不同收入混合居住为根本策略，在同一个邻里中公共住宅和商品住宅的比例视当地住房市场的状况来确定。一般，HUD允许公共住宅的比例在20%～60%之间，混合居住的居民家庭收入水平的浮动范围是平均收入水平的50%～200%
德国慕尼黑的"福利住房"	"福利住房"遍及城市的各个区域，分布均匀，房地产商兴建的住区中必须有20%的面积来建造"福利住房"
荷兰的"混合邻里目标"	在城市中心为低收入家庭提供住宅，并且强调将不同收入家庭进行混合，在邻里住宅中，保障性住宅所占的比例为20%～50%
英国的"空间上分散的可支付住宅"	根据不同城市的区位，可支付住宅所占居住用地的比例不同，如2002年，市中心约为24%，在房价低的地区约为54%，在房价最贵的地区约为9%。2004年伦敦新规划中强调提高市中心的可支付住宅比例，增加贫困行政区中商品房比例

续 表

国家	具体做法
新加坡的"新市镇"	新加坡保障性住房的供应约为80%以上,在每个新市镇中确保不同民族的混合,并通过住房面积控制、划出一定用地建设高档私宅(比例约5%~20%)等办法推行不同收入阶层的混居
法国的"社会混居"	规定在住宅建造规划中至少拿出20%的面积(其余80%则按市场价格销售)卖给社会福利房管理公司——法国政府低租金住房联合服务公司,由其出租或出售给低收入者

② 保障性住区与其他商品房住区"分类梯度混合"

分类梯度混合居住模式即将住区分为两种主要类型,一种是由中等收入者与低收入者混合居住,另一种由中等收入者与高收入者混合居住。这种分类方式利于不同层级居民之间的冲突和紧张关系的缓解。我们主要关注的是前一种分类。所以在"居住社区"中选址时,保障性住区应当与为中等收入者开发建设的中档普通商品房住区相邻,或者在普通中档的"居住社区"中配建(插建)保障性住区。从而避免高档住区与低档住区直接相邻而带来的不和谐。另一方面,根据低收入人群对生活便利及就业需求的关注度,保障性住区应尽量在交通可达性较好、不追求景观资源等奢侈性要求的普通中档"居住社区"中选址(图4-4)。

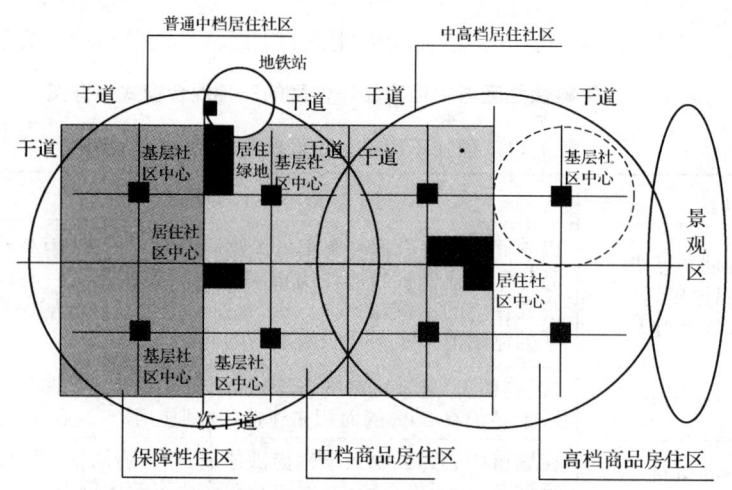

图4-4 分类梯度混合示意图

③ 保障性住区与其他商品房住区之间要有合适的连接"媒介"

英国建筑理论家Bill Hillier从20世纪70年代开始研究,发现如果强行地要求封闭社会小区内既住高收入的人群又住低收入的群体,这样的结果肯定是失败的,不同收入的群体不会愿意在住区的半公共空间内"强迫性"交往。同时,他们发现公共街道模式是最适合连接低收入群体与其他群体的空间方式，低收入者可以依靠街道谋生，增加就业机会，同时其他社会群体也会参与他们的日常商业生活（如在蔬菜店、杂货店中购物），从而自然地发生交往。所以通过开放式的城市公共空间、街道作为不同阶层住区之间的联系媒介，是有效可行的。

根据国外经验，混合居住还有另一种操作方式，即将商品房与保障性住房按一定比例捆绑上市。按保障性住房建成面积比例给予减免土地出让金、行政事业性收费和城市基础设施配套费等优惠鼓励。这种方式不但减少了单独选址的难度，而且使经济适用房在全市范围内分散布局，便于各地区居民就近选择，可以有效地利用原有的市政、交通、城市公共设施等，以节约社会资源，从而促进社会整合、社会可持续发展及和谐社会的建立。但这种方式在国内要具有现实可操作性，"度"的控制还是一个关键问题。"度"的控制应包括以下谈及的几方面内容。一是配建保障性住房的住区应为达到一定规模以上的住区，一般应在达到"基层社区"规模以上的住区中配建。二是遵循梯度混合的原则，在普通商品房住区或中低价商品房住区内配建一定数量的保障性住房。三是配建的保障性住房最好达到"组团"规模，并且具有相对独立性，以合适的"媒介"与商品房连接，以免造成抵触情绪和冲突。

(3) 结合公共交通选址，发展以公共交通为主导的住区模式

根据调研情况，保障性住区居民就业困难、生活不便，其中一个主要原因就是缺乏公交设施，造成出行困难。因此在选址时，应该给予重点关注，其选址可分为两种情况。

① 在地铁沿线，距离地铁站点步行10~15分钟之内的地段选址

轨道交通发展对沿线300~1 000 m内的房地产开发有明显的辐射效应。但地铁站点周边房地产价值增幅随到地铁站点的距离的增加而衰减，尤其是超过了300 m以外范围衰减幅度较快。同时，根据对南京低收入住区的调查，发现低收入者对步行的可忍受距离较长，大约在步行10~15分钟。所以，保障性住房可以在地铁沿线，距离地铁站点步行10~15分钟（1 000 m左右）的地段选址，建设高层高密度的住区，在兼顾地价的条件下，方便居民的交通出行。另一方面，地铁沿线虽然地价相对较高，但可以结合城市地铁的建设步骤，一般在每条地铁线建成初期，其首末端附近的几个站点地价相对便宜。因为地铁的建设主要是为了拓展城市发展空间，所以地铁建成初期其首末端附近的几个站点会相对较为偏僻，发展不够成熟，政府可选择这些地铁站点附近建设保障性住房。一方面，综合考虑建设成本与居民出行成本，其具有合理性；另一方面，由于保障性住房建设量大、入住速度快，也利于周边地段的快速成熟，利于城市的发展。

② 以地铁为轴，通过短途小巴连接居住社区中心和地铁站点

借鉴香港的经验，以地铁为轴，通过短途小巴连接居住社区中心和地铁站点或者公交枢纽站，是近期行之有效的解决方式。居民的出行需求都可以简化为乘坐驳接巴士从居住社区中心到达轨道站点（或公交枢纽）以及从轨道站点（或公交枢纽）往城市中心两部分。根据统计分析，城市郊区居民能够承受的"最大空间距离在 3 km 以内，驳接巴士运行时间在 10 分钟左右"（图 4-5）。

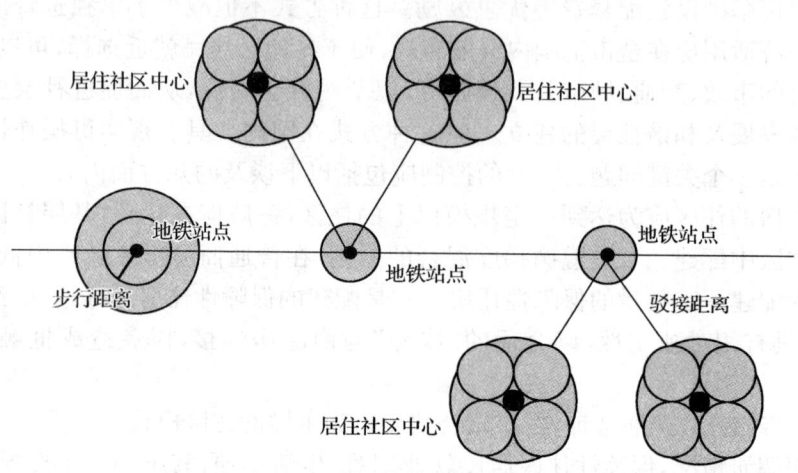

图 4-5 地铁沿线居住社区选址示意图

根据地区实际情况及小巴运营成本的问题，可尽量将住区与地铁站（或公交枢纽站）之间的线路并入公交巴士的线路中，或者考虑自行车取代短途巴士。同时，适当提高保障性住区开发强度。

另外需要强调的一点是，在住区入住初期，驳接巴士可能运营亏本，政府应该给予补贴，保证居民的顺利出行。另一方面，可以通过对登记就业的低收入人口按时段发放交通卡，减轻其交通成本，鼓励就业。

（4）适当与产业用地靠近

混合土地功能使用是继现代主义之后的新的规划概念，其基本理念是，考虑将不同的城市功能聚集在一定的地域空间内，提高土地利用效率，提高社区活力的同时为生活提供便利。混合土地使用最为本质的前提是不同土地使用功能间内在的人流、物流、信息流以及社会空间结构的有机联系。

在新市区或"板块"建设过程中打破旧有城市规划，强调明确功能分区的方式，将无污染工业、第三产业有效地与居住功能适当混合，以保证就近就业。香港在这方面做得比较好，工业用地划得很小，居住用地与工业园用地毗邻。尤其将保障性住房用地靠近低收入者通过简单培训可进行就业的工业区布置。可借鉴香港的经

验,在社区中成立相应技能培训机构,帮助其居民就业。

另外,也可借鉴新加坡的经验,新加坡的组屋区是按新镇来发展的,从布局和结构来看,镇(居住区)的设施配套是比较完善的。为了在住宅周围提供就业机会,新镇内预留 10%～20% 的土地用于工业设施配套,一般位于新镇的边缘,主要设置一些无污染的小规模劳动密集型工业,如制衣、纺织和电子配件制造厂等解决居民的就近就业问题。

3) 在老城区中插建、改造

(1) 老城区低收入保障住房的建设原因及重要性

① 南京所处的城市化阶段符合"分散城市化阶段"的基本特征。根据国外发达国家的发展经验,这一阶段我们要解决的重点问题在于大力发展新城,促进新城就业的同时保证老城的活力。

② 南京城市人口增长主要为机械增长,留宁就业的外来人口是城市增加人口的主要部分,其居住需求多发生在老城区(留宁的外来人口多为低收入的从业人员)。

③ 在城市产业转型中,第二产业不断外迁,老城用地结构发生变化。商业、服务业等第三产业在市中心的高度积聚导致老城区依然提供了主要的低层次就业岗位。

④ 老城区的服务配套等城市资源状况最佳,从社会公平角度应避免使其由富人独享,以致低收入者只能被动地迁移至城市资源最为匮乏的地区。

⑤ 避免老城更新中低收入者原有的社会结构迅速解体,应该增加就地安置的可能,以维持社会稳定。

(2) 城区低收入保障住房的建设模式

① 以建设廉租房为主体。这样可以保证稀缺土地资源控制在政府手中,保障居住的同时成为政府促进城市发展的工具。国内多个城市为新就业的城市年轻人提供住房保障,甚者成为争夺人力资源的重要手段。这部分人在收入提高后可以搬出廉租房,保证了廉租房的有效流动。其保障对象以老城区就业人口为主。

② 住区配套设施主要依靠周边城市配套解决。

③ 高强度、小地块开发。老城区的土地资源决定了其必然是小地块开发。小地块开发可以保证低收入人群不过于集中,以点状相对均匀地分布于老城。高强度开发才能保证开发的可行性。

④ 居住面积标准要更加严格,建筑设计标准可考虑参照酒店式公寓,不必过于强调日照、停车等标准。在提供相对便利的地理位置的同时,降低居住面积指标。这样有利于老城就业人口加以选择。不在老城就业的人则更倾向于选择居住硬环境更佳的郊区或新城区保障性住房,使得与郊区的保障房产生一定的平衡。为城市人口提供面积标准相对较低的住房保障,实际上是给了这部分人口更加广

泛的选择权利。可以根据自身的情况加以选择，使得城市资源分配更加合理。

⑤ 建筑设计考虑通用性，保证有一定的灵活性。随着经济的发展，保障住房的居住标准可能提高。通用设计有利于灵活改造，政府可以把住宅单位进行合并，重新划分，以满足新居住需求。

⑥ 建筑结构采用灵活、可拆卸的结构体系。这种体系可以提高建造速度，并且当城市老城区结构与功能调整时或廉租房用地需要被收回时，灵活、可拆卸的结构利于回收与再利用。

（3）老城区低收入保障住房的选址策略

① 学习天津市的做法，城市更新时必须将本年度拆迁的多块地块中的至少一块用来解决部分人群的住房保障问题。若政府对提供的地块不满意，可以拒绝接受，重新选取。

② 在老城区新建设的有一定规模的中档商品房住区中划定一部分房源供应中低收入人群。可以借鉴英国的经验，制定相应的法令保证其顺利执行。

③ 充分挖掘城市土地利用潜能，通过土地功能的混合利用，提升土地使用效率，建设低收入住宅。如利用大型菜场、超市、公交首末站上部空间建设高层低收入住宅。

④ 在有保留价值的城市低收入人群聚居地段进行更新与插建。

任何城市的发展现状都不是一张白纸，不可能任由城市规划和管理者绘制理想的蓝图，我们提到的种种保障性住房规划、选址的原则都是较为理想化的。然而，这并不妨碍我们将这种理想化的原则在实践中加以实施。这些理想的模式是我们重要的指导方法和理论依据，在现实的规划设计和管理的过程中，无疑要结合具体实际，因地制宜地处理具体问题，也就是说，在体现保障性住房建设规划的严肃性的同时保障其实施的可行性。

同时，我们也必须看到，保障性住房建设是城市发展过程中一个长期的任务，不可能一蹴而就，也不应该急于求成。为此我们更应该按照近期、中期、远期的不同时间纬度去分析和研究问题，这样才能保证保障性住房建设规划理想化的同时具有生命力。

4.3 "青年公寓"的选址方案

4.3.1 建立选址决策模型

本节基于4.1节中选址决策评估指标体系的研究综述，建立一个合理的选址决策模型。目前关于选址模型方面的研究，它们有的只判断了拟建地址是否合理，没有考虑多个选址的情况；有的只对多个选址直接进行排序，没有排除多个选址都不合理的风险。一个科学有效的选址决策模型必须具备2个条件,一是能准确判断各选址方案是否合理;二是能对多个合理的选址方案判断哪个最优。本节建立的房地产住宅项目选址决策模型如图4-6所示。首先根据拟建项目的具体情况,从上文归纳的评估指标体系中确定该项目选址的评估准则,引入模糊数、T. L. Saaty等人提出的层次分析法(AHP)对拟建地址进行"是否合理"的筛选决策;其次,如果是多个选址通过筛选,模型进一步运用AHP法对多个拟建选址进行排序,得出最优的选址决策。

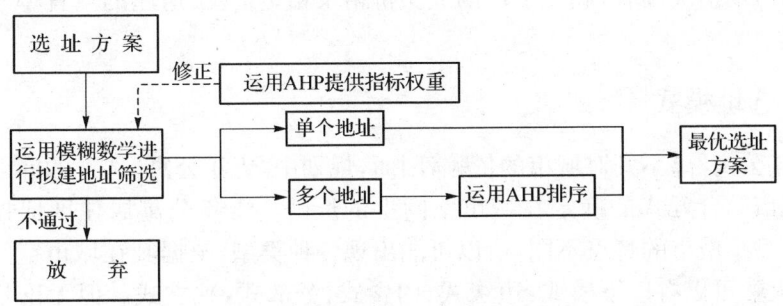

图4-6 住宅项目选址决策模型

黄正军,万继业,李化民(2007)通过对影响房地产住宅开发项目选址因素的分析,构建了住宅项目选址的评价指标体系(表4-2),技术上运用粗糙集的相关理论,很好地解决了住宅项目选址这一具有不确定性的混合多属性决策问题,得出了房地产开发项目选址的集合模型,有效地降低了决策者的自身经验和主观认知对选址决策的影响,增加选址决策的客观性和科学性。

表4-2 住宅项目选址评价指标体系

企业内部选址指标	企业内部选址指标设计的指标因素	企业外部选址指标	企业外部选址指标设计的指标因素
企业发展战略	拆迁成本、地价等成本因素;地块面积、容积率、建筑密度等规模因素;项目规划定位、企业影响力等品牌因素	自然条件	地形、地质、地貌、气象、水文条件等
		周边环境	环境污染度、竞争对手等
企业实力	企业投融资能力、风险承受力、自有资金状况、人力资源情况等	基础配套	交通、教文卫等设施状况、水电气供应情况等
企业拟发展区域	企业品牌影响区域、拟投资城市的规划和发展方向等	经济环境	商业聚集度、居民购买力、地块升值潜力等

明确"青年公寓"建设的总目标是为了节约成本。无论是从政府层面、民间资本层面还是大学毕业生的层面来看,都追求各自利益的最大化。但是由于土地资

源的稀缺性，决定了其选址必须遵循"帕累托最优原则"，即经济活动的各方要实现效益的最优。选址遵循"帕累托最优"有两个层次的含义：第一个层次是微观经济意义上的，即民间资本和大学毕业生获得最大的经济效益；第二个层次是宏观经济意义上的，即政府解决毕业生住房问题而取得的社会效益。因此，从宏微观两个方面来构建选址的评估指标体系：

（1）宏观方面：建设规划、优惠政策。

（2）微观方面：配套基础设施、交通、地价、大学毕业生的就业分布情况、各区的房地产市场情况（新房和二手房的成交价格及租金情况、房屋的空置率）、拟建项目的规模。

4.3.2 选址模式

"青年公寓"离不开对城市的依赖，因而，规划中"青年公寓"选址的问题实际上是其与城市结合方式的确定在城市空间上的反映。青年公寓居住区依托城市发展，然而，每个城市的特点不同，所以可能出现各种类型，根据其在城市空间关系上的不同，大致可以有以下模式：边缘式、内含式、分散式、独立式。但无论是哪种类型，有两个共同的原则：一是依托城市就业密集区或者交通便利区，二是市政设施比较完善。

（1）边缘式

青年公寓位于城市的边缘地带。一方面，作为城市主要就业相对密集区的工业、企业往往处于城市的外围地带，形成了一定的就业密集区，大型经济适用房居住区的中低收入阶层可以就近择业；另一方面，可以依赖于城市完善的基础设施与生活服务设施，享受城市物质和精神两个方面的支持。同时，处于城市边缘，区域绿化环境较好，且有一定的发展余地，反过来还可以带动城市周边薄弱、急待开发地带的发展。边缘生长式在目前兴建的保障性住房居住区采用得比较多，由于受经济条件的制约，多会选择在城市的边缘地带兴建，使之更易实施。

（2）内含式

这种形式的主要条件是城市具有可发展建设用地，如果具备这一条件，在该区内选址，对于住区的前期建设最为有利。一方面，它可以直接利用城市的道路交通设施以及城市的水、电、气等生活基础设施，降低了建设成本；另一方面，处于城市内部，对大学毕业生的就业、生活提供更多的便利。这些条件导致它的条件优越，因此，它的初期建设投资小，启动快。同时应该看到该选址不利的方面：忽略了级差地租对城市建设用地的指导性，青年公寓的价格较高，而且它改变了或部分改变了原有城市总体布局，需要处理好与周边的功能协调关系。这种形式多适用于政府或单位统建的大型青年公寓居住区。

(3) 分散式

这种形式多适用于居住区级的"青年公寓",它的形成主要由于希望依托原有居住区进行建设发展,利用原有的基础设施,进行青年公寓的改造,这样也可以降低建设成本。这样形式的缺点就是管理分散,不易形成集聚规模效益。

(4) 独立式

这种形式是分离在城市以外的一种选址方式,比前面提到的三种形式更具规模,而且必须是综合性的,类似于一个新城,只有这样才能提供足够的就业岗位以及完备的基础设施。这样的大型青年公寓应有良好的快速交通与城市连接,尽管是一个新城,但对于城市还是有一定的依赖性。因此,开发这类型的"青年公寓"居住区的投资相当大。

综合以上四种形式的分析,独立式投资太大,会增加住宅的建设成本,采用的可能性较小;内含式的投资最少,较为适合尚有发展余地的城市;分散式则避免了经济适用房建设所忌讳的大拆大建,依托原有住区加以改造,是事半功倍的做法;最切合大型"青年公寓"选址的区位形式是边缘式。概括起来主要有以下原因:首先,我国大多数城市的工业、企业集中在城市边缘地带,是比较密集的就业区域,这与大学毕业生的就业分布情况相吻合;第二,城市的边缘区是城市用地向外扩展的前沿,有充足的发展用地,地价相对较低;第三,城市边缘区与城市郊区相比有相对方便的内外交通条件和一定规模的城市基础设施,并有一定的生活服务设施,这为今后降低生活成本提供了前提条件。正是从就业环境、物质基础和未来发展状况等众多方面综合考虑,边缘式无疑具有整体优势。

城市中的"青年公寓"选址是一项复杂的系统工程,对于选址的确定也是由诸多因素共同促成,不可能会出现一个万能的选址模式适用于所有的城市。因此,本章总结了"青年公寓"的选址影响因素、地址评估指标体系,在理论的指导和对影响因素分析的前提下,结合实际情况综合考虑选址的具体区位。

4.3.3 建设模式

根据对"青年公寓"选址影响因素的分析可知,大学毕业生会选择交通可达性好、公建市政设施配套齐全、就业密集的区域居住。因此,可以形成以下四种"青年公寓"建设模式:

(1) 便捷交通系统发展模式

大力发展快速交通干道(地铁、轻轨、高速路),使沿线地区的交通可达性显著提高,从而带动大型经济适用居住区的开发。建设方式有两种:一是TOD模式,即围绕交通站点开发建设居住区及配套设施;二是加强城市外围已建区与市区的交通联系,再延伸公交路线,沿交通干线线状或点状布局进行建设。

(2) 公建市政配套设施模式

依托市中心边缘区和城郊镇、开发区或机关院校等已建基础设施,进行"青年公寓"的公建市政设施配套,避免市政设施各自为政局面的发生。

(3) 多中心组团发展模式

在整个建设范围之内,以公交站点、公建设施或景观点为中心形成组团,多点分期建设,由点状建设逐渐变为面状建设。

(4) 混合居住模式

根据国外经验,将商品房与"青年公寓"按一定比例捆绑建设,按"青年公寓"建成面积比例给予减免土地出让金、行政事业性收费和城市基础设施配套费等优惠措施。这种方式不但减少了单独选址的难度,而且使"青年公寓"在全市范围内分散布局,便于各地区毕业生就近选择,可以有效地利用原有的市政、交通、城市公共设施等。例如法国的"社会混居"模式,其规定在住宅建造规划中至少拿出20%的面积(其余80%则按市场价格销售)卖给社会福利房管理公司——法国政府低租金住房联合服务公司,由其出租或出售给低收入者。为此,我们也可以采用类似的方法,在商品房建设中规定建设一定比例的"青年公寓"或向政府缴纳异地建设资金。

4.4 "青年公寓"建筑产品规划设计

4.4.1 建设规模的确定

按照各区进行专项规划,这样可以获取更具针对性、更准确的建设量需求,用地供应总量和年度建设量的预测也更准确。主要根据各区内应届毕业生的就业人数及其工资状况的调查,确定大学毕业生的住房需求。将住房需求乘以保障比例,得出的就是所需要建设的总的建筑面积。即总的建筑面积=住房需求×保障比例。

为此,我们首先介绍中国香港地区和英国有关保障性住房需求预测模型,总结出"青年公寓"项目住房需求预测方式,再对保障比例进行分析,最后以南京市为例进行实例演算。

1) 香港保障性住房需求预测经验

保障性住房需求预测属于住房需求预测的范畴,住房需求预测本身是一项系统性的研究,可采用的数学模型研究方法有德尔菲法、时间序列法、线性回归分析法、幂函数回归法等。这里主要是从为住房建设规划编制提供事实依据的角度对住房需求预测和评估方法进行研究。香港的住房需求预测偏重于保障性住房人群的总量预测,为住房土地供应总量、住房用地供应总量提供依据。香港住房需求预测模型分为下列四个步骤(见图4-7):

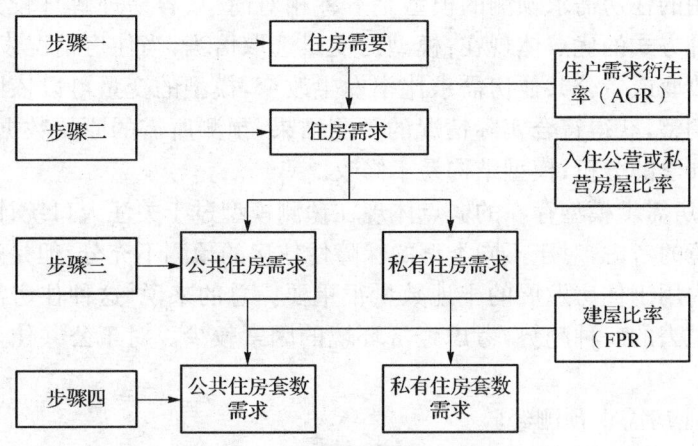

图 4-7 香港住房需求预测的模型

(1) 推算整体房屋需求;
(2) 把住房需求划分为公营房屋和私营房屋两类;
(3) 根据公营与私营房屋需要计算房屋需求量;
(4) 估计公营与私营房屋的建屋需求量。

第一步是计算 1997—2006 年这十年期间的整体住房需求。由于并非所有可能需要住屋的家庭均选择另觅居所,因此必须用住户需求衍生率来估计这十年的整体住房需求。

第二步是用入住公营或私营房屋比率,把整体住房需求划分为公营及私营住房需求两类。公营房屋泛指各类资助房屋,私营房屋则指在没有政府提供资助下兴建的私人房屋。

第三步是把住房需求转化为房屋需求量。房屋需求量的定义是实际寻觅居所的家庭数目。在公营房屋方面,房屋需求量假设与住房需求相同。在私营房屋方面,房屋需求量受住房负担能力限制,故需用一个转换因子计算。

第四步是把房屋需求量转化为建屋需求量。把公营房屋需求量转化为建屋需求量时,会把实际的建屋量酌量增加 5%,以确保建屋计划日后可能出现延误时仍能满足房屋需求量。在私营房屋方面,相关部门订出一个 15% 的建屋比率,以便在订定建屋需求量时,把用作第二居所的单位、空置单位及非住宅用途的单位都计算在内。

房屋需求模式所作的假设是否正确,对各项估计的准确程度是十分重要的。部分住户需要衍生率及入住公营或私营房屋比率的假设并无统计数据支持,例如"初婚者入住公营或私营房屋比率"的假设。另外,某些住户假设是根据以往趋势的延续而做出的,例如"多核心家庭住户分户"的住房需求衍生率假设,还有部分假设是根据某个时间的数据做出估计,然后再进行推算。

香港采用的住房需求预测的模型是一种相对简单、容易理解且较为直观的预测方式。这种方式的优点体现在：模型的变量选取恰当，当住房情况发生改变时，例如结婚率改变或者公共住房需求比率发生改变，模型的变量可以依照发生改变的情况加以调整，获得符合实际情况的预测结果，预测所需的原始数据易于更新；基于人口统计学的分析；模型结构易于修改。

同时，住房需求模型存在的弱点体现在预测模型过于关注人口统计的变化，缺乏对经济环境的考虑，对于不同类型的保障性住房的预测不充分，但是这种预测对预测规划期内用于住房发展的土地数量很重要。总的来说，这种住房需求预测主要依赖的是过去的一种趋势，考虑经济环境的因素较少。对于公共住房的空间分布没有预测。

2) 英国住房需求预测经验

英国的住房需求预测与评估本身即是住房发展规划的重要组成部分，保障性住房需求的预测包括了总量、比例结构，并将需求预测的结果与现有住房规划进行对比并做出评估。住房需求预测是英国各地方政府制定住房政策的基础，为住房供给提供事实依据。《规划政策陈述》[*Planning Policy Statement* 3(PPS3)]中规定，地方结构规划在制订住房发展计划时，必须以充分的住房需求研究数据为基础，住房需求的数据通过区域住房市场[Strategic Housing Market Assessment (SHMA)]评估获得。区域住房市场每年进行一次评估，根据 PPS3 规定，区域住房市场评估(SHMA)中必须提供以下数据：有保障住房需求或普通市场住房需求的家庭占家庭总数的比例；产生普通市场住房需求的家庭结构(多人口家庭、夫妇二人、单身等)；保障住房的大小及套型需求。

(1) 英国住房需求评估模型

英国住房需求评估模型从需求与供给的角度出发，需求方面主要包括对现有保障性住房和未来保障性住房需求的预测；供给方面主要包括现有住房和未来住房供给。最后，将需求减去供给得出保障性住房的短缺量。具体见表 4-3 所示。

表 4-3　英国住房需求预测模型

A 现有保障性住房需求
B 新增保障性住房需求
C 现有保障性住房供给
D 新增保障性住房供给
保障性住房短缺＝A＋B－C－D

A——现有保障性住房需求
- 无家可归者
- 住房拥挤住户
- 其他主要指仍在轮候的满足准入条件的家庭

B——新增保障性住房需求
- 成立新的家庭生成的住房需求（其中一定比例是保障住房需求）
- 不能承担现有市场住房而产生的需求

C——现有保障性住房供给
- 现有社会租赁住房转租
- 现有共有产权房转售或转租

D——新增保障性住房供给
- 主要是指已签署供给（租赁、购买）合约住房

英国保障性住房需求模型是建立在对保障性住房需求及供给的统计以及人口统计变化的基础之上的，现有和新增保障性住房需求的总和与现有和新增的保障性住房供给的总和之差即是保障性住房短缺的部分。

（2）保障性住房需求总量模型

① 保障性住房需求总量年度预测

以 Cambridge 区域战略住房需求评估（SHMA）为例，第一步对现有住房需求进行分类统计，并折算成年需求（以 5 年内完成供给计划计算）。第二步对未来的住房需求进行统计，分为成立新家庭产生的住房需求和不能承担现有市场住房而产生的保障性住房需求。第三步统计现有住房供给，这部分供给是来自于保障性住房的转租或转售。第四步对于已签署合约的保障性住房供给进行统计，这部分应是作为未来住房供给的部分。最后，现有和未来的保障性住房需求数与现有保障性住房的供给数之差为每年保障性住房新增需求数，保障性住房新增需求数减去未来一定供应的保障性住房供给数，计算得到保障性住房短缺数目。

② 保障性住房需求总量长远预测

Cambridge 区域空间战略（Regional Spatial Strategy）中提出的住房供给目标分为近期（规划期限为 5 年）住房供给总目标，以及远期（规划期限为 15 年）的供给目标。为了给战略空间制定战略（RSS）提供依据，区域住房市场评估（SHMA）对于保障性住房需求的预测期限也分为 5 年和 15 年两部分。

保障性住房近期（5 年）需求总量根据之前预测得到的住房新增需求数乘以预测期限得到。第 6 年起，假设现有的保障性住房需求已得到满足，若每年的新增保障性住房需求为 333 户/年，10 年总计 3 330 户。将两部分保障性住房需求相加，预测得到未来 15 年的保障性住房需求总量。

从以上的分析我们可以看出,英国保障性住房需求的预测,既包括了需求总量的预测,也包括了对保障性住房需求结构的预测,即对不同类型的保障性住房需求进行预测。其次,从现有需求与供给的角度,综合考虑了未来可能有的需求与供给,将保障性住房的需求作为动态发展指标。

3) 实例演算

首先要确定保障比例,在确定好保障比例之后,再对"青年公寓"总量需求和结构需求进行预测,以确定近5年的建设量,以做好建设规划。在借鉴香港地区和英国保障性住房需求预测经验的基础上,根据供应与需求理论,采用情景分析的方法对不同保障比例下的"青年公寓"的建设量进行分析。

情景分析作为研究未来不确定状况的一种管理决策工具,自1970年以来引起了人们的广泛关注。1967年Herman和Wiener在合著的《2000年》一书中提出情景(Scenario)和情景分析(Scenario Analysis)。情景是指未来状况以及能使事态由现在向未来发展的一系列状态,情景分析就是采用科学手段对未来的状态进行描述和分析,由于未来发展存在不确定性,因此情景分析描述的是某种事态未来几种最可能的发展轨迹。情景分析不同于预测,预测是建立在历史数据的基础上对近中期的发展进行定量化描述,情景分析更侧重于对不确定性的分析。

根据以上论述的方法,我们以南京市为例进行演算。具体过程如下:

(1) 居住现状分析

表 4-4 南京市新就业大学生人均住房面积

面积	15 m² 以下	15～20 m²	20～30 m²	30 m² 以上
所占比例	19.6%	38.4%	26.8%	15.2%

从表4-4中可以看出,仍有19.6%的新就业大学生的人均住房面积在15 m²以下,而能达到全国人均住房水平的仅有15.2%,与2010年南京城市人均住房面积30 m²相比,仍有84.8%的新就业大学生的人均住房面积处于平均线以下。

(2) 三种保障比例下的"青年公寓"建筑面积估算

情况一:"青年公寓"建筑面积估算是计算在人均居住面积达到保障面积情况下,扣除现有新就业大学生住房面积的新建面积。

保障面积有16 m²(以2人合租的分式分摊32 m²)和23 m²(单间)两种标准。由表4-4中的数据可知,住房面积在15 m²以下的占全部被调查者的19.6%。为此我们以20%作为南京市大学毕业生住房保障的最低比例,并增加25%和30%两个保障比例估算"青年公寓"建筑面积。具体计算如下:

假设当年南京新就业的毕业生的人数有7万是有南京户籍的,根据保障比例20%,确定出保障人数1.4万。假设这1.4万人的住房面积符合数理统计上的均匀分布,则人均住房面积为 7.5 m^2。若要达到人均 16 m^2 的保障面积,则每人的住房面积需扩大 8.5 m^2,这样就可以求出整个南京市大学毕业生的住房保障总需求为 $1.40×10^4×8.5=11.9$(万 m^2)。同理,可以知道保障比例为 25% 和 30% 时的住房保障总需求为 14.88 万 m^2 和 17.85 万 m^2。再依照此方法计算人均住房面积为 23 m^2 的住房保障总需求。计算结果见表 4-5、表 4-6 和表 4-7。

表 4-5 "青年公寓"建筑面积估算(保障比例为 20%)

保障面积(m^2)	16	23
总需求(万 m^2)	11.90	21.70

表 4-6 "青年公寓"建筑面积估算(保障比例为 25%)

保障面积(m^2)	16	23
总需求(万 m^2)	14.88	27.13

表 4-7 "青年公寓"建筑面积估算(保障比例为 30%)

保障面积(m^2)	16	23
总需求(万 m^2)	17.85	32.55

如上表所示,在保障比例为 20% 时,如"青年公寓"全部建成双人合租的住房(32 m^2),则需建 3 719 套,共 11.90 万 m^2。按照 3.5 的容积率换算可知占地面积为 3.4 公顷,如全部建成一人居住的单间(23 m^2),则需建 9 435 套,共 21.70 万 m^2。按照 3.5 的容积率换算可知占地面积为 6.2 公顷。其他 2 种保障比例的具体建筑面积如表 4-8 所示。

表 4-8 三种保障比例下青年公寓的建设情况

保障比例为 20%		
建筑面积(万 m^2)	11.90	21.70
占地面积(公顷)	3.4	6.2
套数	3 719	9 435
保障比例为 25%		
建筑面积(万 m^2)	14.88	27.13
占地面积(公顷)	4.25	7.75
套数	4 650	11 796

续表

保障比例为30%		
建筑面积(万 m²)	17.85	32.55
占地面积(公顷)	5.10	9.30
套数	5 578	14 152

在表4-8中,对于房间套数的计算我们都是考虑单独建一室一厅和二室一厅的两种极端情况,但是在实际操作中可以将这两类户型按一定的比例综合建设。调查数据显示,独自居住的人数所占的比例为33.20%,而双人合租的比例则有46%。所以,在实际建设过程中可按3:4的比例建设一室一厅和二室一厅这两种户型。基于此,我们可以得到在保障比例为20%时,"青年公寓"的建设规模为17.5万 m²,总套数为6 985套;保障比例为25%时,"青年公寓"的建设规模为21.88万 m²,总套数为8 733套;保障比例为30%时,"青年公寓"的建设规模为26.25万 m²,总套数为10 477套(具体见表4-9)。这里我们确定的建设规模只是整个南京市,还必须根据各区具体的毕业生分布人数来确定各区的建设规模。

表4-9 情况一下"青年公寓"建设规模(单人间和双人间按3:4比例兴建)

保障比例	20%	25%	30%
建筑面积(万 m²)	17.50	21.88	26.25
占地面积(公顷)	5.00	6.25	7.50
套数	6 985	8 733	10 477

情况二:不考虑目前市场上新就业大学生的住房面积,即将现有的住房面积计为零,被保障人群所需的住房保障面积即为"青年公寓"的建筑面积。此情况下的"青年公寓"建设规模如表4-10所示。

表4-10 情况二下"青年公寓"建设规模(单人间和双人间按3:4比例兴建)

保障比例	20%	25%	30%
建筑面积(万 m²)	28.00	35.00	42.00
占地面积(公顷)	8.00	10.00	12.00
套数	11 000	13 000	16 500

对表4-9和表4-10进行比较,我们可以发现,"青年公寓"每年的建设量最少要达到17.5万 m²,提供6 985套住房。如果每年维持这个建设量不变,则5年内的建设量要达到87.5万 m²,提供34 925套住房。

4.4.2 建筑单体的设计

由于"青年公寓"面向对象的特殊性,决定了其具有和其他家庭类保障性住房不一样的建设标准。为此,本文从设计多样化的角度出发,本着"经济、适用、美观、安全"的建设原则,着重从户型设计、层高、层数及配套设施等方面来讨论"青年公寓"的产品设计,以满足不同特性要求的大学毕业生低收入群体的居住需求。为实现小户型的大利用,此处参照人体工程学和环境行为心理学的相关原理制定"青年公寓"户型结构标准,并细化不同类型的大学毕业生低收入群体的住房面积标准,让"青年公寓"物尽其用。

1)"青年公寓"的基本设计原则

住宅是供人们日常居住使用的建筑物,是人们为了满足生活需要,利用自己掌握的物质技术手段创造的人造环境。建筑设计人员应首先研究面向人群的特征、生活方式和习惯以及地方特点,然后通过多种多样的空间组合方式设计出满足不同生活要求的住宅。

改善居住条件是大学毕业生低收入群体提高生活水平的重要内容,同时也是他们人生中一个关键的过渡阶段。不可否认,较之普通居民,住房在大学毕业生低收入群体的生活中显得更为重要。一群人会因为生活方式和观念的相近而被归为某一个阶层,新就业大学生也因其生活方式的不同而在住房使用功能上有不同的需求。

因此,由于在生活方式、经济状况、文化背景等方面的差异,住宅居住模式的选择也存在不同。对于大学毕业生低收入群体来说,也必须考虑特定群体,形成有针对性的居住模式。调查结果表明,绝大部分的新就业大学生对目前的居住状况感到不满意。根据我们对嘉兴人才公寓满意度的调查,发现大多数住户对房间布局和房间私密性较不满意;另外,卫生间面积过小,且通风和采光有问题,仅靠走廊通风。这就要求增加对这方面的重视,增强房间的私密性、隔音效果和通风设计。

"青年公寓"作为一种保障性住房,它应该是面积适度、功能合理、设施齐全、应用成熟的"适当住宅"。"青年公寓"住宅的建筑设计应该遵循以下几个方面的原则:

(1) 以人为本的原则

体现建筑的宜居性,让建筑更适合人的生活、居住,更适合人和环境的结合。注重低收入居住者的生理健康和心理健康。国内诸多的调查结果显示,大学毕业生低收入群体的总体心理健康水平不高,消极完美主义特征明显,大多数人对生活状态不满意,社会支持较低,且个体强烈地感受到一种心理层面的相对剥夺感。

(2) 标准化原则

推行标准化、模数化,积极推广工业化设计、建造技术和集成应用技术。在建筑布局上重视住宅的朝向，以获得充足的光照。室内空间布置注意空气的对流，气候炎热地区要有穿堂风，隔绝噪声的影响。

（3）一体化原则

建筑、设备、结构、内装修设计一体化进行，内装体系、设备体系、结构体系宜实现分离。

（4）私密性原则

在保证居住者的私密性的同时要满足部分大学毕业生低收入群体方便沟通的愿望，以形成良好的邻里空间。

（5）可变性与适用性原则

适应不同住户的收入水平、家庭构成，满足价值多样化的要求。既应满足不同使用对象的生活需求，同时具备灵活调整的余地。住宅内部具有根据生活变化或家庭变更而进行再调整的灵活性，且改造成本低。

（6）全生命周期原则

立足于满足房屋生命周期内空间环境的适应性，考虑住宅持久耐用寿命，满足日常生活及将来的变化。应注重应用节能环保等技术，以减少后期费用，充分利用太阳能可持续能源，改善住宅的物理性能。

总之，应该坚持"小套型、功能全、精细化、成品房"的原则，满足居住建筑"经济、适用、美观、安全"的基本要求。

2）"青年公寓"户型设计

根据我们所作的南京市大学毕业生低收入群体居住现状及相关问题的调查，在回收的 515 份问卷中有 67.72% 的人选择租房的方式，其中选择合租的有 59.14%。在合租人数上只有 17.07% 的人可以忍受超过 3 人的合租模式。调查结果显示，有近半数的新就业大学生选择 2 人合租的方式。为满足大学毕业生低收入群体的居住特性，本文参照嘉兴人才公寓的户型样式，提出以下的设计方案。

（1）用于一人居住的一室一厅

一方面，大学毕业生低收入群体大都已经经历了几年的集体宿舍的生活，期望拥有一个相对私密的空间，但是往往迫于现实的压力不得不考虑与人合租。另一方面，新就业大学生年龄基本分布在 22～26 岁之间，其性格和生活方式已经形成，设计成一个人独立居住的一室一厅，有助于减少不必要的摩擦。

我们这里所说的一室一厅只是为了满足其基本生活的需要，包括独立的卫生间（包括盥洗、淋浴和厕所）、卧室（兼起居室）。根据我国住宅设计规划中的规定，兼起居室的卧室最小使用面积应该达到 12 m^2。本研究参照《上海市保障性住房建设技术要求暂行规定》的要求（表 4-11），并结合南京市 2010 年人均住房建筑面积，计算出套内主要功能空间的面积（见表 4-12）。

表4-11　上海市保障性住房各功能区间建设标准

功能区间	起居室(厅)	餐厅	主卧室	双人卧室	单人卧室	厨房	卫生间
短边净距(m)	3~3.9	2.2~3	3~3.6	2.7~3.3	2.4~3	1.6~2.4	1.5~1.8
使用面积(m²)	12~16	5~8	12~15	10~12	6~9	4~6	3~5

表4-12　一室一厅各功能区间使用面积分布表

功能空间	卧室(兼起居室)	卫生间
使用面积(m²)	12~15	3~5

我们得出单间使用面积最小为15 m²,最大为20 m²。根据多层住宅、中高层住宅和高层住宅使用系数对比表,中高层住宅(9层)和高层住宅(12~18层)使用面积系数可以达到75%,为此,我们按照75%的使用面积系数,换算得到这一户型的建筑面积应该在20~26.7 m²之间。为了保障房屋的基本生活功能且能在一定程度上降低成本,我们取其中间值,确定单间的建筑面积为23 m²。

(2) 用于2人居住的一室一厅

鉴于我们的调查发现,虽然很多大学毕业生未婚,但其中很大一部分有稳定的男女朋友,为此我们针对这一群体将单人卧室设计成双人卧室,并充分考虑到其可能会在家做饭的习惯,特意增加了一个小面积的厨房;卫生间考虑了洗漱与洗浴、坐便功能分开,供2人同时使用。为此设计的各功能区间使用面积如表4-13所示。

表4-13　一室一厅各功能区间使用面积分布表

功能空间	卧室(兼起居室)	卫生间	厨房
使用面积(m²)	15~18	3~5	3~4

根据表4-13,我们可以得出用于2人居住的一室一厅的使用面积为21~27 m²之间,同样考虑75%的使用面积系数,换算出这一户型的建筑面积为28~36 m²,取其中间值,确定该户型的建筑面积为32 m²。

(3) 用于2人居住的两室一厅

尽管独居甚好,但是考虑到经济承受能力,仍会有很大一部分大学毕业生低收入群体选择合租。但是在合租人数上仅有17.07%的人愿意同3人以上一起合租,更多的倾向于2人合租。因此,为满足这部分群体的住房需要,我们将房间设计成有两个单人卧室、共用客厅及卫生间,具体各功能区间使用面积分布如表4-14所示。

表 4-14 两室一厅各功能区间使用面积分布表

功能空间	卧室（两间）	卫生间	客厅
使用面积(m^2)	12～18	3～5	4～6

根据表 4-14，我们可以得出用于 2 人居住的两室一厅的使用面积为 19～29 m^2 之间，同样考虑 75% 的使用面积系数，换算出这一户型的建筑面积为 25～39 m^2，取其中间值，确定该户型的建筑面积为 32 m^2。

本文为满足大学毕业生低收入群体的不同住房需求，设计了建筑面积 23 m^2 和 32 m^2 的 3 种不同户型设计，实现"青年公寓"产品的人性化、多元化供应。另外，由于用于 1 人居住的一室一厅的人均建筑面积有 23 m^2，而 2 人居住的一室一厅和两室一厅的人均建筑面积只有 16 m^2，前一种户型的青年公寓的租金应该较后两种高些，以保证"青年公寓"等社会保障资源的利用公平。

3) "青年公寓"层高和层数的设计

(1) 层高的设计

住宅的层高在设计规范中已有规定，除非特殊情况，不管是从造价上来说还是从人的心理感受来说，2.8 m 的层高对于保障性住房来说都是比较合适的。因此，层高确定为 2.8 m。

(2) 层数的设计

至于层数的确定，我们可以从容积率、使用面积系数和经济性这三个角度来考虑。首先，一般楼层越高，允许的容积率越大，但是从人的生活质量来考虑，并不是越高越好。根据江苏省对住宅容积率的相关要求(1.5～3.0)，建议在 11 层到 18 层之间选择。其次，根据统计得出的多层住宅、中高层住宅和高层住宅使用面积系数的对比分析，尽管多层住宅(6 层)的使用面积系数最大，但是考虑到其未充分利用土地资源，选择使用面积系数在 75% 左右的中高层住宅(9 层)和高层住宅(11～18 层)更为恰当。最后，从经济性的角度来考虑，小区内住宅的层数应该以 6 层、11 层、14 层、18 层、100 m 以下进行合理组合，其造价也是依次递增的。为此，结合容积率、使用面积系数和经济性，我们建议采用高层住宅(11～18 层)，并将容积率适度增加到 3.5。如嘉兴人才公寓采用的就是 11 层和 16 层的高层建筑。

4) "青年公寓"项目配套设施

由于"青年公寓"面向对象的特殊性，所以在配套设施供应上应有一定的针对性，充分考虑被保障人群的设施需求，保证基本生活配套完善，且要避免出现资源利用效率低下等现象。我们这里所说的配套设施，包括室内的、小区内的和小区周边的配套设施。

(1) 室内配套设施

首先要有满足日常生活需要的家具和卫生设施,另根据我们对南京市新就业大学生居住现状的调查,我们分析新就业大学生对空调设施和网络设施要求比较高,因此,室内除了做一些满足基本生活需要的装修外,还应该配备热水器、空调和网络设施。

(2) 小区内配套设施

① 洗衣房

一方面,由于"青年公寓"房屋设计时为了节省空间没有预留洗衣机摆放的位置;另一方面,考虑新就业大学生工作节奏较快,难免在忙不过来的时候需要将衣服放到洗衣房洗。为此,考虑每栋配备一个洗衣房或是在每一栋楼下摆放投币式洗衣机,这个只对小区内的住户提供服务。

② 图书阅览室

现代的社会生活促使新就业大学生不断地为自己充电,有了图书阅览室可以更方便地学习。住户办理图书借阅卡,凭卡借阅图书。

③ 篮球场、羽毛球场等运动设施

身体是革命的本钱,只有锻炼出健康的体魄,才能投入更多的精力到工作中去。

④ 小区绿化

合理的小区绿化设计不但要满足大学毕业生低收入群体对小区环境的基本生活需要,同时也要满足对其休闲娱乐方面的需要,确保小区绿化环境可以提升居民的生活情趣,陶冶生活情操。

⑤ 停车设施

包括自行车、电动车的停车位以及部分汽车停车位。

(3) 小区周边配套设施

① 公交站台或地铁站

方便住户的出行。

② 公共食堂或各种干净实惠的餐馆

提供就餐便利。

③ 超市、宾馆和银行 ATM 机等生活服务设施

超市用于购买日常用品,宾馆主要为解决平时朋友亲戚来访的住宿,标准可以低一些,但是要卫生和干净。

④ 健身房、KTV 等娱乐健身场所

作为缓解工作压力和朋友交流的地方。

⑤ 医疗设施

考虑对医疗卫生的需求,为小区住户提供方便的医疗服务,比如小诊所、药店等。

配套设施具体配备情况如图 4-8 所示。

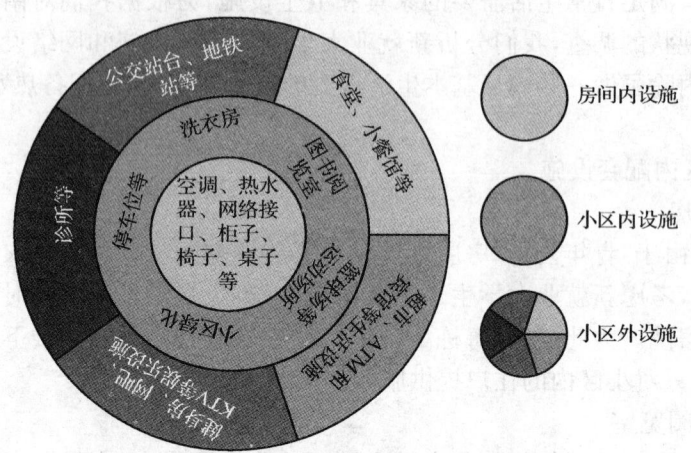

图 4-8　青年公寓配套设施配备情况

在图 4-8 中,我们分别列出了小区内外的配套设施,小区内的设施比如洗衣房、图书阅览室都只对公寓的住户开放,保障了住户利益。而小区外的设施作为商业配套,一方面方便居民,另一方面可以增加民间资本的收益。

4.5　本章小结

本章首先介绍保障房选址的相关策略,以及中国香港、新加坡、美国、英国等发达国家和地区的保障房选址的经验与做法。接着从宏观、微观两个方面来构建"青年公寓"选址决策模型,确定"青年公寓"选址决策的评估指标,并依据就业环境、物质基础和未来发展状况三方面的考量,指出边缘式的选址模式更适合目前我国大多数城市的实际情况。在此基础上提出了两种选址建设参考方案:一是混合居住,将"青年公寓"与商品房按一定比例捆绑建设,按"青年公寓"建成面积比例给予减免土地出让金、行政事业性收费和城市基础设施配套费等优惠鼓励;二是在地铁沿线,距离地铁站点步行 10~15 min 之内的地段选址建设。最后,对"青年公寓"的建筑产品进行规划设计,包括建设规模和建筑单体的设计。建设规模方面,本章采用情景分析的方法对不同保障比例下的"青年公寓"建设量进行了对比分析,结果显示,为保障南京市大学毕业生低收入群体新就业期 5 年内的住房需求,南京市需建设 34 925 套公寓,建设规模至少应达到 87.5 万 m^2。而在建筑单体规划设计方面,本章根据不同人群的住房需求设计了 3 种户型,包括用于 1 人居住的一室一厅(建筑面积为 23 m^2)、用于 2 人居住的一室一厅(建筑面积为 32 m^2)和用于 2 人居住的两室一厅（建筑面积为 32 m²）。此外，对"青年公寓"的层高、容积率、层数以及项目的配套设施也进行了相应的探讨。

参考文献

[1] Loo Lee Sim, Shi Ming Yu, Sun Sheng Han. Public Housing and Ethnic Integration in Singapore[J]. Habitat International, 2003, 35(4): 968-989.

[2] Biermann S. The Sustainable Location of Low-income Housing Development in South African Urban Areas[J]. Sustainable Development and Planning, 2005, 20(1): 1165-1173.

[3] Bayer P, McMillian K. Residential Segregation in General Equilibrium[R]. NBER Working Papers, 2005.

[4] Glaeser E L. The Economics Approach to Cities[R]. NBER Working Paper, 2007.

[5] Joseph M L. Early Resident Experiences at a New Mixed-income Development in Chicago[J]. Journal of Urban Affairs, 2008, 16(4): 229-257.

[6] Wu C, Lin C, Chen H. Integrated Environmental Assessment of the Location Selection with Fuzzy Analytical Network Process[J]. Quality & Quantity, 2009, 28(2): 351-380.

[7] Lee S H, Park J W. Selection of Optimal Location and Size of Multiple Distributed Generations by Using Kalman Filter Algorithm[J]. IEEE Transactions on Power Systems, 2009, 36(3): 1393-1400.

[8] Liu J. Study on the Rationality of Location Selection of Affordable Housing in Harbin Based on AHP-Fuzzy Comprehensive Evaluation Method[C]. Proceedings of 2010 International Conference on Construction and Real Estate Management, 2010: 1121-1124.

[9] Wu Z H. A Study on the Problems and Solutions of Location Selection of Social Indemnificatory Housing in China[C]. Proceedings of The 16th International Symposium on Advancement of Construction Management and Real Estate, 2011: 87-92.

[10] 王承慧,杨靖. 保障性住房建设规划编制方法初探——以南京六合区"三房"建设规划为例[J]. 现代城市研究, 2010(2): 89-95.

[11] 汪冬宁,汤小橹,金晓斌,等.基于土地成本和居住品质的保障住房选址研究——以江苏省南京市为例[J].城市规划,2010(3):57-61.

[12] 郑思齐,张英杰.保障性住房的空间选址:理论基础、国际经验与中国现实[J].现代城市研究,2010,25(9):18-22.

[13] 任宏,王波.浅析经济适用房的选址[J].重庆工商大学学报,2005,15(1):74-76.

[14] 吕艳,扈文秀.陕西省保障性住房建设选址问题研究[J].现代企业,2010(5):70-72.

[15] 冯立军,冯圆圆.基于调控保障性住房视角的住房建设规划研究[J].山西建筑,2010,36(10):223-225.

[16] 宗跃光,吴立群,王波,等.城市廉租房建设规模的对策分析:以江苏省为例[J].城市发展研究,2007,14(6):62-66.

[17] 殷伟韬.单身公寓户型设计研究[J].城市建筑,2007(1):38-39.

[18] 李智,林炳耀.特殊群体的保障性住房建设规划应对研究——基于南京市新就业人员居住现状的调查[J].城市规划,2010(11):25-30.

[19] 钱瑛瑛,陈哲,徐莹.基于空间失配理论的上海市中低价位商品房选址研究[J].现代城市研究,2007(3):31-37.

[20] 凌莉.从"空间失配"走向"空间适配"——上海市保障性住房规划选址影响要素评析[J].上海城市规划,2011(3):58-61.

[21] 王蕊.关于我国保障性住房选址的相关问题探讨[J].城市建设理论研究:电子版,2011(34).

[22] 吕艳,扈文秀.保障性住房建设方式及选址问题研究[J].西安财经学院学报,2010,23(5):35-39.

[23] 韩轶哲.杭州市保障性住房选址现状分析与对策建议[J].城市建设理论研究:电子版,2011(23).

[24] 李锦华,雷杰,陈楠.保障性住房选址问题及创新思路研究[J].住宅科技,2011,31(3):54-57.

[25] 潘雨红,巨选博.基于AHP方法的保障性住房选址策略分析——以重庆"民心佳园"公租房项目为例[J].建筑经济,2012(3):57-60.

[26] 汪冬宁,金晓斌,王静,等.保障性住宅用地选址与评价方法研究——以南京都市区为例[J].城市规划,2012(3):85-89.

[27] 宋伟轩.大城市保障性住房空间布局的社会问题与治理途径[J].城市发展研究,2011,18(8):103-108.

[28] 郭卫兵,郑新洪,于志铎.香港公屋建设研究与启示[J].建筑学报,2009(8):

18-21.
[29] 张祚,李江风,陈双,等.经济适用住房在城市中的空间分布——基于DEM的武汉市实例分析[J].地理学报,2011,66(10):1309-1321.
[30] 龙灏,尹庆.公共租赁房建设的"重庆模式"[J].时代建筑,2011(4):30-33.
[31] 赵明,弗兰克·合雷尔.法国社会住宅政策的演变及其启示[J].国际城市规划,2008,23(2):62-66.
[32] 焦怡雪,尹强.关于保障性住房建设比例问题的思考[J].城市规划,2008(9):38-45.
[33] 骆建云,谢璇.对广州市保障性住房规划设计的研究与思考[J].住区,2012(1):100-104.
[34] 焦怡雪.促进居住融和的保障性住房混合建设方式探讨[J].城市发展研究,2007,14(5):57-61.
[35] 代晓利.香港公屋设计经验对我国保障性住房规划建设的启示[J].规划师,2012,28(S1):71-74.
[36] 程茂吉,周慧,张嫒明.新形势下保障性住房建设规划编制方法探索——以南京市浦口区保障性住房建设规划为例[J].规划师,2009,25(12):84-89.
[37] 陆圆圆,李朝阳,廖金元.新加坡组屋规划设计演变及启示[J].现代城市研究,2012(3):84-92.
[38] 黄春华,李静.保障性住房的规划与建设研究[J].湖南工业大学学报:社会科学版,2010,15(2):97-100.
[39] 姚红英.保障性住房的建设管理及规划设计分析[J].城市建设,2010(5):102.
[40] 周典.日本保障性住宅的规划设计[J].建筑学报,2009(8):22-26.
[41] 赵进.香港公营房屋建设及其启示[J].国际城市规划,2010,25(3):97-104.
[42] 董文俊,耿川亮.大型保障性住房社区规划设计实践——南京迈皋桥创业园丁家庄经济适用房社区[J].住宅科技,2011,31(2):20-27.
[43] 张跃松,连宇.基于挤出效应的住房保障规模对商品住房价格的影响[J].工程管理学报,2011,25(2):206-209.
[44] 韩奕,周铁军,宋晓宇.城市青年公寓设计研究——重庆"跨越·新天地"设计[J].重庆建筑大学学报,2003,25(4):15-17.
[45] 黄明潍,张维婷,袁启程,等."青年公寓"——保障性住房的商业模式创新[J].金融经济:理论版,2011(10):15-17.

第五章 "蚁族"保障性住房的产权研究

 **本章提要**

  基于PPP的"蚁族"保障性住房建设模式运作成功的关键在于吸引民间资本进入,而产权无疑是吸引民间资本的合力中最重要的一环。保障性住房的共有产权形式在我国有着其适用的法律基础,而算例的项目财务可行性分析结果表明,民间资本在PPP运作模式下可以获得满意的回报。这就给"青年公寓"共有产权的构建铺平了道路。

5.1 相关研究综述

在保障房共有产权制度方面,莫智(2010)对保障性住房共有产权制度进行了深入的研究,包括对产权分割影响因素的定性分析,其重点是从法律角度研究政府和住户两方共有的情形。陈晓维(2010)重点研究了经济适用房共有产权制度与我国物权法共有制度冲突的问题,试图找到两个制度的衔接点。窦丽(2008)论证了我国实行经济适用住房共有产权制度的可行性。杨明(2011)认为经济适用房制度主要存在四项缺陷,在此分析基础上,提出了经济适用房制度创新的四点操作性建议。顾青青(2010)首先阐述了实行经济适用房的重大意义及现状,然后对共有产权制度的细节进行了分析,针对其中存在的争议问题提出了解决办法。高文燕(2011)对经济适用房共有产权概念进行了界定,从"共有产权"一词的合法性、"共有产权"制度在制度设计方面的合法性、"共有产权"制度在保护中低收入家庭上更具有实用性三个方面分析了经济适用房共有产权制度的合理性,最后针对经济适用房共有产权制度所面临的困境,提出了完善我国经济适用房共有产权制度的立法建议。李英(2010)从目前我国经济适用住房产权不完善这一点来建议完善经济适用住房产权的做法。首先介绍我国经济适用住房产权不完整的表现,然后对西安市经济适用住房关于产权的调查进行了分析,得出了完善经济适用住房的产权就必须建立经济适用住房共有产权制度的结论。江丹(2012)针对上海市经济适用房共有产权制度的设计,对有效实行经济适用房共有产权制度进行了论述,最后提出了完善经济适用房共有产权制度的模式选择。陈淑云(2012)认为住房消费和住房财富分配不公是我国当前住房问题的关键所在,有必要从家庭财富积累的视角集中探讨构建我国共有产权住房、改革原有产权式住房保障制度的问题。履端(2012)认为共有产权房是住房保障的制度创新,并根据上海市的住房供应状况,针对如何实现好"人人享有适当住房"这一联合国人居大会提出的命题,提出了相关建议。

在PPP项目的所有权方面,段昊智(2011)从产权角度探讨了PPP模式在保障房领域的适用性,提出PPP模式下保障性住房的产权结构。张喆(2007)等对现有PPP研究进行了回顾和总结,强调了PPP的契约本质,指出合作方性质不同、产品公共化程度较高以及合作期较长是PPP区别于传统的企业间合作模式的三大特点。徐霞、郑志林(2009)提出,目前的研究大多停留在解释PPP概念和风险分摊层面上,而很少涉及PPP的利益分配问题,并且试从PPP风险分摊、资本结构和控制权三个维度来探讨PPP中的利益分配。李国强(2007)提出了相对所有权的概念,认为相对所有权观念受英美法系财产法影响。戚兴华(2010)提出,所有权是完全和独立的绝对性物权,具有高度的排他性、支配性和完整性,所有权包括占有、使用、收益、处分四种权能。

在共有产权住房保障模式方面,王建成(2011)以淮安市共有产权住房保障模式为例,提出了共有产权住房保障模式的含义,并从建设方式、资金来源、申购条件、退出机制四个方面对该模式的内容进行了分析,在分析的基础上总结提出了淮安市共有产权住房保障模式的优越性和不足之处。王琨(2010)等研究了廉租房共有产权模式能否解决地方政府配套资金不足的问题。首先分析了廉租房共有产权模式的起源,接着对目前实行该模式的各省份政策进行了比较,然后从正反两方面论述了该模式的争议问题,最后得出了没必要为了筹集建设资金而出售廉租房的产权这一结论。张永岳(2012)等分析了上海保障房体系的现状以及共有产权房相比传统的经济适用房的显著优点,认为发展共有产权房、增加中低收入群体的财产性收入,应是当前上海住房保障制度建设中可以选择的一个主攻方向,上海可构建一个包括廉租房、经适房、公租房、安置房等在内的共有产权住房保障体系。李海亮(2010)对廉租住房共有产权管理模式进行了研究,分析了推行廉租住房共有产权管理模式的可行性,在此分析基础上,提出了共有产权管理模式的设计细则。吴盛梅(2012)对改进和完善共有产权保障房模式做了研究,首先提出了共有产权保障房的含义,然后以共有产权廉租房为例,分析了共有产权保障房模式的优点和存在的问题,最后针对存在的问题对共有产权保障房模式的改进和完善提出了政策建议。王政武(2010)等对基于共有产权模式的大学毕业生住房问题进行了研究,在分析了共有产权住房模式的特点和现有住房模式对解决大学毕业生住房的局限性基础上,提出了共有产权住房使大学毕业生实现了"居者有其屋"的可能,然后从大学毕业生的住房满意度、满足现实需求、分享共有产权房的实惠三个方面进行论证,最后结合共有产权住房的准入退出机制、供应保障机制等方面内容要求对大学毕业生共有产权住房模式进行构建。上海市发改委、市住房保障和房屋管理局(2011)共同发布了《上海市经济适用住房价格管理试行办法》,在建设方式、审核机制、售后管理等方面都有所创新,其中"共有产权"的具体比例有了明确规定。此次颁布的试行办法明确规定:购房人产权份额按照销售基准价格与周边房价的比例关系确定,计算公式为:购房人产权份额=销售基准价格/(周边房价×90%)。

在共有产权经济适用房运作体系与退出机制方面,邓小鹏(2010)等考察国内外实践做法归纳出4类产权份额计算方式,进而采用逻辑推理找出份额比例与计算方式的关系,比较了各自的优劣,最后在住户使用费的认定和政府产权份额计算原则等方面给出了完善当前政策的建议。曾亚萍(2010)等分析了完善现行经济适用房退出机制的必要性,认为经济适用房退出的关键是对其产权进行科学界定,从根本上解决经济适用房的利益分配问题,在分析了经济适用房共有产权制度的基础上，构建了共有产权经济适用房的退出机制。邓小鹏（2010）等研究了共有产权住房处分中决议规则的选择问题，首先提出了决议规则的类型，然后对一致决与多数决、资本多数决与产权多数决两种决议规则进行了对比分析，最后提出了两种解决共有产权住房决议规则问题的思路：第一种解决思路是采用一致决或个人代表决定规则替代产权多数决；第二种解决思路是仍采用产权多数决，但对表决权进行设置。顾正欣（2010）等在分析了共有产权制度的基础上，对我国经济适用房定价模式进行了研究，从房屋的价格构成和中低收入者的可支付能力两方面入手对共有产权经济适用房的定价进行了分析，并指出应根据购房者的可支付能力对经济适用房的价格进行测算，以确保价格合理，最后提出了共有产权经济适用房的定价操作模式并结合应用案例进行操作演示。郜浩（2011）等对共有产权经济适用房运作体系做了研究，分析了共有产权经济适用房与现有住房保障体系的关系，提出三种共有产权经济适用房的供给模式，并指出目前应采用政府集中兴建为主，论述了共有产权经济适用房的运行机制，针对运行过程中存在的产权比例计算问题以及管理权、处分权归属等问题提出了对策和建议。

  国外共有产权住房研究以英国最为典型。英国的共有产权计划始于 1980 年，相关规定可见于颁布的法律文件中，从 1985 年版到 2004 年版的《住房法》（*Housing Act*）中都可以找到。现行《住房法》（2004 版）第 222 条给出了共有产权的定义，并专门明确了房东的优先购买权。英国公开发表的成果以调查报告居多，且多为制度做法间的横向评估与比较，纯理论的探究较少。Christine Whitehead（2007）认为共有产权有 3 个优势，即从投资的角度看有利于降低风险，从消费的角度看有利于降低购买负担，从管理的角度看有利于产权人对其支配。Anna Clarke（2008）比较了共有产权房市场和租赁房市场，认为产权的变动增加了租赁房市场供应，反过来影响了共有产权房的需求，并使得需求量难以估计，此外高房价是支撑共有产权房市场的重要因素。Cho 和 Whitehead（2006）通过对二手数据的搜集和处理发现，共有产权计划实际保障的群体较为年轻，多为单人户和双人夫妻家庭。

  虽然共有产权是一种可行的思路，但 Bramley（1996）等指出，产权阶梯购买方式从长期看在经济性上不如常规方式。Coleman（2011）等特别强调共有产权是一种制度适应能力的表现，认为共有产权可以从准入、撤销、管理、排斥、异化等五个方面来界定。同时，他认为产权也受其他形式适应能力的影响，比如组织团队的能力和竞争对手用户群体的数量。Alastair Jackson（2001）详细分析了各类共有产权模式的做法，在调查后发现共有产权与共享权益模式相比，前者的产权共有使住户受到租约的限制，从而降低了其吸引力。社区与地方政府都在其评估报告中指出，由于经济性不够，共有产权住房对于居民的吸引力要低于共享权益住房。

  在产权共有上，美国只有有限权益合作住房。Gerald Sazama 和 Roger

Willcox(1995)在对补贴和运行费用进行评价后认为这种住房是提升住房自有率的有效方式。Thomas J. Miceli 等认为这类住房可以在不增加居民管理费的情况下减少因共同居住引起的房屋外部性。John Emmeus Davis(2007)通过访谈和研讨等方法总结了美国3种共享权益住房权利主体间关于房屋占用和处分上的权利义务分配。Robert Mowbray 和 Nicholas Warren(2007)比较了英、美、澳三国的共享权益住房，这类住房的增多意味着私有权益的增加，这些权益使私营机构在住户出售住房时也分享到溢价收益，因此私营机构有兴趣参与。

国外共有产权及其相关类型的住房起步较早，种类较多，且一开始由政府主导并鼓励私营机构参与，通过国家层面的法律进行规范。在英国和澳大利亚，这类住房成为房价高涨时期政府住房保障的手段之一，因此值得我们深入研究和借鉴。

5.2　产权理论

从产权的起源看，最初表现为人们在经济交往中的习惯或普遍接受的规则和行为方式。产权最初只是一个法学范畴，且法学理论的产权概念强调所有权的绝对性、排他性和永续性，它所关注的是公平、合理及所有权的具体内容。产权理论系统提出是在20世纪30年代之后。将产权作为经济学的一个基本范畴纳入到经济分析之中源于科斯对"交易费用"的研究。科斯将交易费用、产权制度与资源配置有机地联系起来，从而产权成为经济学的一个基本范畴。与法学上的产权范畴相比，经济学上的产权的内涵和外延都要宽泛得多，而且它更强调产权制度与个人经济行为的内在联系，更重视产权制度对行为主体的激励和约束作用，即产权关注的重点是效率。

5.2.1　产权的含义

1) 产权的经济学定义

新制度经济学理论对产权含义的界定主要集中在以下三个方面：(1)内涵界定。他们认为，产权的本质不是人对物的关系，而是由于物而发生的人与人之间的行为关系。(2)外延界定。这种产权定义主要是从产权具体包括哪些权利，然后采取逐一列举的办法来对产权的含义进行界定。(3)从形成机制上界定。还有一种产权定义是从法律或国家强制性的层面上对产权进行刻画，认为产权是法律或国家(政府)强制性规定的人对物的权利，是一种形成人们对资产的权威的制度方式，产权不是一种静态的客体，而是一系列旨在保障人们对资产的排他性权威的规则，进而是维持资产有效运行的社会制度。

经济学中的产权，即一个人和其他人收益或者受损的权利，强调在经济活动中当事人的权益边界。法学中的产权,在英美法系中没有确切的含义,只有在权利客体确定时才得以明确。

2) 产权的法学含义

实际上,在我国,产权的使用比较混乱。(1) 产权即为所有权。《民法通则》第71条规定:"财产所有权是指所有人依法对自己的财产享有占有、使用、收益和处分的权利。"最高人民法院《关于贯彻执行〈中华人民共和国民法通则〉若干问题的意见(试行)》第86条规定:"非产权人在使用他人的财产上增添附属物,……"此处的产权等同于所有权。《物权法》也沿用了这一解释。又比如,原建设部1990年12月发布的《城市房屋产权产籍管理暂行办法》第2条规定:"本办法所称城市房屋产权,是指城市房屋的所有权。"(2) 用产权指代所有权和用益物权。如《国有资产产权界定和产权纠纷处理暂行办法》第2条的定义性规定:"产权系指财产所有权以及与财产所有权有关的经营权、使用权等财产权,不包括债权。"在这个办法中,财产还指土地使用权、知识产权等,其客体已不限于有体物。

下文将通过对产权与法学中相关概念进行比较研究,以明晰本文保障性住房产权概念。

(1) 产权与财产权

相比物权、债权,财产权是法律对财产利益的最高度概括,其内涵和外延无其他私法概念可比。从内容上看,财产权以所有权为核心,却又远远超出了所有权的范畴。它不仅包括物权,也包括债权、知识产权、继承权等私法上的权利,同时还包括具有财产性质的公物财产权等公法上的权利。从这个意义上讲,把产权概念理解为无所不包的财产权的概念是最保险的观点。但是,产权概念最初源于英美法系中财产权思想,而非大陆法系财产权的概念,因此,产权是否等于财产权,不能一概而论。

(2) 产权与物权、债权

物权是权利人依法对特定的物享有直接支配和排他的权利,包括自物权(所有权)、他物权(用益物权和担保物权)。《中华人民共和国物权法》规定,"物权的种类和内容,由法律规定"。可见,物权是法律赋予某人拥有某物的排他性权利。而产权则是物进入实际经济活动后所引发的人与人之间相互利益关系的权利界定,它是与物权有关的一组行为性权利。

自物权就是所有权,因此这里着重研究他物权。从客体上看,他物权的客体相对于所有权更灵活。物权的客体为物,且为有体物。但大陆法系国家普遍不认可债权作为他物权的客体,这与产权客体的广泛性仍是不可比的。另一方面,他物权被认为是所有权派生的,但在根本上,他物权仍遵循物权法定原则,是法律创设的结果。从这个意义上讲,与产权依据契约创设的自由性是根本不相容的,产权尚未

上升为法权。

就债权来说,在大陆法系下虽可以依据契约自由创设,但作为一种对人权,不具有对抗第三人的效力,因此排他性是极其有限的,同时其可交易性也受到严格的限制。显然,债权的外延远小于产权。

(3) 产权与所有权

所有权属大陆法系专有,因为在英美法系中,虽然存在"所有权"(ownership),但仅是一种抽象的存在,并不代表任何特别的意义,"所有权一词纯粹是作为占有的对应词……"。根据我国《民法通则》第71条的表述,"财产所有权是指所有人依法对自己的财产享有占有、使用、收益和处分的权利"。

从所有权的内涵看,所有权是主体对客体的绝对控制权、终极支配权,是超然于各种具体权利之上的"绝对所有权"。这决定了一物之上只能有一个所有权。产权则不同,它是对物的行为权,同一物上可以设定数个性质不同的产权。从外延看,所有权的出发点是物的归属,而产权的出发点是物的利用,所有权的外延小于产权。

综上,对于经济学和法学中"产权"的不同理解,归根结底是产权在英美法和大陆法两大法系中应用的差异。同时,由于法学和经济学分析问题的角度和价值等方面的不同,分别赋予了产权概念在法学和经济学中不同的内涵和外延。因此,产权概念的界定,要在特定的法律体系中把握,针对特定的有价值财产进行界定,很难有一个具有一般性的概念来概括。

对于保障性住房而言,学者们对传统模式下住房产权的研究是基于所有权,将房屋产权等同于房屋所有权。因此,有学者从权利束的角度阐释保障性住房产权。在PPP模式下,PPP本身的契约特征和房屋产权的物权特点糅杂在一起,致使本研究不能离开法学的产权单独谈经济学的产权,也不能离开经济学的产权单独谈法学的产权。因此,本文对产权的研究基于我国目前适用的法律体系,对于上升为法权的产权权能,遵从法定的原则;对于还未上升到法律层次的产权权能,根据保障性住房产权的实际需要而界定,并遵从契约精神。

鉴于此,本章所指PPP模式下大学毕业生低收入群体保障性住房的产权,不仅是指静态地对财产的归属关系(财产所有权),更重要的是指对财产的支配、转让和获取收益等动态的财产关系。同样沿用权利束的理念,将此类保障性住房产权归结为一组权利的集合,而这些权利并非全部上升到法律层次上,为了实现利益关系需要引入或创造新权能。

5.2.2 产权的形式

1) 私有产权

私有产权就是将资源的使用与转让以及收入的享用权界定给一个特定的人,

他可以将这些权利同其他附着了类似权利的物品相交换,也可以通过自由合约将这些权利让给其他人,他对这些权利的使用不应受到限制。

2) 共有产权

有些资产的产权具有这样的特点:某个人对一种资源行使权利时,并不排斥他人对该资产行使同样的权利,或者说,这种产权是共同享有的。这种产权被称为共有产权。

5.2.3 产权的明晰

产权的明晰性与产权的模糊性都是针对"权利束"的边界确定而言。所谓产权明晰,是指不同产权或不同主体的产权,其边界应尽量明确。任何产权形式,如果其所有者是确定的且是唯一的,那么这个产权就是明晰的。反之,如果其所有者不是唯一的,那么这个产权往往就是模糊的。以共有产权来看,所有者尽管是确定的(可能是100个人的,也可能是1 000个人的),但是并不是唯一的,这就容易产生产权的模糊性。产权模糊有两种情况:(1) 产权归属关系不清,即财产属于谁未明确界定或者未通过法律程序予以肯定;(2) 财产在使用过程中权利归属不清。当产权出现分割、分离与转让等情况时,财产各种权利主体变得不明确。产权的明晰性就是为了建立所有权、激励与经济行为的内在联系。科斯第三定理指出,在交易成本大于零的情况下,产权的清晰界定将有助于降低人们在交易过程中的成本,增进经济效率。

产权的明晰是有条件的:一是产权的明晰需要费用,有些产权由于界定和实施所有权的费用太高而不得不采用模糊产权的形式;二是产权的明晰需要一定的社会制度条件,如在我国由于市场经济体制的不完善和政府对经济的过多干预,乡镇企业在目前不得不采用模糊产权。同时,产权的明晰在任何时候都是相对的,没有绝对明晰的产权。

5.2.4 产权的功能

在新制度经济学家看来,产权最主要的功能是能够给产权主体以激励。

(1) 产权能够减少不确定性和降低交易费用,而不确定性的减少和交易费用的降低对产权主体显然具有激励作用。众所周知,人们在经济活动中进行选择所面临的环境总是复杂的和多变的,因而总是充满了不确定性。不确定性会给人们的选择或决策带来困难,使人们不能合理地进行预期,增加了人们经济交往过程中的交易费用。人们总是力求减少这种不确定性和降低交易费用。设计出一些约束人们经济活动的规则和制度,就是减少不确定性和降低交易费用的重要途径。产权制度属于重要的经济制度,无疑具有帮助人们形成合理的预期、减少不确定性和

降低交易费用的作用。

(2) 产权能将外部性内在化。外部性是指一个经济主体对另一个经济主体的影响不能通过市场来解决。这种影响分为正外部性和负外部性。当存在正外部性时,经济主体从事某种经济活动的私人收益小于社会收益,他就没有动力去从事这种有利于社会的活动。而之所以会存在这种正外部性,则是因为缺乏产权制度的保护。在确立了经济活动主体对资产的产权以后,情况就会完全不同。例如,万科公司自己出资买地建的保障房项目"万汇楼",它没有任何盈利,这就存在很大的正外部性。但是当一个开发商出资买地建商品房的时候,没有人有权要求它将商品房廉价出租给低收入群体,因此,在私有产权下私人收益小于社会收益的情况不再存在,也即外部性内在化了,这会给产权主体以巨大的激励。

基于PPP模式的大学毕业生低收入群体保障性住房,涉及相对单一的民间资本私有产权和政府公有产权,以共有产权形式结合在一起。不论是私有产权还是公有产权,都可以保护占有主体利益,规范、约束主体经济行为,促进资产高效利用。如果产权制度完善合理,那么经济活动的参加者就有财富创造的动力;如果产权制度不合理,主体对共有物就无法有效地加以使用和处置。

5.3 "青年公寓"共有产权构建

5.3.1 经济适用房的共有产权形式

现行《经济适用房住房管理办法》中将经济适用房产权定义为"有限产权"。对于"有限产权"这个概念,学者们有一定的争议。理论界有学者认为现有经济适用房"有限产权"在所有权类型的界定中应归于共有,因为依据《经济适用住房管理办法》中规定,"经济适用房购买5年内不得上市交易,因特殊原因需要转让的则由政府回购。购买5年以上可以上市交易,但购房人需要按照届时同地段普通商品住房与经济适用住房差价的一定比例向政府交纳土地收益等相关价款"。即政府有类似共有人的地位,对于经济适用房享有优先购买权及一定比例的收益分配权。但是也有学者认为"有限产权"不是共有权,而是在收益和处分上受到限制的单独所有权。理由在于:(1) 政府对于房屋并没有实施占有、使用、收益和处分的权能。(2) 按照共有规定,共有人对于共有物共同承担保管、修缮等管理费用,但是按照现有经济适用房有限产权规定,政府对经济适用房并不需要支付任何管理费用。(3) 在共有情形下,共有物的处分必须经过至少占有一半份额的共有人的同意,否则处分行为无效。但现在经济适用住房在居住一定年限后,可以不经政府同意而直接出售房屋。(4) 假设经济适用房是共有,则共有比例如何确定仍是一个问题。

本文赞同第二种观点,认为我国经济适用房实施的"有限产权"是受到限制的单独所有权,而并非共有权。从理论角度来理解,"有限产权"正是体现了一定的"社会性",即任何产权拥有者必须兼顾社会利益,在产权处置上负担相应义务。在经济适用房中约定政府针对购买一定年限的经济适用房具有优先购买权以及一定的收益分配权正是基于所有权具有一定社会性的考虑,对经济适用房产权拥有人在处分和收益权能上进行了一定的限制。因为经济适用房是由政府提供政策优惠,限定套型面积和销售价格,按照合理标准建设,面向城市低收入住房困难家庭供应,具有保障性质的政策性住房。因此从公共利益角度出发对于其处分收益权进行一定的限制是合理并且是必需的。另外,民法的发展史告诉我们,所有权经历了从原先不受限制到受限制,从只受法律限制,到受法律、公共利益限制,再到受当事人约定的限制的发展过程。这是所有权由个人绝对的所有观念被社会的所有观念所替代的体现,并没有从根本上影响经济适用房产权拥有人对经济适用房的支配权的行使。

综上所述,经济适用房有限产权与商品房的完全产权具有全面性不同,经济适用住房有限产权是在收益和处分上受到限制的所有权,是一种受到限制的单独所有权,而并非共有权。

经济适用房制度的初衷是解决低收入群体的住房问题,但是由于制度设计方面存在不足,在其运行过程中出现了一些问题,如政府寻租、进入退出机制不完善、保障房资源流失等。近年来,很多地方政府开始探索其他合理的住房保障模式来防止社会住房保障资源的严重流失。江苏省淮安市率先在全国推行经济适用房共有产权制度,通过政府直接资助接轨普通商品住房市场,来缓解城市中的低收入群体住房难问题。淮安具体模式是变划拨土地为出让土地建设普通商品房,以共有产权形式供应给城市中低收入住房困难家庭,房价参照商品房,执行政府指导价(一般低于同期、同区段商品房价格5%~10%),购房人实际出资与房价总额的差价显化为政府出资,购房人和政府按出资比例构成共有产权。本章将这种模式称为淮安模式。

经济适用房共有产权制度内在本质体现了经济适用房保障性与商品性的双重特性。经济适用房共有产权与其他房屋产权一样,在所有权法律关系上主要体现为房屋所有人对房屋的占有、使用、收益和处分的权利,但这些权利又可以在内部约定不同的权能组合形式。共有产权房屋保障性主要体现在,中低收入家庭在符合政府提供补贴标准的前提下,没有能力购买住房全部产权时,尽家庭所能出资购买住房的部分产权,而获得住房完全的占有权和使用权;政府通过补贴或者其他形式的出资获得住房的另一部分产权,但向中低收入家庭以无偿或低租金出租等方式让渡占用权和使用权。但当受助家庭步入中高收入阶段、不符合补贴标准时,政府依法和根据合同规定逐步让原受资助者退出保障体制,具体手段如行使部分收益权和处分权,或向对方转让产权收回投资,或按市场价格向对方收取所拥有部分产权的租金,或收购原受保障者的部分产权,收回房屋的全部占用权和使用权,或依据所拥有产权享有的权利依法处置共有产权房屋,在市场公开出售,双方按产权比例分配收益。

该制度确实在一定程度上解决了中低收入家庭的住房问题,但并不适合推广用于解决大学毕业生低收入群体的住房问题。因为:(1)该制度保障对象为家庭;(2)淮安市的房价与大城市相比,属于较低水平,在大城市即使是首付三成,被保障群体仍负担不起。但淮安模式提供了一种思路,即可以通过产权共有的形式来建设大学毕业生低收入群体保障性住房。

5.3.2 "青年公寓"共有产权构建的法律基础

民法上的所有权分为两类,一为单独所有权,另一个为共有。单独所有权指所有权为一人所有,是所有权的常态,即所有权人在法律规定的范围内自由使用、收益、处分所有物。共有则是相对于单独所有而言,为所有权的特殊形态。共有所有权是对所有权予以量的分割而形成的制度,是数人对于同一物享有同一所有权,而非数人对同一物分别享有所有权。在共有关系中,共有的主体称为共有人,共有的客体称为共有物,共有的内容即各个共有人在共有物上所共同享有的所有权即为共有权。但根据物权法一物一权原则可知,一物之上不得存在多个所有权,所以共有并不是数人对同一物各自享有完整的所有权,而只是数人对同一物共同享有同一完整的所有权。

我国《民法通则》第78条规定:"财产可以由两个以上的公民、法人共有。共有分为按份共有和共同共有。按份共有人按照各自的份额,对共有财产分享权利、分担义务。"《中华人民共和国物权法》第八章"共有"规定:"不动产或者动产可以由两个以上单位、个人共有。共有包括按份共有和共同共有。按份共有人对共有的不动产或者动产按照其份额享有所有权。"因此,按照民法"一物一权"的原则,一处房产,法律只承认一个所有权,但一个所有权可由一个民事主体所独有,也可以由两个或两个以上的民事主体所共有,这为共有产权制度奠定了法律基础。

以上规定表明,政府授权的国有房产管理机构和民间资本作为法人可以成为保障性住房的权利人,并按投资比例成为住房的按份共有人,享有相应权利,承担相应义务。

5.3.3 "青年公寓"的共有产权形式

产权共有属于一种产权分配的形式,可以用在任何一种住房形式上。在我国,保障性住房也有多种形式,但本质上均是限定保障对象的起保障作用的住房。因此,"青年公寓"是实行合理租金标准,限定保障对象为大学毕业生低收入群体,保障期限为新就业阶段的 3～5 年,由政府和民间资本共有产权的公共租赁住房。"青年公寓"与共有产权经济适用房虽然产权类别相同,但在产权主体、供应对象、土地性质和经营方式等方面仍存在较大区别,具体见表 5-1。

表 5-1 "青年公寓"与共有产权经济适用房比较

	产权主体	供应对象	土地性质	建设模式	经营方式
"青年公寓"	政府、民间资本	大学毕业生低收入群体	划拨	PPP	租赁
共有产权经济适用房	政府、住户	城市中低收入住房困难家庭	出让	—	出售、租赁

本文对产权的研究基于我国目前适用的法律体系,对于上升为法权的产权权能,遵从法定的原则;对于还未上升到法律层次的产权权能,根据保障性住房产权的实际需要而界定,并遵从契约精神。

5.3.4 算例——共有产权形式下的项目财务可行性分析

1) 项目概况

项目的建设应该达到一定的规模,规模太小的话,无法达到经济效益,规模太大,建设管理的难度会增大,管理成本会大幅增加,因此建设规模应该适当。本章节以南京岱山保障房片区某公共租赁住房及周边地块为例进行收益分析。

项目占地 6.35 万 m^2,容积率 3.5,总建筑面积 22.225 万 m^2。其中公共租赁住房占地 3.175 万 m^2,建筑面积约 11.11 万 m^2,土地由政府划拨;商住用地 3.175 万 m^2,建筑面积约 11.11 万 m^2,商业开发面积约占该地块开发面积的 30%,约为 3.3 万 m^2,商住地块的出让楼面地价拟为 3 000 元/m^2。见图 5-1。

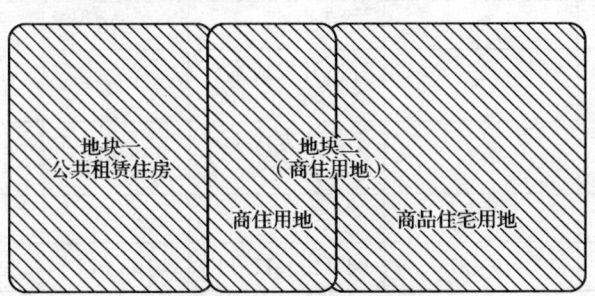

图 5-1 项目示意图

项目参与主体为政府、民间资本、开发商。公共租赁住房由政府和民间资本以

PPP 模式进行开发,产权为双方共有,民间资本负责公共租赁住房的建设运营,政府提供公租房划拨用地,以及相关优惠政策;开发商负责出让地块的开发。由于商业地块的价值最大,为平衡项目三个参与主体的利益,可由三者协商分配。

周边住宅市场月租金设为 35 元/m^2。若暂定公共租赁住房租金标准为市场租金的 70%,则为 25 元/m^2。公共租赁住房地块规划有停车位 988 个,小区完全人车分流,停车场可对外出租获取收益。物业管理费的标准为 0.7 元/(m^2·月),停车位租金 300 元/(月·个)。运营成本为运营收入的 30%。

2) 民间资本投资收益分析

项目开发成本明细如表 5-2 所示。

表 5-2 项目开发成本分析

	公租房地块开发成本(元/m^2)	开发成本详细(元/m^2)	商住地块开发成本(元/m^2)	开发成本详细(元/m^2)
1. 土地费用	130		3 120	
1.1 出让金			3 000	3 000(地块出让金为3.33亿元)
1.2 土地拆迁安置费	130	130(30 万元/亩)		
1.3 契税			120	3.33×4%/建筑面积
2. 前期工程费(含市政公共配套)	330	200(市政配套)+130=330	330	200(市政配套)+130=330
3. 建安工程费	2 100	1 600+500(简装)=2 100	3 000	2 000+1 000(精装修)占房屋售价的 25%
4. 基础设施费	100	100	100	100
5. 公共基础设施配套费	300	300	300	300
6. 不可预见费	89		206	
7. 开发期税费(开发商承担)	700	占开发成本的 10%	1 200	占房屋售价的 10%
8. 运营管理费(财务、管理、销售费用)	700	占开发成本的 10%	1 200	占房屋售价的 10%
单方成本合计	4 449		9 456	
总成本(万元)	49 437	4 449×11.11	105 074	9 456×11.11

下面将根据公共租赁住房的开发成本、商业配套的不同,分 6 种情况对公共租赁住房的运营收益进行分析,见表 5-3。

表5-3 运营情况分类

	成本状况	商业配套状况(商业开发中移交民间资本的部分)	税前年净收入(万元)	税前静态投资回收期(年)	税前静态年收益率
1	单方建筑面积成本：4 449元/m²	无	2 647.4	18.7	5.36%
2		3.3万 m²×25%=8 250 m²,租金4元/(m²·天),物业管理费:4元/(m²·月)	3 349.8	14.8	6.78%
3	单方建筑面积成本：2 989元/m²(土地拆迁安置费、前期工程费、公共配套设施费由开发商承担)	无	2 647.4	12.5	7.97%
4		3.3万 m²×25%=8 250 m²,租金4元/(m²·天),物业管理费:4元/(m²·月)	3 349.8	9.9	10.09%
5	单方建筑面积成本：2 569元/m²(在情况3、4下进行税费减免)	无	2 647.4	10.5	9.27%
6		3.3万 m²×25%=8 250 m²,租金4元/(m²·天),物业管理费:4元/(m²·月)	3 349.8	8.8	11.73%

测算结果显示,尽量控制开发成本,加上部分商业配套,以及运营收入的税收减免,能够使公共租赁住房的投资收益率达到10%以上,静态投资回收期在10年以内。

可以说,按照正常的开发运营路径,民间资本的投资回收情况并不是十分理想,由于其逐利性,让他们放弃商品住宅的高额回报,来投资公共租赁住房并且等上10年才能回收投资成本,这是不现实的。

在上表的基础之上,本算例分析了影响民间资本投资收益的因素,包括开发成本、房租收入税、公租房租金标准(包含租金梯度、租金水平)、商业配套的出租率、商业配套的租金等。进一步分析,若在相关税收减免条件下,公租房开发成本控制做到最优,影响公共租赁住房收益情况的因素为公租房租金标准(包含租金梯度、租金水平)、商业配套的出租率、商业配套的租金。而这三个因素中,商业配套的出租率、商业配套的租金和公租房的租金是正相关的,它们与项目的区位有直接的关系。

基于以上分析,在情况6下对公共租赁住房增加以下条件:公租房实行定期梯度加租,退出期限为5年,5年内每年平均月租金为30元/m²,入住率为100%;25%配套商业部分的租金由于周边人流物流的增加而水涨船高,租金水平达到8元/(m²·天),商业物业管理费上涨为7元/(m²·月),而停车位租金没有上涨。

在以上条件下,项目的运营情况如表5-4所示。

表 5-4　民间资本运营分析

年税前净收入(万元)	4 844.4
年税后净收入(万元)	2 522.2
总投资(万元)	28 548.0
税后投资收益率	8.83%
税前投资收益率	16.97%
税前静态投资回收期(年)	5.9
税后静态投资回收期(年)	11.3
税前动态投资回收期(年)	6.7
税后动态投资回收期(年)	
折现率	3.5%

很明显,这种情况下,公共租赁住房的运营情况非常可观。税前静态投资回收期仅为5.9年,而税前动态投资回收期仅为6.7年。

经过以上分析可见,通过政府的合理引导,政策优惠,税费减免,灵活的开发模式,如将公共租赁住房的一部分开发成本通过土地出让模式创新转嫁给开发商,公共租赁住房对民间资本的吸引力还是非常大的。

3) 政府投资收益分析

下面将对政府在公共租赁住房建设运营过程中的投资收益情况进行分析。以下的讨论是基于上文中民间资本的最低开发成本2 569元/m²情况下进行的。

下面将根据政府投入成本的不同,分4种情况对政府在项目运营中的收益情况进行分析(见表5-5)。

表 5-5　政府参与公共租赁住房建设模式分类

政府承担转嫁的所有开发成本	政府不承担减免的开发税费成本
情况A:项目区位一般,政府出售其持有的25%商业	情况A′:项目区位一般,政府出售其持有的25%商业
情况B:项目区位一般,政府暂不出售商业	情况B′:项目区位一般,政府暂不出售商业
情况C:项目区位较好,政府出售其持有的25%商业	情况C′:项目区位较好,政府出售其持有的25%商业
情况D:项目区位较好,政府暂不出售商业	情况D′:项目区位较好,政府暂不出售商业

(1) 政府承担"青年公寓"部分开发成本

由于条件的限制,公共租赁住房开发建设的以下成本无法转嫁给商住地块的开发商:土地拆迁安置费用、前期工程费和公共配套费,这三项费用全由政府承担,加上减免的税费,政府承担的成本为1 880元/m²,总成本为20 887万元。

项目的区位条件分为两种情况:(1)区位条件一般;(2)区位条件较好。项目的区位条件不同,产生的经济收益不一样。

假设在民间资本投资成本回收完成后,政府再让民间资本获益两年,之后政府有两种选择:一、政府出售一部分商业,然后将项目收益按照政府与民间资本6∶4的比例进行分配,直至民间资本获得100%的净现值投资收益,之后的收益完全由政府享有;二、政府暂不出售商业,将项目收益按照政府与民间资本6∶4的比例进行分配,直至民间资本获得100%的净现值投资收益,之后的收益完全由政府享有。

基于以上分析,可以按照公共租赁住房的区位条件,以及政府是否出售其持有的商业配套,分4种情况进行政府投资收益分析,及民间资本的收益分析。四种情况下有一共同条件:公共租赁住房实行梯度租金。

情况A:区位一般,政府出售部分持有商业。

从第10[①]年开始,民间资本继续获得全部的运营收益至第12年,在第13年,由于商业配套增值,在政府出售持有商业后,政府与民间资本按照6∶4的比例进行收益分配。

情况B:区位一般,政府暂不出售持有商业。

从第11年开始,民间资本继续获得全部的项目运营收益至第12年。从第13年开始,政府与民间资本按照6∶4的比例分配运营收益。

情况C:区位较好,政府出售部分持有商业。

在第10年末,由于商业配套增值,其售价由原来的15 000元/m^2上涨100%到30 000元/m^2,政府持有的商业面积为8 250 m^2,出售25%的面积2 063 m^2,收入6 189万元。那么剩余商业面积为6 187 m^2。

情况D:区位条件较好,政府暂不出售商业

从第11年开始,政府与民间资本按照6∶4的比例分配运营收益。

表5-6为4种情况下政府的投资收益比较。

表5-6 政府投资回收期比较

	税前投资收益率	税后投资收益率	税前静态投资回收期（年）	税后静态投资回收期（年）
情况A	9.65%	4.93%	20.1	27.7
情况B	10.2%	5.19%	21.8	31.3
情况C	12.69%	6.58%	15.5	20.7
情况D	13.9%	7.24%	17.2	23.8

① 时间的选取为民间资本的动态投资回收期。

在政府承担部分公租房成本的前提下,如果公租房区位条件一般,政府出售其持有的部分商业,能够加快政府投资的回收,初步测算为20年;如果公租房的区位条件较好,政府出售其持有的部分商业,能够加快政府投资的回收,初步测算为16年。在这之后,政府将拥有公共租赁住房的全部产权。

因此,建议在民间资本投资回收之后,让民间资本获益两年,之后,政府出售其持有的部分商业,能够缩短政府投资回收期。

(2) 政府仅承担减免的开发期间税费成本

公共租赁住房部分开发成本能够通过商住地块的出让设定调价,转嫁给开发商。如果条件允许,公共租赁住房开发建设的以下成本可以转嫁给商住地块的开发商:土地拆迁安置费用、前期工程费和公共配套费,政府承担减免的税费,则政府承担的成本为1 120元/m²,总成本为12 443万元。

类似上文的分析,可以按照项目的区位条件,以及政府是否出售其持有的商业配套分4种情况进行政府投资收益分析,及民间资本的投资收益分析。同样的条件,公共租赁住房实行梯度租金。

4种情况下的政府投资收益如表5-7所示。

表5-7 政府投资收益分析

	税前投资收益率	税后投资收益率	税前静态投资回收期(年)	税后静态投资回收期(年)
情况A'	16.20%	8.28%	15.9	19.6
情况B'	17.05%	8.71%	17.8	23.5
情况C'	21.31%	11.04%	12.4	14.6
情况D'	23.26%	12.16%	14.3	18.2

如果项目区位条件较好,政府选择出售部分持有的商业,从开始获益到收回全部成本只需要3年时间,即情况C'。即使项目区位条件一般,并且政府不出售持有的商业,其最长的回收时间也仅为6年,即情况B'。

(3) 综合比较

上文中,根据政府承担的成本的不同分4种情况进行分析,可以清晰地看出,站在政府的立场,政府承担的成本越低,其收益情况越可观,投资回收期越短,如果政府再选择在运营期间出售一部分其持有的商业,收益和回收期将很理想;而对民间资本来说,政府减免民间资本开发期间的税费,其收益状况有很大的提升;而对于租住公租房的住户来说,能够享受一个持续较低的房租支出,亦是乐于接受的。

因此建议政府利用土地出让政策的灵活变通,转嫁公租房的部分开发成本,在选址上尽量选择较好的区位给公共租赁住房,既有利于引进民间资本,又有利于政府投资的回收。

4）结论

综上所述，通过对民间资本和政府的收益分析，可以看出，如果能够实现灵活的政策变通及机制设计，PPP模式下共有产权性质的公共租赁住房在经济上是完全可行的。而且按照上述30元/m² 的租金标准，一套20 m² 的公共租赁住房每月只需600元的租金，这虽然比目前南京市场平均租金的70%略高，但还是在一个可接受的程度范围内。若入住者能通过公积金转付部分房租，那每月需要入住者负担的租金将更少。

公共租赁住房建设迫切地需要引入民间资金，创新融资模式。本文通过借鉴发达国家和地区的公共租赁住房融资建设经验，在PPP模式的基础上，以低收入、未婚的大学毕业生群体为保障对象，构建了共有产权形式下的公共租赁住房融资建设模式，并以南京岱山某公共租赁住房项目为例进行了收益测算，测算结果表明此运作模式达到了"三方（民间资本、政府、入住者）满意"的结果，具有自身造血功能，可以实现可持续运营。笔者希望利用该模式形成的示范作用，给面向家庭的公共租赁住房以启示和借鉴，进而推动全国公共租赁住房的建设。

5.4 "青年公寓"控制权配置

狭义所有权，又称归属权，指产权主体把客体当作自己的专有物，排斥别人随意加以侵夺的权能和作用。基于不完全契约理论的视角，控制权是产权的一项重要权能，而所有权又是控制权的基础，所有权的配置与控制权的配置是一致的。而从契约视角来看，影响PPP效率的关键是控制权配置。

本节将对PPP模式下"青年公寓"的控制权配置进行研究。

5.4.1 "青年公寓"控制权含义

1）"青年公寓"的PPP模式

在PPP模式下，民间资本进入"青年公寓"领域，意味着一种新的投资主体、新的分配理念和新的资源配置方式。而在不同的PPP模式下，控制权的配置亦不同。

（1）PPP基本运行方式

私人投资者参与投资的方式有股权参与、经营权参与、建立公私合营公司和民间资本通过特许权等方式参与项目建设。就PPP模式来说，适合我国的运行方式如图5-2所示。

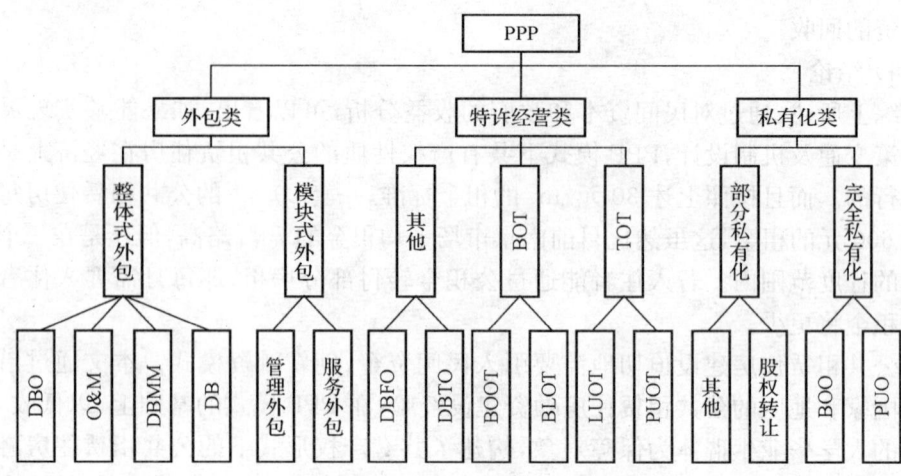

图 5-2　PPP 运行方式

"青年公寓"兼具福利性和经济性,其需求量大、收益稳定、风险低,同时私人投资者可以享受相应的政策优惠和扶持。因此,鉴于 PPP 模式的运行方式,其在"青年公寓"的应用不仅适用于新建项目,还适用于既有项目;不仅是建设和运营方面,在融资及物业管理方面也适用。由此,PPP 模式在"青年公寓"中的参与方式包括新建项目的 PPP 模式、已有项目的 PPP 模式及改扩建维护项目的 PPP 模式。

从保障性住房的类型来看,"青年公寓"的收益性明显高于廉租房,因此 PPP 模式在"青年公寓"领域的应用并不像廉租房那样单一,相反,由于"青年公寓"获利空间相对较大,在 PPP 模式的适用范围上更广泛。具体如表 5-8 所示。

表 5-8　"青年公寓"PPP 模式

保障房类型	项目类型	民间资本参建阶段	PPP 模式
"青年公寓"	新建项目	建设	设计—建造—转移
			建造—转移
		建设—运营	建造—运营—转移
			建设—转移—运营
			建设—运营—拥有—转移
			建设—拥有—运营
	维护项目	运营	转移—运营—转移
			租赁—运营—转移
	改、扩建项目	更新—运营	购买—转移—更新—运营—转移
			租赁—更新—运营—转移

(2) 所有权归属基本范式

尽管"青年公寓"的PPP运行模式有很多种,但根据不同阶段所有权的归属不同,这些模式都可归入三种基本范式,其主要特征如下:

基本范式一:政府在全寿命期内拥有项目的所有权;

基本范式二:民间资本在特许经营期内拥有项目的所有权;

基本范式三:民间资本在特许经营期内和特许经营期后均拥有项目的所有权。

鉴于此,特许经营权的设置成为"青年公寓"的基本特点之一。而在特许经营期内或特许经营期后是否拥有所有权,将对公私双方产生不同的影响。对政府来说,拥有所有权在一定程度上限制了民间资本处置资产的自由性,进而影响民间资本的投资热情,但这样能保障项目资产的安全和公共利益的实现。对民间资本来说,拥有项目所有权可以在契约规定的范围内进行资产抵押、处置等活动,以筹集项目所需资金,实现价值的增值。但将过多的所有权授予民间资本,会增加政府的监督成本。

2)"青年公寓"的控制权

(1) 企业控制权

控制权最早来源于企业控制权或公司控制权。公司控制权"承载了极其丰富的公司制度规范内容以及公司相关利益关系的安排和调整,体现了公司决策的形成过程及决策效力的确定"。国内外主要从经济学和法学的角度分析和探讨企业控制权的内涵。

从经济学角度的解释主要有3种观点。伯利和米恩斯把控制权定义为选举董事会或多数董事的权利。控制权的另一个经典解释出自产权理论的"不完全合约理论"中的"剩余控制权"和"特定控制权",该理论将剩余控制权直接定义为企业的所有权。Loss、周其仁从决策经营的角度解释了控制权,认为控制权是指"对一公司的业务经营及决策有主导之权力",指出企业控制权是排他性利用企业资产的权利,特别是利用企业资产从事投资和市场运营的决策权。

法学方面,美国1933年的《证券法》和1934年的《证券交易法》对控制权的定义是直接或间接地具有指挥或引导某人的管理或政策方向的权力,而不是通过具有表决权的证券所有、合同或其他方式。我国法学界对控制权概念的界定主要有:殷召良认为"控制权是对公司所有可供支配和利用的资源的控制和管理的权力",但同时其又认为"公司控制权并非法律意义上的权利";杨华把控制权定义为"通过占用公司较大比例的股份,依法享有对公司决策经营、日常管理以及财务政策等方面的权利,即对公司的发展与利益形成机制、分配机制的决定权"。对于控制权的法学定义,其他学者也进行了研究。

关于控制权的理解可以是多角度的。但一般来讲,公司控制权内涵具备以下

特征:

第一,从来源上看,企业控制权是制度赋予的。企业控制权是拥有企业的投资人的,他们通过契约方式将自身的权利让渡给企业的参与主体,目的是为了实现合作收益达到最大化。

第二,在形式上看,企业控制权是以资源为载体的。这些资源通常包括物质资源和人力资源。从某种意义上,我们可以把企业控制权看作是企业参与主体投入企业的物质资源和人力资源的控制权集合。

第三,在性质上看,企业控制权体现为所有权的集合。企业控制权是企业参与主体各方利益冲突、均衡之后的产物,它表现出对资源的占有、分配和处分的权利;同时它也表现为企业内部的管理权、表决权、经营权等。一般物质资本构成企业的实质控制权,即表现为在企业中对企业的经营决策权,也称为企业代理人的控制权。另一方面,企业存在形式上控制权,即企业股东对企业的重大事项经营决策权,但形式上的控制权未必是企业的实质控制权,实质控制权则来源于经营者对信息的掌握。对信息充分掌握而行使决策权,通常称为剩余控制权,即在契约规定以外的决策权。

(2)"青年公寓"控制权

在PPP项目的全生命周期中,对于PPP项目控制的状态和运动方式不尽相同。按照项目建设程序,公共项目公私合作的全过程可分为3个基本阶段:合作谈判阶段、合作建设阶段和合作运营阶段。政府部门是公众利益的代表,同时又是PPP项目的发起人。政府部门通过政府采购的形式,与企业投资人、政府代表主体组建项目法人。项目法人是独立的经济实体,要承担项目风险,产生了PPP项目的实质控制权。PPP项目运行方式是在项目公司的实际控制权下完成合作、建设、经营和管理,如同整个PPP项目的一般结构,形如蝴蝶,称之为PPP项目的蝶形结构(见图5-3),PPP项目结构构成了PPP项目控制权结构的基础。

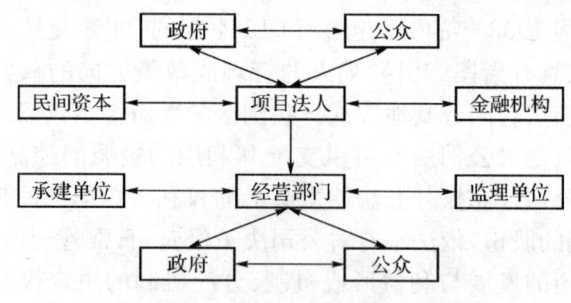

图5-3 PPP项目的蝶形结构

基于以上对PPP项目结构的分析,我们可以从企业控制权的角度来解释PPP

项目控制权。

第一,PPP项目控制权是企业控制权在项目上的具体表现形式。由于PPP项目的参与主体需要有政府部门、社会公众和私营部门,政府部门通过政府采购的形式,与社会投资人、政府代表主体组建项目法人并成立项目公司;政府部门和私营部门通过建立契约完成PPP项目控制权的分配和转移。项目法人是独立的经济实体,要承担项目风险,实现对PPP项目的实质控制权。PPP项目依托项目法人组建的项目公司来完成整个项目的设计、建设、运营,伴随着PPP项目公司的成立,PPP项目控制权也随之产生。

第二,PPP项目控制权是建立在资源的基础上。PPP项目建设及运营需要各种自然资源、社会经济资源和技术资源。而政府部门和私营部门在一定程度上对PPP项目行使的控制权就表现在其投入到PPP项目的资源上。同时这一资源明确在契约中,形成了PPP项目法人的实质控制权,其主要包括项目资本所有权、公司经营决策权和管理权等。在项目契约规定以外形成的剩余控制权主要有信息拥有权、信息分配权和剩余决策权、分配权等,它是PPP项目合作的主要影响因素。

第三,PPP项目控制权以效益为导向,控制主体是"责权利"均衡的产物。PPP项目实质控制权和剩余控制权在建设期和经营期表现程度不同,因而其影响公私合作效率也不同。实质控制权由于契约明晰,属于静态控制权;剩余控制权在契约约定以外,则属于动态控制权。控制权影响程度在建设期较小,经营期时影响则较大。

基于以上对PPP项目控制权的分析,我们可以把"青年公寓"控制权定义为:政府和民间资本为实现效益最大化而投入"青年公寓"的资源的控制权集合。它包含了3层含义:"青年公寓"控制权主体是政府和民间资本;控制权的目标分为两层:公共利益——为大学毕业生低收入群体提供可接受租金标准的租赁性保障性住房,私人利益——民间资本获取经济利益;控制权结构主要包括项目的资源的实质控制权和在项目经营期间信息充分条件下的剩余控制权,即项目公司的经营决策权、经营管理权和收益分配权。

5.4.2 "青年公寓"控制权配置

1) 不完全契约理论对PPP模式下控制权分配问题的研究

通常的公私合作模式是政府将公共产品和服务外包给私人部门,但仍然保留对公共品的所有权。这种模式所涉及的焦点问题就是公共产品和服务的所有权分配问题。以Shleifer为代表的一些经济学家对"公共产品和服务的所有权只能由公共部门拥有"的观点提出了质疑,认为即便是在考虑社会目标的前提下,公共产品和服务的所有权也未必只能由公共部门拥有,私人部门也可以拥有公共产品的所有权。

Grossman 和 Hart 以及 Hart 和 Moore 的两篇奠基性论文通过建立数学模型,正式提出了不完全契约理论(即 GHM 理论)。GHM 理论研究的是私人部门与私人部门之间合作生产私人物品时的控制权配置问题,它首次系统地从控制权分配的角度阐述了同一类型组织之间,即私人部门与私人部门之间的控制权配置问题,但也为研究公共部门和私人部门采用 PPP 模式合作生产公共品时的控制权分配问题提供了最基本的理论基础。

GHM 理论后来又被应用于公共部门采购和公共事业私有化问题。在不完全契约理论的基础上,Hart、Shleifer 和 Vishny 在一个不完全契约框架中讨论了公共部门的最佳边界问题,并提出了一个有关公共部门所有和私人部门承包问题的理论模型(即 HSV 模型)。该模型从不完全契约和产权理论的视角,分析了公共部门所有和私人部门承包两种情况对产品和服务成本及质量改进投入的不同影响。HSV 理论首次从理论上将不同的合作方类型引入到模型中,指出合作类型同样会对控制权的配置产生影响,但是 HSV 理论并没有指出产出品的属性对控制权配置的影响。因而不完全适用于研究公共部门和私人部门采用 PPP 合作模式合作生产公共品时的控制权配置问题。

由于 HSV 理论存在以上不足,随后 Besley 和 Ghatak(2000)用 GHM 的不完全契约思想研究了控制权在合作生产纯公共品的公私部门之间的分配问题。然而,BG 理论仅仅考虑了产出为纯公共品的情况,而现实中却大量存在着准公共品。因此,有必要放松产品属性假设,将研究扩展到私人部门和公共部门合作生产准公共品的情况,这将更加接近于 PPP 合作模式的现实特征。Francesconi 和 Muthoo(2006)在这方面进行了尝试,他们用不完全契约理论研究了当产品为准公共品时公私部门之间的控制权分配问题。经过数学推导,Francesconi 和 Muthoo 认为最优的控制权配置方式应该由投资重要性、双方对产品价值的评价以及产品的公共化程度三方面因素共同决定。

一、当产品的公共化程度很高的时候,控制权应该全部分配给对产品评价较高的一方,而不管投资重要性如何;而当产品的公共化程度很低时,控制权则应该全部分配给主要的投资者,而不考虑双方的产品评价因素。

二、在某些情况下(如私人部门投资与公共部门投资的比值大于某特定数值),即便产品的公共化程度比较高,也应该将控制权完全分配给投资重要的一方。

三、如果双方的投资同等重要,那么当产品公共化程度较低时,控制权就应该在双方之间进行分配,且对产品评价较低的一方应获得较大份额的控制权;当产品公共化程度处于中等水平时,控制权则应该全部分配给对产品评价较低的一方。

FM 理论是在充分整合了 GHM、HSV 及 BG 理论等相关研究成果的基础上研究公私部门合作生产准公共品时控制权配置问题的理论。这一理论不仅考虑了合作方的不同类型,同时也考虑了产出品的准公共品属性,得出了在不同情况下应该采取不同控制权配置方案的结论。尽管如此,FM 研究并没有考虑合作关系长期性这一因素(即 PPP 的第三大特征)对公私部门合作生产公共品时控制权配置的影响。表 5-9 对上述研究进行了比较。

表 5-9 控制权配置方式及其影响因素

相关理论	合作类型	产品公共化程度	投资重要性	双方对产品的评价	控制权分配方式
GHM	私人部门与私人部门	私人产品	✓	—	投资重要的一方拥有控制权
BG	公共部门与私人部门	纯公共品	—	✓	对产品评价较高的一方拥有控制权
FM	公共部门与私人部门	准公共品	✓	✓	根据投资重要性、公共化程度和产品评价水平等因素动态配置控制权

结合"青年公寓"项目的特点,本研究认为,合作类型、产品属性以及合作关系的长期性是"青年公寓"PPP 模式需要考虑的关键因素,也是影响契约选择的重要因素。因此,"青年公寓"PPP 模式的控制权配置问题的深入研究,应该同时考虑产品的公共化程度、产品价值的可度量程度、投资重要性、双方对产品的评价、关系的长期性等因素。

2)关系契约视角下"青年公寓"控制权配置

(1)基本思路

就"青年公寓"而言,其公私双方投资的重要性是不同的,且公共部门投资的重要性要大于私人部门。根据 FM 理论,最佳控制权配置取决于产品的公共化程度。考虑到"青年公寓"的准公共物品属性,最佳控制权的配置存在两种可能:一是对产品评价高的一方拥有控制权(认为其公共化程度很高时成立);二是投资重要的一方拥有控制权(如私人部门投资与公共部门投资的比值大于某特定数值,即便产品的公共化程度比较高,也应该将控制权完全分配给投资重要的一方)。显然,在"青年公寓"PPP 项目中,无论以哪种可能的方式配置控制权,都倾向于将其分配给政府部门。因此,除了契约中事前可以规定的具体权利之外,剩余控制权应分配给公共部门,这表明了政府拥有所有权的必要性。

但是,PPP 背景下的控制权配置问题应该考虑关系契约的影响,其最佳配置方式应该产生于正式契约与关系契约的平衡点上。过度的政府干预而将全部控制权赋予任何一方都是无效率的。在民间资本存在自利性投入的情况下,将控制权全部分配给对项目评价较高的一方也不再是最佳的分配方案,应将控制权按一定程序较多地分配给对项目评价高的一方。

那么,在特许经营期内,民间资本可以拥有项目的所有权(部分或全部),这是对项目服务质量有重要影响的因素。更重要的是,为加快"青年公寓"的建设,在特许经营期内将所有权授予民间资本是一项重要的激励措施。当资产所有权的激励效应大于风险成本时,所有权归民间资本为最优。为此,政府应尽力降低民间资本的风险,尤其是由政府引起的非系统风险,以此来激励民间资本进行投资。

因此,从投资激励的角度,政府应将部分所有权授予民间资本,所有权比例的配置为0~1之间的某一比例。在政府和民间资本都对"青年公寓"项目进行投资的情况下,并就所有权分配进行讨价还价时,可根据纳什均衡解,双方将以5∶5的比例进行所有权的分配。从而双方通过合作决策来运作和管理项目,而不仅限于双方投资比例的大小来决定所有权的大小。不可否认的是,依据投资比例来界定资产所有权的范围是一种行之有效的方法。

(2) 全生命周期视角下控制权配置

"青年公寓"可采用的PPP模式有多种选择,但处于减轻政府财政支出的视角,本研究建议目前采用建设-运营-转移方式。那么从项目全生命周期视角来看,"青年公寓"项目主要分为以下三个主要阶段(见图5-4):

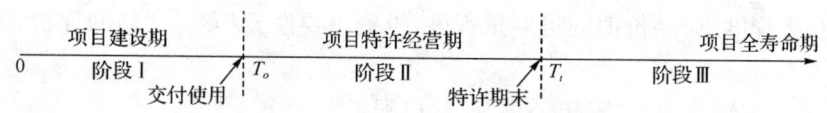

图5-4 "青年公寓"全生命周期

在此过程中存在两个关键的时间节点:交付使用时点(T_o)和特许期末(T_t)。T_o和T_t将住房全寿命周期分为三个阶段:

阶段Ⅰ($0 \sim T_o$):此阶段仅涉及政府和民间资本两个产权主体。民间资本在此阶段介入,形成政府与私人投资者之间的按份共有关系,控制权将在两者之间按照一定的比例进行分配。

阶段Ⅱ($T_o \sim T_t$):此阶段项目交由项目公司进行运营管理收益,项目公司(民间资本)享有绝大部分的控制权,政府的控制权主要体现在经营决策权上、对项目公司(民间资本)的限制上。

阶段Ⅲ($T_t \sim T_n$):此阶段政府收回项目的完全控制权,其有两种选择,由政府组建相应的项目公司独自管理"青年公寓",或者政府将其拥有的"青年公寓"等优质资产打包上市,实行社会化管理,与社会投资者分享"青年公寓"控制权。

(3) 控制权配置层次

"青年公寓"建设是围绕政府与民间资本签订的 PPP 项目合作契约而展开的。政府与民间资本通过合同契约,实现各自控制权的运动与渗透,契约是"青年公寓"项目控制权的载体形式。政府通过契约将项目控制权转移给 PPP 项目公司,而自己保留所有权和监管权。项目公司拥有项目的实质控制权和剩余控制权。项目公司又通过勘察设计合同、施工合同将"青年公寓"的建设权转移给承包单位,自己保留项目管理权。PPP 项目的剩余控制权则由政府和民间资本组建的 PPP 项目公司所有。根据控制权的作用方式和运动方式,可以将 PPP 项目控制权分为 3 个层次,见表 5 - 10。

表 5 - 10 "青年公寓"控制权层次

层次	参与方	作用方式	控制途径
行政、监管层	公众、政府	制度赋予	舆论、审批、监督
契约管理层	政府、项目公司	政府转移控制权	合同管理
建设经营管理层	项目公司及各承包单位	项目公司转移控制权	合同管理

正是不同控制权的赋予,形成了"青年公寓"公私合作的运行机制。与此同时,也正是由于不同主体的控制权的分配,形成了在公私合作中各主体应承担的责任与义务。

5.4.3 "青年公寓"控制权配置对合作效率的影响

出于对"青年公寓"社会保障功能的维护,政府理应获得项目的主导地位,但这样并不一定是最有效率的控制权配置模式。BG 模型由于其运用条件贴近现实情况,在 PPP 控制权研究领域运用最为成熟,本章节将在借鉴 BG 模型的基础上,将"青年公寓"合作双方的共同投资、提供物品的属性为(准)公共物品情况下的控制权配置连续性以及政府主导的因素包含在同一分析框架中进行理论模型的构建,在此基础上研究政府主导对"青年公寓"合作效率的影响。

1)"青年公寓"项目控制权配置模型假定

本模型假定政府(g)和私人民间资本(e)共同参与"青年公寓"项目,双方都是风险中性的,并且参考 BG 模型中阶段的划分方式,假定合作双方的交易活动分为三个时期,如图 5 - 5 所示。

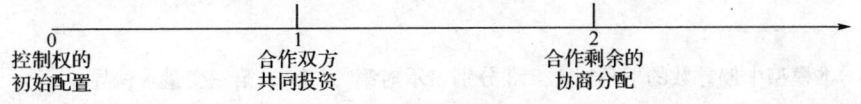

图 5 - 5 模型的阶段划分

(1) 控制权初始配置阶段的模型假定

在时期 0，PPP 项目合作双方就控制权进行初始配置。本模型引入控制权配置系数 α，并将其作为连续变量来考虑，$\alpha \in [0, 1]$。α 为给政府 g 分配的控制权配额；$1-\alpha$ 为给民间资本 e 分配的控制权配额。

如果 $\alpha=1(\alpha=0)$，则表示 $g(e)$ 拥有全部控制权（BG 模型对控制权的配置就是采用 0/1 的配置方法）；如果 $\alpha \in (0, 1)$，则表示控制权是共享的，g 和 e 都有一部分控制权。

(2) 合作双方共同投资阶段的模型假定

在时期 1，合作双方共同对项目进行投资。在 BG 模型中，公私双方共同对项目进行一种类型的投资，即增加项目收益的投资。本研究对民间资本的投资进行细分，既包括能够增加项目收益的投资——民间资本公益性投资 I_e，又包括能够增加民间资本自身收益，但同时会减少项目收益的投资——民间资本自利性投资 S_e。而政府由于自身的公益性特点，只进行公益性投资 I_g。由于双方投资额的大小与所拥有的控制权有关，因此这三种类型的投资都是 α 的函数。本模型分析假定当政府 g 拥有全部控制权时，即 $\alpha=1$，由于民间资本 e 受到严格的监督和控制，不能进行自利性投资 S_e，因此在这种情况下，项目收益为 $B^g(I_e(\alpha), I_g(\alpha))$；而当民间资本 e 拥有全部控制权时，即 $\alpha=0$，则其在进行公益性投资 I_e 时也进行自利性投资 S_e，这种情况下，项目收益为 $B^e(S_e(\alpha), I_e(\alpha), I_g(\alpha))$。

在此阶段具体的模型假定包括：

① 民间资本由于自身的营利性特点会进行自利性投资 S_e，从而能够给民间资本带来私人收益 $m^e(S_e(\alpha))$，且假定 $m'^e(S_e(\alpha))>0, m''^e(S_e(\alpha)) \leq 0$。

② 根据项目的实际运行情况，民间资本在获得私人收益的同时，由于这部分投资会给项目带来负的外部效应，因此假定项目收益为 $B(S_e(\alpha), I_e(\alpha), I_g(\alpha))$，则有 $B'_1 < 0$[①]，且假定投资的边际贡献递增，则有 $B''_{11} > 0$。

③ 民间资本由于在特许权协议中有所承诺，需要实现项目的社会收益，因而也要进行公益性投资 I_e，公益性投资不仅能提高 PPP 项目的收益，而且能给民间资本带来社会地位、声誉等方面的隐性收益，这也更加贴近中国的现状，即民间资本重视与政府部门保持良好的关系，这部分收益在模型中表示为 $n^e(I_e(\alpha))$，同样假定 $n'^e(I_e(\alpha)) > 0, n''^e(I_e(\alpha)) \leq 0$。

④ 由于政府的公益性投资 I_g 和民间资本的公益性投资 I_e 都会增加项目的收益，所以假定，$B'_2 < 0, B''_{22} < 0, B'_3 < 0, B''_{33} < 0$。

⑤ 政府自身具有非营利性，只进行公益性投资 I_g，因而只会产生项目收益，而

---

① 本模型中偏导数的下角标 1、2、3 分别表示对第一、第二、第三变量求偏导。

不会产生私人收益。

⑥ 当 g 拥有全部控制权时,其公益性投资 I_g 的边际收益率高于当 e 拥有全部控制权时的边际收益率,即 $B_2'^g - B_3'^e > 0$,又因为投资的二阶导数小于 0,所以 $B_{33}''^e - B_{22}''^e > 0$;同理,当 e 拥有全部控制权时,其公益性投资 I_e 的边际收益率高于 g 拥有全部控制权时的边际收益率,即 $B_1'^g - B_2'^e < 0$,且 $B_{22}''^e - B_{11}''^g < 0$。

⑦ 在时期 1 中,g 和 e 的成本函数分别假定为 $C^g(I_g)$,$C^e(S_e, I_e)$,$C(i=g, e)$,满足的条件是严格递增的凸函数,且二阶导数连续可导,即 $C' > 0$,$C'' \geq 0$,且 $C(0) = 0$。

当双方的投资发生后,面临以下合作协商的情形。一方面,如果双方只依据控制权的初始配置来建设和运营该 PPP 项目,则该项目的收益 $B(S_e(\alpha), I_e(\alpha), I_g(\alpha))$;另一方面,如果双方在项目过程中不断协商和沟通,则该项的收益为 $b(S_e(\alpha), I_e(\alpha), I_g(\alpha))$,并且满足条件 $b_1' < 0$,$b_{11}'' > 0$,$b_2' > 0$,$b_{22}'' < 0$,$b_3' > 0$,$b_{33}'' < 0$。假定 $b(S_e(\alpha), I_e(\alpha), I_g(\alpha)) > B(S_e(\alpha), I_e(\alpha), I_g(\alpha))$,即双方进行有效的协商能提高合作效率,增加项目的收益。并且假定 B 是 B^g 和 B^e 的线性组合,可设定 $B(S_e(\alpha), I_e(\alpha), I_g(\alpha)) = \beta \alpha B^g(I_e(\alpha), I_g(\alpha)) + (1-\beta) B^e(S_e(\alpha), I_e(\alpha), I_g(\alpha))$,其中 β 为该 PPP 项目的公共化程度系数。

(3) 合作剩余的协商分配阶段的模型假定

在时期 2,双方就是否在项目过程中进行协商决策、是否在双方间转移支付进行谈判和协商。如果双方谈判协商成功之后,政府 g 和民间资本 e 的收益分别为

$$u_g = \theta_g b(S_e(\alpha), I_e(\alpha), I_g(\alpha)) + t \quad (5-1)$$

$$u_e = \theta_e b(S_e(\alpha), I_e(\alpha), I_g(\alpha)) - t \quad (5-2)$$

其中,$\theta_i > 0 (i=g, e)$,为 i 方对"青年公寓"收益的评价系数,且满足 $\theta_g + \theta_e = 1$;t 是从民间资本到政府的转移支付额(可正可负)。

但是,如果双方谈判协商不成功,则只能依据控制权的初始配置来建设和运营该项目,g 和 e 的确定性收益分别为

$$\bar{u}_g = \theta_g B(S_e(\alpha), I_e(\alpha), I_g(\alpha)) \quad (5-3)$$

$$\bar{u}_e = \theta_e B(S_e(\alpha), I_e(\alpha), I_g(\alpha)) \quad (5-4)$$

由于 $b(S_e(\alpha), I_e(\alpha), I_g(\alpha)) > B(S_e(\alpha), I_e(\alpha), I_g(\alpha))$,所以 $u_g + u_e > \bar{u}_g + \bar{u}_e$。

即通过谈判协商而产生的项目收益要比只进行控制权的初始配置而产生的项目收益要多。对于任意给定的 α、S_e、I_e 和 I_g，在时期 1 双方经过博弈达到纳什均衡，假定双方对合作产生的剩余进行平均分配，即双方各得一半，则其大小为 $\dfrac{b(S_e(\alpha), I_e(\alpha), I_g(\alpha)) - (\bar{u}_g + \bar{u}_e)}{2}$。

合作剩余分配完之后，g 和 e 的收入函数分别为

$$V^g = \frac{b(S_e(\alpha), I_e(\alpha), I_g(\alpha)) - (\bar{u}_g + \bar{u}_e)}{2} + \bar{u}_g \tag{5-5}$$

$$V^e = \frac{b(S_e(\alpha), I_e(\alpha), I_g(\alpha)) - (\bar{u}_g + \bar{u}_e)}{2} + \bar{u}_e \tag{5-6}$$

扣除双方投入的成本，得到 g 和 e 的收益函数分别为

$$U^g = V^g - C^g(I_g(\alpha)) = \frac{b(S_e(\alpha), I_e(\alpha), I_g(\alpha))}{2} + \frac{1}{2}(\theta_g - \theta_e) \cdot [\beta\alpha B^g(I_e(\alpha), I_g(\alpha)) + (1-\beta\alpha) B^e(S_e(\alpha), I_e(\alpha), I_g(\alpha))] - C^g(I_g(\alpha)) \tag{5-7}$$

$$U^e = V^e - C^e(S_e(\alpha), I_e(\alpha)) + m^e(S_e(\alpha)) + n^e(I_e(\alpha)) = \frac{b(S_e(\alpha), I_e(\alpha), I_g(\alpha))}{2} + \frac{1}{2}(\theta_e - \theta_g)[\beta\alpha B^g(I_e(\alpha), I_g(\alpha)) + (1-\beta\alpha) B^e(S_e(\alpha), I_e(\alpha), I_g(\alpha))] + m^e(S_e(\alpha)) + n^e(I_e(\alpha)) - C^e(S_e(\alpha), I_e(\alpha)) \tag{5-8}$$

2) "青年公寓"项目控制权配置模型求解

(1) 政府和民间资本最佳投资水平与控制权配置的关系

根据式(5-8)的推导，当民间资本最大化双方合作情况下的项目收益时，民间资本最佳的自利性投资应该满足：

$$\frac{\partial U^e}{\partial S_e} = F_1 = \frac{1}{2}b_1' + \frac{1}{2}(\theta_e - \theta_g)[(1-\beta\alpha) B_1^e] + m^{e\prime} - C_1^e = 0 \tag{5-9}$$

基于式(5-9)分别对 α 和 S_e 求导可得：

$$\frac{\partial S_e}{\partial \alpha} = -\frac{\frac{1}{2}\left(b_{11}'' \frac{\partial S_e}{\partial \alpha} + b_{12}'' \frac{\partial I_e}{\partial \alpha} + b_{13}'' \frac{\partial I_g}{\partial \alpha}\right) + \frac{1}{2}(\theta_e - \theta_g) \cdot \left[-\beta B_1'^e + (1-\beta\alpha)\left(B_{11}''^e \frac{\partial S_e}{\partial \alpha} + B_{12}''^e \frac{\partial I_e}{\partial \alpha} + B_{13}''^e \frac{\partial I_g}{\partial \alpha}\right)\right] + m'^e \frac{\partial S_e}{\partial \alpha} - \left(C_{11}''^e \frac{\partial S_e}{\partial \alpha} + C_{12}''^e \frac{\partial I_e}{\partial \alpha}\right)}{\frac{1}{2}b_{11}'' + \frac{1}{2}(\theta_e - \theta_g)[(1-\beta\alpha)B_{11}''^e] + m'^e - C_{11}''^e}$$

(5-10)

同理，根据式(5-8)的推导，当民间资本最大化双方合作情况下的项目收益时，民间资本最佳的公益性投资应该满足：

$$\frac{\partial U^e}{\partial I_e} = F_2 = \frac{1}{2}b_2' + \frac{1}{2}(\theta_e - \theta_g)[\beta\alpha B_1'^g + (1-\beta\alpha)B_2'^e] + n'^e - C_2'^e = 0$$

(5-11)

根据隐函数求导法则，可以得出：

$$\frac{\partial I_e}{\partial \alpha} = -\frac{\frac{1}{2}\left(b_{21}'' \frac{\partial S_e}{\partial \alpha} + b_{22}'' \frac{\partial I_e}{\partial \alpha} + b_{23}'' \frac{\partial I_g}{\partial \alpha}\right) + \frac{1}{2}(\theta_e - \theta_g)\left[\beta B_1'^g + \beta\alpha\left(B_{11}''^g \frac{\partial I_e}{\partial \alpha} + B_{12}''^g \frac{\partial I_g}{\partial \alpha}\right) - \beta B_2'^e + (1-\beta\alpha)(B_{21}''^e \frac{\partial S_e}{\partial \alpha} + B_{22}''^e \frac{\partial I_e}{\partial \alpha} + B_{23}''^e \frac{\partial I_g}{\partial \alpha})\right] + n'^e \frac{\partial I_e}{\partial \alpha} - \left(C_{21}''^e \frac{\partial S_e}{\partial \alpha} + C_{22}''^e \frac{\partial I_e}{\partial \alpha}\right)}{\frac{1}{2}b_{22}'' + \frac{1}{2}(\theta_e - \theta_g)[\beta\alpha B_{11}''^g + (1-\beta\alpha)B_{22}''^e] + n'^e - C_{22}''^e}$$

(5-12)

同理，根据式(5-7)的推导，当政府最大化双方合作情况下的项目收益时，政府最佳的公益性投资应该满足：

$$\frac{\partial U^g}{\partial I_g} = F_3 = \frac{1}{2}b_3' + \frac{1}{2}(\theta_g - \theta_e)[\beta\alpha B_2'^g + (1-\beta\alpha)B_3'^e] - C'^g = 0 \quad (5-13)$$

根据隐函数求导法则，可以得出：

$$\frac{\partial I_g}{\partial \alpha} = -\frac{\frac{1}{2}\left(b_{31}'' \frac{\partial S_e}{\partial \alpha} + b_{32}'' \frac{\partial I_e}{\partial \alpha} + b_{33}'' \frac{\partial I_g}{\partial \alpha}\right) + \frac{1}{2}(\theta_g - \theta_e) \cdot \left[\beta B_2'^g + \beta\alpha(B_{21}''^g \frac{\partial I_e}{\partial \alpha} + B_{22}''^g \frac{\partial I_g}{\partial \alpha}) - \beta B_3'^e + (1-\beta\alpha)(B_{31}''^e \frac{\partial S_e}{\partial \alpha} + B_{32}''^e \frac{\partial I_e}{\partial \alpha} + B_{33}''^e \frac{\partial I_g}{\partial \alpha})\right] - C'^g \frac{\partial I_g}{\partial \alpha}}{\frac{1}{2}b_{33}'' + \frac{1}{2}(\theta_g - \theta_e)[\beta\alpha B_{22}''^g + (1-\beta\alpha)B_{33}''^e] - C''^g}$$

(5-14)

由于本模型假定政府 g 和民间资本 e 三种类型的投资是相互独立的,即三种类型投资之间的二阶交叉偏导数等于 0,可以令式(5-10)、式(5-12)、式(5-14)中的 $B_{mn}^{''i}$、$b_{mn}^{''}$、$C_{mn}^{'e}=0(i=g,e;m,n=1,2,3,$ 且 $m\neq n)$,化简求解得到以下关系:

$$\frac{\partial S_e}{\partial \alpha} = \frac{(\theta_e - \theta_g)\beta B_1^e}{2b_{11}'' + 2(\theta_e - \theta_g)(1-\beta\alpha)B_{11}''^e + 4(m''^e - C_{11}'^e)} \quad (5-15)$$

$$\frac{\partial I_e}{\partial \alpha} = \frac{-\beta(\theta_e - \theta_g)(B_1^e - B_2^e)}{2b_{22}'' + 2(\theta_e - \theta_g)[\beta\alpha B_{11}'' + (1-\beta\alpha)B_{22}''^e] + 4(n''^e - C_{22}'^e)} \quad (5-16)$$

$$\frac{\partial I_g}{\partial \alpha} = \frac{-\beta(\theta_g - \theta_e)(B_2^g - B_3^g)}{2b_{33}'' + 2(\theta_g - \theta_e)[\beta\alpha B_{22}''^g + (1-\beta\alpha)B_{33}''^e] - 4C''^g} \quad (5-17)$$

(2) 投资激励与控制权配置

根据式(5-15)、式(5-16)、式(5-17),可以分析政府与民间资本投资激励成立的条件以及与控制权配置的关系,从而可以得出以下三个引理。

① 民间资本的自利性投资激励与控制权配置

引理 1:无论合作双方对项目价值评价的高低,即 $\theta_e - \theta_g > 0$ 或 $\theta_e - \theta_g < 0$,当

$$\beta\alpha < \frac{b_{11}'' + (\theta_e - \theta_g)B_{11}''^e + 2(m''^e - C_{11}'^e)}{(\theta_e - \theta_g)B_{11}''^e} \quad (5-18)$$

有 $\frac{\partial S_e}{\partial \alpha} < 0$,

当

$$\beta\alpha > \frac{b_{11}'' + (\theta_e - \theta_g)B_{11}''^e + 2(m''^e - C_{11}'^e)}{(\theta_e - \theta_g)B_{11}''^e} \quad (5-19)$$

有 $\frac{\partial S_e}{\partial \alpha} > 0$。

引理 1 说明了民间资本自利性投资成立的条件以及与控制权配置的关系。如果民间资本拥有更多的控制权且满足 $\frac{\partial S_e}{\partial \alpha} < 0$ 的条件时,随着分配给民间资本的控制权配额的增加,即 α 减小,那么 S_e 会增大,即民间资本自利性投资激励增强。相反,如果政府拥有更多的控制权且满足 $\frac{\partial S_e}{\partial \alpha} > 0$ 的条件时,随着分配给政府的控制权配额的增加,即 α 增大,那么 S_e 会增大,即民间资本自利性投资激励增强。

② 民间资本的公益性投资激励与控制权配置

引理 2：当 $\theta_e > \theta_g$ 时,恒有 $\dfrac{\partial I_e}{\partial \alpha} < 0$；

当 $\theta_e < \theta_g$ 时,且当

$$\beta\alpha < \frac{b''_{22} + (\theta_e - \theta_g)B''_{22} + 2(n''_e - C''_{22})}{(\theta_e - \theta_g)(B''^e_{22} - B''^e_{11})} \qquad (5-20)$$

有 $\dfrac{\partial I_e}{\partial \alpha} < 0$。

引理 2 说明了民间资本公益性投资成立的条件以及与控制权配置的关系。如果民间资本对项目价值的评价较高,那么民间资本拥有更多的控制权能够激励其进行公益性投资。相反,如果民间资本对项目价值的评价较低,那么只有满足一定的条件,给予民间资本更多的控制权才能激励其进行公益性投资。

③ 政府的公益性投资激励与控制权配置

引理 3：当 $\theta_e < \theta_g$ 时,恒有 $\dfrac{\partial I_g}{\partial \alpha} < 0$；当 $\theta_e > \theta_g$ 时,且当

$$\beta\alpha > \frac{2C''_g - b''_{33} - (\theta_g - \theta_e)B''_{33}}{(\theta_g - \theta_e)(B''^g_{22} - B''^e_{33})} \qquad (5-21)$$

有 $\dfrac{\partial I_g}{\partial \alpha} > 0$。

引理 3 说明了政府公益性投资成立的条件以及与控制权配置的关系。如果政府对项目价值的评价较高,那么政府拥有更多的控制权能够激励政府进行公益性投资。相反,如果政府对项目价值的评价较低,那么只有满足一定的条件,给予政府更多的控制权才能激励其进行公益性投资。

通过三条引理的对比,可以得出,由于民间资本对项目的投资包括自利性投资,对项目价值评价较高的一方拥有全部控制权并不是最优化的控制权配置方式。

3) 政府引导对"青年公寓"项目合作效率的影响

根据以上创建的"青年公寓"控制权配置模型以及由此得出的相关结论,采用数据模拟的方法进行进一步的说明和验证。本研究在具体函数的假定上并无特殊要求,只要满足各种参数的假定条件,为了表示上的直观方便,用 x、y、z 分别表示 S_e、I_e、I_g。因此将符合上述参数假定条件的函数表示如下：

$B^g = y^{\frac{1}{2}} + 2z^{\frac{1}{2}}, B^e = -x^{\frac{1}{2}} + 2y^{\frac{1}{2}} + z^{\frac{1}{2}}, b = -x^{\frac{1}{2}} + 2y^{\frac{1}{2}} + 4z^{\frac{1}{2}},$

$C^g = z^2, C^e = x + y^2,$

$m^e(S_e(\alpha)) = 2x, n^e(I_e(\alpha)) = 2y^{\frac{1}{2}},$

$$U=(-x^{\frac{1}{2}}+2y^{\frac{1}{2}}+4z^{\frac{1}{2}})-z^2-x-y^2.$$

在满足前文对参数假定的条件下,对该命题进行模拟验证。

假定 $\alpha=0.6, \theta_e-\theta_g=-0.2$,代入

$$x=\left[\frac{1}{4}+\frac{1}{4}(\theta_e-\theta_g)(1-\alpha)\right]^2, y=\left[\frac{3}{4}+\frac{1}{4}(\theta_g-\theta_e)(1-\frac{1}{2}\alpha)\right]^{\frac{2}{3}},$$

$$z=\left[\frac{1}{2}+\frac{1}{8}(\theta_g-\theta_e)(1+\alpha)\right]^{\frac{2}{3}},$$

可以得到 $x=\left(\frac{46}{200}\right)^2, y=\left(\frac{157}{200}\right)^{\frac{2}{3}}, z=\left(\frac{27}{50}\right)^{\frac{2}{3}}$。

同理将 $\alpha=1$ 代入可以得到

$$x=\left(\frac{1}{4}\right)^2, y=\left(\frac{31}{40}\right)^{\frac{2}{3}}, z=\left(\frac{11}{20}\right)^{\frac{2}{3}}.$$

将 $\alpha=0.6$ 和 $\alpha=1$ 两种情况下的投资水平代入项目收益函数,可以分别求得 $U_{\alpha=0.6}=5.60624, U_{\alpha=1}=5.60147$,即 $U_{\alpha=0.6}>U_{\alpha=1}$。从而验证了过度的政府干预,如表现为政府在"青年公寓"项目中占主导地位以及拥有大部分或者全部控制权,在任何情况下(无论合作双方对项目价值的评价高低、双方投资重要性等)合作都是无效率的。

由于契约的不完全性使得如何有效地配置控制权成为决定"青年公寓"项目合作效率的关键问题。民间资本的公益性投资和自利性投资作为两种会给项目合作效率带来不同影响效果的投资类型,如何在项目实践中有效地运用控制权这种隐性激励手段,在这两种不同类型投资产生的激励效果之间找到平衡点,找到最优化的控制权配置水平,使得民间资本在"青年公寓"项目合作中增加其公益性投资的同时又将自利性投资控制在一定范围之内,是"青年公寓"项目合作中需要重点解决的问题。

5.5 "青年公寓"共有产权配置

在上一节中,对"青年公寓"的控制权配置进行了研究,"青年公寓"共有产权的配置还涉及产权份额和其他权能。产权的配置分为量的分割(即共有份额的分配)和产权权质(产权权能)的分割。本节将对产权的份额和权能配置进行研究,以期做到产权明晰。

5.5.1 产权份额的分割

1) 产权份额的初始分割

(1) 产权分割的基本思路

由于各项权利自身的性质,在多个产权主体共有的情况下,产权的分割区别为不同权利"量"的分割和不同权能"质"的分割两个不同的层次。

① "量"的分割

"量"的分割根植于这种共有的环境中,当出现数人共有某物时,各共有人在量上只享有 $n\%(n<100)$ 的产权或所有权,其可自由处分这 $n\%$ 并可随时请求共有物的分割,在未进行"质"的分割之前,各共有人的 $n\%$ 部分均包括占有、使用、收益和处分等,内容完全相同。

因此,所谓"量"的分割不是指分割一个产权为若干个子权利,而是在共有人均获得具有所有权效力的份额权下分割其各自的权利义务范围,只是一种价值形态的权利划分,而非物质形态。在这个意义上说,产权"量"的分割就是产权份额的分割,这种份额的确定更多的是利益的分割或分享的依据。

② "质"的分割

产权"质"的分割与"量"的分割没有必然的联系,"量"的分割只是一种份额的确定,以界定在权能未发生分离或发生分离后产权主体对于某项权能的权利和利益关系。现实的情况是,产权的权能确实因为实际需要而发生了分离或分割,这些权能形成不同的权利束为不同的主体所拥有,此时既有权量上的分割也有权质上的分离,两种情况交织在一起。

因此,所谓"质"的分割是将管理、处分、使用、收益等各项权能进行分割,由不同的主体分享,分割后各部分相互独立,而各个部分的权利内容和价值并不是完全统一的。在这种意义上讲,产权"质"的分割就是产权权能的分割。

③ 分割的基本思路

产权份额是抽象的量,这种量的分割无法解决质的分割问题。但是,产权分配首先应是量,即份额的分配。原因在于,份额的大小决定产权的比例,进而可以反映投资或出资比例的大小,这种份额的取得同时是民间资本决定是否主动参与"青年公寓"建设的关键因素。另一方面,除了收益权,占有、使用、处置和经营权都无法单纯地通过量来划分。产权各权能的分配可从产权经济学和法经济学角度进行"质"的分割(权能行使的可分工性),从而最终达到住房保障效率与公平的均衡。

当产权各权能未发生分离时,产权份额的取得意味着同时取得了各项权利相应的份额,并分享不同权项的利益;当权能发生分解,必将引起权能的让渡。对于可以分割的权能,宜按比例关系确定;对于不能分割的权能,可以依据一定的原则进行让渡或者按约定的方式处理,从而实现质的分割。

"青年公寓"产权价值形成过程表明,产权的分配只在政府和民间之间进行。一方面要确保项目本身的社会保障功能的实现;另一方面要考虑到民间资本的投资回收情况,以达到吸引私人投资参与的目的。这也是下文进行产权分配的基本思路,即首先进行量的分割,再分割权能;量的分割需要先考虑民间资本投资回收情况,然后界定私人投资者的份额。

(2) 份额确定的途径

共有产权人应有份额的大小在根本上取决于按份共有产生的原因,在我国,目前主要有以下三种:

① 约定

不同个体之间采取约定的形式确认按份共有,产生按份共有关系。实际上,约定是建立在当事人意思表示一致的基础之上,仅仅是一种意志的原因,还不足以建立共有关系。在我国,根据"物权法定"原则,约定形成的按份共有要能够归于法定的范围。其他原因产生共有关系同样如此。

② 法定

发生共有但关系不明的,可以依法形成按份共有关系。如我国《物权法》第103条规定:"共有人对共有的不动产或者动产没有约定为按份共有或者共同共有,或者约定不明确的,除共有人具有家庭关系等外,视为按份共有。"

③ 出资

共同出资可分为共同投资和共同购置。共同投资,即两个以上的法人或者两个以上的公民共同投资,组建合伙型联营或合伙组织,共同投资的财产为按份共有,如美国的有限权益合作住房。共同购置,即当两个以上的民事主体按份额出资购买同一财产时,在这数个个体之间发生按份共有关系,这数个民事主体成为按份共有人。

应当注意的是,共同出资虽然可以引起按份共有的产生,但两者不存在必然性。例如在英国住房的共享权益模式中,按照大陆法的理解,住户享有几乎完整的所有权。政府或者住房协会提供的权益资金一直沉淀在住房中,但不占有住房权的任何份额。这笔资金所占的购房价的比例只是决定了住户在转让其住房时需要偿还的增值收益比例,因此住户享有的是有限的收益权。此外,共同出资即使发生按份共有,产权份额的划分也不一定取决于出资比例,比如,在"青年公寓"中双方可以约定一个份额的比例。

在我国共有产权经济适用房制度实践中,共有产权住房的产权份额计算形式主要有2种:出资比例式和产权面积式。

本文认为,"青年公寓"宜按照出资比例计算产权份额。理由如下:

一,当产权份额按照面积比例确定时,如果没有优惠价格,那么产权面积式与出资比例式结果相同,在以新建项目为研究对象的前提下,出资比例式为较优选择。

二,在"青年公寓"项目中双方的份额如果体现到面积上,那对民间资本的约束效力将明显减弱,并不利于整体项目的运营和政府对项目的控制。

(3) 份额的确定

不同的项目民间资本愿意投入的资金是不同的。政府和民间资本份额的确定须根据具体项目的具体特征进行划分,但是可以在一般情况下考虑。

假定"青年公寓"项目的年运营收入水平为 α；民间资本能接受的最低年投资回报率为 β，能接受的最长投资回收期为 μ，投资额为 s；项目的特许经营期为 x，建筑面积为 y，年运营成本是年运营收入的 λ 倍，项目总投资为 w。

① 民间资本所能接受的最高份额

在特许经营期内，民间资本的投资份额满足以下条件：

$$\begin{cases} \dfrac{(1-\lambda)\alpha y}{s} \geqslant \beta \Rightarrow s \leqslant \dfrac{(1-\lambda)\alpha y}{\beta} \\ \dfrac{s}{(1-\lambda)\alpha y} \leqslant \mu \Rightarrow s \leqslant (1-\lambda)\alpha y \mu \\ \mu \leqslant x \end{cases}$$

由于 $\dfrac{1}{\beta}=\mu$，则约束条件可简化为：

$$\begin{cases} s \leqslant (1-\lambda)\alpha y \mu \\ \mu \leqslant x \end{cases} \Rightarrow s \leqslant (1-\lambda)\alpha y x$$

可见，民间资本所能接受的最高投资额为项目特许经营期内的净收益，其影响因素有"青年公寓"项目的年运营收入水平、运营成本、项目规模、特许经营期。

从逻辑关系分析，影响以上因素的因子均会影响民间资本投入份额的选择，见图 5-6 所示。

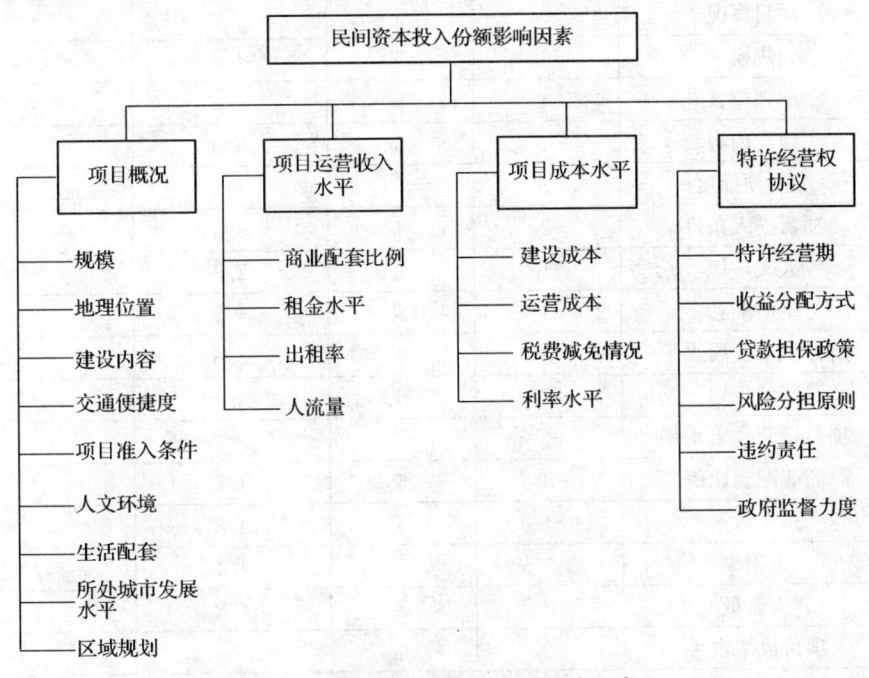

图 5-6 民间资本投资份额影响因素

为进一步提炼关键影响因素,专门设计了产权选择的影响因素的问卷。问卷发放历时 2 周,共发放 120 份问卷,回收 103 份,有效问卷 98 份。

对于所有影响因素的重要程度,问卷设计了 1~5 级量表,即每个因素的取值从"非常重要""重要""一般""不重要"和"非常不重要"分别赋值 5、4、3、2、1。被调查者填写各因素的重要程度,即从"非常重要"到"非常不重要"5 个级别中选择一个。将 98 份有效问卷中各因素的各个重要等级选择的人数进行汇总,并按式(5-22)计算各影响因素重要性评价值。

$$S_i = \frac{x_{i1} + 2x_{i2} + 3x_{i3} + 4x_{i4} + 5x_{i5}}{x_{i1} + x_{i2} + x_{i3} + x_{i4} + x_{i5}} \qquad (5-22)$$

其中,x_{i1}、x_{i2}、x_{i3}、x_{i4} 和 x_{i5} 分别表示对第 i 个因素有效问卷中选择"非常不重要""不重要""一般""重要"和"非常重要"的人数。

根据计算出的 PPP 模式下保障性住房产权选择影响因素的重要性评价值 S_i,筛选掉 $S_i < 4$ 的影响因素,可得出关键影响因素,具体见表 5-11。

表 5-11 民间资本投资份额影响因素重要性评价

	影响因素	最小值	最大值	重要性评价值	是否为重要因素
	项目概况				
1	规模	3	5	4.4	√
2	地理位置	4	5	4.5	√
3	建设内容	1	5	3.3	
4	交通便捷度	2	5	4.2	√
5	项目准入条件	2	4	3.5	
6	人文环境	1	3	2.8	
7	生活配套	3	5	4.2	√
8	所处城市发展水平	3	4	3.6	
9	区域规划	2	5	4.1	√
	项目运营收入水平				
10	商业配套比例	3	5	4.7	√
11	租金水平	4	5	4.8	√
12	出租率	3	5	4.4	√
13	人流量	2	5	4.2	√
	项目成本水平				

续表

	影响因素	最小值	最大值	重要性评价值	是否为重要因素
14	建设成本	3	5	4.3	√
15	运营成本	3	5	4.5	√
16	税费减免情况	2	5	4.5	√
17	利率水平	3	5	4.4	√
	特许经营权协议				
18	特许经营期	2	5	4.2	√
19	收益分配方式	2	5	4.1	√
20	贷款担保政策	1	4	3.7	
21	风险分担原则	1	5	4.0	√
22	违约责任	3	5	4.3	√
23	政府监督力度	3	4	3.3	

经过筛选,得到了影响民间资本投资份额的重要因素,如图5-7所示。

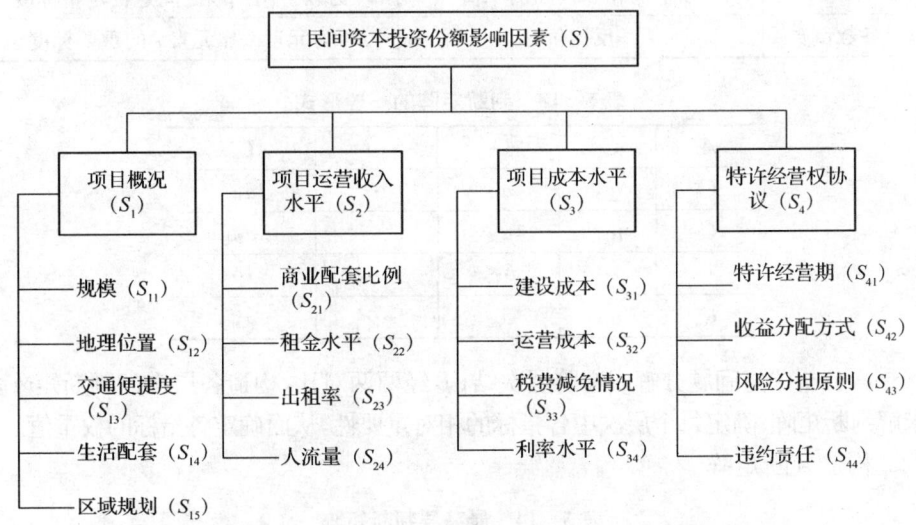

图5-7 民间资本投资份额的重要影响因素

② 影响因素重要程度分析

民间资本投资份额的影响因素主要分为四个部分,每个部分对份额的影响程度是不同的;每个部分又分为几个因子,每个因子对每个部分的影响又是不同的。在这里运用层次分析法(AHP),对民间资本投资份额的影响因素进行定量的模拟分析,分析的基础是政府政策的稳定性,以及政府以民事主体的身份与民间资本订立合作协议。

在民间资本投资份额影响因素所建立的层次结构中,除总目标层外,每一层都由多个元素组成,而同一层各个元素对上一层的某一元素的影响程度是不同的。这就要求判断同一层次的各元素对上一层某一元素的影响程度,并将其定量化。通常用1~9标度法来构造判断矩阵,它是判断与量化上述元素间影响程度大小的一种方法。1~9标度法及判断矩阵的一般形式见表5-12、表5-13所示。

根据1~9标度法可知判断矩阵有以下性质:$a_{ij}>0$,$a_{ii}=1$,$a_{ij}=1/a_{ji}$。

表5-12　1~9标度法

标度 a_{ij}	定义	解释
1	同等重要	i元素与j元素相同重要
3	略微重要	i元素比j元素稍微重要
5	明显重要	i元素比j元素比较重要
7	强烈重要	i元素比j元素非常重要
9	极端重要	i元素比j元素绝对重要
2、4、6、8	以上两相邻判断的中值	为以上两判断之间这种定量标度
以上各数倒数	反比价	为元素j比元素i的重要标度

表5-13　判断矩阵的一般形式

A_k	C_1	C_2	…	C_n
C_1	a_{11}	a_{12}	…	a_{1n}
C_2	a_{21}	a_{22}	..	a_{2n}
…	…	…	…	…
C_n	a_{n1}	a_{n2}	…	a_{nn}

层次分析法将问题分解成递阶层次结构,经两两对比,构造各层次的判断矩阵,然后求解判断矩阵,确定每个层次中各指标的相对重要性,从而确定各指标的权重值。

a. 构造判断矩阵

表5-14　最高层判断矩阵

最高层	S_1	S_2	S_3	S_4
S_1	1	1/2	1/2	1/2
S_2	2	1	1	1
S_3	2	1	1	1
S_4	2	1	1	1

表 5-15 S_1 层判断矩阵

S_1	S_{11}	S_{12}	S_{13}	S_{14}	S_{15}
S_{11}	1	2	2	2	2
S_{12}	1/2	1	1	1	1
S_{13}	1/2	1	1	1	1
S_{14}	1/2	1	1	1	1
S_{15}	1/2	1	1	1	1

表 5-16 S_2 层判断矩阵

S_2	S_{21}	S_{22}	S_{23}	S_{24}
S_{21}	1	1	1	2
S_{22}	1	1	1	2
S_{23}	1	1	1	2
S_{24}	1/2	1/2	1/2	1

表 5-17 S_3 层判断矩阵

S_3	S_{31}	S_{32}	S_{33}	S_{34}
S_{31}	1	1	1	2
S_{32}	1	1	1	2
S_{33}	1	1	1	2
S_{34}	1/2	1/2	1/2	1

表 5-18 S_4 层判断矩阵

S_4	S_{41}	S_{42}	S_{43}	S_{44}
S_{41}	1	1/2	1	1
S_{42}	2	1	2	2
S_{43}	1	1/2	1	1
S_{44}	1	1/2	1	1

b. 一致性检验

利用方根法计算各层评价指标的权重值，下面用方根法计算中间层各指标对最高层的权重值。

i. 根据中间层各因素对最高层的判断矩阵，计算判断矩阵每一行元素的乘积：
$$W_i = \{1/8, 2, 2, 2\}$$

ii. 计算 W_i 的 n 次方根：$\overline{w_i} = \{0.595, 1.189, 1.189, 1.189\}$。

iii. 根据公式 $w_i = \dfrac{\overline{w_i}}{\sum_{j=1}^{n} \overline{w_j}}$ 求向量 $\overline{w} = (0.595, 1.189, 1.189, 1.189)^T$ 的特征向量，则 $(0.142, 0.286, 0.286, 0.286)^T$ 即为所求，即中间层各元素对最高层的相对权重值。

iv. 计算判断矩阵的最大特征根 $\lambda_{\max}$。

$$AW = \begin{bmatrix} 1 & \frac{1}{2} & \frac{1}{2} & \frac{1}{2} \\ 2 & 1 & 1 & 1 \\ 2 & 1 & 1 & 1 \\ 2 & 1 & 1 & 1 \end{bmatrix} \times \begin{bmatrix} 0.142 \\ 0.286 \\ 0.286 \\ 0.286 \end{bmatrix} = \begin{bmatrix} 0.571 \\ 1.142 \\ 1.142 \\ 1.142 \end{bmatrix}$$

$$\lambda_{\max} = \sum_{i=1}^{n} \dfrac{(AW)_i}{nW_i} = \dfrac{1}{4}\left(\dfrac{0.571}{0.142} + \dfrac{1.142}{0.286} + \dfrac{1.142}{0.286} + \dfrac{1.142}{0.286}\right) = 4$$

v. 一致性检验。

计算一致性指标：$CI = \dfrac{\lambda_{\max} - n}{n-1} = \dfrac{4-4}{4-1} = 0$。

查找相应的平均随机一致性指标 RI 的值：当 $n=4$ 时，$RI = 0.8824$。

计算一致性比例：$CR = \dfrac{CI}{RI} = \dfrac{0}{0.8824} = 0 < 0.1$，满足一致性检验。

同理可以分别求出最底层指标对相应中间层的权重值：

$A_1 = (0.332, 0.167, 0.167, 0.167, 0.167)^T$，满足 $CR_1 = \dfrac{CI}{RI} = \dfrac{0}{1.12} = 0 < 0.1$

$A_2 = (0.286, 0.286, 0.286, 0.142)^T$，满足 $CR_2 = \dfrac{CI}{RI} = \dfrac{0}{0.8824} = 0 < 0.1$

$A_3 = (0.286, 0.286, 0.286, 0.142)^T$，满足 $CR_3 = \dfrac{CI}{RI} = \dfrac{0}{0.8824} = 0 < 0.1$

$A_4 = (0.2, 0.4, 0.2, 0.2)^T$，满足 $CR_4 = \dfrac{CI}{RI} = \dfrac{0}{0.8824} = 0 < 0.1$

当然，以上运用 AHP 分析法进行的讨论仅提供了一种考察民间资本投入份额的定量分析的思路。在现实情况中，有很多情况是不可预见的，并且不同的项目其具体特征差别可能很大，需要具体问题具体分析。

③ 政府份额的确定

在"青年公寓"中，政府主要的出资形式有土地投入、税费减免，其份额按照投入进行折算。原则上讲，政府的份额为项目总投资与民间资本投入之差，但是，考虑到《物权法》中关于共有物处分权所需份额的规定，将民间资本的初始产权购买比例控制在 2/3 以下，将有利于从法律角度对产权主体的处分权进行限制。因为，在民间资本和政府没有额外约定或法律规定的情况下，依据《物权法》规定，共有人按份共有份额超过 2/3 可以对共有物进行处分，从而可将保障性住房随意上市，这将会违背保障性住房设立的初衷。因此，政府份额的确定有必要考虑对民间资本份额的限制。

2）产权份额的转让

（1）应有份额转让的法律适用

应有份额的转让是按份共有人处分权的内容之一。共有人所享有的份额类似于所有权，原则上可以自由处分。我国《民法通则》第 78 条第 2 款规定："按份共有财产的每个共有人有权要求将自己的份额分出或者转让。"《物权法》第 101 条规定："按份共有人可以转让其享有的共有的不动产或者动产份额。"按份共有人有权对应有部分份额进行转让，任何人不得干预，这是买卖自由原则的体现，也是所有权本质的体现。但是，有一个例外，就是共有人对应有部分的转让对其他共有人的利益造成损害的，则应征得其他共有人的同意。

本文认为，应有份额的转让可以是全部份额的转让也可以是部分份额的转让，并且一定时期内，应有份额的转让只能是民间资本份额的转让，原因有两点：一、政府所持份额属于国有资产，其转让应该符合《企业国有产权转让管理办法》相关规定，防止国有资产流失。二、"青年公寓"属于准公共产品，承担了重要的社会保障功能，其转让应该设定严格的条件，以避免出现经济适用房中出现的问题。民间资本份额的转让会发生如下共有关系或利益的改变：

第一，共有关系主体的改变。应有份额的转让意味着原共有关系的消灭，新的共有关系的建立。共有人让与其份额，形成所有权转移的法律后果，受让人成为该份额的所有权人。在这里（PPP 模式下），受让人要接受的条件是，在其他共有人同意的前提下继续成立共有关系，而不能脱离共有关系成为独立的所有权（除非购买剩余的产权），这是由住宅的物理性质和提供保障性住房的宗旨所决定的。从而，受让人的资格成为一个重要的限制条件。

第二，收益分配的改变。新的共有关系的建立，虽然不改变占有和使用方式，但却在很大程度上影响收益权能的实现。一方面取决于转让的价格机制，另一方面取决于新的份额分割比例的确定。价格机制直接影响私人投资者收益的实现，若不能满足其合理需求，则必然侵害其合法权益；新的份额比例是对未来收益实现的保障，是否要改变收益份额分配的方法，在一定程度上构成了对所有权的限制。

从法理上讲，应有份额在不损害其他共有人利益的前提下可以自由转让。民间资本应有份额转让的自由性也不应受到限制。但是，从保障性住房的现实需要出发，转让的自由性是受到限制的。

（2）应有份额转让的限制

首先体现为法律禁止性的规定，即不得损害其他共有人的利益。

其次，受限于共有人之间的约定。在"青年公寓"中若约定禁止出让应有份额的情形，那么对共有人具有约束力，但是这种约定是对所有关系的特别限制，不能对抗法律关于所有权的规定，不能对抗善意第三人。

第三，优先购买权的限制。优先权的行使前提是共有人欲对外转让其共有份额，并将转让事实告知其他共有人。并且只有在同等条件下，其他共有人才可以有权优先购买对方出让的份额。

第四，"青年公寓"建设根本的目标是实现保障功能，应该杜绝投机行为的发生，可在一定年限内禁止转让。可借鉴我国既有保障房进入退出机制的经验，设定一个禁止民间资本转让的年限。若确因特殊情况需要转让，应征得共有人（政府）的同意，并报有关部门核实，出具相关证明；此时，出让价格应该为评估价。

第五，在政府拥有"青年公寓"实际控制权的情况下，可以允许民间资本转让其应有份额（部分或者全部），这有助于提高"青年公寓"资产的流动性，缓解民间资本的资金压力，但是引入条件应该严格限制，避免形成复杂的共有关系，降低PPP模式的效率。

最后，民间资本的转让将产生新的产权关系，受让人应与政府建立新的共有关系，保障大学毕业生低收入群体的权益。

3）产权份额的优先购买权

（1）共有人（政府）的优先购买权和承租人（大学毕业生低收入群体）的优先购买权法律效力冲突问题

优先购买权，又称先买权，是指特定人依法律规定或约定而享有的在出卖人出卖标的物于第三人时，得以同等条件优先于他人而购买的权利。

对于共有人优先购买权与承租人优先购买权，我国是分开单列规定的。《物权法》第101条规定："按份共有人可以转让其享有的共有的不动产或动产份额。其他共有人在同等条件下享有优先购买的权利。"最高人民法院《关于贯彻执行〈中华人民共和国民法通则〉若干问题的意见》规定，承租人在出租人出卖租赁房屋未在合理期限内通知其或有其他侵害其优先购买权时，有权请求法院确认出租人与第二人签订的房屋买卖合同无效。这样理解，则在"青年公寓"中共有人和大学毕业生低收入群体均有优先购买权，两者谁的效力为优呢？事实上，本文认为，两者之间并不存在优先购买权法律效力的冲突。原因如下：

首先，共有人的优先购买权的行使是针对共有人转让的共有份额，共有人优先购买权的权利客体是各共有人的共有份额。而承租人优先购买权针对的是出租人出卖租赁房屋时，即承租人优先购买权的权利客体是整个标的物。当某一共有人欲转让其共有份额时，其他共有人在同等条件下有优先购买权。所以，此时，只有共有人在同等条件下享有优先购买权,大学毕业生低收入群体不享有优先购买权。因为处分份额并不代表全部处分物,而处分物则必然包括除处分份额之外其他份额,二者并不相同。

其次,共有人在共有关系存续期间,可以随时处分共有份额。因此,共有人优先购买权存在于共有关系存续期间。而承租人优先购买权只能在共有关系结束时才能发生。因为依照相关法律、法规的规定,对共有物的处分必须经全体共有人同意才可以。当共有人达成出卖共有物的合意时,也即共有关系的消失,此时,共有人优先购买权也没有存在的基础了。

因此,共有人的优先购买权与大学毕业生低收入群体优先购买权在法律效力上并不存在冲突。在"青年公寓"共有产权关系中,当一方要转让其份额(全部或者部分)时,具有优先购买权的主体仅为其他共有产权人。事实上,产权人转让的产权份额涉及的资金量很大,并非大学毕业生低收入群体所能承担。

(2) 优先购买权的形成和行使条件

共有人的优先购买权在共有关系形成之时即告成立。而其存在的基础条件是:共有关系必须是合法有效受法律保护的,并且共有人对于共有份额或是共有物要有处分权。至于行使条件,于出卖人出卖标的物时才能发生。优先购买权的行使应具备两个条件:首先,须出卖人出卖其标的物于第三人,这是行使优先购买权的时间条件。其次,须以"同等条件"表示购买,这是行使优先购买权的实质性要求。

在本章节中,标的物是"青年公寓"应有份额,适用于按份共有人转让其应有份额的场合。从我国《物权法》第 101 条规定可知,优先购买权的产生以共有人转让"份额"为前提,而非共有物。为防止优先购买权的架空,"转让"不仅限于以对第三人的出卖为内容,而应扩大至"有偿转让"行为。因此,优先购买权行使的时间条件为共有人有偿转让其应有份额于第三人。

我国《民法通则》《公司法》《合同法》等都以"同等条件"作为优先购买权行使的必要条件,但对于"同等条件"的理解,却未明确,导致理论及司法实践中对优先购买权的行使也争议颇多。在国外,立法中对"同等条件"的规定相对比较具体(如表 5-19 所示)。

表 5-19 各国关于"同等条件"的规定

《德国民法典》	行使先买权时,先买权人和义务人之间的买卖,按照义务人与第三人约定的相同条款而成立(第 505 条第 2 款)
《法国民法典》	先买权人应以出卖人与第三人协商的"价格及条件"行使优先购买权。多数情况下,"同等条件"指代价格条件和支付条件(第 815 条)
《日本民法典》	土地所有人通知愿以时价买取时,地上权人无正当理由不得拒绝

从德国和法国的立法经验可知，出让人在与第三人订立了买卖合同后，应将合同中的交易条件告知优先购买权人，后者在同等条件下行使优先购买权。按照此立法经验，优先购买权的行使以"出卖人和第三人已经达成有效的买卖契约"为前提。而日本的做法具有较大的灵活性，但面对错综复杂的情况时其实用性值得商榷。

笔者认为，立法中"同等条件"规定的目的在于维护出卖人的利益，限制优先购买权的权利滥用，这是优先购买权人利益保护与出卖人利益保护予以平衡的体系设置，同时由于"青年公寓"本身显著的社会保障功能，同等条件应同时确保大学毕业生低收入群体的利益。因此，"同等条件"的标准应以维护出卖人利益为主，同时兼顾入住群体的利益，以满足出卖人和大学毕业生低收入群体利益的最大化及最合理要求。

(3) 优先购买权行使顺序

本章讨论的"青年公寓"共有产权，基本的情况为政府和单个民间资本的共有关系。但是考虑到"青年公寓"的规模、共有份额的转让，共有关系的主体可能涉及更多的民间资本主体，这样一来当共有产权人转让其应有份额时就存在多方产权主体优先购买权的竞合。如果各共有人提出购买条件不同时，可以依照条件最优者行使优先购买权。但如果出现共有人提出购买条件相同时，应如何处理共有人优先购买权行使的效力冲突问题呢？对于该问题，各国立法及理论界主要存在以下观点。

关于这一问题，大陆法国家实践中有如下不同的解决方法：

① 全体共同行使。如德国民法典第513条规定，"数人共同享有先买权的，只能由全体行使先买权。权利人中一人先买权消灭，或者仅一人不行使其权利的，其余权利人有权以全体行使先买权"。对于此种观点，笔者难以认同，也存在较多疑问。即，此条中规定"由全体行使"，那么行使之后标的物之所有权到底应归属于谁呢？其次，由全体行使优先购买权，主体较多，产生纠纷在所难免，这与优先购买权制度设置的目的也相违背。

② 最先行使。该说法认为在多个优先购买权之间产生冲突时，应规定标的物由最先行使优先购买权之人购得。笔者以为，该说法存在如下问题，即由于可能存在共有人通知的时间不同，难于具体确定最先行使优先购买权之时间。如A、B、C、D四个共有人，A欲出让份额，分别于1月5日通知B、1月10日通知C、1月12日通知D。若B于1月8日告知A其欲购买该转让份额，那么C、D优先购买权如何保障？

③ 均等或按份购买。该观点主要源于《法国民法典》及《瑞士民法典》的规定，《法国民法典》第815条规定，"如果多个共有人欲行使优先购买权时，视他们各自的共有财产中所占的份额比例，共同取得欲出卖的财产，有相反约定时除外"。《瑞

士民法典》第682条规定,"多个共有人欲行使优先购买权时,优先购买权行使份额按该共有人当时所占的共有份额分配"。笔者认为,此观点存在不合理之处,此做法虽可以维持共有人对共有关系的稳定性,但交易成本未免过多。而且,对于出卖人来说,交易成本的增加,难以保证出卖人的合法利益。

④ 出卖人决定。该观点认为,出现共有人优先购买权效力冲突时,应由出卖人自行决定将该标的物卖与哪个共有人。笔者较为赞同此种说法。首先,优先购买权产生是由于出卖人欲将标的物出卖给共有关系以外的第三人时,为保证原来基础关系中共有人的合理利益而设置的,在此时,出卖人欲出卖其共有份额,对于其他共有人并未产生利益影响。其次,各共有人都享有优先购买权,该优先购买权是优先于该共有关系之外的第三人,而在各个优先购买权人之间,该种优先购买权又是平等的,不存在谁优先于谁。可以说,各共有人是平等的买受人,在此时,最合理的办法即是由出卖人来决定买受人,以此可以减低交易成本,也可以充分尊重出卖人所有权的自由处分。

解决共有人优先购买权之间冲突的方法多种多样,上述方法各有利弊。

除上述解决方法,《巴西新民法典》中关于解决优先购买权竞合的方法也值得借鉴。《巴西新民法典》第1322条规定,在共有人之间对共有物实施改良最多的人享有优先权,如无此等人,则由拥有最大份额的共有人享有优先权,如果份额相同,则由出价最高的共有人取得。

(4) "青年公寓"应有份额优先购买权分配原则的适用

在发生权利竞合的情况下,各优先购买权人都希望自己的权利能优先行使并得到实现,若无秩序与规则,必将发生数个权利及权利人的冲突。对此,应设置合理的规则以最大限度地解决冲突,平衡各方利益,在"青年公寓"中,应把握以下几个原则:

第一,符合优先购买权制度的价值目标原则。优先购买权设立的意义在于简化法律关系,减少交易成本,优化对物的利用,提高物的利用效率。

第二,平等原则。作为平等的权利主体,民间资本和政府均享有优先购买的权利。在一方转让其应有份额时,其他的产权主体均享有平等的优先购买权,政府不因其行政背景而优于其他竞买人。

第三,协商确定原则。在优先购买权人打算出让自己份额时,为避免社会资源、财富的浪费,可以先与其他共有人进行协商。各优先购买人确定一个处理方法,或由其中一个优先购买人行使后,再由其给予他人补偿,或是几个优先购买权人作为一个整体共同行使优先购买权。

第四,尊重转让人选择的原则。若竞存的优先购买人不能通过其他方式确定顺序,应赋予转让人自由选择的权利。如此,既无损于优先购买权价值功能的发挥，也不与其他行使原则相冲突，而且有利于平衡共有人之间的利益关系，保护转让人的合法权益。

第五，确保大学毕业生低收入群体合法权益的原则。优先购买人不能损害大学毕业生低收入群体的合法权益，否则，就失去了项目的初衷。

通过以上分析，在PPP模式下优先购买权的分配首先要稳定共有关系，在保护优先购买人权利义务对等的前提下，由各优先购买人协商确定，否则，尊重转让人的选择。

鉴于上述分配原则，结合法国和巴西民法典关于优先购买权竞合的规定，笔者认为在PPP模式下共有人优先购买权之间发生冲突时，可适用如下解决方法：

一、若存在民间资本先于政府出售其应有份额的情况，优先购买权赋予民间资本，以平衡民间资本与政府部门之间的权责利。否则，由优先购买权人协商解决。无法达成一致意见的，由对共有物实施改良最多的共有人优先购买，由于运营管理权赋予民间资本，一般由民间资本对保障性住房进行改良，因此，应由其优先购买。若无此等人，则按份额大小取得相应的部分。

实际上，按份额大小进行分配，可借鉴我国《公司法》第71条第2款之规定："经股东同意转让的股权，在同等条件下，其他股东有优先购买权。两个以上股东主张行使优先购买权的，协商确定各自的购买比例；协商不成的，按照转让时各自的出资比例行使优先购买权。"

二、在特许经营期结束后，若共有关系仍存在，则按份额大小来决定优先购买权的优先顺序。因为在特许经营期后，"青年公寓"的运营管理更接近市场化运作。

5.5.2　产权权能的分配

产权的权能是怎样分割的，分割后形成了怎样的产权结构？虽然在我国实践中出现了共有产权房的探索，但这仅限于政府与保障对象之间的共有。随着民间资本的介入，不同的权能是怎样流转的，与现有模式相比有哪些改变，并受到怎样的限制，这些都将成为权能分配中不可回避的问题。

本文研究的PPP模式主要是基于PPP模式分类中特许经营类而言，民间资本经营权的获取意味着所有权中权能发生了必然的分离或转移。对民间资本来说，所有权的归属与PPP运行模式有着密切的联系。本章重点讨论的共有产权模式，意味着至少在特许经营期内民间资本拥有住房的所有权。在这个前提下，我们来研究所有权权能的分离组合与让渡。

1）权能的组成

（1）权能的内涵

何谓"权能"或者说权能与权利的关系如何？理论上存在"权利说"和"作用说"

两种不同解释。"权利说"认为,所有权是由对所有物的各项权利组成的集合体,所有权的权能就是构成所有权的各项具体权利。"作用说"认为,所有权的权能就是所有权的作用,不同的权能是所有权不同作用的体现。

新制度经济学的理论,站在产权的视角,认为任何一项产权都包括了主体的权能和利益。所谓权能是指产权主体对财产的权利、职能和作用。所谓利益,则是指财产对主体的具体效用或带来的好处。产权本身是由多种权利构成的权利束,而每一项权利都对应着产权主体对于财产的权能。因此,从权利的作用来说,产权是由一定的权能构成的集合权利。首先产权可以分解为狭义所有权(归属权)、占有权、支配权、使用权这四项基本权能。其次,占有、支配和使用的各项产权又可以分成不同的亚项,但产权的可分解性并非无限度的。随着经济社会生活的演变,产权权能的内容也在不断扩大。

在PPP模式共有产权制度背景下讨论权能的问题,以及PPP模式的契约特征,笔者认为"权利说"是合适的。

(2) 权能的组成

① PPP项目产权权能

PPP项目产权作为一种新的(混合)产权关系,在没有上升为法权之前,是在一定的时空条件下依靠一种契约关系来维持的。在基本权能的构成上,以财产权利为依托,通过实际项目的运作逐渐完善对于权能的调整。

在现有公用事业PPP模式的制度安排中,政府部门和私人部门之间的制度安排主要包括了合同承包、特许和补助三种类型,建设资金一般通过特许经营权转让、资产经营权转让、收费权转让、资产证券化以及股权转让或出售等方式筹集。在这种所谓"民营化"的过程中,无论是何种权能的界定和保护,对于私人部门来说均是为了实现盈利,以收益的最大化为根本目的;对于政府部门来说更多的是考虑公共利益。因此,不同PPP模式下,所有权的归属在政府部门与私人部门的博弈中逐渐表现出一种约定俗成(表5-20),项目的产权主要集中于狭义所有权(归属权)、经营权、剩余控制权和剩余索取权四项权能。

表5-20 几种类型PPP的所有权

PPP类型	服务合同	管理合同	BOT	BOO	BOOT	混合经营	出售
归属权	公共	公共	公共	私人	从私人到公共	私人和公共	公共到私人

因此,对项目产权的划分,主要理论和实践意义体现在经营性财产上,在权能构成上更倾向于经济学意义上产权的范畴。

② 房地产产权权能

现阶段我国住房产权的分析中,产权的范围界定在我国法律框架内,基本上满足产权=所有权+X(X 是以所有权为核心的外延若干权利)。《城市房屋产权产籍管理暂行办法》第 2 条和《国有资产产权界定和产权纠纷处理暂行办法》第 2 条的规定均体现了所有权的核心地位。

虽然经济学与法学对产权的定义不尽相同,但是民法中对财产所有权权利的分解,与经济学中产权束的理念是一致的。在 PPP 模式下,产权"权利束"的描述更有利于对房地产产权体系的分析(如图 5-8)。

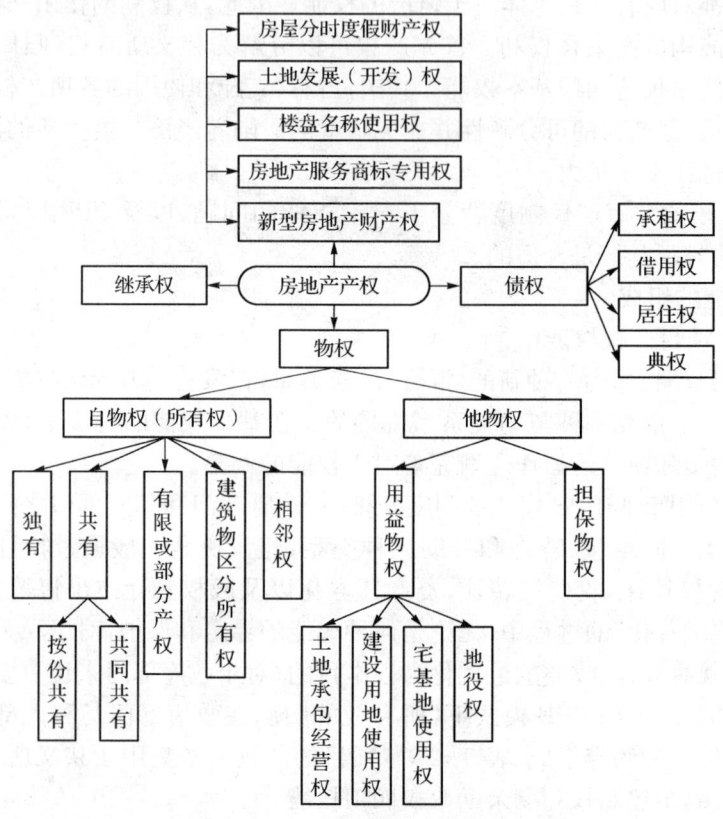

图 5-8　房地产产权体系

③ 关键权能的选取

正如新制度经济学对产权外延的界定,认为产权的可分解性并非无限度的。对"青年公寓"产权权能构成的界定,一方面要综合考虑房地产产权(法律界定)和 PPP 项目产权(契约界定)的相互影响和结合;另一方面依据"青年公寓"产权价值的形成过程,在具体环境中阐明值得关注的几项关键权能,见图 5-9。

"青年公寓"项目的全过程可以被看成是政府发起的战略管理的过程,这一过程利用商业管理的思想将项目视为战略规划的产物,将项目中的各个价值活动串联起来形成链状结构,从而形成项目的价值链。从这个角度讲,"青年公寓"的价值形成过程是各利益相关者在全生命周期过程中的各个价值活动实现增值的过程。在这个过程中,各产权主体为了自己的利益而讨价还价,产权权能基于实际需要而发生分离,并在不同阶段匹配的不同权能的实现过程中表现出利益分配的不同格局。

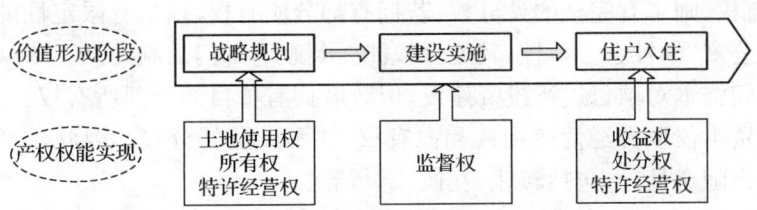

图5-9 PPP模式下保障性住房关键权能

在"青年公寓"中,由于政府角色的变化及民间资本的参与,使得监督权的配置成为保障公共利益的关键环节;所有权、处分权、收益权、经营权亦随着产权主体的多元化而与传统模式不同且更加复杂;而占有和使用权由政府和民间资本作为产权主体在一定期限内出租给住户享有。因此,文章将根据上述影响PPP模式中的关键权能对产权分配进行研究。

2) 权能的分配

由于"青年公寓"涉及多方主体,价值过程复杂,其产权权能的分配仅以物权法或者契约为依据都无法做到有效率,应根据具体权能的具体特征进行分配。

控制权是PPP项目最重要的权能,决定项目的归属问题,即狭义所有权,已在本章第2节做了详细的分析。"青年公寓"面向特定人群——大学毕业生低收入群体的社会保障功能决定其占有权和使用权处于一种长期被享有,脱离其产权主体的状态。因此,下面将对特许经营权、收益权、处分权进行分析。

(1) 特许经营权

特许经营权是政府的授予行为,民间资本在取得特许经营后,所享有的基本经济活动就是建设和运营,是关于特许经营项目在使用和分配上的多项权利的集合体。它是一个权利束,包括项目的建设权、经营权、收益权、投资权、管理权、处置权以及对特许经营项目的使用权和监督权等。

基于特许经营协议,政府将部分权能通过特许经营权的授予让渡给民间资本。获得特许经营权同时意味着获得了占有、使用、收益和处分的权能。但是,在"青年公寓"中,鉴于所有权的归属,政府仅是让渡了部分的权能,对一些权能有严格的限制,尤其是对处分权的限制。

特许经营权着眼于"经营"而非所有,属于用益物权的范畴,而用益物权包括占有权、使用权、收益权，但不具有处分权或者限定性的享有处分权。因此，民间资本取得的特许经营权不享有对权利的绝对处分权能，它非经法定的程序不得转让或放弃。特许经营权本身并不一定具有处分权能，而基于特许经营权是否享有"青年公寓"项目的处分权，仍要取决于项目所有权的归属。

一、民间资本对项目进行投资建设，拥有项目的所有权。若民间资本拥有项目的全部所有权，则享有完全的处分权；若拥有部分所有权，则享有限定性的处分权。鉴于"青年公寓"的社会公益性，其处分权能受到政府部门的制约。

二、民间资本对项目进行投资建设，但政府拥有项目的全部所有权。在这种情况下，民间资本仅取得经营使用权和占有权，并不涉及处分权。因此，未经政府部门同意，不得随意处分，包括转让、互换、赠与等。

虽然我国基础设施PPP项目的所有权一般归政府享有，但在保障性住房项目中，民间资本在特许经营期内享有所有权（部分或全部），将有利于产权的管理和流转。换言之，在特许经营期内私人投资者享有限定性的处分权，处分权的行使必须经双方同意。

（2）收益权

收益一般指共有物的孳息、租金、地租等的收取。收益权可以占有为前提，也可不以占有为前提，但依按份共有人的份额决定收益的权利范围。虽然收益的对外行使是就共有物的全部而言，但就收益本身，仍要以份额进行。"青年公寓"涉及的收益主要分为两部分，一是通过对住户出租收取的租金而获取的收益，二是未来住房价值的增值。

对政府和民间资本来说，收益不以占有为前提，收益可为孳息、租金等的收取。民间资本通过在特许经营期对"青年公寓"的运营获取收益，是作为民间资本投资回报的一个重要来源，而未来房屋的增值价值对民间资本是另一个收益来源。政府作为产权主体之一，收益亦可为孳息、租金等的收取，理应依其份额大小享有收益的权能。但是，收益分配和产权比例之间并不是完全对应的关系，亦可在时间上进行分配。在"青年公寓"中，政府和民间资本应该各取所需。政府让利于民，让民间资本首先获取收益；而民间资本让"权"，让政府在控制权、处分权方面获得较多权利。这样对政府和民间资本都能形成有效的激励。

因此，就收益权能来说，民间资本与政府之间按份额享有，只是在实现方式和时间上存在差异。而政府在特许经营期内让渡一定程度的收益权能也体现了PPP模式的内在要求。

（3）处分权

"青年公寓"产权形态——政府和民间资本共有产权，决定了处分权能的范围。在处分权能的实现上，经济适用房上市交易的限制反映了所有权转让的限制；而对其设定物权——抵押,虽有政策上的支持,却难以实现。廉租住房出于其社会保障功能等方面的原因,并没有产生类似经济适用房的处分。在 PPP 模式下,由于所有权不同的归属,在产权主体之间形成了处分权不同的行使状态。"青年公寓"处分权的分配主要分两个方面,一是应有份额,二是共有物。

通过上述界定,"青年公寓"涉及的权利主体的权利边界得到明晰,在特许经营期内"青年公寓"产权结构如图 5-10 所示。

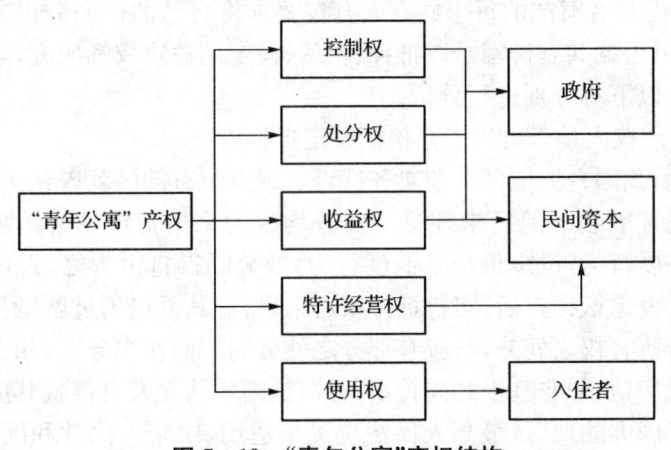

图 5-10 "青年公寓"产权结构

5.6 PPP 模式下共有产权主体的权利和义务

本节在前文对产权主体的权能界定的基础上,对其在共有关系中承担的权利与义务,以及共有产权人对第三人承担的权利和义务进行了研究。

5.6.1 共有产权人的处分权

在"青年公寓"的按份共有中,存在着双重财产,即共有物与共有份额。其中,共有物的政府和民间资本共同所有的财产即"青年公寓",而共有份额则为各个共有人所单独拥有。在共有人处分其所拥有的共有份额时,任何共有人都不能超出份额所拥有的部分权利与义务,进而保障其他共有人对共有物上的权利行使。在按份共有中共有人对共有物的处分有两种,一是共有人对其所享有的份额的处分,二是对整个共有物的处分。

1) 共有产权人应有份额的处分

一般来说,处分在民法上可分为法律上的处分(如转让、赠与等)和事实上的处分(如对所有物进行消费和改造等)。对于共有关系而言,事实上的处分是对具体的共有物或共有物的具体部分的处分。由于应有部分抽象地存在于整个共有物上，而共有物或共有物的任一具体部分上都存在着按份共有人的应有份额。因此，任一按份共有人都不可能对其应有份额进行事实上的处分，所以共有人对应有份额的处分应仅限于法律上的处分。

在物权法范畴内，共有份额的处分可分为转让、抵押、租赁、设定用益物权和抛弃。关于共有份额的处分，理论上和实践上争议较少。我国《民法通则》第78条第2款规定："按份共有财产的每个共有人有权要求将自己的份额分出或者转让。"除此之外，对于可否就共有份额予以抵押、租赁、设定用益物权和抛弃，理论上一直存在不同见解。以下将分别进行分析。

(1) 共有产权人是否可以以其份额设定抵押权

对此问题，我国台湾地区早期实务持否定观点。有部门就曾认为，应有部分不得为抵押权之标的物。但后来理论与实务均改为采用肯定见解。谢在全先生认为："处分系高度行为，设定负担系低度行为，处分既得自由为之，设定负担应无不许之理。况且设定抵押权后，实行抵押权之结果，充其量也不过就抵押标的物之应有部分为移转所有权之处分，与应有部分之处分同。"而在实务上，相关部门也转而认为："共有之房地，如非基于共同关系而共有，则各共有人自得就其应有部分设定抵押权。"而我国大陆地区《最高人民法院关于适用〈中华人民共和国担保法〉若干问题的解释》第54条规定："按份共有人以其共有财产中享有的份额设定抵押的，抵押有效。"分析起来，肯定说无疑更令人赞同。抵押权作为一种担保物权，看重的是物的价值，应有份虽然不是物的具体部分，但应有份是所有权的比例，共有人可以自由转让。如果我们透过"物"的表象，深入到权利的本质，则可发现，应有份与所有权在实现价值上并没有本质的不同。因此，理论上"青年公寓"应有份完全可以成为抵押权的客体，以促进资金的流通，促进交易的发展。

在应有部分设定抵押权之后，如果共有物发生分割，对该抵押权有何影响呢？有观点认为，应有部分的抵押权，不受共有物分割的影响，因为既然应有部分的抵押权是及于整个共有财产的，因此即使在共有物分割以后，抵押权仍然存在于分割后的原共有物上，所以在分割共有财产后，抵押权人有权请求对整个共有财产进行拍卖和变卖，然后就应有部分受偿。严格说来，我们应该区分"应有份"与"共有物"。只有在共有物上设定抵押权后（须全体共有人同意），分割抵押物时，抵押权人才有权请求对整个共有财产进行拍卖或变卖。而如果是在应有份上设定抵押，则抵押权人仅有权请求对该应有份进行拍卖或变卖，正如按份共有人只能转让应有份，而不能转让共有物是一样的道理。当共有物分割之后，按照德国民法对于分割效力的移转主义，按份共有人的份额权，移转为对共有物一部分完全的所有权，同样的，应有份上的抵押权也就移转为对共有物该特定部分的抵押权，因而也不能请求对共有物的其他部分进行拍卖或变卖。综上,笔者认为德国民法的做法在"青年公寓"中更具有操作性,即抵押权随共有物的分割而转移。

就PPP模式而言,拥有抵押权对民间资本甚至是政府来讲都具有重要的意义,但是,在抵押权行使时会存在如下问题:

第一,抵押权实现的难度。保障性住房承担了太多的社会功能,在抵押权实现时对其处理存在实际操作的难度。虽然对应有部分的处理可以按照应有部分转让的规定,但转让本身也是受到诸多限制的。

第二,划拨土地。《城镇国有土地使用权出让和转让暂行条例》《划拨土地使用权管理暂行规定》等法规规定,企业对以划拨方式取得的国有土地使用权没有处分权。如果要以该土地使用权作为标的物设定抵押,必须经过具有审批权限的人民政府或土地行政管理部门批准,否则抵押无效。应有份额办理抵押登记手续后,其划拨土地抵押权是合法有效的,在债务人无法偿还到期债务时,人民法院可以直接将抵押的划拨土地拍卖变卖或折价补偿债权。应该说,划拨土地的抵押法律上是可行的,但程序上比较繁琐。

(2)应有份额能否出租和设定用益物权

在按份共有中,对于能否针对应有份额设定租赁权存在一定的争议。笔者赞成否定一说,租赁权的设定是以转让应有部分的使用权与占有权为前提,因而需要整个共有物作为支配的对象。而在"青年公寓"中,无论是政府还是民间资本,对整个"青年公寓"都没有单独支配的权利,政府的目的是实现"青年公寓"的社会保障功能,至于通过什么样的产权分配来实现这个目标并不关注,而民间资本的权利是以收益权为核心,而非使用权。因此,在特许经营期内,民间资本有权基于其应有份额,将其收益权转让,而无需征得另一共有人——政府的同意,但是无权基于其份额在共有物上设定租赁权,决定"青年公寓"的承租者。

政府将"青年公寓"的收益权在特许经营期内转让给了民间资本,在特许经营期内,民间资本对"青年公寓"享有独立的收益。政府和民间资本之间是按份共有的关系,政府和民间资本作为共有权人将"青年公寓"出租给了承租者,政府、民间资本作为共有产权的主体与大学毕业生低收入群体之间是一种单纯的出租者与承租者的关系,如图5-11所示。

对于按份共有人是否可对其份额

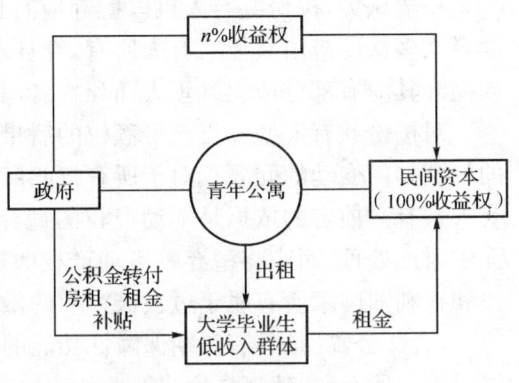

图5-11 特许经营期内政府收益权转让

设定用益物权,绝大多数学者均采纳否定的观点,认为应有部分是所有权在量上的比例,性质上不适于作为以占有标的物为前提的用益物权的客体。但王泽鉴先生认为,虽然实务上很少有在应有份上设用益物权的,但理论上应该认为是可行的。仔细分析可以发现,认为应有部分是所有权在量上的比例,进而就认为,应有份不适于作为以占有标的物为前提的用益物权的客体,理由是不充分的。既然共有人可以基于应有份对共有物行使使用收益,为什么共有人不可以在应有份上设定用益物权,让第三人基于应有份对共有物行使使用收益呢?

其实,设定用益物权与出租在对"青年公寓"的占有方面并没有不同,应有份出租既然在理论上难以成立,在其上设定用益物权也就难以成立。首先,用益物权是以对物的占有和使用为前提的,但应有份本身只是一个抽象的权利,在共有关系存续期间,并没有对"青年公寓"或其一部分独占使用的权利,因此很难由某一共有人自行设立"青年公寓"的用益物权。即使设立了用益物权,也会侵犯其他共有人的利益。归根到底,用益物权的设定其前提在于标的物的特定性,而共有份额恰恰不能解决这一问题,因此共有人能够支配的只能是其收益权,而不是物本身。

所以,"青年公寓"中,政府转让给民间资本的仅有特许经营期内的应有份额的收益权,由于应有份额的抽象性,政府或者民间资本均无权在其各自的应有份额上设定完整的用益物权,两者只能共同在"青年公寓"上设定一个用益物权,比如双方约定由一方经营。

(3) 应有份额的抛弃

共有人在不损害社会利益和他人利益的条件下,可以抛弃其份额权,这是共有人行使其处分权的一种表现。我国现行法律对此未做规定。抛弃与所有权转移(如转让)的区别在于转移对象是否明确。如果共有人是为了某个特定主体的利益而抛弃,例如出售给特定的人,则不是这里所谓的抛弃,而属于所有权的转移。

一般认为,按份共有人可以抛弃应有份,无多大争议。对于抛弃部分的归属,学者大多认同应由其他共有人所有。《日本民法典》第 255 条也规定:"共有人之一人抛弃其应有部分或无继承人而死亡者,其应有部分归属于其他共有人。"

对按份共有人抛弃自己份额权的后果,是该所有权归谁所有,涉及全体共有人的权利如何变动的问题。对于所有权归属,学者有两种意见:收归国有和由其他共有人共有。前者的依据是不动产权的抛弃涉及国家或者公共利益,因此不能作为无主财产处理,而应将抛弃的不动产权收归国家享有。反对者认为动辄将财产利益和权利归国家所有属于过去极"左"的做法,应当实事求是处理。

"青年公寓"是具有长期保障性功能的住房,如果民间资本抛弃其应有份额,可以归国家所有,当然事先应当对此约定。

2) 共有物的处分

(1) 共有物处分的法律适用

按份共有人没有权利单独对共有物进行处分。法律大多规定，按份共有人根据其份额对共有财产享有占有、使用及收益的权利。由于份额是一个抽象的概念，抽象地存在于共有物的任何部分，而不是具体地特定于共有物的某一部分，因此共有人对共有物的权利及于共有物的全部。但由于每个共有人都有这样的权利，因此共有人之间权利的冲突在所难免。于是，各共有人如何根据其份额对共有物实际的占有、使用及收益就成了一个问题。根据应有份额的权利范围说，许多学者认为，在按份共有中，每一共有人享有的占有、使用、收益的权利，要受到其他共有人权利的制约。在通常情况下，对共有财产的使用和收益的方法，应由全体共有人协商决定，不能由每个共有人根据自己的意志自由行使对共有物的权利，也不得未经其他共有人的同意，擅自占有和使用共有物。

我国《物权法》第97条规定："处分共有的不动产或者动产以及对共有的不动产或者动产作重大修缮的，应当经占份额三分之二以上的按份共有人或者全体共同共有人同意，但共有人之间另有约定的除外。"本条规定了按份共有和共同共有的共有物处分规则，即，对共有物进行处分，若为按份共有应由占份额三分之二的按份共有人同意；若为共同共有，则应由全体共有人一致同意。可见，我国《物权法》对按份共有物的处分问题上实行"多数决"原则。事实上，无论何种形态的共有，各个共有人的权利都不是仅仅局限于共有物的某一具体部分，而是及于共有物的全部。凡是对共有物进行法律上的处分或事实上的处分，均牵涉到全体共有人的利益，"原本应以共有人全体同意为佳，但在考虑现实的层面，欲寻求共有人全体的同意，自有其困难之处"。假如采取"多数决"原则，虽然可能实现决策机制的高效率，却以无视少数共有人的意见为代价。可以说，无论是"全体一致"原则还是"多数决"原则均是利弊互见，各国立法往往斟酌具体情况予以处理。

物权法规定了按份共有物处分的法定基本原则，同时，以按份共有人的意思自治为优先。但是没有明确指出哪些行为需要执行法定原则，哪些行为可以由双方约定。如果遇到双方无法达成一致的行为，该如何处理。这就需要引入决议规则。

(2) "青年公寓"的决议规则

① 决议规则分类

决议是若干人组成的机构通过语言形式表达出来的意思形成的结果。一般有3种集体决议的基本规则：个人代表决定、全体一致同意和多数决。个人代表决定规则是指在组织中，任何单个的组成成员或者组织全体成员委托一个或者数个成员代表组织作出决定。全体一致同意规则，简称"一致决"，是指组织的任何决定必须征得全体成员的一致同意。即使只有一个人反对，该决定依然无法通过。多数

决规则即少数服从多数规则,简称"多数决",是指在组织中,全体成员都享有表决权,依照一定的表决权计算后,多数表决权所支持的决议就是组织的决定,且该决定对反对者同样有效。决议规则的比较如表 5-21 所示。

表 5-21 决议规则的比较

比例规则	优势	缺陷	一般适用的场合
个人决	迅速高效	对决策者依赖度高	须决议的事项非常紧急
一致决	绝对公平	效率低、成本高	须决议的事项非常重要 须决议的事项重要,但不紧急 组织小,具有决策权的主体个数少 组织人员的利益紧密相关
多数决	效率高 成本低	多数者的权利易膨胀 少数反对者的利益易受损	须决议的事项紧急 须决议的事项较为简单 组织大,具有决策权的主体个数多 组织人员的利益相对独立

② 决议规则选取

"青年公寓"产权主体只涉及政府与民间资本,共有产权住房的产权份额在特许经营期内是一种固定的比例。如果按照某一既定的多数决规则对共有物进行处分,享有绝对数量份额权的一方将直接取得处分权。这样一来,不具有绝对数量份额权的共有人行使表决权对结果毫无影响。这样的权利在实质上不具有任何效力。由于一方的权利不能建立在侵害其他方权利的基础之上,因此"青年公寓"简单借鉴资本多数决规则制定的产权多数决就不具有公平性,不可取。

因此,若仍采用"产权多数决",须对表决权进行设置,使产权份额与表决权之间建立非一一对应的关系。如,使任一方的表决权小于 2/3。在这种情况下,实质上是一致决,因为只有两者做出相同的表决,表决权才能大于 2/3。

事实上,"青年公寓"是一种社会保障功能很强的保障性住房,政府作为共有人应该以其自身的利益为出发点而做出决议,但是考虑到政府无法无视其社会义务,即保证"青年公寓"保障功能的实现,站在这个角度思考,采用"一致决"无疑是最佳选择。

PPP 模式下对全体共有物的处分,宜由全体共有人行使,即采用"一致决"。所以,决议应以事先通知其他按份共有人为生效要件,一方单独做出明显有损于其他共有人利益的决议时,其他共有人拥有侵权损害赔偿请求权和分割请求权。

在此,需要说明两点:一、由于"青年公寓"的土地是政府划拨,所以民间资本享有的产权实质上是一种有限产权,其处分权本身就受到限制,其产权核心是在特许经营期内对"青年公寓"的收益权。二、"青年公寓"的经营模式是向大学毕业生低收入群体出租,对"青年公寓"的处分,必须以保证其保障功能的实现为基础。

5.6.2 共有产权人的管理权

"青年公寓"的管理,是指为维持其物理机能,进而使其充分发挥社会的、经济的功能而对之所为的一切经营活动。此种管理分为两种:共同管理和分别管理。共同管理,即由共有人共同对共有物进行管理,各共有人对于物的全体管理有参与权,在共有人没有管理协议时适用;分别管理,即共有人通过分管协议,约定其物的管理专属于共有人之一或指定各共有人的管理范围。我国《物权法》第96条规定:"共有人按照约定管理共有的不动产或者动产;没有约定或者约定不明确的,各共有人都有管理的权利和义务。"本条规定的共有物管理,不包括对共有物的处分。基于此条规定可以得出我国《物权法》首先遵循意思自治原则,由共有人协商来约定共有的管理方式,具体如通过订立分管协议的方式,在不违背法律的基础上来约束共有人之间权利和义务,即分别管理。只有在各个共有人没有达成共有物管理办法的前提下,才参照一般的各国的物权立法,遵循"共有管理"。但"管理"是比较宽泛的概念,《物权法》上管理的理解主要限定在共有人对共有物的保存、改良行为和利用行为。

1) 共有产权人的管理行为

(1) 按份共有人对"青年公寓"的保存

"青年公寓"保存系指以防止其灭失、毁损或权利丧失、限制等为目的,而采取相应措施,维持共有物现有的事实状态或权利状态的行为。如"青年公寓"的修缮,由于这种行为是为了防止共有物及其权利遭受损害,只会给其他共有人带来利益,并促进共同关系目的之实现的必要行为。这种保存行为,不仅有利于作为行为人的共有人,而且有利于其他所有的共有人,因此共有人在实施保存行为时无需征得其他共有人的同意。另外我们必须意识到有时候保存行为往往是比较急迫的行为,如共有房屋即将倒塌,任一共有人都会独自从自身利益考虑对房屋及时进行修缮。"保存行为乃维持共有物原状之行为,或系扩张共同共有物所有物所有权之行为,均对共同共有人有利,应无全体同意之必要"。因此对于保存行为,各共有人一般不会对其进行约定,所以通常应该将该规定理解为任何一个共有人"都有保存"的权利与义务。

(2) 按份共有人对于"青年公寓"的改良行为

改良行为是指在不改变"青年公寓"的性质、形态的前提下,增加共有物的使用效用或者交换价值的行为。如对其进行一定装修、修理。这种行为不像保存行为那样急迫,而且多少会改变共有物的现状,所以不能完全由共有人单独进行,但它又不如处分行为那样重大,所以改良行为不必经全体共有人的同意,只要超过一定拥有份额的共有人同意即可进行。我国台湾地区相关条例规定："共有物之改良，非经共有人过半数，并其应有部分合计已过半数之同意，不得为之。"但在我国《物权法》上对于改良行为没有具体规定，只在第97条规定处分共有的不动产或动产以及对共有的不动产或者动产做重大修缮的，应当经占份额三分之二以上的按份共有人或者全体共同共有人同意，但共有人之间另有约定的除外。但这条规定的核心在于规范共有物的处分行为。如前所述，改良行为较之于处分行为，对其他共有人造成的影响较弱。因此有学者曾在《物权法》制定时期建议对于改良行为，按照"二分之一"标准比较妥当。但在新的《物权法》里没有采用该条款。立法者认为对于改良行为应该属于《物权法》第97条规定的"重大修缮"，在没有约定的情况下，应该经三分之二以上的按份共有人的同意。

(3) 按份共有人对于"青年公寓"的使用方法

"青年公寓"的使用方法，主要以满足共有人共同需要为目的，不变更其性质，决定具体使用收益方法的行为。在此必须指出按份共有人对"青年公寓"的使用与按份共有人决定对"青年公寓"的使用方法是两个性质不同的问题。按份共有人对"青年公寓"的使用及收益分配是《物权法》第94条调整的内容，即各共有人按照其份额对"青年公寓"享有所有权。例如，政府和民间资本共同出资建设"青年公寓"，政府折合出资六千万元，民间出资四千万元。二者共同决定将该房屋出租获取收益。在租金的分配上，政府有权获得租金总额的60%，民间资本则获得租金总额的40%，这反映的是收益与权利的对等。而按份共有人商定对"青年公寓"的使用方法则属于对"青年公寓"管理的内容。因为对"青年公寓"的使用方法决定着共有物的状态及使用寿命。

2) 按份共有人对管理费用的分担

所谓共有物之管理费用，包含内容很广泛，但究其本质是因共有物保存、改良及使用所产生的费用，也包括根据其他法律及相应合同约定所产生的费用。如"青年公寓"的维修费用、保险费用，共有小区住宅的物业费用、水电暖气费用等。按照大陆法系民法通例，共有人约定费用承担方式的，依照约定；如共有人没有此项约定的，按照共有份额的比例分担。"这是考虑当事人享有权利与承担义务应当一致……按份共有的权利就是按照应有部分将所有权作了量的分割，权利的行使具有量的意义，那么负担的义务当然也要符合量的分割"。按照我国《物权法》第98条规定，共有物管理及其他义务的负担，有约定按照约定，没有约定或者约定不明确的，按份共有人按照其应有部分分担。因共有人按应有部分对于一物共同享有所有权，则对共有物上之利益，应按应有部分分担之，才符合公平之旨。但是共有人之间对于共有物费用如何分担的问题，则是共有人间内部的关系，受私法调整，与公法无关，当事人可以通过协议约定。

就共有人产权分配而言,还应做好管理和收益的分权。"青年公寓"由大学毕业生低收入群体(住户)占有和使用,由民间资本获得收益,其日常维护的管理权应当交给民间资本,而所发生的日常费用(如物业管理费、水电费)应当由住户承担。对于用于住宅长期保值增值发生的费用,若考虑政府未来获得完全产权,应由其承担;但考虑共有状态的长期存在,则应由共有人共同分担,符合责权利一致的原则,其具体的形式由双方约定。

(1)"青年公寓"保存产生的费用

保存行为是为了防止共有物及其权利遭受损害,只会给其他共有人带来利益,因此,费用应由共有人按份额大小承担。但是,若这种利益给民间资本带来的利益明显大于对政府带来的利益,那么应由民间资本来承担由此发生的费用。

(2)"青年公寓"改良产生的费用

改良行为不会变更房屋的性质,会增加其效用或价值,如将污墙刷成粉墙、将地面加贴瓷砖以增加美观等。改良行为分为简单改良和重大改良。对于简单改良来说,更多的是增加使用人的效用与价值,如将房屋的旧玻璃换成新的,那么由此发生的费用由使用人和直接获益人承担,即由住户和民间资本来承担。对于重大改良行为,往往影响整个共有物的效用和价值,很可能涉及结构的安全和适用性,由此发生的费用应由共有人依份额共同承担。

(3)"青年公寓"使用过程中产生的费用

在"青年公寓"使用的过程中,产生的费用主要是物业管理费和公共维修基金。从受益的角度讲,公共产权中发生的费用应由共有人按产权份额大小来分担。但是,由于住房的占有和使用权均由住户享有,物业服务由住户完全享有,政府和民间资本虽为产权人,但实质上没有享受任何物业服务,因此,应由住户承担费用。因此,物业管理费由住户承担。政府和民间资本均为产权人,因此,公共维修基金由政府和民间资本按产权份额分担。

5.6.3 共有产权人对第三人的权利和义务

共有权是所有权分割的结果,政府和民间资本的共有权结合起来,对外即构成一项完整的所有权。共有人在共有物的支配过程中,往往作为一个整体与共有人之外的第三人产生法律上的权利义务关系。因此,共有人作为一个整体,其与第三人之间的权利、义务关系,物权法原则上是按照所有权法律关系来构建的。与此同时,共有毕竟不同于单独所有,主体的多元性和权力的分割性又决定了其具有不同于单独所有权的特性。

1) 按份共有人对第三人的权利

"青年公寓"共有人对第三人的权利,是基于其所有权人的身份,就全部共有财

产所产生的权利,那么各个共有人与外部的第三人之间,首先存在所有权法律关系。共有人为权利人,共有人之外的不特定的第三人则为这种法律关系的义务人,第三人不得侵害、妨碍共有人共有权的消极义务。如果第三人违反该消极义务,即侵害了共有人的共有权,那么在各个共有人与该第三人之间,则会产生一定的请求权法律关系,包括物权请求权关系和侵权损害赔偿请求权关系。

物权请求权关系主要在我国《物权法》第33条至第36条规定,分别为物权确认请求权、返还原物请求权、排除妨害、消除危险请求权以及修理、重作、更换以及恢复原状请求权四种物权请求权的类型。但是在按份共有的对外关系中,这些请求权如何主张,我国《物权法》并未明确。既然共有权具有所有权性质,那么第三人侵害共有权时,但尚未造成"青年公寓"的毁损灭失的情况下,对于上述四项物权请求权任一共有人均得主张。但是,鉴于共有关系的特殊性,这四项权利的行使方式则不一样。对于恢复原状、排除妨害和消除危险请求权而言,每一个共有人都可以主张。这里所谓的"都可以主张"不仅意味着各个共有人可以自行主张,而且意味着各个共有人可以自己独立的名义(而无须以整体共有人之名义)而提出主张。

侵权损害赔偿请求权主要体现在第三人侵害"青年公寓",造成共有人损失时,共有人有权请求第三人以金钱方式赔偿其遭受的损失。我国《物权法》第102条规定,因共有的不动产而产生的债权,在对外关系上,共有人享有连带的债权,但法律另有规定或者第三人知道共有人不具有连带关系的除外。可见,我国《物权法》允许共有人单独提出全部赔偿请求,且无须以其共有份额为限。根据连带责任,每一个共有人均有权请求第三人赔偿其所造成的"青年公寓"的全部损失。但如果"第三人知道共有人不具有连带债权债务关系"时,这就意味着,第三人此时只应按照共有份额的比例,向各个共有人进行赔偿,而不得以已经向部分共有人赔偿全部损失为由,拒绝向另一部分共有人赔偿其份额之内的损失。

2) 按份共有人对第三人的义务

所谓共有人对第三人的义务,是指因"青年公寓"所产生的共有人对第三人的债务,包括共有人对第三人所承担的"青年公寓"管理的费用的支付义务,以及"青年公寓"致人损害时共有人所承担的损害赔偿责任。

我国《物权法》第102条规定,因共有的不动产产生的债务,在对外关系上,共有人享有连带债务,但法律另有规定或第三人知道共有人不具有连带债权债务关系的除外。其含义是指,如果某一部法律规定在某种情况下,因共有的不动产或动产产生的债权债务关系,在对外关系上,共有人不享有连带债权,不承担连带债务,那么就适用该部法律的规定,而不能适用《物权法》的规定,因为这样的法律属于特别法。在第三人知道共有人不具有连带债权债务关系时,共有的不动产或动产所产生的债权债务关系,各共有人不享有连带债权、不承担连带债务。另外这里需要说明我国《物权法》第102条与第98条的协调问题。《物权法》第98条有关共有物管理费用的约定在前文中已经涉及，即对于共有费用的承担有约定按约定，无约定或不明确按份共有人按照其份额负担。笔者理解，在对外关系上，"青年公寓"管理费用应当适用《物权法》第102条规定，即原则上承担连带责任。在按份共有人内部关系上，按照《物权法》第98条的规定，处理共有人之间的费用分配和相互追偿问题。

"青年公寓"中，如果政府和民间资本订立了分管协议，并且约定在特许经营期内一方不承担连带责任，那情况又如何呢？分管协议的订立不应当免除其他共有人的对外责任，各共有人对分管部分进行使用收益，但一旦造成对他人的损害，则各共有人应一起对损害承担责任。但各共有人到底是仅就自己的份额承担责任，还是应当承担连带责任，学者存在不同看法。有人认为，债务性质为可分者，各共有人按其应有部分对第三人负责；债务性质不可分者，则由各共有人对第三人负连带责任。但也有观点认为，共有人一般应承担连带责任。因为一方面，"青年公寓"属于全体共有人所有，所有权本身是单一的而不是多元的，分管协议并不阻碍各共有人对"青年公寓"从整体上享有所有权，那么理所当然对第三人所造成的损害，共有人都应当负有承担赔偿责任义务。至于共有人在对外承担责任以后，对内如何按比例分担，只是共有人内部关系确定的问题，这与共有人在共有物管理费承担连带责任一样。另一方面，应有份额只是在共有人内部之间约定的，外人往往并不知道内部约定的份额情况，如果完全根据其份额来承担责任，对受害人的保护是十分不利的。

另外，有关"青年公寓"致人损害问题，《民法通则》第126条规定："建筑物或者其他设施以及建筑物上的搁置物、悬挂物发生倒塌、脱落、坠落造成他人损害的，它的所有人或者管理人应当承担民事责任，但能够证明自己没有过错的除外。"区分所有人和管理人责任非常重要。比如在"青年公寓"中，如发生房屋倒塌致人损害，应由房屋所有人（政府和民间资本）承担责任。但如果发生房屋阳台上的花盆（搁置物）坠落致人损害，则应由房屋入住者（大学毕业生低收入群体）来承担责任。《中华人民共和国侵权责任法》第86条规定："建筑物、构筑物或者其他设施倒塌造成他人损害的，由建设单位与施工单位承担连带责任。建设单位、施工单位赔偿后，有其他责任人的，有权向其他责任人追偿。因其他责任人的原因，建筑物、构筑物或者其他设施倒塌造成他人损害的，由其他责任人承担侵权责任。"可以说，我国法律对"青年公寓"致人伤害问题的法律适用情形界定已然清晰。

5.7 本章小结

本章从共有产权构建、控制权配置、产权的配置、产权主体的权利和义务等方面，对基于 PPP 模式大学毕业生低收入群体保障性住房的共有产权进行了深入的基础性研究。

基于 PPP 的大学毕业生低收入群体保障性住房建设模式运作成功的关键在于吸引民间资本进入，而产权无疑是吸引民间资本的合力中最重要的一环。保障性住房的共有产权形式在我国有着其适用的法律基础，而算例的项目财务可行性分析结果表明，民间资本在 PPP 运作模式下可以获得满意的回报。这就为"青年公寓"共有产权的构建搭建了桥梁。

控制权配置是所有 PPP 项目的核心问题，它直接关乎项目的实施效率。"青年公寓"控制权即政府和民间资本为实现效益最大化而投入"青年公寓"的资源的控制权集合。在关系契约的视角下，从投资激励的角度，政府应将部分所有权授予民间资本。但在民间资本存在自利性投入的情况下，将控制权全部分配给对项目评价较高的一方也不再是最佳的分配方案，应将控制权以一定程度较多地分配给对项目评价高的一方。出于对"青年公寓"社会保障功能的维护，政府理应获得项目的主导地位，但这样并不一定是最有效率的控制权配置模式。对政府引导"青年公寓"项目合作效率进行的数学模拟结果显示，过度的政府干预，如表现为政府在"青年公寓"项目中占主导地位以及拥有大部分或者全部控制权，在任何情况下（无论合作双方对项目价值的评价高低、双方投资重要性等）的合作都是无效率的。

"青年公寓"产权配置的基本思路包括了产权份额的分割和产权权能的分配。"青年公寓"产权份额确定的最佳方式是按照双方的合理出资比例。在产权权能分割方面，控制权、处分权、收益权由政府和民间资本共同享有、按比例分割，民间资本独享"青年公寓"的特许经营权，而使用权则由入住者占有。

基于物权法和民法理论，对应有份额的处分权应按照具体的情形分别分析。共有物的处分宜由全体共有人共同决定，即采用"一致决"的合理性。本章最后对共有人的管理行为和管理费用的分担以及共有人对第三人的权利和义务进行了界定。

由于法理上对产权的分析较为复杂且由于项目不确定成分所带来的困难，本章的研究成果更多是基于工程项目管理视角，但保障性住房共有产权的法理研究是一个重要研究方向，值得本课题进行后期研究。

参考文献

[1] Housing Act 2004, Part 6, Chapter 5: Miscellaneous[EB/OL]. http://www.legislation.gov.uk/ukpga/2004/34/part/6/chapter/5.

[2] Christine W. Increasing Affordability Problems-A Role for Shared Equity Products? Experience in Australia and the UK[J]. Housing Finance International, 2007(9): 17-35.

[3] Cho Y, Christine W. Affordable Low Cost Home Ownership: UK Case Study[C]. ENHR Conference, 2006.

[4] Bramley, Glen, Dunmore. Shared ownership: Short-term expedient or long-term major tenure?[J]. Housing Studies, 1996, 11(1): 105-129.

[5] Alastair Jackson. An Evaluation of the 'Homebuy' Scheme in England[EB/OL]. http://www.jrf.org.uk/report/evaluation-homebuy-scheme-england.

[6] Department for Communities and Local Government. Evaluation of Social HomeBuy Pilot Scheme for Affordable Housing(Final Report)[R]. 2008: 79.

[7] Gerald S, Roger W. An Evaluation of Limited equity Housing Cooperatives in the United States[J]. University of Connecticut, Department of Economics Working Paper Series, 1995

[8] Thomas J M, Gerald W S, Sirmans C F. The Role of Limited-Equity Cooperatives in Providing Affordable Housing[J]. Housing Policy Debate, 1994, 5(4): 469.

[9] John E D. Shared Equity Homeownership[J]. National Housing Institute, 2007.

[10] Anna C. Understanding Demographic, Spatial and Economic Impacts on Future Affordable Housing Demand[R]. Cambridge Centre for Housing and Planning Research, 2008.

[11] Brian B, Mark R H. Building Public Trust through Public-private Partnerships[J]. International Review of administrative Science, 2005, 71(3): 475-492.

[12] Willison O E. Transaction and cost economics: The governance of contractual relations[J]. Journal of Law and Economics, 1979, 22(2): 233-261.

[13] Shlelfer. A State versus private ownership[J]. Journal of Economic Perspectives, 1998, XII: 133-150.

[14] Grossman S, Hart O. The costs and benefits of ownership: A theory of

vertical and lateral integration [J]. Political Economy, 1986, 94 (4): 891-719.

[15] Hart Oliver, Moore John. Property rights and nature of the firm [J]. Journal of Political Economy, 1990, 98(6): 1119-1158.

[16] Hart O, Shleifer A, Vishny R W. The proper scope of government: Theory and an application to prisons [J]. Quarterly Journal of Economics, 1997, 112(4): 1127-1161.

[17] Brito D L, Oakland W H. On the monopolistic provision of excludable public goods [J]. American Economic Review, 1980, 70(4): 691-704.

[18] 邓小鹏. 城市公共项目中PPP模式内涵解析及相关概念辨析[J]. 现代城市研究, 2007(1): 29-33.

[19] 王政武, 莫万姣, 陈春潮. 基于共有产权模式的大学毕业生住房问题研究[J]. 广西民族师范学院学报, 2010(27): 29-32.

[20] 卫欣, 刘碧寒. 国外住房保障制度比较研究[J]. 城市问题, 2008(4): 92-95.

[21] 王乾坤, 王淑嫱. PPP模式在廉租住房项目中的应用研究[J]. 建筑经济, 2007(10): 27-30.

[22] 廖俊平, 田一淋. PPP模式与城中村改造[J]. 城市开发, 2005(3): 52-53.

[23] 田一淋, 马光红, 黄晓峰. 以中间组织为枢纽的PPP模式住房保障体系探讨[J]. 建筑经济, 2008(2): 36-38.

[24] 邓小鹏, 莫智, 李启明. 保障性住房共有产权及份额研究[J]. 建筑经济, 2010(3): 31-34.

[25] 莫智. 保障性住房共有产权研究[D]. 南京: 东南大学, 2010.

[26] 段昊智. PPP模式下保障性住房产权分配研究[D]. 南京: 东南大学, 2011.

[27] 戚兴华. 相对视角下的所有权权能形态浅析[J]. 金卡工程, 2010(4): 125.

[28] 张喆, 贾明, 万迪昉. 不完全契约及关系契约视角下的PPP最优控制权配置探讨[J]. 外国经济与管理, 2007(8): 24-29.

[29] 徐霞, 郑志林. 公私合作制(PPP)模式下的利益分配问题探讨[J]. 城市经济, 2009(3): 104-106.

[30] 赵海怡, 李斌. "产权"概念的法学辨析——兼大陆法系与英美法系财产法律制度之比较[J]. 制度经济学研究, 2003(2): 65-81.

[31] 袁庆明. 新制度经济学[M]. 北京: 中国发展出版社, 2005: 110-111.

[32] 巴泽尔. 产权的经济分析[M]. 上海: 三联书店, 1997: 89.

[33] 孙开, 等. 公共产品供给与公共支出研究[M]. 大连: 东北财经大学出版社, 2006.

[34] 王泽鉴. 民法物权1 通则·所有权[M]. 北京: 中国政法大学出版社,

2000:321.
[35] 王效贤,刘海亮.物权法总则与所有权制度[M].北京:知识产权出版社,2006:403.
[36] 梅夏英.物权法·所有权[M].北京:中国法制出版社,2005:279.
[37] 崔建远.住房有限产权论纲[J].吉林大学社会科学学报,1994(1):28-36.
[38] 刘维新,陆玉龙.共有产权:经济适用房制度创新研究[J].中国房地产业,2006(8):49-51.
[39] 袁庆明.新制度经济学[M].北京:中国发展出版社,2005:103.
[40] 王灏.PPP的定义和分类研究[J].都市快轨交通,2004(5):23-27.
[41] 方周妮,王静.公共住房项目PPP模式研究[J].建筑管理现代化,2009(4):289-293.
[42] 甘培忠.公司控制权的正当行使[M].北京:法律出版社,2006.
[43] [美]伯利,米恩斯.现代公司与私有财产[M].甘华鸣,罗锐韧,蔡如海,等,译.北京:商务印书馆,2005.
[44] 周其仁."控制权回报"和"企业家控制的企业":"公有制经济"中企业家人力资本产权的个案[J].经济研究,1997(5):31-42.
[45] 殷召良.公司控制权法律问题研究[M].北京:法律出版社,2001:25.
[46] 杨华.公司控制权市场的微观基础和宏观调控[M].北京:中国人民大学出版社,2003.
[47] 张圣怀.中国上市公司控制权法律问题研究——缺陷与改良[M].北京:法律出版社,2007.
[48] 叶晓甦,易朋成,吴书霞.PPP项目控制权本质探讨[J].科技进步与对策,2011(13):67-70.
[49] 张喆,贾明,万迪昉.PPP背景下控制权配置及其对合作效率影响的模型研究[J].管理工程学报,2009(3):26.
[50] 孙寿鹏,于志军,葛宏翔.建筑施工安全评价研究[J].青岛理工大学学报,2009(6):45-52.
[51] 胡田.共有"两分法"质疑[J].南昌大学学报:人文社会科学版,2010(2):53.
[52] 巴西新民法典[Z].齐云,译.北京:中国法制出版社,2009:200.
[53] 欧锦雄.所有权权能结构理论研究[J].河北法学,2000(6):33-34.
[54] 黄少安.产权经济学导论[M].北京:经济科学出版社,2004:10.
[55] 李治娜.论市政公共基础设施特许经营权的物权法定位[D].北京:中国政法大学,2006.
[56] 梅夏英.按份共有人的若干权利探讨[J].时代法学,2005(5):71-75.

[57] 谢在全.分别共有内部关系之理论与实务[M].台北:三民书局,1995:18.
[58] 王泽鉴.民法物权[M].北京:中国政法大学出版社,2001:329.
[59] 秦伟,刘宏渭.论分别共有中应有部分之处分[J].东岳论丛,2004(11):185.
[60] 陈华彬.物权法原理[M].北京:国家行政学院出版社,2000:489.
[61] 杨立新.共有权研究[M].北京:高等教育出版社,2003:106.
[62] 谢在全.民法物权论(上册)[M].北京:中国政法大学出版社,1999:293.
[63] 韩松,姜战军,张翔.物权法所有权编[M].北京:中国人民大学出版社,2007:316.
[64] 梁慧星.中国物权法草案建议稿[M].北京:社会科学文献出版社,2001:422.
[65] 黄松有.中华人民共和国物权法条文理解与适用[M].北京:人民法院出版社,2007:300.
[66] 陈华彬.业主的建筑物区分所有权——评《物权法草案》第六章[J].中外法学,2006(1):69.
[67] 刘宝玉.物权法[M].上海:上海人民出版社,2000:268.

第六章 "蚁族"保障性住房的价格研究

本章提要

　　价格是 PPP 项目成功的关键因素之一，它关系到多个利益相关方的利益问题。同时，它也是保障性住房的核心和优势，是保证保障性住房真正发挥作用并健康发展的一个前提，它直接关系到开发商和消费者的利益，也关系到国家住房政策的实施，如何兼顾国家、开发商、消费者三者的利益，制定合理的价格，这一问题关系到保障性住房的成败。本章的研究目的在于通过对"青年公寓"价格形成机理的研究，构建科学的价格模型体系，为政府制定合理指导价格提供科学依据，以实现"蚁族"、民间资本和政府"三赢"的目标，促进"青年公寓"健康可持续地发展。

6.1 相关研究综述

保障性住房的价格方面,梁春玲(2008)从价格构成及费用分摊分析、定价策略和政府对经济适用住房定价上的指导三个方面来研究经济适用住房的定价问题,并运用成本加成法对某经济适用住房项目进行了实例论证;谢书倩、杜静(2009)基于中低收入阶层居民的购买能力建立经济适用房的有效需求价格模型,并以南京市为例进行定量分析和深入探讨;邹坦、周婕(2008)建立了政府和经济适用住房开发商之间的博弈模型(典型的斯坦克尔伯格博弈模型),通过博弈分析,得到了政府指导定价的决策模型——政府选择经济适用房价格的最优决策与该经济适用房的建设成本、开发商实现期望收益的价值和经济适用房的建设面积和商品房的价格有关;邹坦、阮璐(2009)认为政府利益目标是左右经济适用住房合理定价的决定因素,对经济适用房定价中的政府利益进行了研究;芦金锋、刘建松(2003)通过对低收入家庭的进一步细分,提出了差别式廉租住房租金定价模型;张英(2009)以苏州市为例,确定了最低收入家庭合理的住房消费支出比,并以此为依据,结合廉租房实际出租成本和政府能够支付的用于廉租房的补贴额度来确定廉租房每平方米租金;王飞(2009)以2000—2008年大连市廉租房每平方米出租价格为因变量,低收入家庭平均月收入和同时期房地产每平方米出租价格两者为自变量,应用二元线性回归分析方法,得出廉租房租金定价预测模型;鲍远君(2009)从影响租金标准制定的地方财政收入、恩格尔系数、家庭可支配收入等9个因素出发,运用灰色关联找出除恩格尔系数之外的其他8个主要影响因素,在此基础上选取家庭可支配收入等5个关联度较大的因素作为自变量,建立租金标准的多元回归模型。

国内外对PPP项目的价格进行了广泛而深入的研究,研究主要集中于公用事业领域,如基础设施、水、电等领域,对价格的影响因素分析、价格机制研究、利益相关方诉求分析、风险分担机制研究、定价调价及补贴研究都有涉及,这给了本章研究PPP模式下大学毕业生低收入群体保障性住房的价格问题以很好的借鉴。

国内的保障性住房价格研究都是从一方(被保障者)或者两方(政府和被保障者)的角度出发,分析保障性住房的合理定价和政府的补贴力度。研究不足在于,这些研究中对保障性住房住户的合理住房支付能力进行了测算,但他们测算的依据显得较为单薄,缺乏理论支撑;对政府补贴力度的研究也是在上述合理住房支付能力的基础上,本着"缺多少补多少"的原则来计算政府的补贴力度,没有能考虑政府的实际财政负担。这些研究不足都是本章将要努力解决的问题。

6.2 "青年公寓"产品特性分析

6.2.1 公共租赁住房

公共租赁住房是近年来新兴的、国家重点发展的保障性住房。随着2010年公共租赁住房建设大潮的开启,中央和地方相继出台了公共租赁住房的相关意见和建设管理办法。从目前各个地方政府颁布的公共租赁住房管理办法及具体的操作模式中可以看出,公共租赁房政策在各个地方的应用方式存在着差别。虽然存在着实施和应用上的诸多不同,但是公共租赁住房的基本特征仍然一致,具体可概括为以下几个方面:

(1) 政府的干预性

公共租赁住房是政府为解决中低收入群体的住房困难而兴建的,它由政府投资或者是政府与社会机构合作兴建,也可以是由企业投资或是由民间组织、非营利性机构接受政府资金补贴建设。无论是哪种建设形式,为了确保公共租赁住房的公平性和福利性,政府在公共租赁住房的开发、建设、分配和运营管理阶段都应发挥应有的职责,进行一定程度的干预和管理。

(2) 非营利性与价格低廉性

无论是由政府直接投资兴建,还是以其他方式开发建设的公共租赁住房项目,都应严格遵循"保本微利"的原则,在实际的运行过程中可能还会有亏损的情况发生,但公共租赁住房的政策性决定了其自身的非营利性。也正是由于公共租赁住房不以营利为目的,所以它的租金水平也低于市场水平。

(3) 保障对象的限定性

公共租赁住房政策是政府一项住房福利政策,所以其保障对象有特定的范围和严格的准入标准。入住者必须通过当地政府部门的审核方可入住并要进行资料备案,当租户的住房条件和收入水平等发生变化时,不符合承租资格的,应当退出公共租赁住房。

"青年公寓"是政府为了解决大学毕业生低收入群体住房问题而与民间资本合作建设的公共租赁住房。政府作为"青年公寓"的发起方,为达到其解决社会问题的目的,在"青年公寓"的开发、建设、运营、管理等过程中,都会进行适当的干预和调控。"青年公寓"的价格应以大学毕业生低收入群体的可承受水平为其主要参考标准之一,由此造成的民间资本投资收益差额则由政府进行补贴。

6.2.2 共有产权产品

坚持公共财政原则,遵循市场经济规律,运用现代产权法则,建立"政府与民间资本按份共有产权的大学毕业生低收入群体保障性住房"制度,是"青年公寓"制度创新的基本思路之一。

"青年公寓"共有产权的存在是具有一定的法律基础的。我国《民法通则》规定,"财产可以由两个以上的公民、法人共有。共有分为按份共有和共同共有。按份共有人按照各自的份额,对共有财产分享权利,承担义务。共同共有人对共有财产享有权利,承担义务。按份共有财产的每个共有人有权要求将自己的份额分出或者转让。但在出售时,其他共有人在同等条件下,有优先购买权"。《物权法》专门安排一章对"共有"进行解释规定,"不动产或者动产可以由两个以上单位、个人共有。共有包括按份共有和共同共有。按份共有人对共有的不动产或者动产按照其份额享有所有权"。我国城市房屋权属登记制度也为共有产权制度奠定了法律基础。住房和城乡建设部《城市房屋权属登记管理办法》第三条规定:"房屋权利人(以下简称权利人),是指依法享有房屋所有权和该房屋占有范围内的土地使用权、房地产他项权利的法人、其他组织和自然人。"第十一条规定:"房屋权属登记由权利人(申请人)申请……共有的房屋,由共有人共同申请。"第三十二条规定:"共有的房屋,由权利人推举的持证人收执房屋所有权证书。其余共有人各执房屋共有权证书一份,房屋共有权证书与房屋所有权证书具有同等的法律效力。"这些规定表明,政府和民间资本成为房屋权利人,按投资额成为"青年公寓"的按份共有人之一,领取"房屋共有权证"是受法律保护的,操作上简便易行,没有任何障碍。

上述法律法规共同奠定了"青年公寓"共有产权制度的法律基础,主要体现在政府和民间资本作为法人可以成为"青年公寓"的共有人;政府和民间资本按出资比例成为"青年公寓"的按份共有人,并按自己的份额享有权利,分担义务;政府和民间资本都可以根据具体情况对自己拥有的"青年公寓"产权额作出处分;处分"青年公寓"时,政府和受助购房人都具有优先购买权。

共有产权性质的"青年公寓"的具体形式是,政府用于"青年公寓"建设的财政性支出(主要是减免的土地出让收益、规费和税费)转化为投资,与民间资本按出资比例拥有房屋产权和相应权利。政府和民间资本按规定共同申请领取"房屋共有权证",标明房屋所有人为政府和民间资本以及两者的产权比例。政府拥有的产权可以授权相关住房保障机构持有并行使相关权利。

政府在和民间资本签订PPP合同协议时,可以规定民间资本在"青年公寓"运营一定年限后,才可以行使共有产权中的处分权,以保障"青年公寓"在运营阶段的持续良好运行。

6.2.3 准公共产品

准公共产品是介于公共产品与私人产品之间的社会产品，它是具有公共产品与私人产品特征的混合产品。对它的消费特征的描述有三种不同表述：

（1）准公共产品是具有外部性的私人产品。纯粹的私人产品除了具有消费的竞争性和排他性外，还具有消费的独立性，即没有外部的或者溢出的影响，而当物品满足前两个条件但不满足第三个条件时，就是准公共产品。

（2）准公共产品是具有消费的排他性但无竞争性或者具有消费的竞争性但无排他性的物品。准公共产品分为两类。一类是具有消费的排他性但无竞争性的物品，如教育、公共卫生、社会保险；另一类是具有消费的竞争性但无排他性的物品，如垃圾处理、孤儿院、养老院等社会福利服务。日本经济学家植草益认为，第一类准公共产品具有排他性，因而有可能向主要受益者收费，它可以与私人产品一起合称为"市场性物品"；而第二类由于不具有排他性，因而价格形成困难，只能采取免费供给方式。

（3）准公共产品是"俱乐部物品"（Club Goods）。美国经济学家布坎南的"俱乐部理论"认为："有趣的是这样的物品和服务，它的消费包含了某些'公共性'，在那里适度的分享团体多于一个人或一家人，但小于一个无限的数目。'公共'的范围是有限的。"这种介于私人产品和公共产品之间的俱乐部物品既有别于私人产品，又不完全等同于公共产品，其消费特征表现为：

① 局部的排他性。俱乐部物品对其成员来说是非排他的，但对非成员来说是排他的。

② 有限的非竞争性。在一定的消费容量下，单个会员对俱乐部物品的消费不会影响或减少其他会员对同一物品的消费，而一旦超过临界点，过多的会员加入非竞争性就会消失，拥挤就会出现。

以上三种看法从不同角度描述了准公共产品有别于私人产品和公共产品的消费特征。笔者认为准公共产品的主要消费特征是其具有不完全的排他性和竞争性。通过对"青年公寓"产品的识别，笔者发现"青年公寓"的消费过程具有准公共产品的消费特征。一是不完全的排他性。"青年公寓"是针对大学毕业生低收入群体的住房困难问题而兴建的保障性住房，也就是说它面向的消费群体是特定的，而这个群体之外的人是不能够入住"青年公寓"的。所有符合保障对象要求的大学毕业生都可以向"青年公寓"运营方提出入住申请。二是不完全的竞争性。在被保障者入住"青年公寓"的过程中，每个新增入住者入住"青年公寓"都不会影响其他人的入住，但由于资源有限，当"青年公寓"入住率接近饱和时，过多的入住会使"青年公寓"的非竞争性消失，导致拥挤的出现。

由于准公共产品具有的消费特征,使完全的市场供给——价格补偿或公共供给——税收补偿,都是无效的。当采用完全市场供给时,由于准公共品的外部性和局部排他性使受益者(受害者)的数量难以确认、受益程度难以计量,这时生产者的成本将难以得到弥补,从而出现近似于公共产品的"公共悲剧①"。同样用完全的公共供给——税收弥补的方式,由于准公共品局部排他性和竞争性的特征,很难设计出公平的税制来弥补其成本。即使通过税收来提供准公共产品,由于使用的无偿,将会导致拥挤现象出现,进而导致成本增大,使准公共品的持续供给困难。

如上所述,准公共产品由于具有局部的排他性和竞争性及较强外部性,因而难以采用完全市场或公共提供的生产方式。实践中大多采取混合方式来进行准公共产品的供给,由政府和市场来共同承担这些产品的供给。它们或者由私人投资,而政府对其提供补贴,或者政府直接投资,但又依据一定的市场规则开展活动。"青年公寓"的准公共产品性质从一定程度上印证了政府和民间资本合作建设公共租赁房的合理性。

6.2.4 外部性产品

外部性是福利经济学中的一个重要概念。由于经济学发展方向的差异以及对外部性理解的差异,各个经济学家对外部性的定义也各不相同,但是归纳起来不外乎两类定义:一类是从外部性的产生主体角度来定义,如萨缪尔森和诺德豪斯的定义,"外部性是指那些生产或消费对其他团体强征了不可补偿的成本或给予了无需补偿的收益的情形";另一类是从外部性的接受主体来定义,如兰德尔将外部性定义为"当一个行动的某些效益或成本不在决策者的考虑范围内的时候所产生的一些低效率现象,也就是某些效益被给予,或某些成本被强加给没有参加这一决策的人"。

通俗地讲,外部性指的是某一主体或事物对其他主体或事物所产生的正面或负面影响。这种外部影响是被动的和不可拒绝的。市场交换是基于自愿的和互利原则的,但在存在外部性的条件下,由于外部损失收益难以界定,在被动和不可拒绝的情况下,社会福利②也必将受到影响。对于产生正外部性的生产者来说,由于其私人收益小于社会收益,因而缺乏生产的积极性,而对于受益的另一方来说,却可以享受到额外的利益;对于产生负外部效应(如污染)的生产者来说,由于其私人成本小于社会成本,于是具有生产更多的积极性,而对于受害的另一方来说,却不

---

① 指理性地追求最大化利益的个体在没有相应制度约束下,其短期行为对公共利益造成的损失。

② 庇古认为,福利是对享受或满足的心理反应,福利有社会福利或经济福利之分,社会福利中能够用货币衡量的部分才是经济福利。

得不承担被强加的外部成本。

无论是正的还是负的外部性,均会导致社会资源的低效配置。在存在外部性的条件下,即使是在完全竞争的市场经济之中,价格也不会等同于社会边际成本[1],不会达到资源的最优配置。也就是说,外部性所具有的共同消费性[2]足以产生"免费搭车"和"囚徒困境"等问题,使得市场及其价格体系难以发挥作用,从而导致市场失灵。在市场失灵的情况下,市场经济的运行就有可能达不到资源的最优配置的状况。这些情形都成为政府干预市场运作的有力证据。在现代社会中,政府是社会公共利益的代表,所以有义务在市场这只"看不见的手"运作效果不符合公众利益时,伸出"看得见的手"加以干预。

"青年公寓"在建设运营过程中,必然存在外部性,对周边的其他主体或事物产生影响,如环境污染,人流物流增加,周边房屋商铺升值,相关产业发展等。"青年公寓"的实施不仅带来了经济效益、社会效益,同时也会带来众多社会问题。"青年公寓"外部性校正可以依靠政府的干预解决,如政府针对污水排放制定的标准,这类行政措施都是通过行政管制与指导建立含有行政计划因素的制度框架或颁布一些禁令和规则使外部性内在化;政府对超过污水排放标准进行的罚款、对占用社会资源收取的税收及租金补贴等经济措施主要是通过罚款、税收与补贴使外部性内在化。

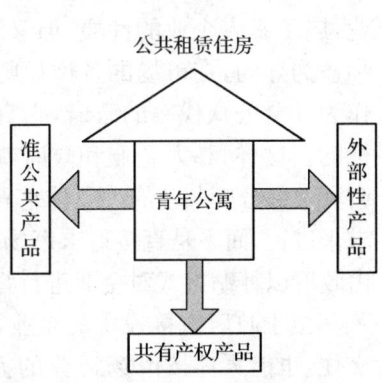

图 6-1 "青年公寓"产品特性分析

6.3 "青年公寓"的价格形成机理

机理的中文解释为"事物变化的道理"。而所谓的价格形成主要是指价格按照什么样的方式和规律来确定,这种方式和规律就是价格形成的"道理",也就是价格形成机理。"青年公寓"是属于公共租赁住房性质的保障性住房,与廉租房相似,其价格表现形式为租金。本章将以"青年公寓"的产品特性为基础,从"青年公寓"租赁价格(即租金)的由来、形成方式和形成过程三个方面来分析其价格形成机理。

---

① 社会边际成本可以通过为补偿因增加一个单位的某种物品或服务的生产量所消耗的资源价值而需付出的货币最低额来测定。

② 除去私人产品,在更多场合里,外部性存在于多个生产者(消费者)的受益(受害)范围之中,这样就具有了公共影响,成为一种类似于公共产品的共同消费。

6.3.1 "青年公寓"租赁价格产生的根源

1) 生产者角度

如前文所述,准公共产品由于具有局部的排他性和竞争性及较强外部性,因而难以采用完全市场或公共提供的生产方式。实践中准公共产品的供给大多采取混合方式来进行,即由政府和市场来共同承担准公共产品供给的生产者角色。它们可以是由私人投资,政府对其进行补贴,又或者政府进行直接投资,依据市场规则开展活动。

就采用私人投资、政府补贴方式进行的生产活动来看,其组织形式仍然是企业,属于私人企业的性质,但又有政府行为的直接介入。作为市场中的企业,它以利益为导向,在市场的各项规则和要求下,追求并实现市场赢利最大的目标。然而作为社会公众代表的政府,它直接介入这类企业中的目的,是以追求社会利益为目标的。这样,私人企业和政府就有了明确分工,即市场利益部分归私人企业,而社会利益部分则归政府。具体来看,企业的市场活动在一定程度上可以按照政府的要求来进行,而不是直接追求市场利益最大化。但由此造成的市场收益损失则必须要由政府以补贴方式对企业进行弥补,从而保持了私人资本投资收益和生产积极性。

至于政府直接投资的企业,它们虽然要进入市场且按市场的规则和要求对外交往,也能大体按市场运营的方式组织内部生产,但它们并非是真正意义上的企业。作为社会公众的代表,政府投资于这类企业的原因不在于获取市场赢利,而在于通过这类企业的市场活动去为公众提供公共服务。因此,这类企业的活动目的仍然是政府的社会目标。要为社会提供广泛的公共服务,使之社会利益达到最大,则必须通过压低收费标准,这就决定了这类企业不仅可能而且是长期处于低利微利甚至亏损状态。

从"青年公寓"的共有产权性质来看,建设运营"青年公寓"的公司实质上是上述两类企业的结合,它既是政府参与直接投资的企业,而且也有私人投资、政府补贴的企业性质;它既追求社会利益,也追求自身的投资收益。同样,它与上述两类企业一样具有两个特点:(1)它们都把增加社会福利作为其首要目标,而不是盈利。(2)它们都必须通过价格来弥补全部或部分成本。"青年公寓"租赁价格作为反映生产者生产成本和利益诉求的一部分,是必须要存在的。

2) 资源配置角度

福利经济学家庇古曾指出,人们在消费看似免费的公共产品时获得了正效用①,而这种正效用其实是来源于个人放弃消费相当于纳税额度的私人物品所带

---

① 正效用是指商品或服务的消费带给人们的满足感。

来的负效用①。设 P_n 表示个人 n 得到的公共产品，T_n 表示个人纳税，L_n 表示个人收入，U_n 表示个人效用，RU_n 表示净效用；假定 $T_n = P_n$，则有

$$\begin{cases} \dfrac{\partial U_n}{\partial P_n} > 0 \\ \dfrac{\partial U_n}{\partial T_n} > 0 \end{cases} \tag{6-1}$$

$$\max \quad RU_n = U_n P_n - U_n T_n \tag{6-2}$$

$$\text{s.t.} \quad P_n + M_n = L_n \tag{6-3}$$

$$\omega = U_n P_n - U_n T_n + \lambda (L_n - P_n - M_n) \tag{6-4}$$

$$\begin{cases} \dfrac{\partial \omega}{\partial P_n} = \dfrac{\partial U_n}{\partial P_n} - \lambda = 0 \\ \dfrac{\partial \omega}{\partial T_n} = \dfrac{\partial U_n}{\partial T_n} - \lambda = 0 \end{cases} \tag{6-5}$$

则

$$\dfrac{\partial U_n}{\partial P_n} = \dfrac{\partial U_n}{\partial T_n} \tag{6-6}$$

由式(6-5)可知，公共产品的最优供给均衡应该出现于公共产品消费的边际效用②等于纳税的边际负效用的位置。即所有人的纳税损失都得到了由政府进行的公共产品创造而带来的正效用的弥补，从而实现均衡。而反观具有准公共服务房地产性质的公共租赁房"青年公寓"，在不考虑保障性住房体系带来的社会稳定正效应情况下，其受众群体主要是大学毕业生低收入群体。若将这些仅保障了部分政策惠及群体的居住设施的建设成本与财政补贴平分给所有纳税人，一方面将带来社会的不公，另一方面甚至可能带来逆向选择风险从而造成市场失灵等恶性

---

① 负效用是指某种商品或服务给人们所带来的不舒服或痛苦的感受。商品或服务会满足人们的欲望而具有效用，但如果某种商品的总效用达到了最大点，继续增加这种商品的消费量就必然产生负效应。

② 边际效用是指每增加一个单位消费量所引起的总效用的增量。

经济后果。可见"青年公寓"租金产生的根源来自于"青年公寓"作为准公共服务房地产所产生效用对全体纳税人不完全回馈的差值。

"青年公寓"的租金来源是站在公共产品的角度分析得出的,按照这种逻辑,那么像国防、广播、免费的疫苗接种之类的公共产品都应该要有价格体现上述的"回馈差值",但事实上这类公共产品是免费的。为什么准公共产品"青年公寓"不能像公共产品一样采取免费方式,而要采取收费的方式来供给呢?原因还是在于准公共产品"青年公寓"本身的消费特征。由于准公共产品具有局部竞争性,其成本会随消费量的增加而增加,免费使用会导致拥挤。因供给的有限性,就只能通过排队供给、凭票供应、收费供给等方式进行分配。定价收费的方式是最接近市场化的方式,它除了分配功能外,还有助于防止准公共产品的浪费,增加准公共产品持续供应的能力。此外定价收费有助于提高公共服务质量,并往往会产生一种更加公平地承担公共服务成本的方法。价格具有很强的激励作用,合理的价格能使生产者弥补成本并获取一定的收益。因此,生产者会有较大的积极性来进行降低成本、提高服务质量的工作。另一方面,通过合理的分配成本(收费—税收)构成,可以使准公共产品按受益原则和效率原则有效和公平地提供给消费者。

"青年公寓"的合理租金应能体现"青年公寓"产生的效用对全体纳税人的完全回馈。但由于无法量化的此类效用,因此也就无法确定"青年公寓"的合理租金。"青年公寓"租金的过低或过高都会造成社会福利资源分配的不公,过低的"青年公寓"租金价格与当前社会各界主要关注的过高的公共租赁住房租赁价格同样对经济的发展和社会的稳定具有危害性,不利于城市经济的可持续发展。

6.3.2 政府的价格规制

1) 价格规制理论

1971年施蒂格勒发表的经典论文《经济规制论》开创了经济学的又一重要分支——规制经济学。规制经济学是以政府规制为研究对象的应用经济学,其中经济性规制是其研究重点。由于政府规制涉及经济、政治、法律、公共行政等多个学科,这就决定了规制经济学是一门综合性的学科。价格规制是规制经济学的主要组成部分,是解决规制对象价格问题的核心理论工具。

传统的价格规制研究主要基于自然垄断的存在。自然垄断通常是指这样一种市场特征:在一定规模的市场需求下,与两家或更多的企业相比,单个企业能够以更低的成本供应市场。自然垄断起因于规模经济、对资源的控制或存在经营特许权。如果相关产量范围内存在规模经济时自然垄断就会产生。自然垄断虽然体现了支配市场的资源垄断(传统意义上)力量,但并非所有的自然垄断都会带来社会福利的净损失。在符合次优理论①的原则下,自然垄断就会优于竞争,产品由一家或极少数企业提供会带来更高的市场供给效率,特别是对于公共产品以及具有公共性质的产品供给。因此,对自然垄断产业进行价格规制的目的在于在必须维持自然垄断带来的高供给效率的同时对其产品的价格进行规范和管制,平衡企业利润和社会福利,防止社会福利因垄断而受到损失,体现对社会净福利水平的追求。事实上,价格规制并非仅仅适用于自然垄断领域,它的规制对象可以包括任何一种导致市场不能以理想方式运行的负面因素,如市场供求关系失调、市场失灵带来的信息不对称、社会资源分配不公平、公共产品供给效率低下、道德约束下降等问题。

传统规制理论的研究起点在于政府与市场之间是一种非此即彼、高度对立的关系,两者存在着互相替代的可能性。但得益于新制度经济学等经济理论的发展以及研究的不断深入,人们发现在经济发展的过程中,市场和政府之间的作用不是相互替代的,而是互为补充的,有效率的市场和公正的政府都是社会经济发展的必要条件,两者缺一不可。不同的国家在不同的时期、不同的领域为了实现同样的目标需要在经济、政治、文化等制度安排中进行权衡和选择。对于我国这样一个处在转轨时期的国家,面临的现实问题是,如何在给定的条件下权衡不同制度安排的利弊,发挥市场和政府之间的互补作用,把市场竞争秩序、政府监管以及其他的一些非正式的制度安排都有效地结合起来实现社会目标的不断优化。

2)"青年公寓"实施政府价格规制的必要性

前文在市场机制的基础上阐述了"青年公寓"租金产生的根源,那么准公共产品——"青年公寓"的价格能不能像私人产品(如商品房)一样,依靠市场自发形成呢?答案是否定的。原因主要有两个方面:一是需求,由于"青年公寓"属于政策性租赁住房,为了惠及被保障群体,其价格应体现其保障性的特点,从而追求更多的社会净福利;二是供给,因为难以用社会成本和社会收益测算"青年公寓"复杂的外部性,生产者若仅仅根据私人边际成本与私人边际收益相等的原则来提供,则易导致"青年公寓"的供给量低于社会最优水平,造成社会福利损失。若"青年公寓"的价格是市场价格,必然会产生低效率和无效率等市场失灵情况。市场失灵的时候,私人部门(民间资本)没有能力也没有方法很好地解决资源配置的问题,既然"青年公寓"单独在市场环境中运行有缺陷,它的功能得不到有效发挥,那么这个时候就需要政府介入市场,对资源进行合理分配。"青年公寓"在市场中的失灵为政府规

---

① 次优理论包含的内容是:如果在一般均衡体系中存在着某些情况,使得帕累托最优的某个条件遭到破坏,那么即使其他所有帕累托最优条件得到满足,结果也未见得是令人满意的。换句话说,假设帕累托最优所要求的一系列条件中有某些条件没有得到满足,那么,帕累托最优状态只有在清除了所有这些得不到满足的条件之后才能达到。

制的必要性提供了依据。

住房是具有二元属性的商品,具有一般商品属性的同时也具有公共福利性,这是由住房的使用价值决定的。作为人们生存发展的基础物质条件,住房的发展目标不应该只停留在满足经济利益和分配效率的最大化,还更应从公共利益[①]角度出发,满足社会各阶层公民的生存需求。保障性住房价格问题之所以备受社会瞩目,就是因为这类住房能否实现公平公正的社会分配,能否使社会福利最大化,都要由价格设计和执行来实现,并辅之以制定和有效执行公共政策。

"青年公寓"会产生的市场失灵,外加政府需要确保分配的公平公正及追求最大化的社会福利,这两点促使了政府对"青年公寓"实施价格管制。对于住房体系来讲,既然"青年公寓"的供给和资源分配尚需要依赖适当的市场机制实现,那么就有必要和可能性在现有的市场机制条件下,在公共利益理念指导下综合运用政府价格规制和市场工具实现住房福利的净提升。

3)"青年公寓"政府价格规制方法

(1) 政府指导价

政府指导价是指依照《中华人民共和国价格法》规定,由政府价格主管部门或者其他有关部门,按照定价权限和范围规定基准价及其浮动幅度,指导经营者制定的价格。换句话说,就是政府根据它的权限和市场现状,给出强制性的价格范围。政府指导价是由县级以上各级人民政府物价部门、业务主管部门按照国家规定权限,通过规定基准价和浮动幅度,最高限度和最低保护价等指导企业制定的商品价格和收费标准。

按现行价格管理办法,政府指导价大体分以下几种类型:

一是由国家规定基准价和上下浮动幅度。基准价是指政府价格主管部门会同相关部门按照年度或半年度对同性质、同用途商品交易的平均单价确定,报人民政府批准并对外公布的基准价格。在此基础上,根据实际情况确定的价格范围就是其允许的上下浮动幅度。此类定价在我国适用范围最广,涉及的商品也最多。

二是最高限价。由国家规定商品买卖的最高价格,允许企业向下浮动。通常用于以下几个方面:限制市场零售商品价格上涨,如对猪肉、鸡蛋、大路菜规定最高限价;对进口商品实行最高限价,防止其商品价格过高,刺激国内暴涨;对边远地区食盐、火柴、煤油等工业品实行最高限价,由此产生的政策性亏损由财政补贴。

三是最低保护价。由国家规定商品买卖的最低价格。允许企业或购销双方向上浮动。通常用于防止发生由于一时供大于求造成的价格暴跌而打击生产。它是

---

① 公共利益是指不特定的社会成员所享有的利益,属于框架性概念,与私人利益的概念相对。

保护农业生产的重要手段。

四是按差价率管理的价格。由国家规定经营差价率（进销差率、批零差率），允许企业在进价的基础上按规定的差价率制定和调整具体价格。通常适用于商品流通环节某些商品的价格管理。

五是按利润率管理的价格。由国家规定企业生产、经营某产品的最高利润率水平，允许企业在规定的利润水平以内自主制定和调整具体价格。

目前，我国公共租赁房租赁价格实施的是政府指导价和政府定价两种方法。政府定价是指依照《中华人民共和国价格法》规定，由政府价格主管部门或者其他有关部门按照定价权限和范围制定的价格。国家发展和改革委员会定期制定和修改政府定价目录。政府定价目录是根据《中华人民共和国价格法》的规定制定的规范政府定价权限、定价范围、定价方式和定价内容等的清单。它是国务院价格主管部门和省、自治区、直辖市价格主管部门制定的划分政府指导价、政府定价的权限和具体适用范围的规范性文件和基本依据。政府定价目录随着市场经济的日益发展及时进行调整。我国政府定价目录分为中央定价目录、地方定价目录两级。凡是列入定价目录的商品和服务项目，其价格的制定和调整均由目录中规定的政府部门统一负责。凡未列入定价目录的商品和服务项目由经营者自主定价。政府指导价和政府定价的区别在于前者既体现了国家行政定价强制性的一面，又体现了在市场经济活动中经营者定价相对灵活性的一面，后者只体现了强制性，属于行政定价性质。两者的应用范围不一样，如《江苏省公共租赁住房管理办法》规定，江苏的公共租赁住房租金实行政府定价和政府指导价：政府投资建设的公共租赁住房租金实行政府定价，租金标准控制在同地段市场租金的 70% 左右，并按年度实行动态调整、发布；非政府投资建设的公共租赁住房实行政府指导价，由市、县人民政府价格主管部门定期调整、发布，由投资建设公共租赁住房的经济主体自主定价。

"青年公寓"是政府和民间资本合作建设的公共租赁房，面向的是大学毕业生低收入群体，为体现政府职能，最大限度保护该群体的利益，政府定价似乎是最佳方法。但"青年公寓"实施政府定价有着一定的缺陷，那就是信息不对称①可能导致的价格不合理。"青年公寓"运作模式中，民间资本负责公寓的具体建设运营，民间资本掌握的成本开支、运营收入、被保障群体的信息远远大于政府方面掌握的信息，政府盲目的"一刀切"定价不仅缺乏一定的依据，而且也会打击民间资本进入"青年公寓"建设运营领域的积极性。不仅如此，政府定价的过低会造成政府财政

---

① 在社会政治、经济等活动中，一些成员拥有其他成员无法拥有的信息，由此造成信息的不对称。掌握信息比较充分的一方，往往处于比较有利的地位，而信息贫乏的一方，则处于比较不利的地位。信息不对称能产生交易关系和契约安排的不公平或者市场效率降低等问题。

补贴压力的大增,并且也难以对刚毕业的大学毕业生低收入群体产生激励作用。笔者认为政府指导价的方法更适合"青年公寓"租金定价。政府结合入住大学毕业生的经济状况、民间资本运作成本及财政补贴等多方面因素,并按低于当地区域住房租赁市场价格的原则定期(如1年)核定基准价。在基准价基础上,政府允许民间资本根据具体运营情况在一定的浮动范围内调整价格。"青年公寓"实施政府指导价不仅能体现政府在社会保障事业中定价的主导性,切实保障大学毕业生低收入群体的利益,而且也体现出在市场经济活动中民间资本定价的灵活性,能更好地吸引民间资本投资建设"青年公寓"。事实上,安徽、海南等省份的公共租赁住房,嘉兴的人才公寓等都实行的是政府指导价。

(2) 租金减免

租金减免政策在我国租赁性保障性住房(如政府直管公房、廉租房、公共租赁房)应用较为广泛,主要针对的是困难家庭及特殊群体。如《北京城镇公有住房租金减免暂行办法》规定下列人员家庭承租北京城镇公有住房,在规定住房面积标准以内部分可申请租金减免:(一)离休干部家庭(以下简称离休干部)和按照《劳动人事部关于建国前参加工作的老工人退休待遇的通知》(劳人险〔1983〕3号)规定享受原标准工资100%退休费的退休工人家庭(以下简称老退休工人),新增租金超过其本人及配偶增发补贴的部分免交。(二)享受国家定期抚恤补助待遇的优抚户和享受城市居民最低生活保障待遇的家庭,其新增租金免交。(三)家庭人均月收入高于273元、低于400元(含)的居民家庭,房租超过其家庭月总收入10%的部分免交。(四)其他家庭,房租超过其家庭月总收入15%的部分免交。成都市中心城区廉租住房申请租金减免及审核规定,租住廉租住房的低收入家庭,若属下列范围,可按照相应等级减免:(一)属低保家庭的,房屋租金减免20%;(二)家庭成员中有残疾的,房屋租金减免20%,若属残疾军人的房屋租金减免30%;(三)家庭成员中有烈属的,房屋租金减免30%;(四)家庭成员均在60岁以上的,房屋租金减免50%。若租住廉租住房的低收入家庭有上述多种情况的,租金减免可累计,直至租金减为零。

大学毕业生低收入群体大部分都是新就业人员(毕业0~5年内),他们在刚毕业的一段时间内,收入不高,开支较大,积蓄甚少。虽然"青年公寓"实行的是政府指导、民间资本自主定价的模式,但不排除新就业大学生仍负担不起租金的情况发生。为了帮助刚参加工作的大学毕业生低收入群体良好发展,支持其在有所积蓄下的合理住房支出,政府租金优惠政策上应更多地向刚毕业参加工作的大学毕业生低收入群体倾斜,对刚参加工作一段时间内(如2年)的大学毕业生实行租金减免。和"青年公寓"面向对象相似的嘉兴"人才公寓"对此类人员就有相应的租金减免规定:对于入住的应届毕业生第一年租金标准给予当年基准价30%的优惠,第二年租金标准给予当年基准价20%的优惠,第三年租金标准以当年基准价为标准确定。

6.3.3 "青年公寓"价格的形成过程

当出现市场失灵时,就要靠政府行为来纠正这种失灵,"青年公寓"的市场失灵为政府规制的必要性提供了根据。然而,政府在介入微观经济活动、配置资源的过程中存在低效率现象(如政府定价的盲目性),也就是说这个过程中存在着政府失灵。政府失灵分为两个方面:一方面是政府在制定政策时,由于各方面的原因,如缺乏足够的信息或动力等,不能正确预测政策实施后的影响或无法用恰当的行政工具解决实际问题,从而导致政府失灵。另一方面则是政策执行过程失灵。根据执行主体不同,政府失灵可分为两种情况:一种情况是政府自身在执行过程中出现了失灵,而另一种情况则是政府的代理人在执行过程中出现失灵。

就出现政府失灵的原因来说,一是政策的执行要求有制度的保障,制度的低效率以及制度的不完善会导致政府失灵,二是政策在执行过程中很有可能遇到来自私营部门的阻力。再有就是政府的下属各机构的活动是否按照政策制定者的初衷进行是一个很大的问题。政府在矫正市场失灵的同时,也很有可能由于行为不当而影响当前市场的正常趋势并造成市场效率的低下,因为对于政府来说,确定合理的政策边界是非常困难的。还有一个重要的原因就是由于政府缺乏有效的约束,导致政府自我改革意识不强,不愿主动承担过多失灵所带来的责任。

但总的来说,随着市场经济的不断发展,政府的角色也已发生转变,更多的职能应该是扶植市场的发展,提供成熟的市场空间,为竞争创造充分有利的环境。解决政府失灵的问题关键在于要有一个合理的价格规制制度。当这个合理的价格规制制度得到有效实施,政府失灵问题就会得到解决。否则用失灵的政府来规制失灵的市场,其后果将比单独的市场失灵更糟糕。

从以上分析中可以看到,市场经济下,实行政府价格规制的"青年公寓",其租赁价格的形成不是由政府单方面来决定,而是市场与政府共同作用的结果,而在市场方面则是企业与消费者之间进行平衡。这样,就形成了企业、消费者、政府三方之间对"青年公寓"租赁价格的博弈。

基于PPP模式的保障性住房"青年公寓"的利益相关方——政府、民间资本和大学毕业生低收入群体在"青年公寓"的建设运营过程中各有自己的目标。政府的目标是为需要保障的群体提供数量充足的公共租赁住房,解决一大群体的住房社会问题,维护社会稳定,促进和加快社会经济的发展;民间资本投资"青年公寓"的目的是在回收全部投资的基础上获取期望的投资回报率;大学毕业生低收入群体则是希望政府能提供价格合理、配套齐全的租赁住房。很显然,上述三者的利益目标与"青年公寓"的租赁价格密切相关,价格水平决定了上述三者的目标能否实现。即要实现政府、民间资本和大学毕业生低收入群体三者的目标,必须找到"青年公寓"租赁价格的平衡点。

"青年公寓"的租赁价格除了受到其自身的产品特性限制,还受到政治因素、经济因素、社会因素、所处的市场因素等多方面外部环境的影响,这些因素进而影响到政府的财政补贴水平、民间资本的投资及收益水平和大学毕业生低收入群体的承受能力。然而,政府、民间资本和公众三者之间也是相互影响的。政府通过PPP协议约定为民间资本提供一定的成本和收益补贴,政府在做定价和调价决策时要考虑到公众的社会福利和自身的补贴力度;民间资本在定价和调价建议时需考虑"青年公寓"所在区域的市场竞争和大学毕业生低收入群体对住房租赁的选择。基于上述分析可知,"青年公寓"的三个主要利益相关方——政府、民间资本和大学毕业生低收入群体的利益是相互影响、相互依存、相互转化的。因此,"青年公寓"租赁价格形成是三者利益平衡的结果,见图6-2。

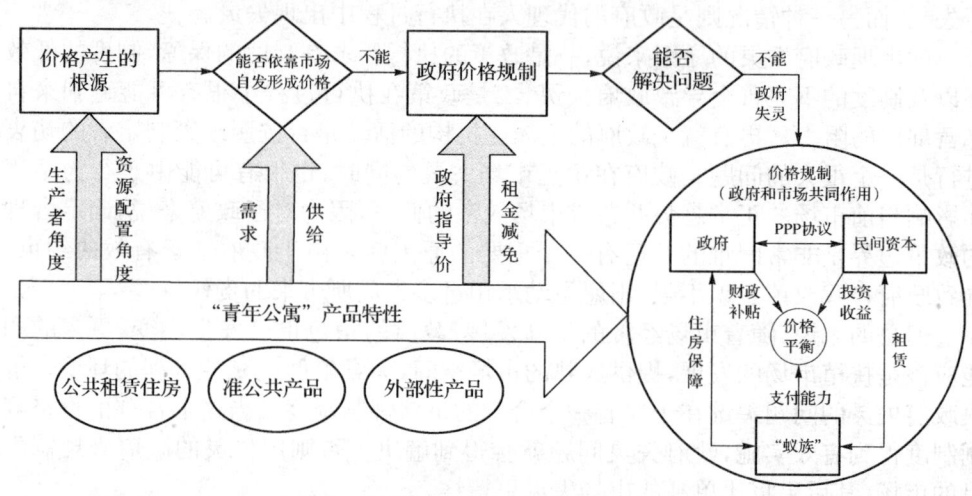

图6-2 "青年公寓"价格形成机理

6.4 "青年公寓"的定价与政府补贴

本章中"青年公寓"的定价实则为"青年公寓"租金的初始定价,也就是政府指导价中定期核定的基准价,另外的上下浮动幅度则由政府根据市场的整体运行情况,结合多方面因素确定。价格的高低是"青年公寓"利益相关方利益平衡的结果,不仅关乎大学毕业生低收入群体和民间资本的切实利益,更密切关系到政府的补贴力度。

6.4.1 国外公共租赁住房的定价和补贴模式

从住房性质看,"青年公寓"是我国公共租赁住房的一种表现形式。事实上,除了中国,各国政府都非常重视低收入群体的住房保障问题,并在不断的探索和实践中建立起适合本国国情的公共租赁住房保障制度。本章选择德国、日本、美国和英国作为参考对象,通过分析这些国家公共租赁住房的定价和补贴模式,借鉴其成功经验以完善"青年公寓"的定价和补贴制度。

1) 德国模式

德国政府对公共租赁住宅的租金实行价格管制,其办法是在剔除通货膨胀因素后,与市场租金挂钩,考虑的是实际租金而不是名义租金。具体做法如下:

(1) 参考当地的租金来设定公共租赁住宅的租金水平,并以此作为标准,来确定租金增长率。

(2) 政府补贴建造的公共租赁住宅分两个阶段来确定租金。2002年以前为了吸引社会资本参与公共租赁住宅的建设,租金的确定参考了实际建造成本,一般为市场租金的50%~60%。2002年以后,租金改为参考市场租金确定。对市场化租赁的住房,政府则根据房屋的质量、区位、结构等因素,制定了相应的指导租金,并编制了房租价目表。房屋的出租者必须在房租价目表规定的租金允许浮动范围内出租房屋,但其租金水平不能超过由政府设定的"许可租金"。

(3) 长期租住的低收入家庭的租金可由经营主体适当自由确定。这一做法可以降低经营主体在未来较长时期内因通胀及利率变化等因素产生的经营风险。

德国实施公共租赁住宅租金价格管制的目的是为了保护低收入家庭的利益,但是这种做法也存在缺陷,如居住条件恶化,住宅维护资金紧张,等等。在制定低租金政策的同时,德国还对低收入家庭给予房租补贴,补贴的金额为实际需交纳的租金与可承受的租金之间的差额。其中,居民可承受的租金一般按家庭收入的25%确定,房租补贴的资金则由联邦政府和州政府各承担50%。

2) 日本模式

日本公营住宅(公共租赁住房)的租金主要参考承租家庭的收入水平、承租房屋的居住条件等因素综合确定。首先,按照承租家庭的收入水平进行分类,计算确定各收入类别家庭需承担的"房租基准价",房租基准价原则上为家庭纳税收入的8%。其次,再根据房屋的区位、面积、年限、居住方便性等因素,对每户公营住宅编制相应的房屋租金调整系数。最后,通过房租基准价和房屋租金调整系数确定承租家庭应支付的具体房屋租金。

其计算公式为:

公营住房租金价格=房屋租金的基准价格×租金的调整系数

租金的调整系数=房屋的面积系数×城市的区位系数×居住的方便性系数×房屋的使用年限系数

具体操作中,房屋租金基准价由对应的家庭收入分类表来确定。表6-1给出了2001年爱知县房屋租金基准价。

表 6-1　2001 年日本爱知县房屋租金基准价表①

收入分类	月收入标准（日元）	房屋基准价（日元）
Ⅰ	<123 000	37 100
Ⅱ	123 000～153 000	45 000
Ⅲ	153 000～178 000	53 200
Ⅳ	178 000～200 000	61 400
Ⅴ	200 000～238 000	70 900
Ⅵ	238 000～268000	81 400

例如，某处公营住宅根据其房屋面积、所在位置、居住方便性和使用年限确定其房租调整系数为 0.456 7。那么，假如是Ⅰ类收入家庭租用此房，则月房租为 37 100×0.456 7＝16 944（日元），假如是Ⅳ类收入家庭租用此房，则月房租为 61 400×0.456 7＝2 8041（日元）。

3) 美国模式

美国政府于 1937 年开始建设公共住房，联邦政府划拨建设专项基金，基金的使用范围包括三个方面，分别是建造新住房、维修现有住房和运营公共住房等。联邦政府主持公共住房建设，州政府是产权所有者，管辖具体的选址、监督和分配。地方政府住房局是管理的专项机构。美国政府在公房政策实施出台后，为低收入人群建设大量住房。房租范围按照城市中低收入者不同收入水平收取。一般贫困家庭的房租为家庭收入的 1/3，收入略高的家庭房租则略高于家庭收入 1/3。

在补贴形式方面，美国对低收入家庭的租金补贴先后运用了以下四种方法：一是"砖头补贴"，补贴额为租户收入的 25% 与市价租金的差额；二是房东补贴，补贴额为市场租金与贫穷家庭收入一定比例的差额；三是房租代金券，持券人只需缴纳不超过自己收入 30% 的房租，不足部分由政府负责支付；四是现金补贴，补贴额为市场租金的 70%。

美国政府目前采用的最主要补贴的手段是以房租代金券直接补贴给租户。60% 的符合受补贴资格的中低收入人群选择了这种补贴方式。这种补贴方式分为住房证和住房券。前者始于 1974 年，又称"租金证明计划"，后者始于 1983 年，又称"租金优惠计划"。住房者享受"住房证"方式时，只能租住联邦政府确定的租金水平的住房。住房者享受"住房券"方式时，可以在市场上自由寻找住房，当住房租金高于规定的租金时，差价由住户自行承担；当住房租金低于规定的租金时，优惠

---

① 资料来源：日本爱知住宅供给公社.2001 年住宅入居中案内书[M].爱知住宅供给公社,2000.

余额继续使用。按照住房市场一般租金水平由联邦政府确定补贴金额,再由地方政府向住户提供租金证明或租金优惠券形式的租金补贴。值得一提的是,对于低收入家庭来说,美国公共住房租金的确定与其家庭收入水平密切相关。低收入家庭只需将其家庭收入的25%交作房租,市场租金的差额由政府发券补足,后来这一比例调整至30%。

4) 英国模式

英国政府于二战后开始大规模建设公共住房,建成后的住房主要采用租赁方式满足居民的住房需求。初期,公共住房实行低租金政策,按运行维护成本厘定租金。同时,对居民私有的出租房屋也采取控租政策,租赁价格由政府按保本微利的原则制定。

20世纪70年代后,为减少庞大的公共住房建设、维护等开支,摆脱财政压力,英国政府逐步推进公共住房制度改革,鼓励个人购买公共租赁住房,同时通过新的定价方式,逐步将公共租赁住房租金水平与按《租金法》规定的私房之"公平租金"接轨。但对于低收入家庭,则根据其家庭收入水平,仍然按真实租金的一定折扣收取租金。

5) 以上国家的基本经验

德国政府和日本政府在分配低租金公共租赁住宅时,首先由政府公布符合申请公共租赁住宅的低收入人群收入标准,将收入标准以下的家庭再进一步分类,区分出不同收入人群的租金。也就是说,同样的一套公共住宅,不同收入水平的家庭所支付的房租也会有所差异。公共租赁住宅的准入制度与家庭收入挂钩,这样就限制了高收入家庭入住公共租赁住宅中。准入线的标准由当地收入水平和补助金方案来设定。政府严禁公共租赁住宅的经营机构向高收入家庭提供住房的行为,经营机构的经营行为受到了严格限制。

美国政府的公租房租金政策中有"租金优惠券"和"租金证明"两种补贴方式。这两种补贴方式的主要区别在于,在"住房优惠券"补贴方式下,租房者可以在市场上自由寻找住房,当租房的租金高于优惠券规定的租金时,差价由租户自行承担;当租房的租金低于优惠券规定的租金时,优惠余额能继续使用;租房者享有"住房证明"补贴时,只能租住政府规定租金水平的住房。从经济学的角度来分析,"租金优惠券"的补贴效用要大于"租金证明"补贴,因此美国政府扩大了"租金优惠券"补贴的范围,逐步缩小了"租金证明"的补贴规模。

政府在住房保障中对低收入住房者直接进行补贴的手段,由于其补贴转移不会出现损失,所以补贴效率较高。政府通过收入标准的筛选将不符合保障条件的人群排除,节约了政府的财政支出。但是,在住房市场供求不平衡的情况下,房屋租金的价格会高于其实际价值。由于政府进行补贴的资金与市场租金水平挂钩,政府财政负担就会因此而加大,而政府就必须为这种非均衡供求状态买单。

任何一个国家的经济发展状况、住房市场的发展情况、居民的收入水平都处于不断的变化之中。因此,保障性公共租赁住房的保障水平也应该是动态的。即随着社会经济的发展、住房市场和居民收入水平的变化,政府应该对保障性公共租赁住房的分配等机制进行调整,使其与当前的基本国情相适应。

6.4.2 "青年公寓"的定价模式

"青年公寓"租赁价格形成是三个主要利益相关方——政府、民间资本和大学毕业生低收入群体利益平衡的结果。也就是说,要使PPP模式的"青年公寓"得以实现,必须确立一个能让三方"满意"的合理租金,即:(1)在一定期限内,民间投资回收成本并产生合理利润;(2)保障大学毕业生低收入群体良好居住,支持有所积累前提下的合理租金支出;(3)正常的政府财政投入。因此,需要通过对利益相关者的诉求及相关影响因素的分析,得到一个能令三方"满意"的定价范围,然后再在这个定价范围中确定"青年公寓"租金标准及政府补贴力度,见图6-3。

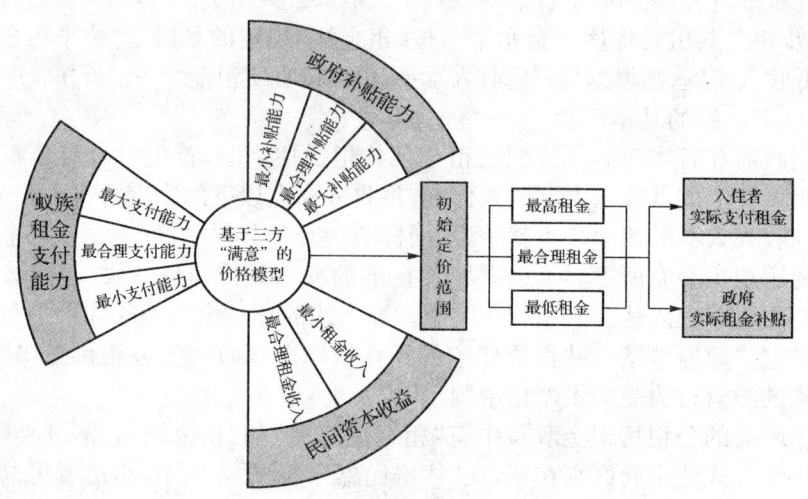

图6-3 "青年公寓"定价模式

1)满意度函数

(1)价格"满意"的内涵

"青年公寓"的主要利益相关者指的是政府、民间资本和大学毕业生低收入群体。由于角色地位的不同,他们对某一价格水平的感知也不尽相同,也就是对价格的满意度不同。之前,学术界一直把价格作为衡量住宅居住满意度的一个指标,并未单独提出价格满意度的概念。但是在PPP模式下的"青年公寓"中,相对于规划设计、工程质量、市政配套等指标,各利益相关者对价格的指标更加敏感。因此,本章引用赵青松(2010)提出的"价格满意度"概念。这里的价格满意度所指的对象不仅包括顾客(大学毕业生低收入群体),而且还包括其他利益相关者(政府和民间资本)。一般来说,价格满意度的取值范围为[0,1]。由于环境变化所引起的调价难以预测,本章仅重点讨论政府、民间资本和大学毕业生低收入群体对初始租金的价格满意度。

(2) 满意度函数

满意度函数主要用于解决质量管理、工程优化领域中产品和过程质量持续改进的整体最优化问题。满意度函数法也被称为渴求函数法,它通过满意度函数的引入将单个响应[①]转换成[0,1]区间上的个体满意度,然后把所有个体满意度综合成总体满意度指标,从而将多响应优化问题转化成对总体满意度求极大化的单一响应问题。

Derringer 等给出了直观、解释性强且便于分析处理的满意度函数表达式。对于单个响应,其个体满意度函数为

$$d_i(\hat{y_1}) = \begin{cases} \left(\dfrac{\hat{y_1} - L_i}{T_i - L_i}\right)^{s_i} & L_i \leqslant \hat{y_1} \leqslant T_i \\ \left(\dfrac{U_i - \hat{y_1}}{U_i - T_i}\right)^{t_i} & T_i < \hat{y_1} < U_i \\ 0 & \hat{y_1} < L_i \text{ 或 } \hat{y_1} \geqslant U_i \end{cases} \quad (6-7)$$

其中,下标 i 表示第 i 个响应,d_i 为该响应的个体满意度;$\hat{y_i}$ 为该响应的预测值;L_i 为该响应的下界;U_i 为该响应的上界;T_i 为该响应的目标值;s_i 和 t_i 为指数,决定满意度函数的形状。

对于望大和望小型响应,其个体满意度分别定义为

$$d_i(\hat{y_1}) = \begin{cases} 0 & \hat{y_1} < L_i \\ \left(\dfrac{\hat{y_1} - L_i}{T_i - L_i}\right)^{s_i} & L_i \leqslant \hat{y_1} < T_i \\ 1 & \hat{y_1} \geqslant T_i \end{cases} \quad (6-8)$$

$$d_i(\hat{y_1}) = \begin{cases} 1 & \hat{y_1} < T_i \\ \left(\dfrac{U_i - \hat{y_1}}{U_i - T_i}\right)^{t_i} & T_i \leqslant \hat{y_1} < U_i \\ 0 & \hat{y_1} \geqslant U_i \end{cases} \quad (6-9)$$

---

① 系统在激励作用下所引起的反应。

总体满意度由个体满意度的加权几何平均来定义，即

$$D = \left\{ \prod_{i=1}^{l} [d_i(\hat{y_1})]\omega_i \right\} \frac{1}{\sum_{i=1}^{l} \omega_i} \tag{6-10}$$

其中，D 为总体满意度，取值范围为 $[0,1]$；ω_i 为权值，表示第 i 个响应的相对重要性，$\sum_{i=1}^{l}\omega_i = 1$（下标 i 为第 i 个响应，$i = 1,2,\cdots,l$，l 为响应的个数）。

政府、民间资本、大学毕业生低收入群体在面对"青年公寓"的不同租金时，都会有不同的响应（是否满意）。大学毕业生低收入群体和政府从自身支付（财政支出）能力出发，对价格（补贴）的响应都是望小型的，也就是价格越低（补贴越少），其满意度就会越高；而民间资本则与之相反，它的响应属于望大型，它从自身收益考虑必然希望价格越高越好。

本章将满意度函数法引入到"青年公寓"价格满意度的分析中，期望以此建立基于三方"满意"的"青年公寓"价格模型。

2）大学毕业生低收入群体的价格满意度分析

（1）大学毕业生低收入群体的住房支付能力测算

住房支付能力的表示方法可分为两大类：比率法和剩余收入法。比率法指用两个绝对指标的比值表示住房支付能力大小的方法，如果比值大于（或小于）某个指定标准，则存在住房支付能力问题。现在住房支付能力研究中常用的比率法度量指标有房价收入比，房价租金比，美国住房和城市发展部（U. S. Department of Housing and Urban Development，HUD①）住房支付能力指数，美国全国房地产经纪人协会（National Association of Realtors，NAR）住房支付能力指数，美国全国住房建造商协会（National Association of Home Builders，NAHB）住房支付能力指数，哈佛大学住房研究中心（Joint Center for Housing Studies，JCHS）住房支付能力指数，这些度量指标均采用的是平均（或中位）房价、平均（或中位）收入计算，由于不是基于家庭层面，通过这些指标不能得出有多少家庭存在住房支付能力问题、住房支付能力问题严重程度等结论，换言之，这些指标对于住房保障政策没有多大

---

① HUD 指数等于中位收入与购买中位房价常规抵押贷款要求的收入之比乘 100，指数为 100 表示收入等于贷款要求的收入，大于 100 表示购房能力较强；NAR 指数等于月度中位收入的 25% 与购房中位房价常规抵押贷款要求的收入之比乘 100，指数等于 100 表示 25% 的收入用于住房时，中位收入家庭的收入恰好可承受市场销售的中位房价，小于 100 表示住房支付能力不足；NAHB 指数等于在所有销售的住房中，中位收入家庭 28% 的收入可购买住房的比例。

的指导意义。

剩余收入法指用收入减非住房支出的差额或收入减住房支出的差额表示住房支付能力大小的方法,如果剩余收入小于住房成本(或小于非住房支出),则存在住房支付能力问题。夏刚(2008)认为与比率法相比,剩余收入法具有如下优点：

第一,可反映不同收入水平家庭的住房支付能力；

第二,可反映不同人员构成家庭的住房支付能力；

第三,可反映非住房消费对住房支付能力的影响；

第四,具有明确的经济学含义；

第五,剩余法度量的住房支付能力用于住房市场和住房政策分析更合理。

通过对比分析,本章认为以剩余收入法的研究角度,用分地区的比率法指标来度量大学毕业生低收入群体的个人住房支付能力更为合理,原因有三：一是与比率法单一着重突出住房支出的理念相比,剩余收入法同样强调非住房支出重要性的理念显得更为合理；二是"青年公寓"解决的是单身大学毕业生低收入群体的住房困难,该群体无论从人口学特征还是生活习性、消费习惯上都有高度的相似性,他们在一定的收入范围内所具有的住房支付能力应该相差不大,这个为比率法确定大学毕业生低收入群体的住房支付能力提供了可行性；三是由于地方区域的差别,每个城市中的必要生活水平不一样,非住房支出和住房支出也不尽相同,若用统一的住房支出衡量全国范围内的大学毕业生低收入群体的住房支付能力则不太科学。

本章以南京为例来说明大学毕业生低收入群体住房支付能力的确定过程。

课题组于2010年11月到2011年7月期间对南京地区大学毕业生的住房及相关问题进行了问卷调查,正式调查阶段共发放问卷682份,回收有效问卷515份。调查问卷中涉及的消费支出等问题参照了南京市统计局的"城市居民家庭全年人均消费"指标按月分项列出。本章以月薪2 500元为界限,分析了月薪在此之下的大学毕业生低收入群体的消费支出情况。具体见图6-4。

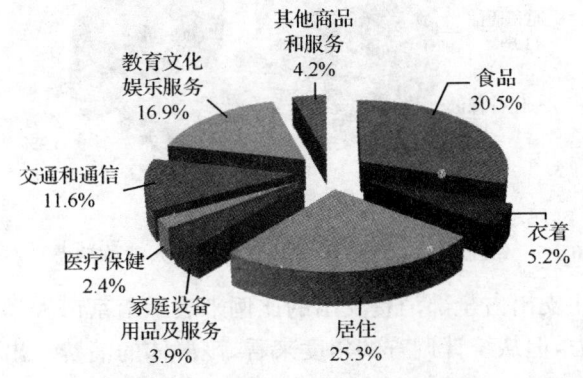

图6-4 南京市大学毕业生低收入群体消费支出分布图

与南京市统计局发布的《南京市 2010 年统计年鉴》中的城市居民家庭全年人均消费情况(如图 6-5)相比,我们可以清晰地看出两者的消费差别。姚燕(2008)在研究对比南京市大学毕业生和南京市城市家庭消费内容的基础上,提出相对于城市家庭,大学毕业生在医疗保健、家庭设备用品服务、其他商品和服务等方面的消费比例应下降,交通和通信、娱乐文教等费用所占比例应适当上调,食品、衣着等消费比例应基本持平。为了了解大学毕业生低收入群体的最高住房支付能力,本章按照"应降的消费比例降至两类的最低消费水平,应上调和持平的消费比例维持现状"原则,对南京市大学毕业生低收入群体的消费分布图进行了修正(如图 6-6 所示)。从修正后的南京市大学毕业生低收入群体的消费分布情况看,居住支出占消费支出的比例为 26.0%,这也是本章得出的南京市大学毕业生低收入群体可能承受的最高的住房消费支出比例。

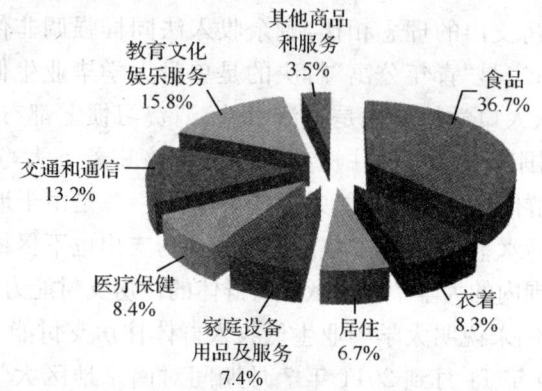

图 6-5 南京市城市家庭消费支出分布图

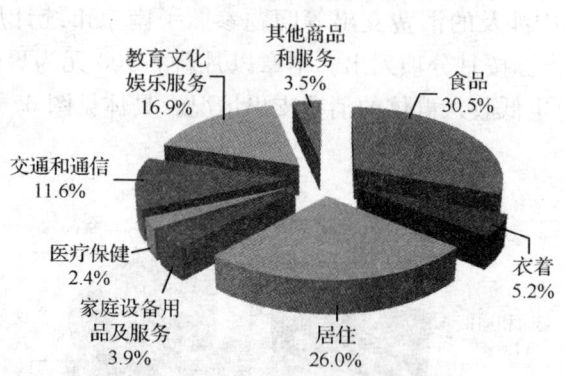

图 6-6 修正后的南京市大学毕业生低收入群体消费分布图

上文中用居住支出占全部消费支出的比例来表示南京市大学毕业生低收入群体的住房支付能力,但从统计调查的角度来看,该群体的消费支出的数据并不容易取得。对于租住"青年公寓"的大学毕业生低收入群体而言,租金支付主要来自于可支配收入,而可支配收入则是一个容易调查取得的数据。可支配收入是指能够自由支配的收入,就是从总收入中扣除了缴纳给国家的各项税费,扣除了缴纳的各项社会保险,比如医疗保险、养老保险、失业保险等余下的收入。这跟收入中只有劳动报酬的人每个月拿到手的工资是相当的概念。

吴沛、楚晓东(2007)在对我国城镇居民年人均收入变动对年人均各种消费变动的影响进行实证分析的基础上,建立了人均消费支出中各分项指标与人均可支配收入的回归模型;董春英(2007)从协整理论出发,对我国城市居民人均消费与人均可支配收入在通过协整检验后,建立了ECM误差修正模型,发现了两者间存在的动态均衡关系;陈容、周艳华(2009)的实证研究表明,江苏省城镇居民可支配收入与消费支出之间存在长期均衡关系,当期收入和长期均衡对居民消费都有较强的制约作用;权立波(2010)根据1996—2006年城镇居民人均可支配收入和人均消费性支出的基本数据,应用线性回归分析的方法研究了城镇居民人均可支配收入和人均消费性支出之间数量关系的基本规律。上述研究表明,在居民可支配收入和消费支出之间必然存在着一定的联系,而且这种联系是线性的、长期均衡的。那么这种联系在南京的经济数据中是如何体现的呢?

本章从南京市统计局发布的2000—2010年南京市国民经济和社会发展统计公报中摘取了各年的城市居民人均可支配收入和城市居民人均消费支出,如表6-2所示。

表6-2 2000—2010年南京市城市居民人均可支配收入与消费支出

年份	城市居民人均可支配收入(元)	城市居民人均消费支出(元)
2000	8 233.01	7 047.46
2001	8 848.2	7 325.65
2002	9 157.08	7 322.64
2003	10 195.56	7 725
2004	11 601.68	8 349.67
2005	14 997.47	10 704.34
2006	17 537.72	12 233.56
2007	20 317	13 278
2008	23 122.69	15 132.73
2009	25 504	16 339.1
2010	28 312	18 156

本章运用 SPSS 统计软件对数据进行了线性回归分析,分析结果见表 6-3～表 6-5。

表 6-3 线性回归模型的相关性分析结果

相关性		消费	可支配收入
Pearson 相关性	消费支出	1.000	0.999
	可支配收入	0.999	1.000
Sig.(单侧)	消费支出	—	0.000
	可支配收入	0.000	—
N	消费支出	11	11
	可支配收入	11	11

表 6-4 线性回归模型的验证性分析结果

模型汇总									
模型	R	R^2	调整 R^2	标准估计的误差	更改统计量				
					R^2 更改	F 更改	df1	df2	Sig. F 更改
1	0.999[a]	0.997	0.997	213.153 70	0.997	3 586.663	1	9	0.000

a. 预测变量:(常量),可支配收入

表 6-5 线性回归模型的系数估计结果

系数[a]						
模型		非标准系数		标准系数	t	Sig.
		β	标准误差			
1	(常量)	2 236.883	163.456		13.685	0.000
	可支配收入	0.557	0.009	0.999	59.889	0.000

a. 因变量:消费支出

从表 6-3 可以看出,2000—2010 年南京市城市居民人均可支配收入与人均消费支出的皮氏相关系数为 0.999,达到了显著水平(相关系数为 1 即称为完全正相关)。表 6-4 中的 R^2 提供了自变量(可支配收入)对因变量(消费支出)的整体解释情况,显示了以可支配收入预测消费支出有 99.7% 的解释力,F 值为 3 586.663,显著性为 0,表明该解释力具有统计上的意义。表 6-5 的系数估计结果指出,可支配收入能够有效预测消费支出,其 Beta 系数达到了 0.999,表示可支配收入越高,消费支出也就越高。

最后的结果表示为

$$K = 2\,236.883 + 0.557E \qquad (6-11)$$

其中，K 为南京市城市居民的人均消费支出；E 为南京市城市居民的人均可支配收入。

上文给出了以居住支出占全部消费支出的比例来表示南京市大学毕业生低收入群体的住房支付能力的方法，其能承受的最高住房支付比例为 26.0%。由于南京市城市居民人均消费支出可由人均可支配收入的一元线性回归方程式表达，本章将其换算，便可得到用人均可支配收入表达的南京市大学毕业生低收入群体的最高住房支出能力为 $581.590 + 0.145E$。那么，大学毕业生低收入群体对单位面积初始租金的最大支付能力就可以表示为 $(581.590 + 0.145E)/S$，其中 S 表示入住者居住公寓的建筑面积。

(2) 大学毕业生低收入群体的价格满意度函数

若以 x_1 表示大学毕业生低收入群体的单位面积支出，以 f_G 表示该群体的价格满意度，则存在函数关系 $f_G(x_1)$。对于 x_1，可以认为其最小值为 0，最大值为大学毕业生低收入群体的最大租金支付能力 $(581.590 + 0.145E)/S$，即 x_1 的取值范围为 $[0, (581.590 + 0.145E)/S]$。

$f_G(x_1)$ 是一个望小型满意度函数，并且可以认为其近似符合二次函数形式，即大学毕业生低收入群体的价格满意度随着租金的增加而逐步下降，而且下降的幅度逐步变大。通常，如果 x_1 超过了 $(581.590 + 0.145E)/S$，则可认为大学毕业生低收入群体对租金水平是完全不满意的，也就是 $f_G(x_1 \geqslant (581.590 + 0.145E)/S) = 0$；如果 $x_1 < 0$，那么就可以认为大学毕业生低收入群体对租金水平是完全满意的，也就是 $f_G(x_1 < 0) = 1$。则 $f_G(x_1)$ 的函数关系如式 6-12 所示。

$$f_G(x_1) = \begin{cases} 1 & x_1 < 0 \\ 1 - \{x_1/[(581.590 + 0.145E)/S]\}^2 & 0 \leqslant x_1 < \dfrac{581.590 + 0.145E}{S} \\ 0 & x_1 \geqslant \dfrac{581.590 + 0.145E}{S} \end{cases}$$

$$(6-12)$$

3) 民间资本的价格满意度分析

(1) 民间资本合理投资回报率的确定

投资回报率(ROI，Return on Investment)是关系民间资本投资回报的最基

本、最重要的指标。所谓投资回报率是指项目评估期的民间资本投资的回报程度，是投入与产出的科学比较。用公式表示为

$$ROI = \frac{EBIT}{TI} \times 100\% \qquad (6-13)$$

其中，$EBIT$ 为项目正常年份的年税前利润或营运期年平均税前利润；TI 为项目总投资。

　　PPP 理念强调公私双赢，因此，民间资本能否获得合理的投资回报是衡量"青年公寓"是否成功的重要标准。一般来说，不同行业的投资回报率不尽相同，同一行业的不同项目也存在着投资回报率上的差异。有学者主张，类似"青年公寓"这种前期投资金额大、回报周期长的 PPP 项目，应预先设计一定的投资回报率，可以有效地刺激和吸引社会资本参与城市公用基础设施建设。目前美国、德国和智利在实践中都采取了比较典型的投资回报率管制模型。具体做法是，先根据价格影响因素的变化情况，确定企业的合理投资回报率；再以此回报率作为企业在某一特定时期内定价的依据，根据其投入的资本，确定合理的投资回报。其模型表示为

$$R(\sum_{i=1}^{n} Q_i P_i) = C + s(RB) \qquad (6-14)$$

其中，R 为企业收入函数，它取决于产品价格 Q、数量 P 以及被管制企业的产品种类 n；C 为成本费用；s 为政府规定的投资回报率；RB 为投资回报基数。该模型的优点在于有利于鼓励企业投资。但实践中，何种水平的投资回报率才能称为合理，学术界至今还没有给出一个令人信服的结论。不过笔者认为，"青年公寓"肯定存在着一个最低的投资回报率，这个回报率就是民间资本进入大学毕业生低收入群体保障房领域的门槛。政府和民间资本在考虑多方因素的基础之上，可在这个门槛之上最终确定一个双方都认为合理的投资回报率，并在特许权协议中加以规定，或者政府从自身财政补贴能力来考虑对民间资本的投资回报率进行管制，设定一个最高限额。

　　(2) 民间资本的价格满意度函数

　　"青年公寓"建成后，在入住为 100% 的条件下，运营过程中每年的税前利润为

$$N = [S(x_1 + x_2)(1-t)q - C] \qquad (6-15)$$

其中，N表示"青年公寓"运营过程中每年的税前利润；S表示每套公寓的建筑面积；x_1表示大学毕业生低收入群体的单位面积住房支出，x_2表示政府单位面积的住房补贴；t表示除所得税外，包括营业税、城市维护建设税、教育费附加等在内的综合税率；q表示"青年公寓"建成公寓套数；C表示"青年公寓"运营期间每年的总成本费用，包括运营公司的管理费用、委托专业服务公司的合同价款、"青年公寓"的折旧费、摊销费以及相应的利息支出。

由于"青年公寓"产权共有，政府和民间资本按出资比例享有相应的收益，所以民间资本每年获得的税前利润为

$$N_2 = N[F_2/(F_1 + F_2)] \tag{6-16}$$

其中，N_2表示民间资本每年按产权比例获得的税前利润；F_1表示政府划拨的土地和财税优惠的折价；F_2表示民间资本开发成本。政府和民间资本的出资构成如表6-6和图6-7所示。

表6-6 政府划拨的土地和财税优惠折价构成

	折价项目	
政府划拨的土地和财税优惠的折价	划拨土地价格	土地使用权出让金
		城市建设配套费
		土地开发费
		获取土地使用权过程中所需支付的税费
	财税优惠	所得税
		流转税
		行为、目的税
		资源、财产税
		土地使用费
		行政性收费

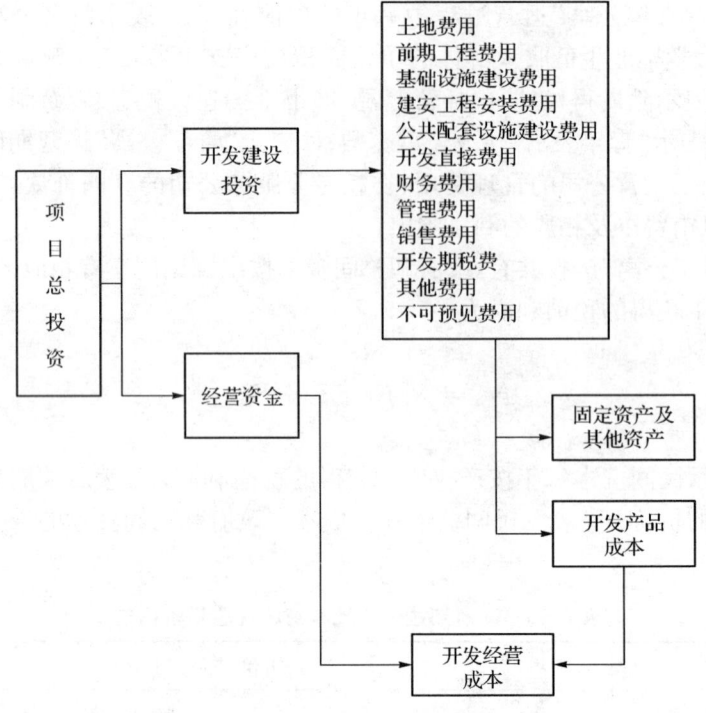

图 6-7　民间资本项目开发总投资构成

设民间资本的投资回报率为 ROI，则民间资本每年的税前利润可表示为 $F_2 ROI$，将式（6-15）、式（6-16）分别代入，可得到

$$ROI = [S(x_1 + x_2)(1-t)q - C]/(F_1 + F_2) \qquad (6-17)$$

以投资回报率表示的租金水平则为

$$x_1 + x_2 = [ROI(F_1 + F_2) + C]/S(1-t)q \qquad (6-18)$$

以 f_H 表示民间资本的价格满意度，则存在函数关系 $f_H(x_1, x_2)$。假定民间资本投资"青年公寓"的最低回报率要求为 $ROI_{\min}$，政府和民间资本 PPP 协议中约定的民间资本最高回报率为 $ROI_{\max}$，当 $ROI < ROI_{\min}$，即可认为民间资本对"青年公寓"的租金水平是不满意的，此时 $f_H(x_1, x_2) = 0$；当 $ROI \geqslant ROI_{\max}$ 时，可认为其对租金水平是完全满意的，也就是 $f_H(x_1, x_2) = 1$。

民间资本的价格满意度函数可表示为

$$x) = \begin{cases} 0 & x_1 + x_2 < \dfrac{ROI_{\min}(F_1+F_2)+C}{S(1-t)q} \\ \dfrac{\dfrac{S(x_1+x_2)(1-t)q-C}{S(1-t)q}-ROI_{\min}}{ROI_{\max}-ROI_{\min}} & \dfrac{ROI_{\min}(F_1+F_2)+C}{S(1-t)q} \leqslant x_1+x_2 < \dfrac{ROI_{\max}(F_1+F_2)+C}{S(1-t)q} \\ 1 & x_1+x_2 \geqslant \dfrac{ROI_{\max}(F_1+F_2)+C}{S(1-t)q} \end{cases}$$

(6-19)

4) 政府的价格满意度分析

(1) 政府财政补贴能力分析

正如前文所述，"青年公寓"的产品特性决定了其租金水平必然低于市场水平，为了吸引民间资本投资建设"青年公寓"，必须得保证民间资本能够在较短的时间内回收投资并获得收益，除用地划拨和税收优惠外，政府还需要提供大量的资金以补贴民间资本的租金收入，政府财政必将面临严峻的考验。目前，各地对大学毕业生的住房补贴主要来自于地方财政。地方政府在"青年公寓"的可行性研究阶段，应根据自身财政能力估算出其每年能承受的最大住房补贴力度，以此作为政府制定"青年公寓"租赁指导价的依据。政府按持有"青年公寓"产权比例而享有的产权收益也可直接作为"青年公寓"租金补贴的一部分，但由于政府财政实行"收支两条线"，故放在政府补贴中一并考虑。

(2) 政府的价格满意度函数

以 f_I 表示政府价格满意度函数，则存在函数关系 $f_I(x_2)$。对于 x_2，可以认为其最小值为 0，即政府不需要对"青年公寓"进行补贴，政府的最大补贴能力 V/Sq 则为最大值，其中 V 为政府财政每年所能承受的最大住房补贴额度，Sq 为项目的总建筑面积。

对于望小型函数 $f_I(x_2)$，可以认为其近似符合二次函数形式，政府在补贴能力方面的价格满意度随着补贴总额的增加而降低，且降低幅度变化不一。通常，如果 $x_2 \geqslant V/Sq$，那么可认为政府对价格（从补贴能力角度来说）是完全不满意的，即 $f_I(x_2 \geqslant V/Sq)=0$；如果 $x_2 < 0$，那么可以认为政府对价格（从补贴能力角度来说）是完全满意的，即 $f_I(x_2 < 0)=1$。则 $f_I(x_2)$ 可表示为

$$f_I(x_2) = \begin{cases} 1 & x_2 < 0 \\ 1-[x_2/(V/Sq)]^2 & 0 \leqslant x_2 < V/Sq \\ 0 & x_2 \geqslant V/Sq \end{cases} \quad (6-20)$$

5) 基于价格满意度函数的三方"满意"价格模型

三方的价格满意度函数仅仅反映了各方自身对价格的满意程度,而没有考虑另外两者对价格的影响。而实际上,"青年公寓"租赁价格的形成是政府、民间资本、大学毕业生低收入群体三方利益平衡的结果。也就是说,"青年公寓"最终的租金水平必须是三方合理利益诉求理性契合的结果,从而达成三方共赢。邓小鹏、熊伟等人(2009)认为PPP项目的定价应该以PPP项目利益相关方满意度相同为总目标;汪文雄(2009)则认为PPP项目的价格应该是在市场博弈的基础上,综合政府的定价目标、政府的财政补贴能力以及公众的消费承受能力的修正系数后得到。本研究认为三方各自的价格满意度应被视为个体满意度,而三方各自价格满意度加权之和为最大值(总体满意度达到最大)时的价格即为三方"满意"的"青年公寓"租赁价格。

三方"满意"的价格模型可表示为

$$\max_{x \in D} f(x) = \max_{x \in D} \{\alpha f_G(x) + \beta f_H(x) + \gamma f_I(x)\} \quad (6-21)$$

其中 D 为 x 取值的约束集合,由以下约束条件确定:

$$\text{s.t.} \begin{cases} 0 \leqslant x_1 < \dfrac{581.590 + 0.145E}{S} \\ \dfrac{ROI_{\min}(F_1+F_2)+C}{S(1-t)q} \leqslant x_1+x_2 < \dfrac{ROI_{\max}(F_1+F_2)+C}{S(1-t)q} \\ 0 \leqslant x_2 < \dfrac{V}{Sq} \end{cases} \quad (6-22)$$

$f_G(x)$、$f_H(x)$、$f_I(x)$ 分别表示大学毕业生低收入群体、民间资本、政府的价格满意度函数;α、β、γ 为权重系数,表示三者在定价决策中的重要程度,且 $\alpha + \beta + \gamma = 1$。

一般来说,式(6-22)是存在最优解的,这个最优解表示的价格可以使政府、民间资本、大学毕业生低收入群体的加权总体满意度达到最大,亦达到三方"满意"的目的。

6.4.3 "青年公寓"的补贴模式

1) 补贴的内涵

在日常用语中,补贴一词表示经济上的资助。在学术界,对于补贴至今仍没有一个被广泛接受的概念界定。1969年美国国会对补贴的定义是"补贴是由政府提供的激励方式,通过降低机会成本或者增加潜在收益,促使目标市场中的消费者和生产者有能力做在没有获得补贴时不会做的事情"。在经济学中则是从补贴受领人得到的利益多少的角度来对补贴进行界定,补贴不仅包括积极的资助(给付性补贴),还包括政府免除的一般税费负担(减免性补贴)。在经济学中研究补贴的重点不是补贴的行为过程,而是它所带来的结果。

本章结合"青年公寓"的产品特性分析了政府对"青年公寓"相关方进行补贴的三方面主要原因:一是民间资本在利益导向下的定价将导致大学毕业生低收入群体无法承担,这种情况下需要政府对入住者进行补贴或对租赁价格进行规制;二是为了吸引民间资本,保证其能在短时间内回收资金获得收益,政府在民间资本的建设运营过程中要给予一定的补贴;第三,政府若不对"青年公寓"极强的正外部性进行补贴,则极容易降低民间资本生产的积极性,导致"青年公寓"供应的短缺。上述三种原因在实际情况中是相互交织、错综复杂的,但无论怎样,这些原因都表明了政府补贴对于"青年公寓"模式成功运行的重要性。

2) 保障性住房中补贴的分类及比较

(1) 补贴的分类

按照补贴对象的不同,政府对保障性住房的补贴可以分为生产者补贴和消费者补贴这两种基本补贴形式。生产者补贴通过降低生产者融资、建造和经营成本或提高其经营、销售收入,激励其建造面向中低收入群体的住房。而消费者补贴通过降低消费者融资成本、住房消费支出等,提高其住房消费意愿和能力。

生产者补贴分为很多形式,主要包括特设基金贷款、贴息贷款、地价优惠、规费减免、税收优惠和价格补偿。特设基金贷款指政府设立专项基金,委托金融机构向住房生产者发放低于市场利率的开发建设贷款。贴息贷款则是通过政府补贴金融机构利差、为生产者担保或者对金融机构实施税收优惠等,降低其贷款利率。地价优惠政策是指政府以划拨方式或者低价出让方式提供住房建设用地。规费减免主要是指政府对生产者生产运营过程中的行政性收费进行减免。税收优惠一般采取两种方式,一是生产者出租或出售获利所得税减免,二是住宅资产增值税减免。上述五种补贴形式都是通过降低生产者成本,使其可接受的住房价格下降,而价格补贴则是通过补贴住房价格差价,提高生产者收益,从而降低其向市场索要的价格。

消费者补贴形式与生产者补贴大同小异,只是补贴对象发生变化。比较常见的消费者补贴形式包括价格规制、价格补贴、贴息贷款、政府担保、抵扣个人所得税和住房储蓄等。政府的价格规制属于限价策略,即生产者只能在一定的价格范围向消费者提供住房,实质上是变相地对消费者进行补贴。消费者补贴中的价格补贴方式比较灵活,可以使用现金补贴,或是类似于"住房券"的补贴,也可以是帮助其支付贷款首付、住房交易手续费和抵押贷款保险费等。政府担保则是通过政府信用,提高中低收入家庭信用等级,降低其住房贷款获取门槛,例如,美国联邦住房管理局(FHA)、退伍军人管理局(VA)以及加拿大国家住房管理局(NHA)通过对特定人群住房贷款承担全部或部分信用风险,促使贷款机构向信用等级较低人群授信,或降低贷款利率,或加大贷款额度。抵扣个人所得税指通过减免个人所得税降低消费者实际购房成本。以法国 Epargne-Logement(E-L)系统和德国 Baupar 系统为代表的住房储蓄补贴方式的原理是存款人与贷款机构签订存贷合同,先存后贷,当存款积累到规定数额时,存款人可以提取存款本息,并获得一定存贷比例下低于市场利率的住房贷款。

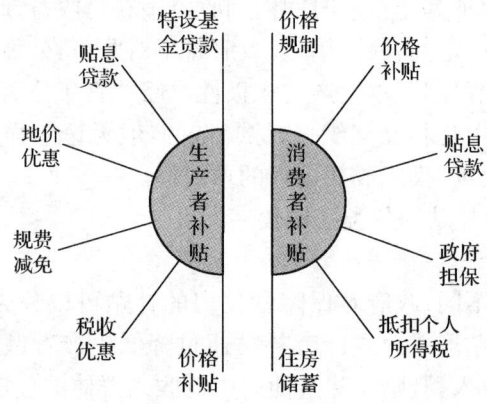

图 6-8　保障性住房补贴分类

(2) 两类补贴的比较

生产者补贴与消费者补贴的基本区别在于政府介入保障性住房市场的角度和补贴的侧重点有所不同。在生产者补贴中,政府的财政补贴是投向住房生产者一方,在房屋价值从生产者过渡到消费者时,补贴就通过生产者的供给行为间接地传递给了消费者。而消费者补贴则是政府通过各种方式和手段,增加消费者住房消费的能力或降低其住房支出,从而达到向消费者提供补贴的目的。

① 适用前提比较

生产者补贴的适用前提:一是社会住房极度短缺,政府希望能在较短时间内解决住房短缺的问题。二是政府财力有限,只有通过划拨土地、规费税费减免等方式来推动住房建设。消费者补贴的适用前提是政府财力比较充足,能够给予住房消费者以直接的现金补助,再者消费者也要有改善住房条件的能力与意愿。

② 优缺点比较

生产者补贴虽然能激励生产者建设住房的积极性,但也有着自身无法避免的缺陷。首先,政府的补贴构成了政府对住房市场的直接干预;其次,对生产者的补贴会导致生产者对降低成本缺乏动力。生产者补贴的优点体现在鼓励居民自置住房,而且财政补贴能直接作用于消费者的住房消费中,并全部变现为消费者的住房福利,而不会流失或被生产者占用。

③ 政策效应比较

a. 生产者补贴限制了市场价格机制的作用,而消费者补贴则可以在不影响市场供应结构和没有政府任何干预的前提下,凭借市场价格机制充分灵活的调节作用,达到同样的消费增量扩张目的。

b. 生产者补贴容易引发新的住房短缺。相对而言,消费者补贴则不会产生类似的问题,由于补贴而提高了实际购买消费能力的居民将从市场中获得更大的福利与效用。

c. 生产者补贴情况下,消费者只有在降低乃至牺牲其他消费品需求的前提下才能达到与消费者补贴同样的效果,这意味着国家住房供给政策的实现以危害其他消费品市场为代价,显得有点得不偿失。而消费者补贴则更易于满足住房消费者的综合消费偏好。

④ 效率比较

不同补贴形式的效率是不同的。首先是社会福利损益上的差异。孙冰等人(2005)认为任何补贴形式都会造成社会福利损失,即住房补贴会导致住房过度消费。他们比较了不同补贴形式所导致的社会福利损失的相对大小,结果显示,无论是对生产者补贴还是对消费者补贴,按照每单位产出价差实施补贴,如按每单位出租或者出售面积实际价差给予补贴或者所得税减免,都是最为理想的形式,在补贴效果和社会福利损失相同的情况下,其所需的政府补贴最小。但是,这种补贴形式需要统计每套出租/出售住房单位面积价差,以此确定补贴数额,因此执行成本过高,可能会导致现实中的不可行。

除社会福利损失外,不同补贴形式还伴随着其他的利与弊。在生产者补贴中,地价优惠政策通常伴随着指定地块的开发,这对于鼓励投资者进入特定区域,改善当地基础设施建设和居住环境,带动当地经济发展具有积极作用,但此时地价补贴被固定在住房价值中,无法形成稳定的现金流入,而且这种补贴形式可能导致中低收入家庭聚居,形成贫富差异区。又如税收减免补贴,如执行不当可能打乱住房金融系统和税收系统。此外,尽管税收减免补贴在政府财政预算中显示的成本较低,但随着可减免基数的增加,政府的税收损失将会加重。在消费者补贴中,政府担保尽管在鼓励商业银行对指定人群放贷时非常有效,而且可以通过控制购房总价或者贷款总额保证其公平性,但其需要一套完善的贷款风险管理体系作支撑,否则会因为政府承担的风险过大而不可行。再如,贴息贷款由于需要商业银行与政府联合运作,导致管理成本增加,且如果实施不利,会对住房市场产生干扰,阻碍金融机构进入中低端住房金融市场。而个人所得税减免政策通常存在家庭收入越高补贴额度越大的情况。又如直接租金/售价补贴虽然透明度较高,消费者认可度高,但随着补助人群的增加,补助资金总量变大,会对政府财政造成压力。美国曾经实行的"住房券"补贴计划,就是由于部分城市申请补贴的家庭过多,造成所需资金量过大而被迫中止。相比于不限制用途的现金补贴而言,非现金形式的"住房券"补贴效率更高。1979年John Kraft和Arthur Kraft针对美国低收入家庭住房租金补贴的实证研究表明,不限制用途的现金补贴不仅流向受益家庭的住房消费,而且还不可避免地流向其他商品消费。

3)"青年公寓"补贴的种类及方式的选择

从上述分析中可以看出,并没有一种完全理想的政府补贴形式,无论是生产者补贴还是消费者补贴都有自身的优势和劣势,都存在着一定的效率损失。在这两种基本补贴形式的选择上,孙冰等(2005)认为,对于低收入家庭,可侧重生产者补贴,通过贴息贷款、减免税费和租金/售价补贴等政策刺激低价位出租性普通住房供给;对于中等收入家庭,可侧重于消费者补贴,如贴息贷款、政府担保、贷款协助支付首付款等较透明的补贴政策。大学毕业生低收入群体的住房问题是近几年伴随着我国城市房价快速上涨和大量的高校毕业生走向社会而产生的,有着鲜明的"中国特色"。由于问题来得又快又急,加之政府财政在保障性住房建设上的吃紧,使得"青年公寓"引进民间资本势在必行。为了吸引民间资本进入,降低大学毕业生低收入群体的实际住房支出,政府必须对"青年公寓"进行补贴,但单一的生产者补贴或消费者补贴不仅会给政府带来沉重的财政压力,而且还会造成社会福利的损失,这对政府来说是得不偿失的。所以,在"青年公寓"的补贴种类与方式的设计选择时,应综合消费者补贴和生产者补贴,让它们的优势得到充分发挥。

(1)划拨建设土地、税收优惠、规费减免

对于"青年公寓"而言,政府划拨建设用地并提供一定比例的税收优惠和规费减免是一种相对合理的制度安排,这主要是考虑到降低民间资本进入门槛、提高其投资积极性是当务之急,同时也可以使政府的有限补贴能够惠及所有的被保障群体。

从土地的供给来看,我国保障性住房用地以划拨的方式为主,《国务院办公厅关于保障性安居工程建设和管理的指导意见》明确指出,公共租赁住房项目可以采取划拨方式供应土地。为吸引更多的社会资金投入保障性住房建设,财政部、国家税务总局也出台了相关的税收优惠政策。《财政部、国家税务总局关于廉租住房经济适用住房和住房租赁有关税收政策的通知》中规定,对廉租住房经营管理单位按照政府规定价格、向规定保障对象出租廉租住房的租金收入免征营业税、房产税、土地使用税、土地增值税、印花税,免征契税或者减半征收契税。《财政部、国家税务总局关于支持公共租赁住房建设和运营有关税收优惠政策的通知》中规定,公共租赁住房经营管理单位建造公租房的,免征土地使用税、印花税;公共租赁住房经营管理单位购买住房作为公租房的,免征契税、印花税;在公共租赁住房经营管理单位经营期间,免征营业税、房产税、印花税,对转让旧房作为公租房房源,且增值额未超过扣除项目金额20%的,免征土地增值税;捐赠住房作为公租房,符合税收法律法规规定的,捐赠支出在年度利润总额12%以内的部分,准予在计算应纳税所得额时扣除。规费减免主要由地方出台相关办法执行,如太原、无锡等市规定,保障性安居工程建设项目一律免收城市基础设施配套费、新型墙体材料专项资金、散装水泥专项基金、人防工程易地建设费、城市消防设施配套费、中小学教育基金、园林配套绿化工程建设资金等各种行政事业性收费和政府性基金。

(2)价格规制与价格补贴

6.3节分析了"青年公寓"实施政府价格规制的必要性。保障性住房领域的价格管制主要是政府限价,属于消费者补贴的范畴。

图6-9表明了政府限价对生产者、消费者和社会总福利的影响。正常情况下,保障性住房的政府限价 P_2 要低于市场均衡价格 P_1。由图6-9可知,此时消费者的需求量 Q_2 会大于生产者的供给量 Q_0。由于市场的实际交易量只能是 Q_0,因此,政府限价在使市场价格下降的同时也减少了市场上的交易量,此时市场中的超额需求为 Q_2-Q_0。

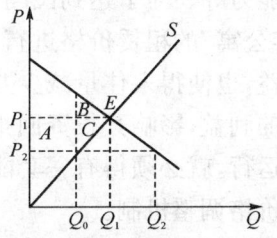

图6-9 政府限价对社会福利的影响

与市场均衡状态相比,政府限价后的消费者剩余①增加了面积 A,但是减少了面积 B。这就意味着,对那些能够付得起住房消费的消费者来说,他们的消费者剩余增加了;但那些本来就无法负担住房消费的消费者,却承受了消费者剩余的损失。此时,消费者剩余变化了 $A-B$。类似地,那些继续生产住房的生产者,他们的生产者剩余②损失了面积 A,而退出的生产者则失去了所有的生产者剩余,面积为

---

① 消费者剩余是指消费者为取得一种商品所愿意支付的价格与他取得该商品而支付的实际价格之间的差额。

② 生产者剩余等于厂商生产一种产品的总利润加上补偿给要素所有者超出和低于他们所要求的最小收益的数量,是生产者的所得大于其边际成本的部分。

C。生产者剩余变化了$-A-C$。

综合看来,市场中的剩余发生了两个变化:一是剩余的转移,即生产者面积 A 的剩余转移给了消费者;另外则是剩余的减少,即减少了面积 B 和面积 C 的剩余。一般情况下,面积 A 要大于面积 B,所以政府限价总体上有利于消费者。但需要指出的是,社会总剩余的减少意味着社会资源配置效率的降低。

为了提高社会资源配置的效率,弥补民间资本因价格规制而造成的收益损失,政府有必要对民间资本进行价格补贴。对民间资本的价格补贴属于生产者补贴,它不同于消费者补贴中的价格补贴,由政府按民间资本合理收益与"青年公寓"每年产生的实际收益的差值进行补贴。

6.5 "青年公寓"的调价

"青年公寓"的运营期较长,在此过程中社会、经济和法律法规等外界环境的变化都可能影响到公寓的运营成本、大学毕业生低收入群体的承受能力以及政府的补贴能力等。为了达到民间资本、大学毕业生低收入群体及政府三方满意,必须对"青年公寓"的租赁价格进行调整。如果调价过高,将损害大学毕业生低收入群体的利益,也使得入住量减少并最终影响到政府的目标;若调价偏低则会损害到民间资本的利益,影响其投资回报,也会增加政府的财政负担。因此,要使"青年公寓"健康运行,就必须得有一套能保障民间资本、大学毕业生低收入群体及政府多方利益的价格调整机制。

6.5.1 "青年公寓"价格变化的影响因素分析

"青年公寓"的运营期较长,在这一过程中其外界环境必将发生各种不同的变化,其价格也应随着外界环境的变化而作适当的调整。"青年公寓"的价格变化是社会经济因素、法律法规因素和竞争环境因素从不同角度共同作用的结果。

(1) 社会经济因素

社会经济因素是影响价格变化最直接、最主要的因素,如大学毕业生低收入群体的住房支出承受能力、政府的财政支出能力及定价目标、利率、通货膨胀与物价指数等因素的变化都可能导致"青年公寓"经营状况的变化,前两者主要是通过影响大学毕业生低收入群体和政府两个"青年公寓"的利益相关方来影响价格,而经济指标则主要通过影响"青年公寓"在项目运营阶段的支出来影响其价格的变化。

(2) 法律法规因素

法律法规因素主要包括法律法规、部门规章的调整、标准的变化、监管体制的完善程度以及 PPP 协议条款的变化等因素,这些因素直接或间接地影响"青年公寓"的价格变化,如国家税收政策的调整将直接导致民间资本利润的变化。

(3) 市场环境因素

市场环境因素也是导致"青年公寓"价格变化的主要因素,主要包括大学毕业生低收入群体数量的变化、市场上同类房源的数量及价格变化等,这些因素通过影响市场的供求关系进而影响"青年公寓"的价格。

"青年公寓"价格变化的影响因素如图 6-10 所示。

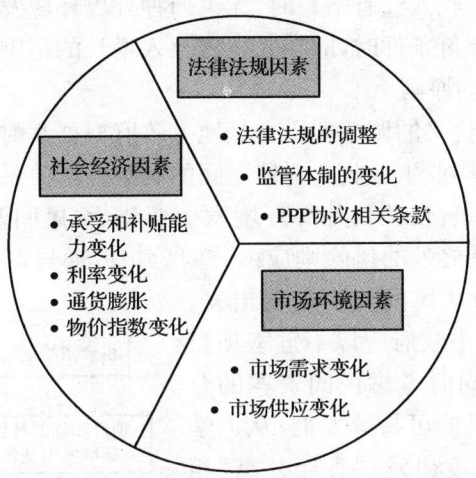

图 6-10 "青年公寓"价格变化的影响因素

影响"青年公寓"价格变化的三类因素在结构与内涵上并不是相互排斥的,实际情况中难免会有交叉。上述三类影响因素在一定程度上是相互作用、相互转化的。如,社会经济因素会影响到法律法规因素和市场环境因素,而法律法规因素和市场环境因素反过来也会影响到社会经济因素。

6.5.2 "青年公寓"调价的原则及流程

"青年公寓"价格的调整实际上是政府、民间资本和大学毕业生低收入群体三者之间风险重新分担或利益重新分配的过程和结果。调价过程中,既要考虑到政府的财政补贴能力,也要考虑到大学毕业生低收入群体的承受能力并保证消费者的权益,同时还要考虑到民间资本的资金回收能力以保证投资者的合理回报,促进"青年公寓"的可持续发展。"青年公寓"的价格调整应遵循以下原则:

(1) 基于 PPP 协议的原则

在"青年公寓"运营期内,项目将面临各种外界环境的变化,但并不是所有的运营风险都应该由政府承担,或通过调价将风险转嫁给大学毕业生低收入群体。在不涉及法律法规调整的情况下,应该以政府和民间资本签订的 PPP 协议为基础,按协议约定来确定各方应承担的风险责任,在此基础上促使民间资本提高或改善经营状况,避免给社会带来不利影响。

(2) 入住者收入增长为先的原则

这条原则的设立是为了保护大学毕业生低收入群体的利益。"青年公寓"本就是为了解决大学毕业生低收入群体的住房困难而建设的保障性住房,有 PPP 协议规定调价范围内的外界环境发生变化时,应以入住者收入增长为基础进行调价。也就是说,当入住者的收入没有增长时,无论何种外界环境发生变化都不应该进行价格调整;而当满足调价条件时,应在入住者收入增长的范围内进行调价。

(3) 三方"满意"的原则

"青年公寓"租赁价格的调整实质上是地方政府根据其财政收入和补贴能力来调整民间资本和大学毕业生低收入群体之间的利益分配关系。民间资本投资的目的是为了获取投资回报,当项目外界环境发生变化后,民间资本只能分担 PPP 协议约定的风险,而范围之外的风险则应由政府分担或通过调价等方式由大学毕业生低收入群体承担。从民间资本角度出发,"青年公寓"调价过程中政府应以不危害项目的生存能力为前提,同时考虑民间资本的合理投资回报,确保项目的可持续发展;从大学毕业生低收入群体角度出发,"青年公寓"租金水平的增长应从收入增长水平和消费结构变化等情况出发,充分考虑他们的住房支出承受能力;从政府角度出发,应以社会福利为重,在政府财政支出能力允许的情况下,调整"青年公寓"的租赁价格。总之,"青年公寓"的调价过程应综合权衡各方面利益诉求,使得民间资本、大学毕业生低收入群体和政府三方达到"满意"。

(4) 可操作性原则

"青年公寓"调价过程中,选取价格变化影响因素时,既要考虑影响因素的重要程度,同时也要考虑到相关资料数据搜集的可能性,能对调价的范围进行有效地测度。

图 6-11 为"青年公寓"价格调整的流程图。

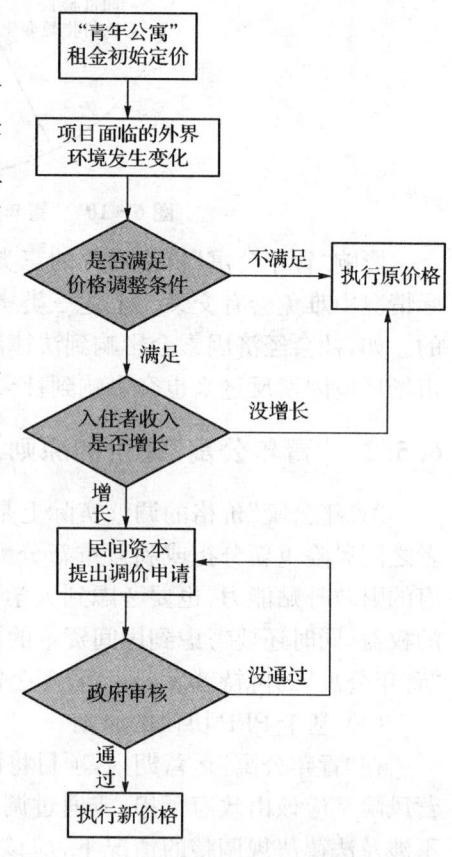

图 6-11 "青年公寓"价格调整流程图

6.5.3 "青年公寓"的调价模型

(1) 恩格尔曲线与需求收入弹性

恩格尔曲线(Engel Curve)反映的是收入变化对一种物品 X 的影响。图 6-12 画的是两条可能的恩格尔曲线。向上倾斜的曲线表示的是富裕物品(购买量总是随收入增加而增加)。下行的曲线表示物品开始是富裕物品,但过了某一收入水平之后就变成了贫穷物品。例如,劣质肉对穷人来说可能是富裕物品,但对富人来说就是贫穷物品。

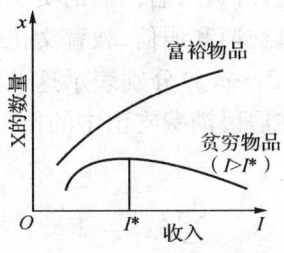

图 6-12 恩格尔曲线

对任何物品 X 而言,恩格尔曲线画的是购买量随收入变化的函数。富裕物品的恩格尔曲线的斜率为正。贫穷物品的恩格尔曲线的斜率为负,但一种物品不可能在所有收入水平上自始至终都是贫穷物品。

收入变化 ΔI 导致物品 X 消费量的变化 Δx,可以用比率 $\Delta x/\Delta I$ 来量度。这个比率是恩格尔曲线在有关范围内的斜率。但这个简单的比率 $\Delta x/\Delta I$ 有一个问题,即它受到量度单位的影响。如果商品 X 是黄油,那么黄油的数量用不同的重量单位(如盎司、英镑或吨)来表示,收入用不同的货币单位(如美元或美分)来表示时,$\Delta x/\Delta I$ 的数值就会随之变化。弹性(Elasticity)的概念就消除了这个问题,它用比例(百分比)来表示这个变量。

需求收入弹性(Income Elasticity of Demand)是购买量的变化比例除以收入的变化比例。

用 ε_x 表示商品 X 的需求收入弹性,表达如下:

$$\varepsilon_x \equiv \frac{\Delta x/x}{\Delta I/I} \equiv \frac{\Delta x/\Delta I}{x/I} \equiv \frac{\Delta x \cdot I}{\Delta I \cdot x}$$

人们对所有消费品的收入弹性由一个重要条件联系起来:个人的收入弹性的加权平均数等于 1,其权重是花在各种商品上的预算比例。

如果只消费两种商品 X 和 Y，它们在消费者预算中的权重分别为 $k_x \equiv P_x x/I$ 和 $k_y \equiv P_y y/I$。在这个最简单的例子中，上述命题就表示为

$$k_x \varepsilon_x + k_y \varepsilon_y = 1$$

从上面的公式中可以看出，占个人预算比例很大的物品，其收入弹性一定接近1。反之，如果一种物品的收入弹性非常高，可以肯定它只占预算一个很小的比例。

(2) "青年公寓"入住者的住房需求收入弹性

按我国统计规范的一贯统计口径，居民的消费支出统计有食品、衣着、居住、家庭设备用品及服务、医疗保健、交通和通信、教育文化娱乐服务、其他商品和服务八个分项统计指标。用 $\varepsilon_i (i=1, 2, \cdots, 8)$ 分别表示这八类商品或服务的收入弹性，k_i 对应表示这八类商品或服务在居民消费支出中的比重，则有

$$\sum_{i=1}^{8} k_i \varepsilon_i = 1$$

对住房的需求收入弹性 ε_3 可表示为

$$\varepsilon_3 = (1 - \sum_{i=1}^{2} k_i \varepsilon_i - \sum_{i=4}^{8} k_i \varepsilon_i)/k_3$$

除居住支出外，其他各类商品或服务的收入弹性及占全部消费支出的权重可由调查统计数据计算得出，而居住支出占全部消费支出的权重 k_3 可按本书第二章计算大学毕业生低收入群体住房支出最大承受能力的方法得出，这里就不再赘述。

(3) "青年公寓"入住者收入指数

"青年公寓"入住者收入指数是参照香港地区公屋租金调整机制中的入住家庭收入指数而设立的。香港特别行政区政府《2007年房屋（修订）条例草案》规定：公屋租金每两年检讨一次，公屋租金根据租户家庭收入指数的变动而上调或下调，该指数反映公屋租户家庭收入的变动，并由政府统计处负责计算。假如下调租金，公屋租金须按收入指数的减幅而调减；假使上调租金，公屋租金须按收入指数的升幅而调加，或者增加10%，取其增幅较小者。

为便于调查统计，"青年公寓"入住者收入指数可由全部入住者可支配收入增长的平均值确定。

(4)"青年公寓"的调价模型

在"青年公寓"入住者收入指数概念的基础上,入住者的住房需求收入弹性可理解为,入住者的可支配收入增加1%,住房支出便可增加ε_3%。也就是说,随着可支配收入的增长,住房支出的承受能力随之提高了。

当外界环境的变化满足价格调整条件,并且在这种环境变化下,入住"青年公寓"的大学毕业生低收入群体的收入有着相对的增长,这时"青年公寓"的价格应调整为

$$x_j = x_1(1+\varepsilon_3\%)$$

其中,x_j表示调整后的租金,x_1表示初始租金。

6.6 本章小结

"青年公寓"的价格与产品自身的特性紧密相关。基于"青年公寓"运作模式的原因,它具有"公共租赁住房"和"共有产权产品"两个特性,接着从其自身保障性住房的特性出发,分析总结出了另外两个产品特性——"准公共产品"与"准外部性产品"。

从生产者角度来看,"青年公寓"租赁价格作为反映生产者生产成本和利益诉求的一部分,是必须要存在的。从资源配置角度来看,"青年公寓"租赁价格产生的根源来自于"青年公寓"作为准公共服务房地产所产生效用对全体纳税人不完全回馈的差值。由于供给与需求两方面原因,"青年公寓"不能依靠市场自发形成价格。"青年公寓"需要政府对其进行价格管制。"青年公寓"价格规制的手段包括政府指导价和租金减免。但单独的政府管制会造成政府失灵,如信息不对称情况下的政府定价。事实上,"青年公寓"的价格形成是政府规制下政府与市场共同作用的结果。

在满足一定条件的情况下,本章量化大学毕业生低收入群体、民间资本和政府对价格的满意度,并列出了相关的满意度函数。大学毕业生低收入群体和政府的满意度函数属于望小型函数,民间资本的满意度函数属于望大型函数。三方各自价格满意度加权之和为最大值(总体满意度达到最大)时的价格即为三方"满意"的"青年公寓"租赁价格。

对于"青年公寓"而言,政府划拨建设用地并提供一定比例的税收优惠和规费减免是一种相对合理的制度安排,这主要是考虑到降低民间资本进入门槛、提高其投资积极性是当务之急,同时也可以使政府的有限补贴能够惠及所有的被保障群

体。对民间资本进行价格补贴的原因是"青年公寓"政府价格规制下社会资源配置效率的降低。"青年公寓"价格变化的影响因素可分为社会经济因素、法律法规因素、市场环境因素。"青年公寓"的价格调整应遵循基于PPP协议、入住者收入增长为先、三方"满意"、可操作性的原则。

本章最后的算例分析结果与目前南京市人才公寓的价格接近,这表明以"三方满意"模型测定"青年公寓"价格是可行的,这也为其他类型保障性住房的价格研究提供了技术方法。

参考文献

[1] Quigley J M, Raphael S. Is housing unaffordable? Why isn't it more affordable?[J]. The Journal of Economic Perspectives,2004,18(1):191-214.

[2] Stone M E. What is housing affordability? The case for the residual income approach[J]. Housing Policy Debate,2006,17(1):151-184.

[3] Betsey M. A Political History of Affordable housing[J]. Journal of Housing and Community Development,2009,66(1):6-12.

[4] Brian B. Building public trust through PPP[J]. Internation Review of Administrative Science,2005(3).

[5] Gonzalo L, David R. The Informal Construction Sector and the Inefficiency of Low Cost Housing Markets[J]. Construction Management and Economics,2008,87(6):610-613.

[6] Li B, Akintoye A, Edwards P J. The allocation of risk in PPP/PFI Construction projects in UK[J]. Internation Journal of Project Management,2005,36(5):9-18.

[7] Kaiji C. A life-cycle analysis of social security with housing[J]. Review of Economic Dynamics,2009,114(9):327-347.

[8] Derringer G, Suich R. Simultaneous optimization of several response variables[J]. Journal of Quality Technology,1980,12(4):214-219.

[9] Derringer G. A balancing act :Optimizing a product's properties[J]. Quality Progress,1994,27(6):51-58.

[10] Michael A S. The Fall and Rise of Public Housing[J]. Regulation,2002,25(2):64-70.

[11] John Kraft, Arthur Kraft. Benfits and Costs of Low Rent Public Housing[J]. Journal of Regional Science,1979,19(3):309-317.

[12] 张建坤,王效容,刘科伟,等. 基于"公私合作"模式的大学毕业生低收入群体保障性住房价格研究[J]. 经济问题探索,2011(3):148-152.

[13] 梁春玲. 西安市经济适用住房定价研究[D]. 西安:西安建筑科技大学,2008.

[14] 赵青松. PPP模式下保障性住房定价与补贴研究[D]. 南京:东南大学,2010.

[15] 卫欣,刘碧寒. 国外住房保障制度比较研究[J]. 城市问题,2008(4):92-95.

[16] 贾士靖,王珊珊. 基于有效需求模型的城镇居民保障性住房标准支付能力研究——以河北省为例[J]. 建筑经济,2009(11):61-63.

[17] 谢书倩,杜静. PPP模式在我国住房保障体系实施中的应用研究[J]. 项目管理技术,2009(8):40-44.

[18] 汪文雄. 城市交通基础设施PPP项目产品/服务价格模型研究[D]. 南京:东南大学,2009.

[19] 陈彦博. 面向PPP的城市居民供水价格研究[D]. 长沙:湖南师范大学,2007.

[20] 程连于. PPP项目融资模式的风险分担优化模型[J]. 价值工程,2009(4):142-145.

[21] 汪文雄,陈凯,钟伟,等. 城市交通基础设施PPP项目产品/服务价格形成机理[J]. 建筑管理现代化,2009(2):105-108.

[22] 邓小鹏,熊伟,袁竞峰,等. 基于各方满意的PPP项目动态调价与补贴模型及实证研究[J]. 东南大学学报:自然科学版,2009(6):1252-1257.

[23] 张建坤,姚燕. 现阶段大学毕业生住房问题分析及对策[J]. 东南大学学报:哲学社会科学版,2009(2):35-38.

[24] 邹坦,周婕. 经济适用房定价博弈研究[J]. 商场现代化,2008(35):220.

[25] 芦金锋,刘建松. 廉租住房租金定价模型探讨[J]. 建筑管理现代化,2003(2):52-53.

[26] 张英. 关于廉租房补贴模式的探讨[J]. 福建建筑,2009(4):77-79.

[27] 鲍远君. 廉租住房租金标准探析[J]. 合作经济与科技,2009(3):112-113.

[28] 乔东平,邹文开. 低收入人口的界定及其在城市住房政策中的应用[J]. 法制与社会,2008(23):232-233.

[29] 黄亚钧,郁义鸿. 微观经济学[M]. 北京:高等教育出版社,2000:14-18.

[30] 哈维·S. 罗森. 财政学[M]. 北京:中国人民大学出版社,2009:158-183.

[31] 植草益. 微观规制经济学[M]. 北京:中国发展出版社,2008:211.
[32] 布坎南. 公共财政[M]. 北京:中国财政经济出版社,2008:22.
[33] 陈小安. 准公共产品供给与定价的理论和实践研究[D]. 成都:西南财经大学,2002.
[34] 孙开. 公共产品供给与公共支出研究[M]. 大连:东北财经大学出版社,2006.
[35] 吴迪,高鹏,董纪昌. 公共租赁房租金定价研究[J]. 数学的实践与认识,2011(5):47-55.
[36] 刘艳. 我国保障性住房价格规制研究[D]. 西安:长安大学,2009.
[37] 黄清. 德国低收入家庭及公务员住房保障政策情况和启示[J]. 中国房地产金融,2010(3):46-48.
[38] 芦金锋,王要武. 借鉴日本公营住宅经验建立我国低收入家庭住房租金模型[J]. 土木工程学报,2005(12):128-132.
[39] 卫欣,刘碧寒. 美国城市中低收入者的住房保障模式[J]. 中国房地产,2008(4):77-80.
[40] 卢为民,姚文江. 中外公共租赁住房租金定价机制比较研究[J]. 城市问题,2011(5):2-8.
[41] 刘玉亭,何深静,吴缚龙. 英国的住房体系和住房政策[J]. 城市规划,2007(9):54-63.
[42] 宋博通. 20世纪美国低收入阶层住房政策研究[J]. 深圳大学学报,2002(3):65-72.
[43] 马光红,胡晓龙,施建刚. 美国住房保障政策及实施策略研究[J]. 建筑经济,2006(9):75-78.
[44] 朱鹏飞,何桢. 对满意度函数变异性的评估———一种蒙特卡罗方法[J]. 管理科学,2011(4):14-21.
[45] 吴沛,楚晓东. 我国城镇居民消费与可支配收入关系的实证分析[J]. 价值工程,2007(9):31-33.
[46] 董春英. 居民人均消费和可支配收入的ECM模型研究[J]. 全国商情(经济理论研究),2007(5):79-80.
[47] 陈容,周艳华. 江苏省城镇居民消费支出与可支配收入的协整分析[J]. 全国商情(经济理论研究),2009(6):39-40.
[48] 权立波. 城镇居民可支配收入与消费性支出的关系[J]. 全国商情(理论研究),2010(6):27-28.
[49] 夏秀梅,李海英. 投资回报率:社会资本投资基础设施的先行指标探讨[J].

现代财经:天津财经大学学报,2009(6):55-58.
[50] 马昕,李泓泽,等. 管制经济学[M]. 北京:高等教育出版社,2004.
[51] 刘洪玉. 房地产开发[M]. 北京:首都经济贸易大学出版社,2006.
[52] 赵沂旸. 住房补贴政策的经济学分析[J]. 理论探索,2009(4):89-92.
[53] 孙冰,刘洪玉,卢玉玲. 中低收入家庭住房补贴的形式与效率[J]. 经济体制改革,2005(4):20-24.
[54] 海曼. 公共财政:现代理论在政策中的应用[M]. 北京:中国财政经济出版社,2001.

第七章 "蚁族"保障性住房的准入、退出机制研究

本章提要

设立合理的准入、退出机制是保障性住房能否起到"保障"作用的前提和关键。本章的核心内容之一即是利用激励机制设计理论和博弈论,设计基于申请者收入水平信息不对称的激励机制博弈模型。该模型是"青年公寓"准入机制设计的关键,它确保了"青年公寓"入住者为符合条件的"蚁族"。此外,一个完善的住房保障体系,不仅需要对进入对象进行有效的监控,建立完善的进入机制,也需要一个健全有效的退出机制。退出机制设立的目的是使不符合保障标准的人群退出保障范围。一个良好的退出机制不仅可以确保社会保障资源利用的最大化,同时也可以对被保障群体起到激励作用。

7.1 相关研究综述

部分发达国家和地区保障性住房的退出之所以成为难题,其中一个原因就是这类住房的建设标准搞得过高,与市场上的普通商品房相差无几,所以得到这些住房的保障对象,即使收入提高了也不愿意离开再去花钱买商品房。中国香港保障性住房准入机制约束条件是分层执行,通过社会学和市民层次分析,对于不同的人群实行不同的准入、退出政策,构建多元化的机制。比利时则为适应本国国情,通过福利中心的职能差异和人群的不同状况设立两套保障房准入、退出政策。国外经验看,由政府资助的经济适用房不应当具有完全的房屋产权,应把政府暗补的土地税费或明补的货币补贴等量化成政府的产权比例,个人出资部分量化成个人的产权比例。对于获得经济适用房后,家庭人均住房面积超出当地平均水平的,则应将原有住房退售给当地政府用作保障性住房房源,否则不得享受经济适用房保障待遇。

国内各种方式的保障性住房虽然都设定了一定的准入退出机制,但是具体实施中还存着很多漏洞。例如龙茜、孙莉苹等(2007)认为实现经济适用房的"内循环",实施经济适用房的回购制度是很有必要的。张波、刘江涛(2008)认为经济适用住房的退出的关键在于"资源获利"的合理产权退出。关于国内保障性住房准入退出机制的设定和完善,李欣欣(2009)认为完善保障性住房进入和退出运转体系需要加大对保障性住房进入和退出的跟踪监测监管力度。唐祥忠等(2009)基于产权理论从退出管理、经济适用住房上市增值收益分配,以及奖惩制度3个方面构建了经济适用住房的退出机制。

国内外对于保障房的准入、退出机制在设定上缺乏理论依据,仅是凭借政府政策来规定如何准入或退出保障房。再者,国内的保障房准入退出机制的设定缺乏对保障对象的深度研究和剖析,因此在一些执行的保障房准入、退出制度中存在着较大弊端和问题。因此从理论和实践上探究设定准入退出机制的有效方法将会是有效设定准入、退出机制的必由之路。

7.2 "蚁族"保障性住房准入机制设计

7.2.1 准入机制设计的目的和原则

大学毕业生低收入群体保障性住房准入机制设计的目的是为了避免依法不能享受"青年公寓"的大学毕业生(简称"不合条件毕业生")伪装成能够依法享受租赁"青年公寓"的毕业生(简称"符合条件毕业生")租赁"青年公寓"。

其中,准入机制设计的原则如下:
(1) 参与原则:参与原则是保障符合条件毕业生有租赁"青年公寓"积极性。
(2) 激励相容原则:激励相容原则是保障不合条件毕业生伪装成符合条件毕业生租赁"青年公寓"比不做伪装、租赁市场商品房的效用还要差。
(3) 政府效用最大化原则:保证政府在有限的资源下(一定数量的"青年公寓")优先保证最需保障的大学毕业生,使得政府获得的社会效益最大,尽可能地实现公平和效率。

7.2.2　准入机制的影响因素分析

1) 国内外保障性住房准入机制的影响因素

如前面概述中所述,"青年公寓"旨在解决低收入大学毕业生的住房问题,因此要确定保障对象,找出合理的影响因素直接关系着准入机制设立是否得当的问题。下面列出了部分国家和地区以及国内部分城市的保障性住房准入机制影响因素。

(1) 新加坡组屋申请影响因素

在新加坡的"居者有其屋"计划中,为新加坡公共房屋建设确立了基本框架,公房申请资格的有关标准是其重要内容之一。标准的有关规定中,有四个主要因素决定公屋的申请资格:公民权、无私有房产、收入水平以及家庭构成。其中公民权是指申请者要满足以下基本要求:如英国人需在新加坡住满 5 年,其他国籍的居民需住满 10 年。无私有房产因素主要是涉及要与公房建设的目的相符合,因为公房是为最需要住房的居民提供住房,所以,那些拥有私有房产的居民不能申请购买公房。收入水平因素是最重要的因素,既然公共住房是帮助那些无力购买私人住房的居民解决住房问题,那么对能够申请公房就应有一个界限。收入限额标准正是为这个目的而设立的,那些家庭总收入超过收入限额标准的居民将不能申请购买公房。家庭构成,由于土地资源稀缺,政府组屋主要针对已婚家庭。之后政府公屋申请政策对于家庭构成这一因素的影响性不断变动,但仍然将其作为准入申请的重要考核方面。通过对于新加坡准入影响因素的回顾可以看出,政策千变万变,基本原则不变,即保证把国家的公共住房资源分配到最需要的人手中。

(2) 中国澳门三种不同的社会房屋分配方式反映影响准入的重要因素

澳门社会房屋的分配有三种方式:一般竞投、限制竞投和例外情况。所谓一般竞投是指任何符合法例规定的低收入家庭皆可参与的;限制竞投指仅对居住在特定区域或具备特定条件(由法律确定或由总督以批示确定)的家庭才可参与的;而例外情况是根据澳门房屋司的报告,认为那些面临社会、身体精神危机,或者遭受灾难急需安置的家庭,在免除收入限制或满足居澳年期规定而获得入住社会房屋资格。一般条件除去收入限制外,申请人须持有澳门发出的有效身份证明文件,在澳门居留 5 年或以上,以及家庭任一成员不得为任何不动产或土地所有人。可以概括其影响因素为收入、家庭无私有房产、居住年限。

(3) 中国香港准入公共住房影响因素

香港总结欧美各国公共住房分配经验和教训的基础上，建立了更加完善的新型公共住房分配体系，即按家庭收入、家庭结构等形成公共住房分配的轮候排队体系，不同收入和家庭结构的居民参与各类住房发展计划，在申请、入住、租赁、购买等方面形成严格的层级化和序列化，大大提高了公共住房的分配效率。家庭等需要照顾的住户在普通的社区中得到照顾，把不同标准的居住区相邻布局，提高了住房分配的社会公平性，值得参考和借鉴。总结来说，香港对参与公共住房分配的居民设定资格标准。资格标准一般包括公民权(或居留年限)、收入水平、家庭构成以及已有房产状况等。

(4) 日本准入公共房屋影响因素

日本公共房屋入住居民基本上都是以家庭为单位，朋友关系的人不能入住，单身的学生也不能入住。入住的资格有：申请时住在东京；居住条件艰苦；收入低。公营住宅一般对母子或者父子家庭、老年人家庭和残疾人家庭等予以优先照顾。东京每年分几次招租，每次招租的住房新旧、大小都不同，招租的对象也有区别。这种住房对夫妇年龄在40岁以下的年轻家庭规定了租用期限，一般为10年，期限届满必须腾出归还。供应住房的房费由家庭收入、住宅所在地区、面积和建筑年数等决定。政府还根据实际情况，对低收入家庭的划分进行了明确的界定。政府对50岁以上人的家庭、有残疾的家庭、曾遭受原子弹之害的家庭和有从海外迁回的人的家庭收入标准放宽。总结日本影响准入的因素主要有收入、家庭构成、年龄限制、特殊因素等。

(5) 内地部分城市经济适用房准入影响因素

内地部分城市经济适用房准入影响因素包括收入标准、职业标准、学历标准、现有住房状况等，如图7-1所示为北京福利房购买群体标准。

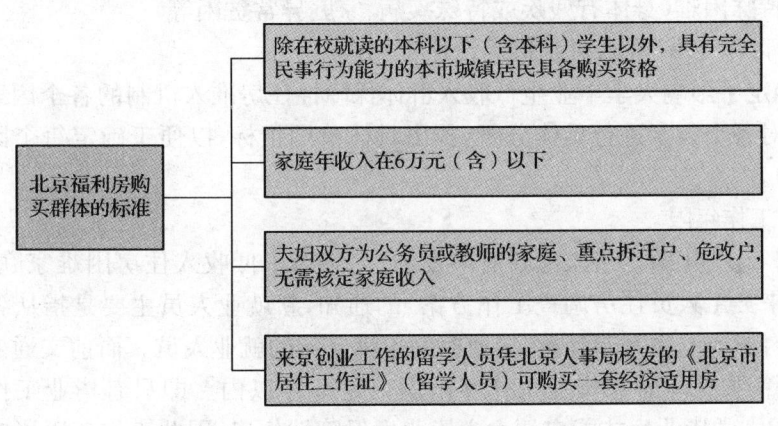

图7-1 北京福利房购买群体标准

从国内外保障性住房准入影响因素分析中可以看出,收入状况、现有住房状况是必然要考虑的因素。而针对大学毕业生低收入群体保障性住房准入因素的考虑要结合大学毕业生低收入群体具体状况考虑,即在必须考虑收入状况、家庭状况这两个因素条件下分析其他影响因素。参考前文中日本等国家在准入影响因素中有特殊因素这一特征,结合大学毕业生低收入群体可能存在着个人特殊困难,例如需要偿还助学贷款、家庭有特殊困难、身体有残疾或特殊疾病等,因此我们在设定准入影响因素中将考虑这些因素,作为考核准入资格的一项因素。

就目前我国各类保障性住房来看,保障性住房的建设是由各个地区政府统领的,例如南京地区由南京相关主管部门负责,因此对于南京市的保障性住房准入机制影响因素中,硬性条件就是申请者必须是签约本市各单位的大学毕业生。结合前文中界定大学毕业生群体定义中,工作年限和婚姻状况也是影响大学毕业生低收入群体准入约束条件的因素。

为实施人才战略,各个城市也纷纷采取措施吸引大学毕业生。深圳、北京中关村、上海张江园区、杭州等地区的人才计划,对这类人才采取了一定的吸引策略,尤其对于某些专业的人才,例如,杭州市人才保障性住房申购三年行动计划中,对于特定专业的人才给予一定的照顾和优惠,特别是从事环保、特殊软件开发或特定地区提倡的领域,因此大学毕业生低收入群体就业领域也是影响准入机制的因素。各个地区政府作为保障性住房建设统领者,对于特殊人才的吸引因素必须考虑进来也能增加各个地区的积极性。当然,各个地区对于专业人才的需求是不同的,同时,不同的时期对于特定专业人才的需求也是不同的,因此大学毕业生低收入群体就业领域为影响准入约束机制的动态因素之一。

综上,可以确定大学毕业生低收入群体保障性住房准入机制考虑因素主要包括毕业工作年限、婚姻状况、签约地区、现有住房状况、收入状况、政府扶持领域、助学贷款、特殊困难(身体有残疾或特殊疾病、家庭异常贫困等)。

2)"青年公寓"准入机制指标设计

在确定了影响大学毕业生低收入群体保障性住房准入机制的各个因素的基础上,需要对各个因素进行具体分析,找出具体范围指标,以便于确定每个因素的具体影响力。

(1) 工作年限

根据 2010 年南京市人民政府印发的《南京市中低收入住房困难家庭、新就业人员、外来务工人员住房调查工作方案》的通知,新就业人员主要是指从各类学校毕业,且自毕业的次月起计算,毕业时间不满 5 年的就业人员。而前文通过理论计算验证了需要保障对象毕业工作年限应该是 5 年以内。即只有毕业工作年限在 0~5 年的大学毕业生才能申请大学毕业生保障性住房,因此工作年限影响指标为静态的。

（2）婚姻状况

同样根据前文的相关界定以及大学毕业生低收入群体保障性住房的目的,规定"青年公寓"用来保障未婚的大学毕业生的住房问题。婚姻状况影响指标也是静态的。

（3）签约地区

申请者申请每个地区的保障性住房必须签约该地区,例如申请南京市保障性住房必须是签约南京市各单位的大学毕业生,签约地区与申请保障性住房所在地地区是否一样也是静态的影响指标。

（4）现有住房状况

"青年公寓"旨在保障毕业生刚工作,在无住房、无积累的情况下的住房问题。因此对于申请者,倘若在申请地区已经拥有属于自己的房子,就不在保障性住房的保障范围之内。

（5）收入状况

大学毕业生低收入群体因为从事不同的职业,具有不同的工作能力,因此其收入也是不尽相同的。

对于新就业大学生而言,参加工作第一年的月收入普遍不高。69.09%的被调查者第一年的月收入低于2 000元,约有1/5的人第一年月收入还不到1 000元,只有13.61%的被调查者超过3 500元(见图7-2)。新就业大学生的第一年月收入不高与自身刚走上工作岗位有关,也与南京地区薪资普遍不高有关。88.2%的被调查者的收入年增长率在20%以内,增长超过40%的只有2.30%,具体见图7-3。

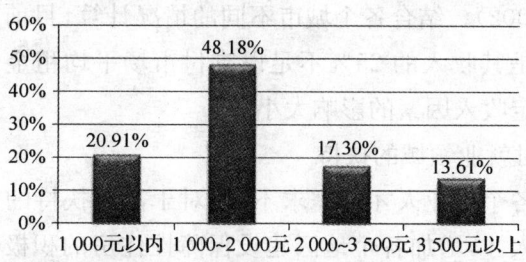

图7-2 参加工作第一年月收入

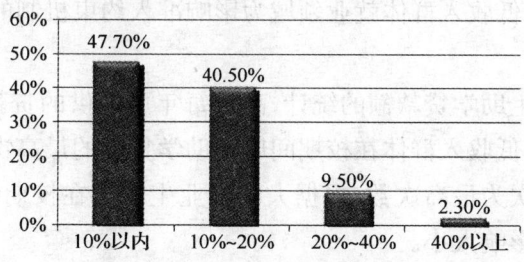

图7-3 年收入增长

约有一半(47.50%)的被调查者现在的月收入在1500~3 000元之间,3 000~5 000元之间的占了24.40%。结合前面的分析结果,新就业大学生在工作一段时间后,收入都得到了一定程度的增长。而收入在1 500元以内的被调查者的比例为11.80%,除去自身原因外,可能跟这部分人刚开始工作有关。见图7-4。

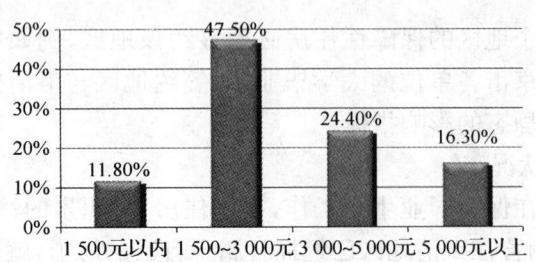

图7-4 现在月收入

从统计结果中可以得出这一群体收入的不均衡性,因此按照收入状况进行相关的理论公式设定。前文中界定大学毕业生低收入群体工作年限时,可以得出收入变化和工作年限之间的关系,同时也引入了"住房收入比"的概念。根据联合国人类住区(生境)中心所发布的《城市指标指南》,房价收入比(Housing Price to Income Ratio)是指居住单元的中等自由市场价格与中等家庭年收入之比。根据联合国公布的有关资料,不同国家房价收入比的离散程度相当大。1998年对96个国家的统计结果表明,这些国家的房价收入比区间为0.8~30,平均值为8.4,中位数为6.4(刘洪玉,2002)。结合各个城市不同的情况计算,目前比较统一地认为低收入的最低限度就是其收入的25%不足以支付市场平均租金。因此可以市场平均租金为基准确定收入因素的影响大小。

(6) 各个地区对就业领域的扶持

各个地区对于各个专业人才的需求不同,对于需要扶持的领域内的大学毕业生的优惠可以吸引人才,增加各个地区建设保障性住房的积极性。每个地区对于专业人才的需求是不同的,同时,不同的时期对于特定专业人才的需求也是不同的,因此大学毕业生低收入群体就业领域为影响准入约束机制的动态因素之一。

(7) 助学贷款

根据目前大学生助学贷款额的统计,高校每年可提供的贷款额为6 000元,通过调查,大学毕业生低收入群体在校期间申请助学贷款的最高次数是4次,因此我们设定贷款次数4次为最高次数,根据大学毕业生群体在校期间的具体贷款次数考虑助学贷款因素影响大小。

(8) 特殊困难

对于大学毕业生低收入群体的特殊困难,主要是指自身的身体有残疾或特殊疾病等。这种情况相对来说是比较少的,并且较容易辨别和观察。另外大学毕业生低收入群体是未婚,其家庭经济状况关系到自己的经济负担,有些家庭条件比较富裕的,可以给予大学毕业生一定的资金支持,而对于家庭条件困难的群体,一般会需要毕业生将其收入的大部分用于负担家庭的支出。基于这样的状况,我们考虑家庭状况这一影响因素。对于有特殊困难的情况,可以通过相关证明来考虑这一因素的影响。

7.2.3 准入机制设计

1)"青年公寓"的准入博弈要素分析

前文运用激励机制设计理论对准入机制各个因素进行约束,确保申请者获得的机制和相关信息是均衡的。但是由于影响因素较多,因此可以选择基于申请者收入水平信息不对称激励机制设计。下面就保障房的准入博弈进行要素分析:

按照保障性住房准入机制设立的思想,申请者的收入水平无疑成为能否入住毕业生保障房的重要性因素。收入在临界收入范围内的考虑准入,否则就不享受这种保障。因此由上文可以得知,在此博弈中,申请人的三种可选行动可描述为不申请,申请人收入符合并被批准入住保障房和申请人收入不符但没被批准入住保障房。而按照现行规定,一旦申请人是有能力通过资格预审,则政府就批准。即政府的行动空间只有唯一的一个值——批准。由于政府在不了解各个申请者的条件下,若将申请人分类,可以分为真正符合条件的申请者、不符合条件的申请者,政府批准,假定此时作为申请者可以获得的效用为 10 个单位,而政府获得的效用应该多于 10 个单位,按照一般均衡理论,即假定政府所获得的效用为 15 个单位,则可以对应于这两种类型的支付矩阵假设分别如表 7-1、表 7-2 所示。

表 7-1 θ_L:申请保障性住房

		政府	
		批准	不批准
申请者	申请保障性住房	10,15	0,-5
	不申请保障性住房	—	0,0

表 7-2　θ_H：申请保障性住房

		政府	
		批准	不批准
申请者	申请保障性住房	10,15	0,15
	不申请保障性住房	—	0,15

在此博弈中，政府不知道申请者的具体能力。但是，知道申请者是符合进入保障性住房能力要求的概率是 P，不符合准入要求的概率为 $1-P$。那么政府保障申请者所获得的效用期望为 $E_1=15P-15(1-P)$，没有保障申请人住房问题的效用期望为 $E_2=-5P+15(1-P)$。在此算例中，若要求 $E_1>E_2$，计算表明 $P>0.6$ 时，引进人才的期望效益将大于不引进人才的期望效益，因此，引进人才是最优的。

上述支付矩阵的值虽然不是统计数据，但在表征性质上有一定的说服力。政府在不知申请人实际条件情况下，其最优战略的选择取决于申请人行为选择对申请人效用的影响及政府对于申请人状况概率的认定性。

在经过严格的收入等各方面审查后，即使仍有部分不合格者混入，但相对来说，其概率是较小的。

同时，申请人策略选择博弈分析如图 7-5 所示。

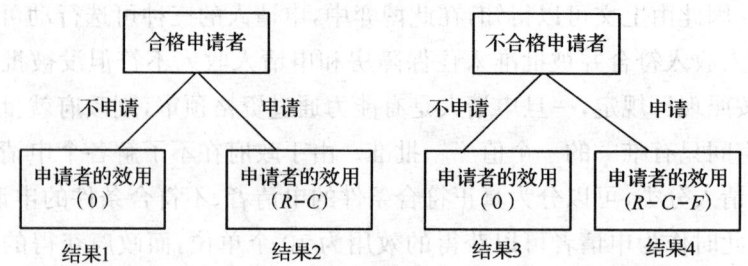

图 7-5　大学毕业生低收入群体保障性住房策略选择博弈分析图

其中，R 表示申请者因成功获得青年公寓的租赁权而从政府的经济适用房政策中获得的额外效用，$R>C$；C 表示申请者申请得到租赁权付出的成本；F 为不合格申请者被发现后处以的罚金。其中，$R,C,F\in[0,+\infty)$，在此假设没有申请到租赁权，则从政府政策中获得的效用为 0。申请者在结果 1 到结果 4 的效用分别是 $0,R-C,0,R-C-F$。

机理机制设计的目的是尽可能使合格的申请者主动参加申请，获得租赁权，不合格申请者不参加申请，在博弈模型中称为强有效均衡。若要达到强有效均衡，就要使得 $R-C>0$，且 $R-C-F<0$。该博弈分析表示，只要不合格申请者被发现，就要处以较高的罚金，才能达到强有效均衡。

2) 基于申请者收入水平信息不对称的激励机制博弈模型设计

政府推行"青年公寓"的建设和运营,实际上是合格申请人的代理人,因此合格申请人的收益实际上可以表征为政府效用的一部分,此外还有一个社会名声值 M,当不合格申请人获得"青年公寓"的租赁权时,政府失去了一个可以为合格申请人提供"青年公寓"住房的机会,在此,坏的社会名声用 $-M'$ 表示。

(1) 主要参数设置

主要参数见表7-3。

表7-3 基于申请者收入水平信息不对称的激励机制模型的参数设置

参数符号	参数代表意义	备注
S	青年公寓的住房面积	
P	符合条件申请人入住青年公寓的概率	
λ	商品房的租金[元/(月·平方米)]	"青年公寓"租赁价格为市场上同类商品房租金的 70%
θ_k	毕业生的收入	衡量申请者是否符合条件的主要因素是收入
$q_L(\theta_k)$	符合条件的申请者入住"青年公寓"所获得的住房效用	
$q_H(\theta_k)$	不符合条件的申请者获得的住房效用	$q_L(\theta_k) > q_H(\theta_k)$
$\lambda \times S \times 70\%$	入住者付出的货币成本	
$\sum \frac{1}{2} q_L^2(\theta_k)$	假设政府因申请者入住"青年公寓"的住房效用而得到的效用	申请者入住"青年公寓",给政府带来的效用的大小显然与申请人所获的效用以及申请人的类型是有关系的
C	政府投资给每一入住人住房(即"青年公寓")需花费的成本,$C = 10\% \times \lambda \times s$	
$F(\theta_k)$	不符合条件的申请一经发现需接受的处罚	本参数涉及退出机制中的罚则,在退出机制设计中详细阐述

(2) 模型设计

① $U(\theta_k)$——政府的净总效用

当毕业生申请租赁"青年公寓"时

$$U(\theta_k) = P \times \sum \frac{1}{2} q_L^2(\theta_k) + \sum M + (1-P) \times \sum \frac{1}{2} q_H^2(\theta_k) - \sum M' - 10\% \times \sum \lambda \times S \quad (7-1)$$

② 激励相容条件

因此在此例中,较为特殊的是接受与不接受,而非在接受合同后选择某一个特定行为。因此,激励相容条件为:符合条件的申请者申请"青年公寓"的收益大于不申请时的保留收益,不符合条件的申请者申请"青年公寓"的收益小于其不申请时的保留收益。

合格申请者申请"青年公寓"的效用:

$$[q_L(\theta_k) + 20\% \times \lambda \times S] - 70\% \times \lambda \times S \qquad (7-2)$$

合格申请者申请商业租房的效用:

$$[q_L(\theta_k) + 10\% \times \lambda \times S] - \lambda \times S \qquad (7-3)$$

符合条件的申请者申请"青年公寓"的效用大于不申请时的效用:

$$[q_L(\theta_k) + 20\% \times \lambda \times S] - 70\% \times \lambda \times S > [q_L(\theta_k) + 10\% \times \lambda \times S] - \lambda \times S \qquad (7-4)$$

不合格申请者申请"青年公寓"的效用

$$[q_H(\theta_k) + 20\% \times \lambda \times S] - 70\% \times \lambda \times S - F \qquad (7-5)$$

不合格申请者申请商业租房的效用

$$[q_H(\theta_k) + 10\% \times \lambda \times S] - \lambda \times S \qquad (7-6)$$

不合格申请者申请"青年公寓"的效用小于其申请商业用房的效用

$$[q_H(\theta_k) + 20\% \times \lambda \times S] - 70\% \times \lambda \times S - F < [q_H(\theta_k) + 10\% \times \lambda \times S] - \lambda \times S \qquad (7-7)$$

③ 政府的目标函数

经过激励相容设计后,全部是合格申请人申请,即 $P_{低} = 1$,不合格申请人将不申请,则:

$$\max\left\{\sum \frac{1}{2}q_L^2(\theta_k) + \sum M - 10\% \times \lambda \times S\right\} \qquad (7-8)$$

④ 激励机制设计模型

基于经济收入信息不对称的经济适用房准入机制的激励机制设计模型设计如下：

$$\max\left\{\sum \frac{1}{2}q^2(\theta_k) + \sum \lambda \times S\right\} \qquad (7-9)$$

s. t.

$$[q_L(\theta_k) + 20\% \times \lambda \times S] - 70\% \times \lambda \times S > [q_L(\theta_k) + 10\% \times \lambda \times S] - \lambda \times S \qquad (7-10)$$

$$[q_H(\theta_k) + 20\% \times \lambda \times S] - 70\% \times \lambda \times S - F < [q_H(\theta_k) + 10\% \times \lambda \times S] - \lambda \times S \qquad (7-11)$$

3）设置准入硬性指标

在对准入影响因素分析的基础上，本章将收入低于保障收入、工作年限超过5年、已婚、非签约本地企业、已有产权住房这几个因素设置为硬性指标，一项或以上不符合要求时均无法申请"青年公寓"，如图7-6所示。

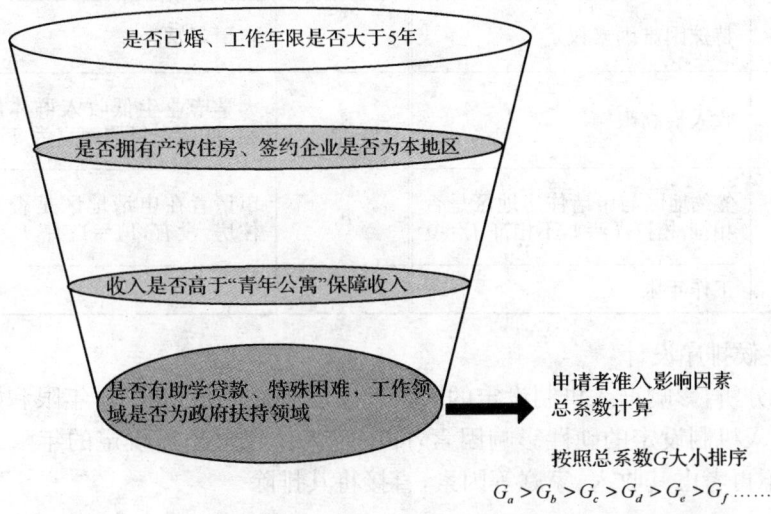

图7-6 大学毕业生低收入群体"青年公寓"准入机制流程图

7.2.4 轮候机制设计

通过准入条件的申请者要按照一定的轮候机制进行轮候排序,本课题按照各个准入影响因素的影响程度大小进行轮候机制设计。

1) 参数设置

表 7-4 为轮候机制公式设计参数设置。

表 7-4 准入机制公式设计参数设置

参数符号	代表意义	参数符号	代表意义
R_M	市场平均租金	Y_C	工作年限影响系数 $C<5$ 时 $Y_C=1$;$C\geqslant 5$ 时 $Y_C=0$
S_1	大学毕业生群体申请者月收入	M_a	婚姻因素影响系数 未婚 $M_a=1$;已婚 $M_a=0$
k_s	各地区规定的收入租金比(大多城市设定为25%)	H_d	特殊困难因素影响系数 有困难 $H_d=1$;无困难 $H_d=0$
S_2	申请地区在住房方面扶持的就业领域	S_c	申请人从事的工作领域 $S_c\in S_2$ 时 $S_c=1$;$S_c\notin S_2$ 时 $S_c=0$
N	助学贷款次数	G	总系数
k_1	收入因素权重	d	申请者特殊困难
k_2	家庭状况因素权重	k_3	助学贷款因素权重
k_4	特殊困难因素权重	a	申请者婚否
S_H	收入最高限额	S_L	大学毕业生低收入群体最低收入额(据调查目前南京为960元)
T_i	签约地区与申请住房地区是否相符,相符 $T_i=1$,不相符 $T_i=0$	F_i	申请者在申请地区是否有自己的住房,没有,$F_i=1$;有,$F_i=0$
c	工作年限		

2) 轮候排序设计

综上分析,影响准入机制设定的因素可以逐层推导如下:工作年限和婚姻状况是影响准入机制设定的硬性影响因素,即一旦工作年限超过设定的年限或者已经结婚,就不再考虑其收入、家庭等因素,直接将其排除。

(1) 收入因素影响系数

对于收入状况,结合各个城市不同的情况计算,目前比较统一的认识是低收入的最低限度就是其收入的一定额度(经准入机制设计模型推算出住房收入比为25%)是否可以支付市场平均租金。在此思想下,以市场平均租金为基准确定收入因素的影响性,根据上文关于大学毕业生低收入群体最低收入调查可知,平均最低收入限额为 S_L,即 $S_1 \geqslant S_L$。

申请者收入与计入合理收入租金比数额的比值: $k_s \dfrac{S_1}{R_M}$。

同时,倘若申请者收入水平为最低收入额时要确保其收入因素影响,准入机制的影响性最大,即收入影响系数为1,要计算申请者实际收入与最低限额下影响系数差额: $k_s \dfrac{S_L}{R_M}$。

将其系数差额分配在实际收入和最低保障额的区间范围内方可保证收入影响系数为1,即分配: $k_s \dfrac{S_L}{R_M} \times \dfrac{\dfrac{R_M}{K_s} - S_1}{\dfrac{R_M}{K_s} - S_L}$。

结合合理的收入房租比可以得出被保障者最高收入限额为 $k_s S_1 \leqslant R_M$,即 $S_1 \leqslant \dfrac{R_M}{k_s}$。

结合收入因素权数,可得收入影响的最终系数为

$$k_1 \left[1 - \left(k_s \dfrac{S_1}{R_M} - k_s \dfrac{S_L}{R_M} \times \dfrac{\dfrac{R_M}{K_s} - S_1}{\dfrac{R_M}{K_s} - S_L} \right) \right]$$

整理可得: $k_1 + k_1 k_s \dfrac{S_L}{R_M} \times \dfrac{R_M - K_s S_1}{K_M - K_s S_L} - k_1 k_s \dfrac{S_1}{R_M}$。

(2) 就业领域因素影响系数

大学毕业生低收入群体从事的领域是否在该地区扶持的领域内决定了就业领域因素影响系数的大小:

S_2 = 申请地区在住房方面扶持的就业领域

S_c = 申请人从事的工作领域

$S_c \in S_2$ 时 $S_c = 1$; $S_c \notin S_2$ 时 $S_c = 0$。

所以就业领域因素影响系数为: $k_2 S_c$。

(3) 助学贷款因素影响系数

根据调查,设定贷款次数4次为最高次数,以此为基数来判定。根据大学毕业

生群体在校期间的具体贷款次数考虑助学贷款因素影响性大小：

助学贷款因素影响实际就是申请者实际助学贷款次数除以 4：$\dfrac{N}{4}$。

结合助学贷款因素权数可得助学贷款因素影响系数为 $k_3 \dfrac{N}{4}$。

(4) 特殊困难因素影响系数

特殊困难因素的影响，这种情况相对来说是比较少的，因此可以直接辨别。

满足申请者有特殊困难 d 时：

有困难 $H_d = 1$；

无困难 $H_d = 0$。

因此特殊困难因素影响系数为 $k_4 H_d$。

综合上述 4 种因素影响系数，可得各因素总影响系数公式如下：

$$G = k_1 \left[1 - \left(k_s \dfrac{S_1}{R_M} - k_s \dfrac{S_L}{R_M} \times \dfrac{\dfrac{R_M}{K_s} - S_1}{\dfrac{R_M}{K_s} - S_L} \right) \right] + k_2 S_c + k_3 \dfrac{N}{4} + k_4 H_d$$

整理公式可得：

$$G = k_1 + k_1 k_s \dfrac{S_L}{R_M} \times \dfrac{R_M - K_s S_1}{R_M - K_s S_L} + k_2 S_c + k_3 \dfrac{N}{4} + k_4 H_d - k_1 k_s \dfrac{S_1}{R_M}$$

$$(7-12)$$

根据设定的基准情况可以判定：$G \leqslant 1$。

其中，当 $G \leqslant 0$ 时，则可以判定不在保障范围内；当 $0 < G \leqslant 1$ 时，在保障范围内，即按照 G 的大小确定轮候的优先顺序。

3) 轮候影响因素基准系数的确定

综合考虑影响大学毕业生低收入群体准入约束的毕业工作年限、婚姻状况、签约地区、收入状况、政府扶持领域、助学贷款、特殊困难等相关因素，可以发现毕业工作年限、婚姻状况、签约地区都是硬性的因素，即只要在规定的工作年限内、未婚、签约地区为申请地区的都可以申请，而收入状况、政府扶持领域、助学贷款、特殊困难这四个因素都是动态的，并且重要性不等，因此通过采用专家调查环比评分法确定各个因素的重要性权数。在调查 30 位专家的基础上，统计结果如表 7-5 所示。

表 7-5 动态因素权重值

因素	因素重要度比值	修正重要度	备注	权重
F_1	10	18	$18=1.8\times10$ $18=6\times3$ $0.6=1\times0.6$	$K_1=0.84$
F_2	3	1.8		$K_2=0.08$
F_3	0.6	0.6		$K_3=0.03$
F_4	1	1		$K_4=0.05$
合计		21.4		1

其中，F_1——收入状况；K_1——收入状况权重

F_2——家庭状况；K_2——家庭状况权重

F_3——扶持领域；K_3——扶持领域权重

F_4——特殊困难；K_4——特殊困难权重

4) 特殊申请人面临其他选择博弈

每个人都具有社会属性，虽然成年人可以独立生活，但那只是相对的，归根到底都要依赖于社会才能生存，都要依赖于社会才能具备认识能力和实践能力。因此对于进入对象我们对其附加支撑条件包括家庭、社会、地区福利等进行限定。而大学毕业生低收入群体旨在解决低收入的新就业毕业生的住房问题，同时要同其他形式的保障性住房（经济适用房、廉租住房等）相互协调，对于一些特殊的申请人，例如未婚申请人的家庭面临着申请经济适用房的机会，要从其所面对选择的博弈上，采取合理的特别政策。

从目前现状来看，每个高校毕业生的家庭条件和背景都不尽相同。以南京为例，若有下面情况的就不应该在"青年公寓"的保障之内：(1) 申请人本身就是南京市的，且家庭可以为其提供住宿的；(2) 虽非为本市居民，但家庭条件比较富裕的，无重大家庭负担。对于下列情况的可以优先考虑：(1) 家庭本身就为贫困家庭；(2) 家中负担较重。

社会方面，由于不同的行业或者民族差异等方面等导致大学毕业生就业时待遇不同，对于享受了社会特别补助的申请人也就不在保障范围内；地区福利方面受各地区政策影响比较大，例如南京某些区因为经营集体产权较好，能够给予本集体各成员很好的福利，所以也就排除了一部分享受地区福利的申请人。

如何判定申请者家庭状况是否符合准入筛选限定中家庭贫困的条件，可以参考经济适用房和廉租房申请家庭收入限定。例如北京市经济适用房申请条件收入限定是年收入 6 万元以下北京市户口的家庭。因此根据"青年公寓"申请人家庭的年收入是否低于家庭所在地区的申请经济适用房和廉租房年收入来判定是否为贫

困家庭,因此要建立健全家庭收入、资产动态监控机制,全面客观评价家庭的经济负担能力。对于农村家庭可以参考村委会提供的家庭收入证明来判定。

7.3 大学毕业生低收入群体保障性住房退出机制设计

7.3.1 退出机制设计的目的和原则

通过前文中关于"青年公寓"的描述,我们知道"青年公寓"作为保障性住房的一类,区别于经济适用房和廉租房。"青年公寓"主要是针对大学毕业生低收入群体的保障性住房,通过为大学毕业生低收入群体提供舒适而租金便宜的保障房,使其在刚毕业阶段的住房问题得到一定的解决。因此前文中提出了"青年公寓"中大学毕业生低收入群体申请人的资格,即准入机制的设立。然而由于"青年公寓"面向对象的专门性和相应准入条件设立的特点决定了承租人在脱离低收入群体范畴时应该退出"青年公寓",使得其他大学毕业生低收入群体进入"青年公寓",实现"青年公寓"运营的持续流动性。即本轮承租人的退出作为下一轮承租人进入"青年公寓"的前提和基础。真正实现这一目的,使得脱离低收入群体范畴的承租人顺利退出,必须要有完善的退出机制作保证。倘若缺乏了高效和完善的退出机制,将会抑制"青年公寓"循环运动,真正需要保障的群体无法受到保护,将会使"青年公寓"最终目标无法实现,长此下去就会失去大学毕业生低收入群体保障性住房建设的意义。从该意义上说,完善的退出机制是"青年公寓"有效运营的保障。

退出机制的建立是为了与进入机制相呼应,保障整套政策的实施。古语有云,"善始善终"。准入机制允许那些低收入、未婚的高校毕业生申请进入"青年公寓",解决他们的燃眉之急。但是,随着时间的推移,这部分群体的收入等状况在不断发生变化,且收入趋势都是递增。如果这部分人一直呆在这里,不管其收入有多少或是已婚,那么必将造成类似经济适用房中有开宝马、奔驰的住户的现象,使得真正需要帮助的毕业生得不到帮助,最终将导致政策失效等一系列严重问题。为此,经济改善且不符合"青年公寓"入住条件的人应该退出,将机会留给更需要帮助的其他毕业生。另外,一套政策的完整实施,也需要退出机制,实现循环利用,让政策发挥其最大的效用。

事实也表明,在退出机制健全完善的国家和地区,其公共租赁房运营就比较顺利,真正需要的群体才能受到保障。例如香港公共租住房屋(简称公屋)制度就是为满足低收入人群居住需要而制定的。香港特别行政区政府于 1954 年开始实施公共房屋计划,经过 50 多年的努力,香港的中低收入居民居住条件得到了很大的改善,并成功地摸索出一套具有自身特色的、完善的退出机制,严格实行公屋退出机制。正是因为这样,才使得中国香港公屋成为世界公共房屋计划的成功典范。

7.3.2 美国、英国及我国香港退出机制设计具体分析和借鉴

美国的住房保障政策,主要有租金资助计划、低收入阶层住房税金信用计划以及其他鼓励低收入层买房的政策等,主要表现为住房补贴等形式。以项目为基础的补贴分为对公共住房补贴和对私有住房补贴两种。公共住房补贴制度始于1937年,具体由联邦政府负责拨付建造、维修和管理营运公共住房所需的资金,地方政府(或州政府)设置的财政归中央的住房局负责监督公共住房的建造、分配和管理,产权归地方政府住房局。到1997年,公共住房有140多万套。对私有住房的补贴始于1961年,政府帮助低收入者租赁指定的私有住房。由政府选择一部分合格的私人住房提供给贫困者。被选中的住房房主可以得到政府提供的抵押贷款担保和获得稳定的租金收入。

英国在保障性住房方面比较著名的是其"优先购买权政策"。英国法律明确规定"购买权"条款:租住公房的住户,住满两年后即有权以优惠折扣价格购买所住的公房。优惠折扣起点为房价的30%,居住两年后,每超过一年再减房价的1%,住三十年公房的房客则可以60%的优惠折扣购房,但是折扣最大不超过房价的60%。居住条件差的公寓式套房,买房的折扣更大,居住两年后可以优惠房价44%,以后每超过一年再减房价的2%,但是最大折扣不超过房价的70%。公房购买人还可以申请购买一套住房的部分产权,其余部分仍然租用,等收入增加后再买下整套住房。但是英国的"优先购买权"一个重要的前提就是政府具有强大的经济实力,才能为激励机制效果的真正实现提供坚强的后盾。

中国香港作为法制社会,在公屋的申请、编配程序上有着极为严格的规定,以确保享受优惠的都是真正需要帮助的居民。公屋申请人须在香港住满七年并没有私人住宅物业,而且必须接受包括家庭收入和家庭资产的全面经济状况审查。房委会每年检查轮候者的收入及资产限额,以确保限额配合当前的经济和社会状况,并确保真正有需要的人才符合资格申请公屋。以三口之家为例,申请人家庭每月最高收入不得超过规定限额,家庭总资产不得超过规定限额,总资产包括了存款、证券、汽车、固定资产等。公屋申请人的申请条件不仅严格,而且相当详细。在通过一系列审查和三年以内的轮候期,申请人终于可以拿到钥匙。美国、英国、中国香港地区保障住房退出方式如表7-6所示。

表 7-6 美国、英国、中国香港地区保障住房退出方式

国家	住房保障形式概述	退出方式
美国	最初与美国旨在复苏经济的"新政"相一致,联邦政府开始介入住房问题。政府补贴的标准是租户按家庭收入的 25% 支付房租,其余部分由政府给房主补齐。住房证和住房券略有区别。住房证补贴始于 1974 年,约有 110 万户居民享受此种补贴。住房券始于 1983 年,受惠户约 40 万。享受住房证的住户不能承租房租高于联邦政府确定租金水平的住房,而享受住房券的住户虽无此限制但须承担租金差价	美国人设立退出机制原理其实非常简单,就是完善的个人信用制度。个人信用体系采用的是"一号一生"的模式,一个社会安全记录中记载了这个人一生中所有的交易、收入、雇佣和失业记录,而且每一个审核机构都有权调出这份记录进行核实。而被保障者的收入已经超过了申请补贴的合格线以后,租约一到期,承租人面临的选择就是买下这套公寓,或者搬出去。因为一个新的租约需要进行一次新的审核,一旦收入超过就无法通过新的审核。这样一个完善信用制度的强大力量在于它使得每个人在进行决策的过程中,会清楚地意识到选择欺骗行为的后果,从而在所有欺骗行为发生之前就让人们打消念头
英国	英国推行"优先购买权政策"。通过将激励机制引入到政策应用中,给予住户一定的优惠。随着住在公房的住户收入的不断增加,逐渐使其退出公房,利用自己的购买力来购买房屋	通过将激励因素融入廉租房的退出机制,保证廉租房源的充足,为其他的低收入群体腾出空间,同时有利于解决退出廉租房的住户对房子的所有权问题,帮助他们实现向社会上层流动。激励机制的引入也可以减少廉租房的腾退阻力,节约行政成本
中国香港	公屋申请人的申请条件不仅严格,而且相当详细。在通过一系列审查和三年以内的轮候期,申请人终于可以拿到钥匙。香港政府对虚报资料或伪造证明骗租的住户惩罚力度相当大。若住户虚报资料,房屋委员会可终止其租约,并依据具体状况给予一定数额的罚款和监禁	香港房委会实施"公屋住户资助政策"和"维护公屋资源合理分配政策",政策规定,在公屋居住满十年或以上的住户,须两年一次申报家庭收入。不申报收入或家庭收入超过所定限额的租户须缴付额外的租金。同时规定收入和净资产值两项准则,作为衡量公屋住户是否继续享受公屋资助的资格,凡在"公屋住户资助政策"中必须缴付额外租金的住户,仍须两年一次申报财产。如公屋住户家庭收入及拥有的净资产均超逾所定上限,或选择不申报资产,便必须缴交市值租金,并于一年内迁出所住的公屋

与国外和香港地区的公共租住房屋制度相比,我们的住房保障对象退出机制需要不断地改进和完善。通过对上述英国、美国和中国香港公共租住房屋制度退出机制设立的简要描述,我们可以总结出退出机制设立的可借鉴点:第一,通过建立比较完善、合理的法律体系和严格的惩罚机制,运用法律法规的强制性特征确保住房保障退出机制的合理设立和有效实施;第二,不断规范和培育退出监管机构,

一方面加强对住房保障对象的监督管理,另一方面通过探索制定有利于保障性住房承租人退出的优惠政策,利用利益驱动促使承租人主动退出;第三,加快建立个人信用管理制度,其主要目的是为了证明、查验和解释申请人的资信,并通过一系列的制度规范个人申请人的信用行为,提高诚信守约意识。

7.3.3 退出机制设计

1)"青年公寓"退出机制应考虑的因素及标准

退出机制不同于准入机制,它是一种事后机制。只有有效地审查和确定退出对象,让那些收入或住房条件得到改善的保障对象及时退出保障范围,才能保证有限的住房资源起到最大的保障作用,才不会出现将经济适用房或廉租房出租给别人,或者开着豪华轿车、住着豪华装修的经适房等现象,导致真正住房困难的人却没有房住。以我国几个大城市廉租房退出政策为例研究"青年公寓"退出机制的设立,见表7-7。

表7-7 北京、上海、天津廉租住房退出方式

城市	退出标准	退出方式		罚则
		租金补贴	实物配租	
北京	连续一年以上超北京市城镇居民最低收入标准	停止发放	限期6个月内腾出住房	虚报、隐瞒有关情况或伪造有关证明的,经查实,按申请人户口所在地区市场租金标准补足承租期间的房租
上海	连续6个月的人均收入超过本市城镇居民最低生活保障	停止发放	6个月的过渡期,前三个月享受原租金补贴的80%,后三个月减至原标准的50%	如虚报情况,则甲方将取消乙方在三年内申请廉租房的资格
天津	家庭收入提高后,不再具备租住廉租住房条件	停止发放	接到退出通知后的6个月内腾退住房,对不能按时腾退的,从次月起按届时配租租金的200%收取房租;如在第12个月内仍未腾退,从次月起按配租租金的300%收取房租;如在第24个月仍未腾退的,向人民法院提起诉讼	虚报、隐瞒收入、人口、住房情况,伪造证明的,一经查实,取消其配租资格,对已经骗租的廉租住房,由市住房保障管理办公室收回,对情节恶劣的,由房地产行政主管部门按照《城镇最低收入家庭廉租住房管理办法》(建设部120号文)的规定,予以处罚

参照廉租住房退出方式,我们对"青年公寓"的退出机制进行合理的设立,包括合理的保障年限、收入标准和婚姻状况三个方面。

从上一节设立准入筛选机制的考虑因素可以得出退出机制设立也应考虑住户婚姻状况、保障年限、收入及其他方面的因素。

(1) 婚姻状况

由于"青年公寓"这一保障性住房的面向对象是签约保障性住房所在地区的未婚大学毕业生，所以婚姻状况是退出机制设立考虑的重要因素。即住户一旦结婚，就需要马上退出。目前对于已婚者，可以相应地纳入到家庭的保障体系，即可以申请经济适用房或廉租房。

(2) 保障年限

通过上一章调查分析可以得出，正常申请者在入住到"青年公寓"5年内的经济收入都应该超过了准入收入限额的最高值，因此，当住户入住"青年公寓"时间超过5年时，应该马上退出。这一限定条件对应前文入住条件，能够刺激住户努力工作，给予住户一定的压力，让毕业生努力工作。这个指标是根据平均水平来确定的，具有一般性，能代表多数情况。

(3) 收入状况

当某些毕业生住户的经济收入达到一定标准时就不需要政府保障其住房问题，这时要设立有效的机制让住户退出，保证合格的申请人进入，实现真正的"流转"。

(4) 其他方面因素

当住户由于其家庭、单位、户口等方面因素发生变动，不再符合入住"青年公寓"条件的，应该及时退出。

以上几个条件不一定独立存在，但是需要明确的是，根据退出机制各个考核因素的"关卡"，一旦不符合居住条件的，就必须退出。例如，某住户在工作一年后就结婚了，虽然此时他的收入可能还没有达到退出的标准，但是也必须要退出。

2) "青年公寓"退出机制模型设计

"青年公寓"作为大学毕业生的过渡性住房，解决他们刚毕业的住房困难问题。但是，随着时间的推移，住户的工资、奖金、业绩提成、现金福利补贴等收入会相应地发生变化。即使上文中对保障期限进行了规定，但由于收入的增长并不是同步增长的，可能有些人在五年的时间内月收入早超过了准入收入限定，这时就需要从收入的角度来设定这部分住户的合理退出。当月收入达到准入收入限定时，就会出现如下几种情况：

(1) 自动退出。这部分住户认为自己现在的收入可以负担市场上的房屋租金，主动退出，把机会让给别人。这种情况是值得提倡的，不需要机制的强制约束。

(2) 梯度加租保证住户顺利退出。这种情况是本章退出模型设计需要解决的部分。模型参数设置见表7-8。

表 7-8 参数设置表

参数符号	代表意义
X	毕业生住户收入现额（包括工资、奖金、业绩提成、现金福利补贴）
A	准入机制中设定的合格的进入者收入的最高限额
R	"青年公寓"保障性住房房租
M	同等住房条件下的市场租金
N	已进入过渡期的时间，参考目前我国各大城市廉租房退出方式，暂定期限为 6 个月过渡期内腾退住房
B	$B=A+(M-R)/25\%$ 公式由来：$B=X$ 其中$(X-A)\times 25\%=M-R$ $25\%=$房租占收入的合理比例数
I	过渡期内每月房租递增额 $I=(M-R)/6$
X^N	在过渡期内住户的收入额
R^N	过渡期内应交房租 $R^N=R+I\times N$

本章通过参考目前我国各大城市廉租房退出方式，采取退出过渡期和收入增加缓冲期两种方式保证住户在 6 个月过渡期内顺利退出住房。在过渡期内月租金按住户收入增加额的一定比例提租，通过过渡期提租设计，确保过渡期末此类住户应纳房租额等于市场房租价格。收入增加缓冲期则是当住户收入增加额的一定比例超过市场房租与"青年公寓"保障性房租差额时，即使还在过渡期内，也必须限定住户退出。

收入限定退出模型设计如下：

$$R^N = R + N \times (\frac{M-R}{6})$$

$$\text{s.t.} \ A < X < B[B=(M-R)\div 25\% + A]$$

$$X^N < B[B=(M-R)\div 25\% + A]$$

$$N < 6$$

图 7-7 为收入限定退出模型流程。

从流程图中可看出，在退出机制中，当住户收入 X 大于准入机制中收入限定额 A 时，要进入过渡期仍要满足特定的约束条件。

根据上文提到的退出机制应考虑的因素以及准入筛选机制的设立，可以得到比较清晰的退出标准。

当住户出现已婚、超过保障年限和家庭、户口、单位等因素不符合"青年公寓"居住条件时，必须迅速退出"青年公寓"，而当收入超过准入最高限额时也应及时退出。此处我们设定住户婚姻、保障年限、家庭、户口等因素为判断毕业生住户是否应该退出的硬性指标，这样才能吻合设立"青年公寓"的初衷，确保保障对象的正确性。而由于收入是一个动态变化的重要指标，因此必须通过研究住户收入变化确立更加合理的方式，确保让低收入的申请者进入，高收入的住户退出，又通过设立过渡期给予住户一定的缓冲时间，更加体现机制设立的科学合理化，见图7-8。

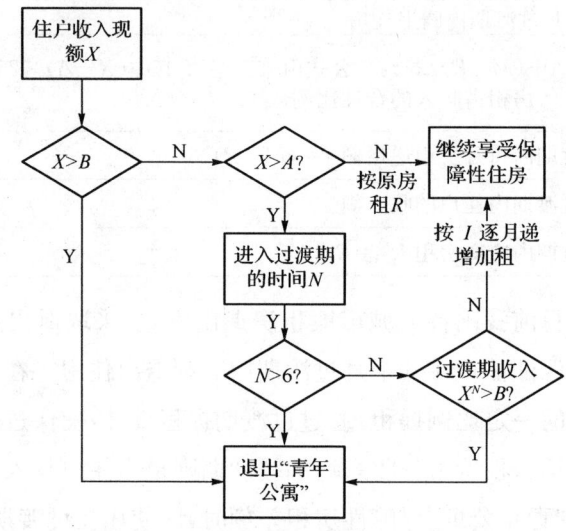

图7-7 收入限定退出模型流程图

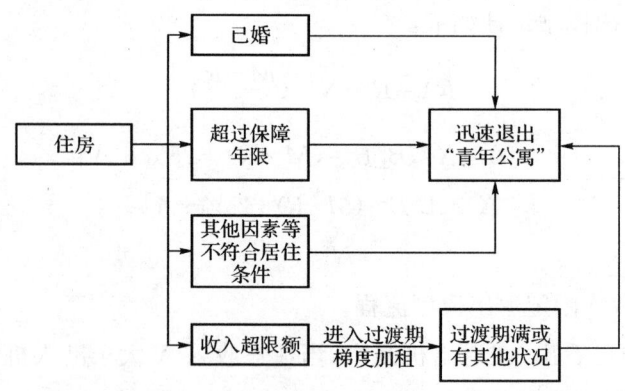

图7-8 青年公寓退出标准流程

3）退出机制实施的具体步骤

（1）以一年为周期，审核住户工作合同、工作年限、收入等准入因素详情表

"青年公寓"采取的是租赁形式,租赁合约采用的是一年一签的。每年相关的监管部门根据承租者的具体情况决定是否需要续签。倘若承租者各个方面依然符合入住标准,则可以通过续签,承租者继续居住公共租赁住房。倘若承租者某些因素不再符合准入标准,则不能续约,并且承租者自动进入6个月退出缓冲期,即在6个月内主动退出公共租赁住房。

(2) 渐进加租,保证超过标准的承租者有效退出

对于那些收入超过标准又未超过保障期限的人,可以采取一种渐近的方式——加租。根据他们的收入变化曲线、居民消费水平等设定相应的加租比例。当租金达到市场租金水平时,他们就会退出。因为在市场上可以租到更加方便的住房。毕竟"青年公寓"是有限的社会保障资源。如果此时还有人不愿意退出的话,可以对他们设定相应的惩罚手段。

(3) 具体实施步骤

① 申报。申请单位定期向主管部门如实申报被保障员工的收入变化状况、婚姻状况、签约状况、产权有无等状况,使主管部门及时了解承租者的个人资料。

② 审核。主管部门会同其他部门共同对住户申报的资料进行核实,确保没有欺骗的成分。

③ 办理手续。经审查核实的个人,应该在规定的时间内到各相关部门办理退出手续。

(4) 管理

"青年公寓"的建设同廉租房相似,是一项福利事业,以"济贫"为宗旨。由于各申请人的收入、就业等情况始终是动态变化的,因而住房保障应实行动态管理。即当居民收入发生变化时,特别是当原先租住"青年公寓"的人群收入超过租住标准时,应对其租住房屋进行调整。建设"青年公寓"的目的是既保证不会出现享受低收入保障、有能力但不努力提高自己的经济状况的"懒人",又要提供给想改善经济状况的人努力的机会,给这些人以过渡时间,更好地去奋斗。低收入大学毕业生在进入后,如何获得毕业生的各种信息,就要依靠动态管理,即进入与退出机制运行中的监管体系所获取的资料。图7-9为监督管理系统图。

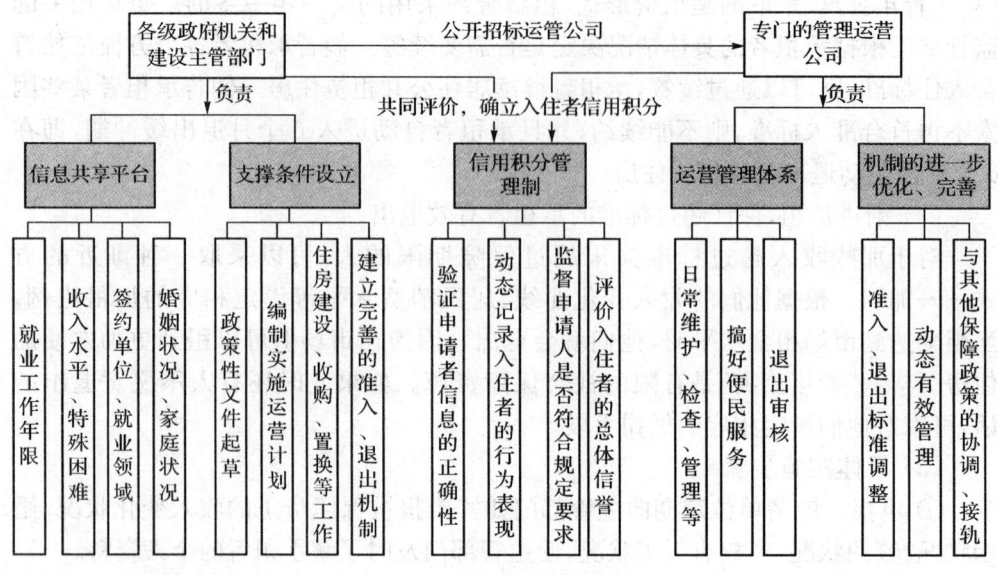

图 7-9 监督管理系统图

7.3.4 政策建议

(1) 完善相关法律制度规范,增强"青年公寓"的法律效力

具体应做到以下两点:其一,出台"青年公寓"保障的整套法律,制定符合我国国情的住房保障专项法规,从法律层面规定住房保障的对象、保障标准、保障资金的来源、退出机制及管理机构等,为建立动态的公共租赁住房保障体系提供法律保障。提升与退出有关的法律法规的层次,通过较高阶位的法律确保退出工作的开展。其二,出台"青年公寓"退出政策细则,整合现有的住房保障政策,通过制定"青年公寓"住房退出条例,使住房保障的退出有法可依。此外,各地方的退出条例应具有地方特色,符合本地的经济发展情况和地区环境等。

(2) 制定相应的激励机制,使生活状况改善的新就业大学生群体退出

激励机制对组织的作用具有两种性质,即助长性和致弱性,也就是说,激励机制对组织具有助长作用和致弱作用。我们应尽量发挥激励机制对组织的助长作用,避免对组织的致弱作用。因此,我们应将新就业大学生群体按经济能力、家庭状况、助学贷款等不同划分为若干等级,按经济实力由弱到强实行租金标准或补贴标准梯度递减原则,从而迫使较高收入者因获益少而自动退出。对于已经结婚但确实无支付能力的大学毕业生,当他们的经济状况改善时,政府应该为他们购买住房提供优惠,如优先购买权、降低首付比例或较低售价等方式,助推其购买住房,加快房屋腾退和减少行政成本。

激励机制的设计关键在于实现新就业大学生群体保障与其他保障措施间的有效衔接,确保新就业大学毕业生低收入群体退出后能平滑过渡到家庭的保障层次中,避免落入"夹心层"。

(3) 完善社会信用体系,建立高校毕业生信息档案

"青年公寓"住户的退出是建立在对租户收入跟踪管理之上的。但是,由于银行不允许查询个人账户,造成我们无法掌握他们的收入变化。因此,我们必须整合各方资源,逐步建立个人信用、收入监控体系。只有了解了他们的收入变化,才能知道哪些入住者是不符合规定的,使违规者及时退出"青年公寓"。此外,由于新就业大学生群体具有流动性,在全国各地不停地流动,不断地变换工作。因此,必须建立多部门、跨地区的信息联动体系,使这些信息能够在全国各个地区内查找,即不管他在哪个地方工作,只要输入他的基本资料,就可以看到我们需要的信息。此外,高校还应该为毕业生建立档案管理,为退出提供准确有效的信息。

7.4 算例分析

7.4.1 南京市大学毕业生低收入群体保障性住房准入与轮候机制设计

1) 工作年限和时间模拟

结合南京调查对象的实际情况,将所收集数据运用 SPSS 软件模拟分组,分为 30 大类别,并进一步通过模拟计算验证上述结论,即就平均水平来看,一个正常的大学毕业生工作至第 5 年的收入水平足以合理支付其住房消费。表 7-9 为申请者收入状况和工作年限模拟,图 7-10 为收入—工作年限关系图。

表 7-9 申请者收入状况和工作年限模拟

市场平均租金（元/月）	500	600	700	800	900	1 000	1 200
典型对象编号/年限	1	2	3	4	5	6	7
p1	1 000	1 400	2 000	2 500	3 500	4 500	6 000
p2	1 020	1 420	2 020	2 520	3 520	4 520	6 030
p3	1 040	1 440	2 040	2 540	3 540	4 540	6 050
p4	1 060	1 460	2 060	2 560	3 560	4 560	6 070
p5	1 080	1 480	2 080	2 580	3 580	4 580	6 090
p6	1 100	1 500	2 100	2 600	3 600	4 600	6 110

续 表

市场平均租金（元/月）	500	600	700	800	900	1 000	1 200
典型对象编号/年限	1	2	3	4	5	6	7
p7	1 120	1 520	2 120	2 620	3 620	4 620	6 130
p8	1 140	1 540	2 140	2 640	3 640	4 640	6 150
p9	1 160	1 560	2 160	2 660	3 660	4 660	6 170
p10	1 180	1 580	2 180	2 680	3 680	4 680	6 190
p11	1 200	1 600	2 200	2 700	3 700	4 700	6 210
p12	1 220	1 620	2 220	2 720	3 720	4 720	6 230
p13	1 240	1 640	2 240	2 740	3 740	4 740	6 250
p14	1 260	1 660	2 260	2 760	3 760	4 760	6 270
p15	1 280	1 680	2 280	2 780	3 780	4 780	6 290
p16	1 300	1 700	2 300	2 800	3 800	4 800	6 310
p17	1 320	1 720	2 320	2 820	3 820	4 820	6 330
p18	1 340	1 740	2 340	2 840	3 840	4 840	6 350
p19	1 360	1 760	2 360	2 860	3 860	4 860	6 370
p20	1 330	1 730	2 330	2 830	3 830	4 880	6 390
p21	1 300	1 700	2 300	2 800	3 800	4 850	6 360
p22	1 270	1 670	2 270	2 770	3 770	4 820	6 330
p23	1 240	1 640	2 240	2 740	3 740	4 790	6 300
p24	1 210	1 610	2 210	2 710	3 710	4 760	6 270
p25	1 180	1 580	2 180	2 680	3 680	4 730	6 240
p26	1 150	1 550	2 150	2 650	3 650	4 700	6 210
p27	1 120	1 520	2 120	2 620	3 620	4 670	6 180
p28	1 090	1 490	2 090	2 590	3 590	4 640	6 150
p29	1 060	1 460	2 060	2 560	3 560	4 610	6 120
p30	1 030	1 430	2 030	2 530	3 530	4 580	6 090
各个年限平均工资水平	1 197	1 600	2 203	2 707	3 710	4 732	6 248
平均可支付租金＝平均工资水平×25%	299.2	400	550.9	676.7	927.5	1183	1562
平均市场租金	500	600	700	800	900	1 000	1200

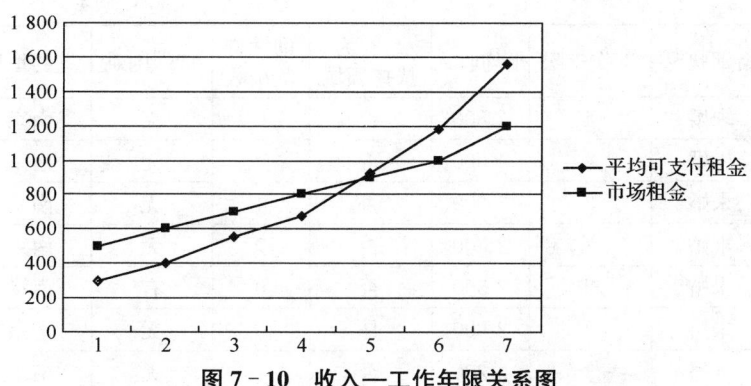

图 7-10 收入—工作年限关系图

2) 准入指标算例计算

根据实际调查、典型性分类,取以下 30 名申请者的具体状况进行准入指标分析,表 7-10 为南京典型调查个体的具体数据。

表 7-10 典型调查个体数据表

典型调查个体	婚姻状况	工作年限	平均收入	是否为扶持领域	助学贷款次数	特殊困难	签约地区	有无产权住房
p1	未婚	1	1 000	否	0	无	南京	无
p2	未婚	3	3 000	否	0	无	南京	无
p3	已婚	3	3 000	否	0	无	南京	无
p4	未婚	6	3 000	否	0	无	南京	无
p5	未婚	3	3 000	否	0	无	常州	无
p6	未婚	3	3 000	否	0	无	南京	有
p7	未婚	4	5 000	否	0	无	南京	无
p8	未婚	2	2 500	否	2	无	南京	无
p9	未婚	2	2 500	否	0	无	南京	无
p10	未婚	1	1 800	是	0	无	南京	无
p11	未婚	1	1 800	否	0	无	南京	无
p12	未婚	2	2 700	否	0	无	南京	无
p13	未婚	2	2 700	否	0	有	南京	无
p14	未婚	3	3 800	是	1	无	南京	有
p15	未婚	3	3 800	是	3	有	南京	无
p16	已婚	3	4 000	否	0	无	南京	有
p17	已婚	5	4 200	否	0	无	扬州	有
p18	未婚	1	960	是	4	有	南京	无

续表

典型调查个体	婚姻状况	工作年限	平均收入	是否为扶持领域	助学贷款次数	特殊困难	签约地区	有无产权住房
p19	未婚	4	2 800	否	0	无	南京	无
p20	未婚	4	4 000	否	0	无	南京	无
p21	未婚	3	3 000	否	4	无	南京	无
p22	未婚	3	2 800	否	0	无	南京	无
p23	未婚	2	2 500	否	0	有	南京	无
p24	未婚	2	2 500	是	0	无	南京	无
p25	未婚	3	3 200	否	2	无	南京	无
p26	未婚	3	3 200	否	0	有	南京	无
p27	未婚	3	4 000	否	0	无	南京	无
p28	未婚	4	4 000	否	0	无	南京	无
p29	未婚	2	2 800	是	4	有	南京	无
p30	未婚	2	3 000	否	0	无	南京	无

利用式(7-13)计算最终影响系数：

$$G = Y_c + M_d + T_i + k_1 + F_i + k_1 k_s \frac{S_L}{R_M} \times \frac{R_M - K_s S_1}{R_M - K_s S_L} + k_2 S_c + k_3 \frac{N}{4} + k_4 H_d - k_1 k_s \frac{S_1}{R_M} \quad (7-13)$$

上表中的数据是通过对南京市多名大学毕业生的典型具体调查，从中选取 30 个代表型样本作为数据来源，用来说明影响准入机制的各个因素及指标情况。通过上表数据可以确定各个参数值如表 7-11 所示。

表 7-11 样本参数值

i	M_{di}	c_i	Y_{ci}	S_1	S_L	$S_c \in S_2, S_c = 1$ $S_c \notin S_2, S_c = 0$	N_1	H_{di}	T_i	F_i	R_M
1	1	1	1	1 000	960	0	0	0	1	1	1 050
2	1	3	1	3 000	960	0	0	0	1	1	1 050
3	0	3	1	3 000	960	0	0	0	1	1	1 050
4	1	6	0	3 000	960	0	0	0	1	1	1 050
5	1	3	1	3 000	960	0	0	0	0	1	1 050
6	1	3	1	3 000	960	0	0	0	1	0	1 050

续表

i	M_{di}	c_i	Y_{ci}	S_1	S_L	$S_c \in S_2, S_c=1$ $S_c \notin S_2, S_c=0$	N_1	H_{di}	T_i	F_i	R_M
7	1	4	1	5 000	960	0	0	0	1	1	1 050
8	1	2	1	2 500	960	0	2	0	1	1	1 050
9	1	2	1	2 500	960	0	0	0	1	1	1 050
10	1	1	1	1 800	960	1	0	0	1	1	1 050
11	1	1	1	1 800	960	0	0	0	1	1	1 050
12	1	2	1	2 700	960	0	0	0	1	1	1 050
13	1	2	1	2 700	960	0	0	1	1	1	1 050
14	1	3	1	3 800	960	1	0	0	1	0	1 050
15	1	3	1	3 800	960	1	3	1	1	1	1 050
16	0	3	1	4 000	960	0	0	0	1	1	1 050
17	0	5	0	4 200	960	0	0	0	0	0	1 050
18	1	1	1	960	960	1	4	1	1	1	1 050
19	1	4	1	2 800	960	0	0	0	1	1	1 050
20	1	4	1	4 000	960	0	0	0	1	1	1 050
21	1	3	1	3 000	960	0	4	0	1	1	1 050
22	1	3	1	2 800	960	0	0	0	1	1	1 050
23	1	2	1	2 500	960	0	0	0	1	1	1 050
24	1	2	1	2 500	960	1	0	0	1	1	1 050
25	1	3	1	3 200	960	0	2	0	1	1	1 050
26	1	3	1	3 200	960	0	0	1	1	1	1 050
27	1	3	1	4 000	960	0	0	0	1	1	1 050
28	1	4	1	4 000	960	0	0	0	1	1	1 050
29	1	2	1	2 800	960	1	4	1	1	1	1 050
30	1	2	1	3 000	960	0	0	0	1	1	1 050

根据南京市物价网和市场租房网统计,南京市区单间住房平均租金为1 050元/月左右。其标准是按照大学毕业生低收入群体保障性住房拟建标准,即样本参数值中的 $R_M = 1\ 050$。

根据江苏省人力资源和社会保障厅《关于调整全省最低工资标准的通知》(苏人社发〔2011〕5号)精神,经市政府批准,市人力资源和社会保障局发出通知,南京市新的企业最低工资标准于2011年2月1日起开始执行。本次企业最低工资标准的调整如下:南京市的鼓楼区、白下区、玄武区、雨花台区、秦淮区、建邺区、下关区、栖霞区、江宁区、浦口区和六合区,均执行一类区标准,调整为1 140元/月。各地区规定的收入租金比(大多城市设定为25%),根据统计出的南京目前的住房收入比,通过计算,可以取定南京合理的收入租金比$k_s=25\%$。

如上文计算,通过采用专家调查环比评分法确定各个因素的重要性权数。在30位专家调查的基础上得出影响准入机制动态因素的权数:

$$k_1=0.84 \quad k_2=0.08 \quad k_3=0.03 \quad k_4=0.05$$

其中,大学毕业生低收入群体最低收入额,据调查目前南京为960元,即$S_L=960$元/月。

代入公式(7-13):

$$G_i=Y_{ci}+M_{di}+T_i+F_i+k_1+k_1 k_s \frac{S_L}{R_M} \times \frac{R_M-K_s S_{1i}}{R_M-K_s S_L}+k_2 S_{ci}+k_3 \frac{N_i}{4}+k_4 H_{di}-k_1 k_s \frac{S_{1i}}{R_M}$$

$$G_1=1+1+1+1+0.84+0.84 \times 0.25 \times \frac{960}{1\,050} \times \frac{1\,050-0.25 \times 1\,000}{1\,050-0.25 \times 960}+0.08 \times 0+0.03 \times \frac{0}{4}+0.05 \times 0-0.84 \times 0.25 \times \frac{1\,000}{1\,050}$$

计算得到:$G_1=4.83$。

依次计算,可以得到30个典型样本最终因素影响系数。

样本1和样本2的准入因素最终影响系数都大于4,两者之间系数值的差距主要是因为样本1的收入比较低,所以同样在被保障的范围内,而样本1就比样本2优先准入。样本2和样本3无论是工作年限、收入、签约地区、房屋产权拥有状况等因素都是一样的,唯独不一样的是婚姻状况因素,正是由于样本3是已婚,所以最终其不能在保障性住房保障范围之内。样本4和样本5同样经过计算,其准入因素最终影响系数都是小于4的,即都不在保障范围之内,分析这种结果的原因,主要是由于样本4的工作年限已经超过了5年,而样本5虽然其他因素符合,但是其签约工作所属地区是江苏常州市的,而不属于南京,所以也不在保障范围之内。样本6和样本7被排除在保障性范围之外,主要是因为样本6已经拥有了属于自己的房子,而样本7的收入水平比较高,足以支付市场房租。样本8和样本9均在保障范围之内,而两者最终的影响系数存在差别是因为两者在其他准入影响因素状况一样的情况下助学贷款影响因素不同,即样本 8 有过 2 次助学贷款,在两者同时申请保障性住房的时候,会优先考虑样本 8。样本 10 和样本 11 均在保障范围之内,而两者最终的影响系数存在差别是因为两者在其他准入影响因素状况一样的情况下就业工作领域这一因素不同,样本 10 所从事的工作恰好是南京市政府扶持、重点优惠的领域,所以两者同时申请保障性住房的时候,会优先考虑样本 10。样本 12 和样本 13 均在保障范围之内,而两者最终的影响系数存在差别是因为两者在其他准入影响因素状况一样的情况下特殊困难这一因素不同,样本 13 因为自身身体状况或者家庭有特殊的困难,并提供了相关的证明,所以其最终计算的准入因素影响系数比较大,所以两者同时申请保障性住房的时候,会优先考虑样本 13。样本 14 和样本 15 相比,由于样本 14 已经拥有了属于自己的房子,所以经过计算可以得出样本 14 的准入因素最终影响总系数小于 4,不在保障范围之内。样本 16 虽然其他因素都是满足条件的,但是由于已婚,所以经过计算可以得出样本 16 的准入因素最终影响总系数小于 4,不在保障范围之内。样本 17 和样本 18 是两个特殊的例子,之所以称这两个例子是特殊的,是因为样本 17 和样本 18 是两个极端,样本 17 各个准入因素影响系数都达不到要求,所以最终计算的准入因素影响总系数是 0,而样本 18 每个准入因素影响系数都是最高的,因此经过计算可以得出其准入因素影响总系数是 5,属于保障范围内最为优先的。样本 19 和样本 20 均在保障范围之内,而两者最终的影响系数存在差别是因为两者在其他准入影响因素状况一样的情况下收入这一因素不同,样本 19 因为收入比较低,所以两者同时申请保障性住房的时候,会优先考虑样本 19。样本 21 和样本 22 相比,虽然样本 21 有 4 次助学贷款的情况,但是由于样本 21 的收入比样本 22 高,因此,两者同时申请保障性住房的时候,会优先考虑样本 22。样本 23 和样本 24 的区别就是样本 23 有特殊困难。样本 25 和样本 26 都在保障范围内,虽然样本 25 有过 2 次助学贷款,但是由于样本 26 有特殊困难,所以经过计算样本 26 的准入因素影响总系数大于样本 25 的,当两者同时申请保障性住房的时候,会优先考虑样本 26。样本 27 和样本 28 的准入因素影响系数大小一样,所以实际情况下,其优先度一样,但是往往考虑到样本 27 工作年限比样本 28 少,因此其收入积累比较少,特殊情况下,可以优先考虑样本 27。样本 29 因为工作为政府扶持领域,并且又有助学贷款和一定的特殊困难,所以其准入因素影响总系数较大,优先考虑。全部影响总系数如表 7 - 12 所示。

表 7-12　30个典型样本准入因素影响总系数表

样本编号 i	p1	p2	p3	p4	p5	p6	p7	p8	p9	p10
最终影响系数 G	4.83	4.31	3.31	3.31	3.31	3.31	3.97	4.46	4.44	4.70
样本编号 i	p11	p12	p13	p14	p15	p16	p17	p18	p19	p20
最终影响系数 G	4.62	4.39	4.44	3.19	4.26	3.05	0	5	4.36	4.05
样本编号 i	p21	p22	p23	p24	p25	p26	p27	p28	p29	p30
最终影响系数 G	4.34	4.36	4.49	4.52	4.27	4.31	4.05	4.05	4.52	4.31

根据所计算准入机制因素影响系数大小进行排序如下：

$G_{18} > G_1 > G_{10} > G_{11} > G_{29} \geqslant G_{24} > G_{23} > G_8 > G_9 \geqslant G_{13} > G_{12} > G_{19} \geqslant G_{22} > G_{21} > G_2 \geqslant G_{30} \geqslant G_{26} > G_{25} > G_{15} > G_{20} \geqslant G_{27} \geqslant G_{28} > G_7 > G_3 \geqslant G_4 \geqslant G_5 \geqslant G_6 > G_{14} > G_{16} > G_{17}$

3) 准入指标计算结果分析

首先，通过计算，样本7、样本3、样本4、样本5、样本6、样本14、样本16和样本17因素影响系数均小于等于4。可以直接判定不在大学毕业生低收入群体保障性住房保障范围之内。

其次，样本18、样本1、样本10、样本11、样本29、样本24、样本23、样本8、样本9、样本13、样本12、样本19、样本22、样本21、样本2、样本30、样本26、样本25、样本15、样本20、样本27和样本28的因素影响系数均大于4，说明这些样本群体在大学毕业生低收入群体保障性住房保障范围之内。

最后，前文中提到过关于保障范围内申请者进入大学毕业生低收入群体保障性住房的先后顺序的问题，由于国内外其他保障性住房准入顺序一般都是采取抽签进入，这里针对于大学毕业生低收入群体保障性住房面向对象的特殊性，因此通过准入机制影响指标——准入因素影响总系数，来确定其准入的顺序。

通过对上述案例的计算结果，可知在保障范围内的样本，如表7-13所示。

表 7-13　保障范围内样本准入因素影响系数

样本编号 i	p18	p1	p10	p11	p24	p29	p23	p8	p9	p13	p12
最终影响系数 G	5	4.83	4.7	4.62	4.52	4.52	4.49	4.46	4.44	4.44	4.39
样本编号	p19	p22	p21	p2	p26	p30	p25	p15	p20	p27	p28
最终影响系数 G	4.36	4.36	4.34	4.31	4.31	4.31	4.27	4.26	4.05	4.05	4.05

因此可以得出样本人群的准入顺序，即按照指标准入因素影响系数大小来确定，准入因素影响系数 G 大的申请者就可以先进入，以此类推。

$G_{18} > G_1 > G_{10} > G_{11} > G_{29} \geqslant G_{24} > G_{23} > G_8$

$$\geqslant G_9 \geqslant G_{13} > G_{12} > G_{19} \geqslant G_{22} > G_{21} > G_2$$
$$\geqslant G_{30} \geqslant G_{26} > G_{25} > G_{15} > G_{20} \geqslant G_{27} \geqslant G_{28}$$

4) 对因素的深层次分析

（1）在影响大学毕业生低收入群体保障性住房准入机制的各个因素中，其中婚姻状况、签约状况、工作年限以及有无房产因素为硬性指标，倘若申请者的这四个因素有一个不满足的，就不在保障范围之内。

（2）在收入状况、工作领域、助学贷款和特殊困难因素中，收入状况所占的影响是最大的。

（3）收入一定时，往往其他因素就会决定申请者准入的优先性。

（4）硬性条件一定的情况下，申请者收入状况、工作领域、助学贷款和特殊困难因素的真实性直接影响准入因素影响系数，所以保证申请者信息的真实性是准入条件设立公正性的重要保障。

（5）收入状况、工作领域、助学贷款和特殊困难动态因素的基准系数的确定很重要，本研究中是由专家打分，采取环比计算法得出，各个地区应根据实际情况确定各个地区的基准系数。

7.4.2 准入与退出机制运行状况的典型样本介绍

本章以南京为例，从1 000名被调查者中，根据课题准入、退出机制综合因素的考虑和样本的代表性特征分析，选出以下签约南京、无产权住房、工作年限小于5年且未婚者为典型样本进行分析，旨在说明准入、退出机制的运行。同时运用行业一般收入发展趋势性分析预测样本若干年内的收入变化曲线。

1) 申请者样本介绍

样本1：本科毕业，刚参加工作，专业为计算机，目前从事IT行业，月收入为3 500元/月，根据此类人群收入调查预测，样本1的未来5年的收入变化如表7-14所示。

表7-14 样本1在工作年限5年内的收入变化

工作年限	1	2	3	4	5
收入（月薪，元）	3 500	4 500	6 000	7 200	9 000

样本2：已经参加工作1年，调查时点为工作第二年初，目前收入为2 500元/月，目前为某金融单位的员工，根据SPSS统计结果预测，样本2在工作年限5年内的收入变化如表7-15所示。

表 7-15　样本 2 在工作年限 5 年内的收入变化

工作年限	1	2	3	4	5
收入（月薪,元）	null	2 500	3 000	4 000	5 000

样本 3：目前参加工作 2 年了，调查时点为其工作的第三年初，目前收入为 2 500 元/月，目前从事工程施工管理工作，根据 SPSS 数据统计结果预测，样本 3 在工作年限 5 年内的收入变化如表 7-16 所示。

表 7-16　样本 3 在工作年限 5 年内的收入变化

工作年限	1	2	3	4	5
收入（月薪,元）	null	null	2 500	3 000	4 000

样本 4：已经工作 1 年，调查时点为其工作的第二年初，目前收入为 5 000 元/月，样本 4 是一名英语高级翻译人员，根据行业收入数据统计预测，样本 4 在工作年限 5 年内的收入变化如表 7-17 所示。

表 7-17　样本 4 在工作年限 5 年内的收入变化

工作年限	1	2	3	4	5
收入（月薪,元）	null	5 000	6 500	8 000	10 000

样本 5：已经工作 1 年，调查时点为其工作的第二年初，目前收入为 3 000 元/月，样本 5 是一名高中老师，根据行业收入数据和本地工资水平标准综合统计预测，样本 5 在工作年限 5 年内的收入变化如表 7-18 所示。

表 7-18　样本 5 在工作年限 5 年内的收入变化

工作年限	1	2	3	4	5
收入（月薪,元）	null	3 000	3 500	4 000	5 000

样本 6：本科毕业，刚参加工作，专业为化学应用，目前从事化工行业，月收入为 1 500 元/月，根据此类人群收入调查预测，样本 6 的未来 5 年的收入变化如表 7-19 所示。

表 7-19　样本 6 在工作年限 5 年内的收入变化

工作年限	1	2	3	4	5
收入（月薪,元）	1 500	2 000	3 000	4 000	5 500

样本7：本科毕业，刚参加工作，专业为自动化专业，目前从事汽车机电行业，月收入为3 000元/月，根据此类人群收入调查预测，样本7的未来5年的收入变化如表7-20所示。

表7-20 样本7在工作年限5年内的收入变化

工作年限	1	2	3	4	5
收入(月薪,元)	3 000	4 000	5 500	7 000	8 500

样本8：已经工作3年，调查时点为其工作的第四年初，目前收入为3 000元/月，样本8是一名物流工作人员，根据行业收入数据和本地工资水平标准综合统计预测，样本8在工作年限5年内的收入变化如表7-21所示。

表7-21 样本8在工作年限5年内的收入变化

工作年限	1	2	3	4	5
收入(月薪,元)	null	null	null	3 000	4 000

样本9：刚参加工作，专业为人力资源管理，目前从事行政管理，月收入为1 500元/月，根据此类人群收入调查预测，样本9在工作年限5年内的收入变化如表7-22所示。

表7-22 样本9在工作年限5年内的收入变化

工作年限	1	2	3	4	5
收入(月薪,元)	1 500	2 000	2 500	3 000	4 000

样本10：刚参加工作，专业为采购管理，目前从事物资采购，月收入为2 500元/月，根据此类人群收入调查预测，样本10的未来5年的收入变化如表7-23所示。

表7-23 样本10在工作年限5年内的收入变化

工作年限	1	2	3	4	5
收入(月薪,元)	2 500	3 500	5 000	6 000	8 000

2) 申请者准入、退出相关因素综合介绍

以南京目前市场房租为例，通过测算，目前南京市单人房租平均价格为1 050元/月，而按照合理住房收入比25%计算，得出被保障者收入应该是低于1 050/25%＝4 200元/月，则月收入4 200元/月也就是准入、退出标准的临界收入线。准入影响因素中收入作为重要性因素界定样本是否进入，因此样本收入变化因素与保障收入线综合如下。

(1) 样本1收入与临界收入交点如图7-11所示。

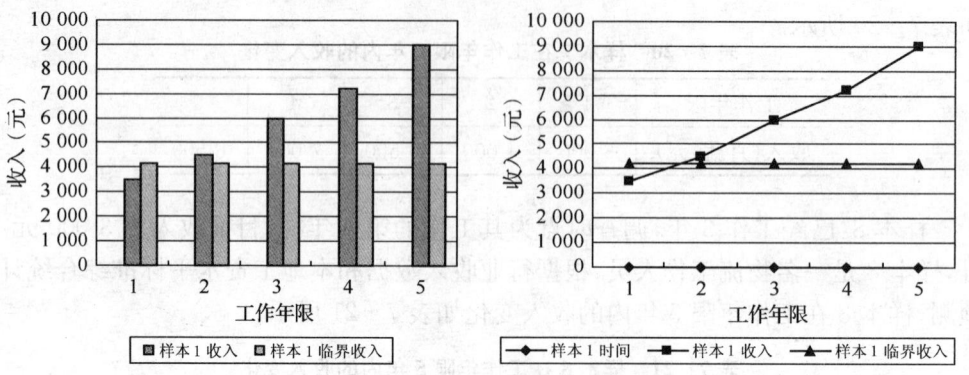

图7-11 样本1收入与临界收入交点

(2) 样本2收入与临界收入交点如图7-12所示。

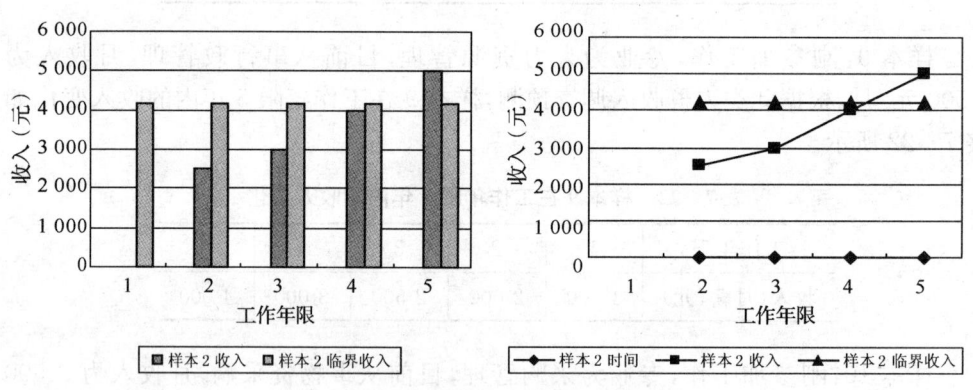

图7-12 样本2收入与临界收入交点

(3) 样本3收入与临界收入交点如图7-13所示。

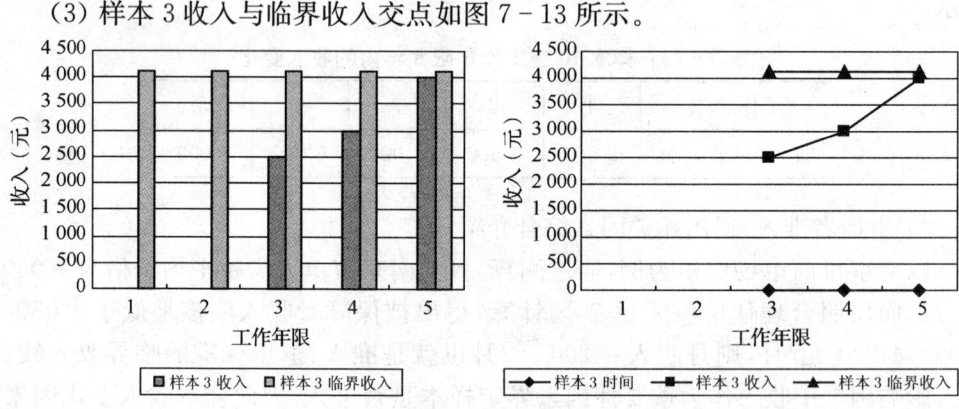

图7-13 样本3收入与临界收入交点

（4）样本 4 收入与临界收入交点如图 7-14 所示。

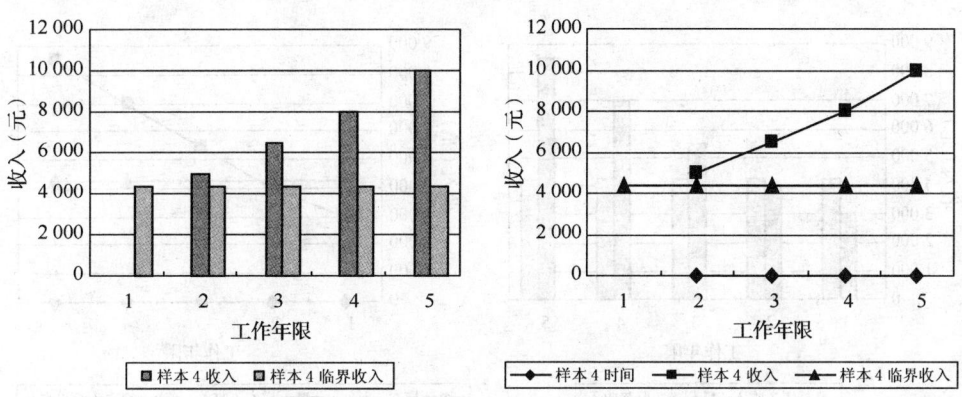

图 7-14 样本 4 收入与临界收入交点

（5）样本 5 收入与临界收入交点如图 7-15 所示。

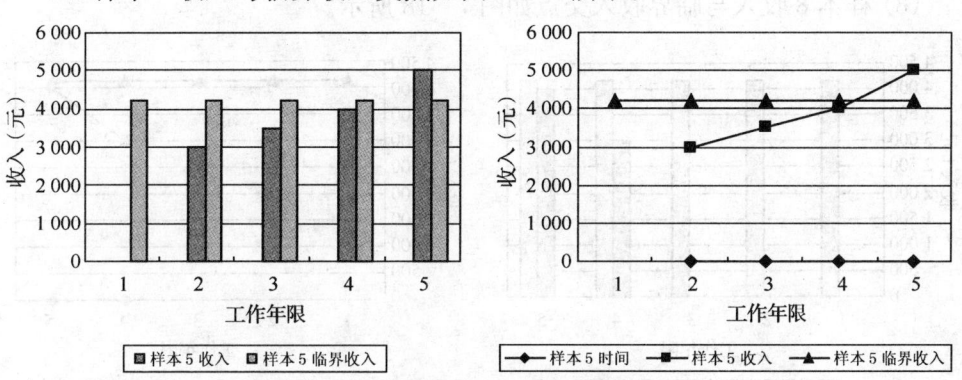

图 7-15 样本 5 收入与临界收入交点

（6）样本 6 收入与临界收入交点如图 7-16 所示。

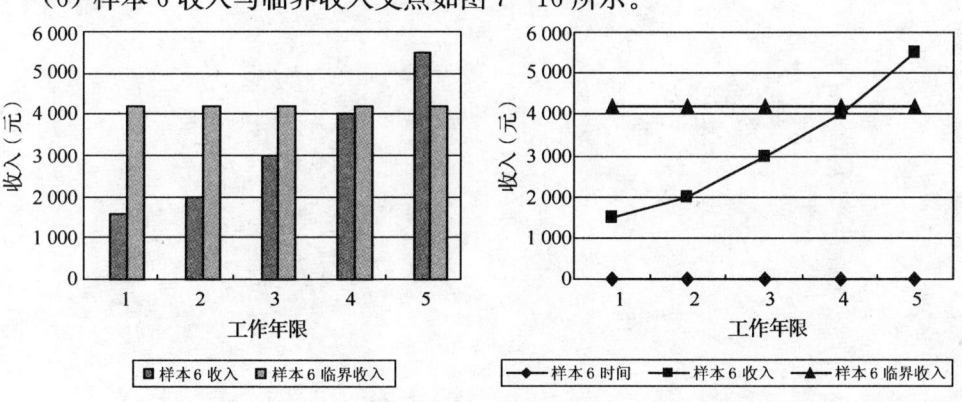

图 7-16 样本 6 收入与临界收入交点

(7) 样本 7 收入与临界收入交点如图 7-17 所示。

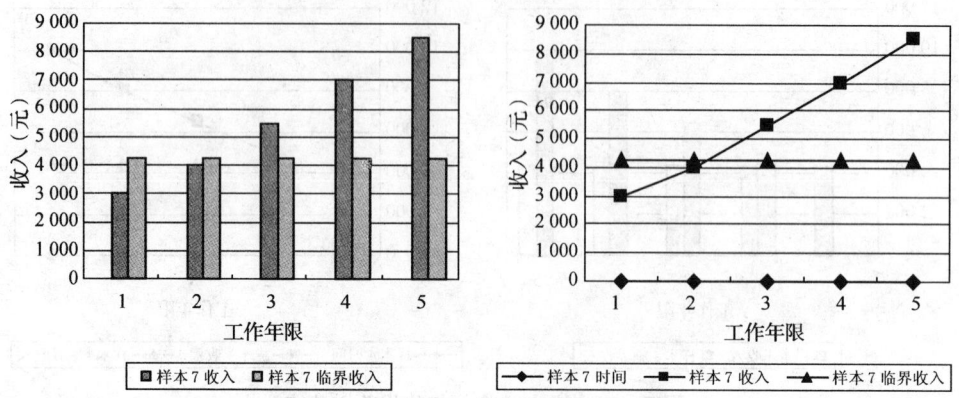

图 7-17　样本 7 收入与临界收入交点

(8) 样本 8 收入与临界收入交点如图 7-18 所示。

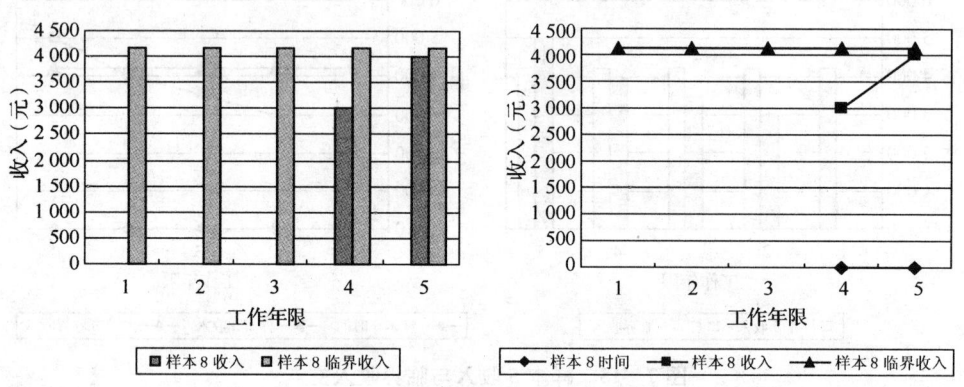

图 7-18　样本 8 收入与临界收入交点

(9) 样本 9 收入与临界收入交点如图 7-19 所示。

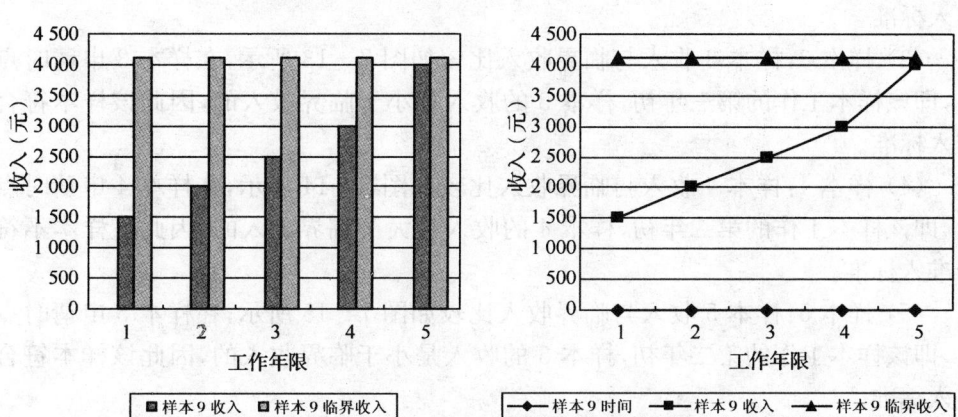

图 7-19　样本 9 收入与临界收入交点

(10) 样本 10 收入与临界收入交点如图 7-20 所示。

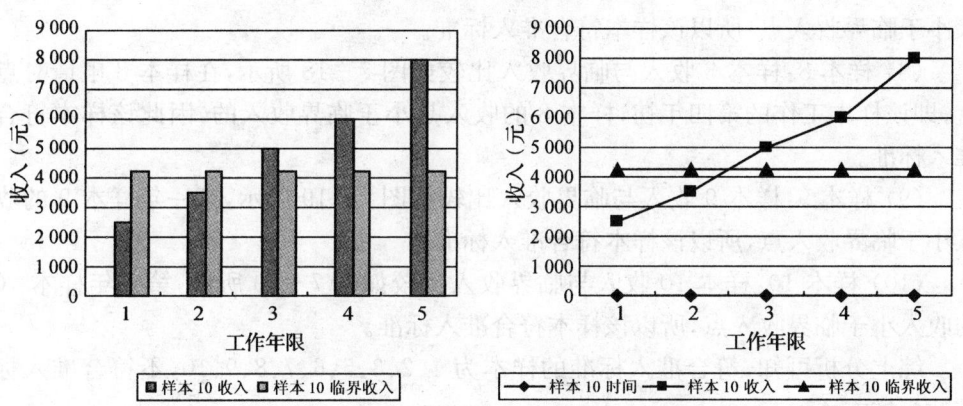

图 7-20　样本 10 收入与临界收入交点

7.4.3　样本准入状况分析

1) 样本分析

根据上述样本的收入等相关因素的介绍及样本申请者与收入临界线因素的综合分析，可以判断对于所选出的签约南京、无产权住房、工作年限小于 5 年且未婚者的典型样本是否准入及准入先后性进行分析。

(1) 样本 1：样本 1 收入与临界收入比较如图 7-11 所示，第一年样本 1 的收入小于临界收入点，所以该样本符合准入标准。

(2) 样本 2：样本 2 收入与临界收入比较如图 7-12 所示，在样本 2 申请时点

287

上,即该样本工作的第二年初,样本 2 的收入是小于临界收入的,因此该样本符合准入标准。

(3) 样本 3:样本 3 收入与临界收入比较如图 7-13 所示,在样本 3 申请时点上,即该样本工作的第三年初,样本 3 的收入是小于临界收入的,因此该样本符合准入标准。

(4) 样本 4:样本 4 收入与临界收入比较如图 7-14 所示,在样本 4 申请时点上,即该样本工作的第二年初,样本 4 的收入是大于临界收入的,因此该样本不符合准入标准。

(5) 样本 5:样本 5 收入与临界收入比较如图 7-15 所示,在样本 5 申请时点上,即该样本工作的第二年初,样本 5 的收入是小于临界收入的,因此该样本符合准入标准。

(6) 样本 6:样本 6 收入与临界收入比较如图 7-16 所示,在样本 6 申请时点上,样本 6 工作的第一年的收入是小于临界收入的,因此该样本符合准入标准。

(7) 样本 7:样本 7 收入与临界收入比较如图 7-17 所示,第一年样本 7 的收入小于临界收入点,所以该样本符合准入标准。

(8) 样本 8:样本 8 收入与临界收入比较如图 7-18 所示,在样本 8 申请时点上,即该样本工作的第四年初,样本 8 的收入是小于临界收入的,因此该样本符合准入标准。

(9) 样本 9:样本 9 收入与临界收入比较如图 7-19 所示,第一年样本 9 的收入小于临界收入点,所以该样本符合准入标准。

(10) 样本 10:样本 10 收入与临界收入比较如图 7-20 所示,第一年样本 10 的收入小于临界收入点,所以该样本符合准入标准。

综上分析可知,符合准入标准的样本为 1、2、3、5、6、7、8、9、10,不符合准入标准的为样本 4。

2) 样本准入的先后性

通过对上述 10 个样本进行分析,不难发现,样本申请者在同一申请时点上工作年限是不完全相同的,但是都符合工作年限小于 5 年这一指标,因此在对于同一申请时点上的申请者进行分析时,其收入大小无疑成为判断其准入先后性的标准。样本在同一申请时点收入状况如表 7-24 所示。

表 7-24 同一时点上样本收入状况

样本编号	1	2	3	4	5	6	7	8	9	10
收入(元/月)	3 500	2 500	2 500	3 000	1 500	3 000	3 000	1 500	2 500

因此其准入先后顺序则先是6、9等同优先;接着2、3、10等同优先;再者5、7、8等同优先;最后是1。先后次序如图7-21所示。

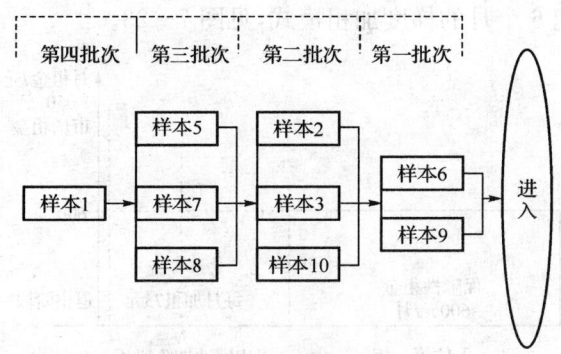

图7-21 样本准入先后次序

7.4.4 样本退出状况分析

根据前文中关于准入、退出影响因素的分析可知,当入住者在合理保障期限内,其收入大于临界收入时就需要无条件退出"青年公寓"。通过上述样本的收入等相关因素及样本申请者收入临界线因素的综合分析,可以判断所进入"青年公寓"的9个样本退出时间及如何退出进行分析。

以南京目前市场房租为例,通过测算,目前南京市单人房租平均价格为1 050元/月,而按照合理住房收入比25%计算,得出被保障者收入应该是低于1 050/25%=4 200(元/月),可得临界收入4 200元,青年公寓租金$R=600$元,南京市场租金$M=1 050$元,采用梯度加租模式时,缓冲期为$N=6$个月,则符合梯度加租模式申请者收入临界线$B=4 200+(1 050-600)/25\%=6 000$(元),梯度加租数$I=(1 050-600)/6=75$(元/月),即当住户收入一旦超过4 200元且小于6 000元时,就开始进入6个月的过渡期,在过渡期内的应交房租$R^N=600+75\times N$;当住户收入大于6 000元时就马上退出或直接采取市场租金征收。

(1) 样本1:样本1收入与临界收入交点如图7-22所示。

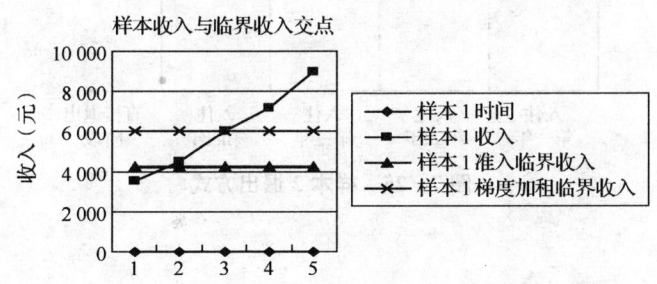

图7-22 样本1收入与临界准入、退出收入交点

可知样本 1 在入住的第二年收入超过准入临界收入线,因此,样本 1 在入住的第二年初进入为期 6 个月的梯度加租模式,见图 7-23。

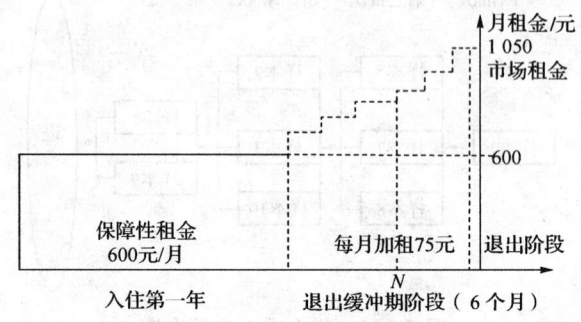

图 7-23　样本 1 退出方式

(2) 样本 2:样本 2 收入与临界收入交点如图 7-24 所示。

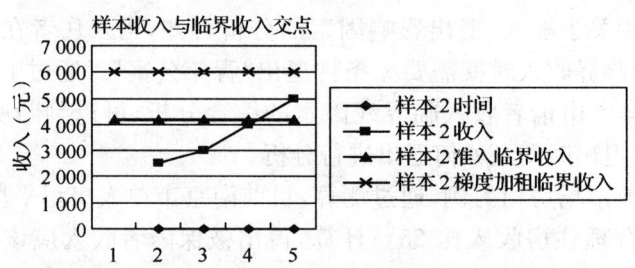

图 7-24　样本 2 收入与临界准入、退出收入交点

样本 2 在工作第四年初的收入依旧小于准入临界收入点,而申请时点是在工作的第二年初,因此样本 2 可以从入住一直住到工作第五年末,如图 7-25 所示。

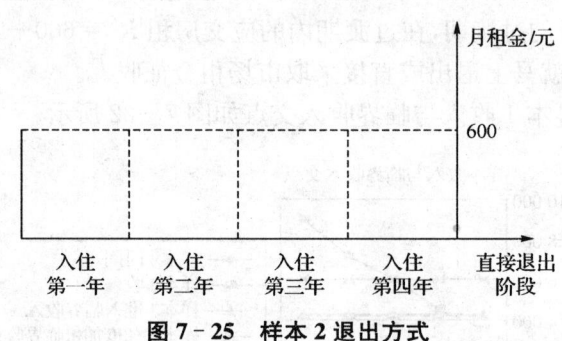

图 7-25　样本 2 退出方式

(3) 样本3:样本3收入与临界收入交点如图7-26所示。

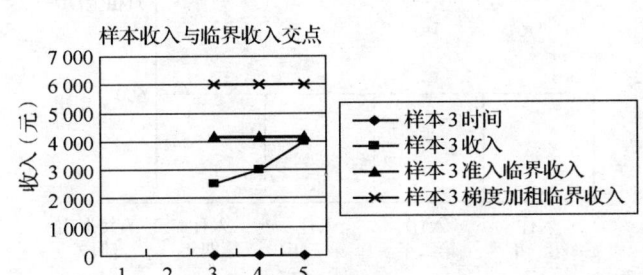

图7-26　样本3收入与临界准入、退出收入交点

样本3在工作第四年初的收入依旧小于准入临界收入点,而申请时点是在工作的第三年初,因此样本2可以从入住一直住到工作第五年末,如图7-27所示。

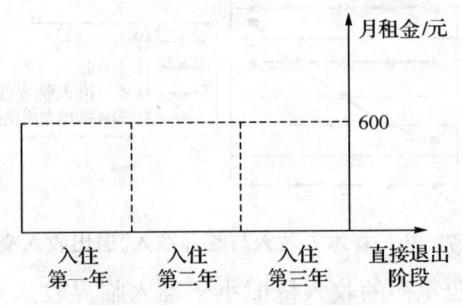

图7-27　样本3退出方式

(4) 样本5:样本5收入与临界收入交点如图7-28所示。

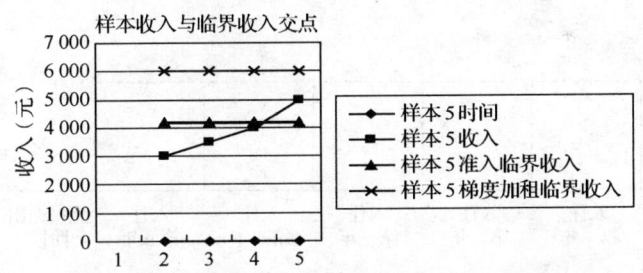

图7-28　样本5收入与临界准入、退出收入交点

样本5在工作第四年初的收入依旧小于准入临界收入点,而申请时点是在工作的第二年初,因此样本5可以从入住一直住到工作第五年末,如图7-29所示。

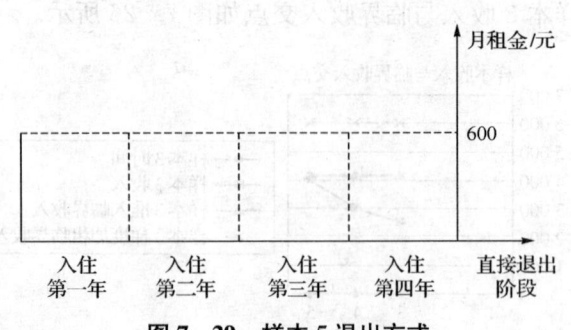

图 7-29　样本 5 退出方式

（5）样本 6：样本 6 收入与临界收入交点如图 7-30 所示。

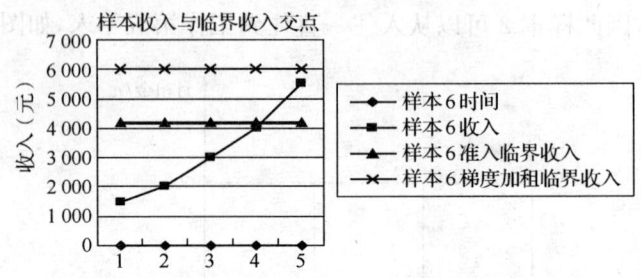

图 7-30　样本 6 收入与临界准入、退出收入交点

样本 6 在工作第四年初的收入依旧小于准入临界收入点，而申请时点是在工作的第一年初，因此样本 6 可以从入住一直住到工作第五年末，如图 7-31 所示。

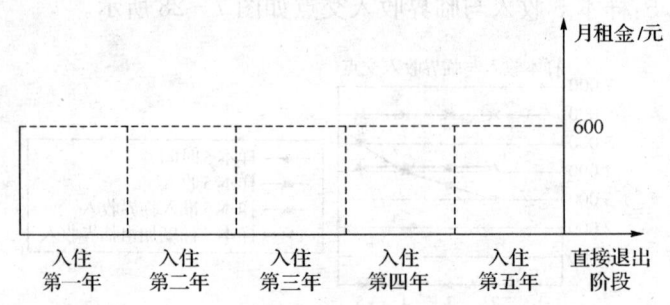

图 7-31　样本 6 退出方式

（6）样本 7：样本 7 收入与临界收入交点如图 7-32 所示。

第七章 "蚁族"保障性住房的准入、退出机制研究

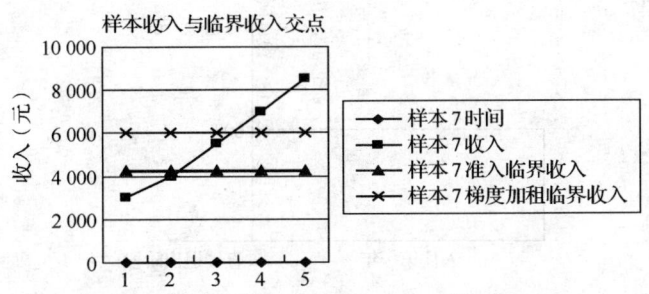

图 7-32 样本 7 收入与临界准入、退出收入交点

样本 7 在工作第三年初的收入大于准入临界收入点,但是小于梯度加租临界收入,而申请时点是在工作的第一年初,因此样本 7 可以从入住一直住到工作第三年末,然后进入为期 6 个月的梯度加租模式。如图 7-33 所示。

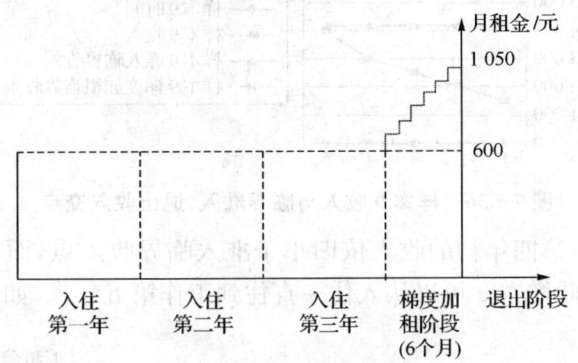

图 7-33 样本 7 退出方式

(7) 样本 8:样本 8 收入与临界收入交点如图 7-34 所示。

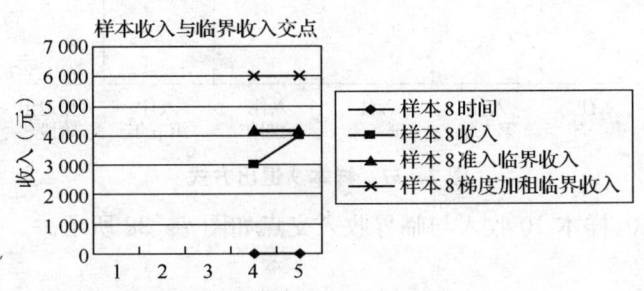

图 7-34 样本 8 收入与临界准入、退出收入交点

样本 8 在工作第四年初的收入小于准入临界收入点,而申请时点是在工作的第四年初,因此样本 8 可以从入住一直住到工作第五年末,如图 7-35 所示。

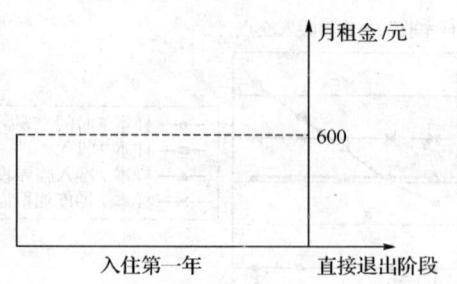

图 7-35　样本 8 退出方式

(8) 样本 9：样本 9 收入与临界收入交点如图 7-36 所示。

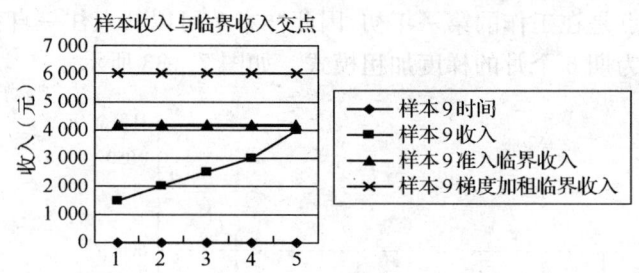

图 7-36　样本 9 收入与临界准入、退出收入交点

样本 9 在工作第四年初的收入依旧小于准入临界收入点,而申请时点是在工作的第一年初,因此样本 9 可以从入住一直住到工作第五年末,如图 7-37 所示。

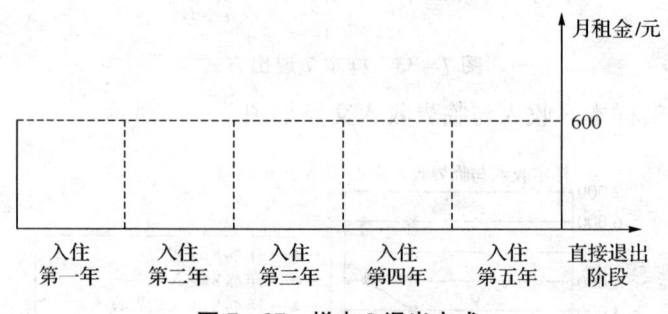

图 7-37　样本 9 退出方式

(9) 样本 10：样本 10 收入与临界收入交点如图 7-38 所示。

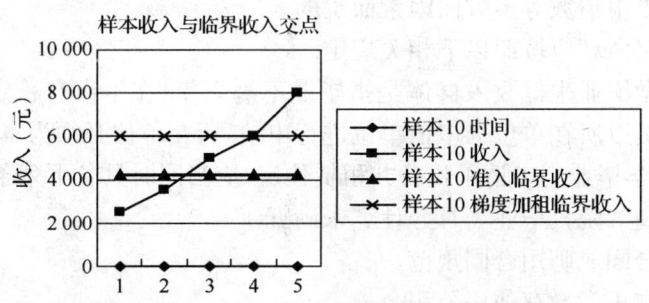

图 7-38　样本 10 收入与临界准入、退出收入交点

样本 10 在工作第三年初的收入大于准入临界收入点,但是小于梯度加租临界收入,而申请时点是在工作的第一年初,因此样本 10 可以从入住一直住到工作第三年末,然后进入为期 6 个月的梯度加租模式,如图 7-39 所示。

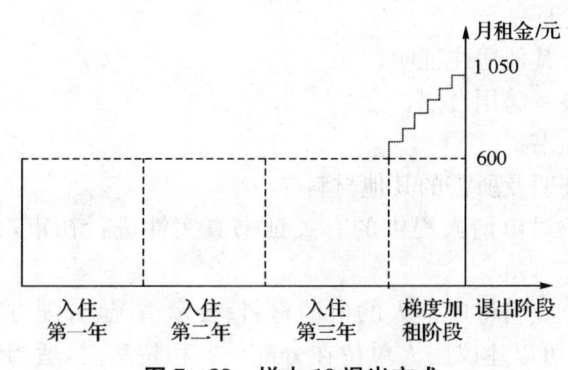

图 7-39　样本 10 退出方式

7.4.5　保障样本准入、退出实际可行性政策分析

根据上述案例分析可知,对于特定的样本,可以通过编程等方式将申请者各个因素信息输入,判断是否符合准入标准,及入住者如何退出和退出时间的安排。但在实际实施过程中,纯理论的实践需要相关政策环境予以保障。以目前现状分析,现在是大学毕业生低收入群体保障性住房准入、退出标准设立初期,而目前规划所建设新就业毕业生公共租赁住房有多种类型,以南京为例包括专门针对未婚毕业生的和已婚毕业生的,另外由于准入标准时间上要求的急切性和相关收入、特殊困难等因素信息的难以获取性,在设立公共租赁住房申请标准初期,首先考虑以上因素中的静态因素的限定性,即工作年限、签约单位、有无产权住房、婚姻状况四大因素。"青年公寓"保障性住房可以以申请者所在单位为申请单位申请,而对于每个申请单位名额的分配是综合考虑申请单位对本地区经济、社会、就业、税收方面的

贡献率以及员工申请数等多方面因素而定的。

申请"青年公寓"应按照以下相关规定。

南京市大学毕业生低收入群体是指毕业不满5年,在本市有稳定职业的从业人员。申请人员以所在单位为申请单位进行申请,所在单位必须为本市单位。

第一条 大学毕业生申请承租公共租赁住房,应当同时具备下列条件:

(一)普通高等院校毕业当月起计算未满五年。

(二)劳动合同或聘用合同规范、完备。

(三)在本市正常缴存住房公积金。

(四)申请保障房的,必须保证本人未婚,且在本市无私有房产,未租住公有住房。

第二条 大学毕业生承租公共租赁住房申请审核程序:

(一)申请人向用人单位提交申请书及下列证明材料:

1. 申请人身份证;

2. 户口簿或者其他居住证明;

3. 劳动合同或者聘用合同;

4. 高校毕业证书;

5. 婚姻状况证明及所需的其他材料。

(二)用人单位对申请人提供的有关证书真实性进行初审,并在本单位进行公示。

(三)用人单位应当将申请人的申请材料、公示情况、分配方案等报送市住房保障办公室备案。可以建议用人单位在分配公共租赁房时,适当考虑申请者的收入、特殊困难、对本单位的贡献等多方面因素。

(四)市政府重点发展、无条件筹建公共租赁住房、按时足额为职工缴存住房公积金、人数具备一定规模、纳税达到一定额度的单位,其新就业人员可以申请政府投资建设的公共租赁住房。具体条件由市住房保障行政主管部门会同规划、国土、财政、税务、住房公积金、工商等部门制定。

经审核后批准承租政府建设的公共租赁住房的,由市住房保障主管部门与用人单位签订房源供应合同,用人单位分配给符合条件的申请人,并将承租公租房申请人的相关材料报市住房保障办公室备案。

新就业人员初次承租期为1年,每年合同到期前30天进行相关标准的审核,决定是否续签承租合同。新就业人员达到退出标准时,应当退出;退出有困难时则进入最长为6个月的退出缓冲期;退出确有困难的,缓冲期内,采取梯度加租的手段,具体加租数额根据各个地区的具体情况确定。

第三条 承租人有下列情形之一的,出租人可以解除公共租赁住房租赁合同:

(一)转借、转租公共租赁住房的;
(二)改变承租住房居住用途的;
(三)无正当理由连续3个月以上未在承租房内居住的;
(四)连续3个月或累计6个月拖欠租金经催告后仍不缴纳的;
(五)获得其他形式政策性住房保障的;
(六)违反物业管理公约拒不整改的;
(七)依照租赁合同应当解除的。

第四条 公共租赁住房申请人以欺骗等不正当手段获得公共租赁住房申请资格的,由市住房保障行政主管部门取消其申请资格,已经承租公共租赁住房的,由市住房保障行政主管部门责令其退回,并按照市场租金标准计缴承租期的租金。经催告后仍未退回的,按同区域同类房屋住房市场租金的1.5倍计缴使用费。

公共租赁住房申请人有前述行为的,依法记入个人诚信记录,自被取消资格或者责令退回之日起5年内不得获得保障性住房。

用人单位出具虚假证明材料的,由市住房保障行政主管部门处以500元以上1 000元以下的罚款,并依法记入企业诚信记录。

第五条 承租人超过最后的退出期限拒不退出的,由市住房保障行政主管部门依法申请人民法院强制执行。拒不缴纳房租的,责令用人单位支付,并对用人单位进行惩罚。

这一政策的制定也恰好反映了本章的核心,即从实际分析出发,建立合理的准入、退出机制。根据南京市的实际情况出发,营造良好的政策环境。

7.5 本章小结

设立合理的准入、退出机制是保障性住房能否起到"保障"作用的前提和关键。本章将博弈理论和激励机制设计理论结合,将其应用于"青年公寓"准入、退出机制设计中,这是一次理论突破。利用参与原则、激励相容原则以及政府效用最大化原则构建激励机制博弈模型,为"青年公寓"准入、退出机制的设计提供了理论技术框架。

准入机制的核心在于准入指标的选取、标准的设立及轮候排序。本章根据大学毕业生低收入群体的社会属性以及相关社会调查结果,分析了"青年公寓"准入机制的动态指标和硬性指标,并基于重要影响因素——收入水平的激励机制设计后,进行了多因素综合评价设计,建立了轮候机制的优先性计算模型。

在参考国内外保障房退出机制相关经验做法的基础上,本章提出了针对入住者不同情况采取不同的退出方式。针对大学毕业生住户退出"青年公寓"中的过渡期,设置梯度加租模式,保证住户在过渡期内顺利退出"青年公寓",并设计了完整的退出程序。此外为确保退出机制的有效性和科学性,提出构建监管系统和政府政策建议来保障。

本章从实际出发,提取典型样本,以南京为例,进行了典型样本案例分析,较完整地模拟了准入、退出机制的运行流程。据此,提出了相关政策建议,包括大学毕业生的申请条件、审核的程序以及入住合同的履行等方面,以保障"青年公寓"准入、退出机制的运转。其中绝大部分已被南京市住房和城乡建设委员会采纳,并被运用于南京市公共租赁住房管理中。

参考文献

[1] Demsetz H. Information and Efficiency: Another Viewpoint[J]. Journal of Law and Economics,1969(12):1-22.

[2] David Martimort. 激励理论(第一卷):委托—代理模型[M]. 北京:中国人民大学出版社,2002:1-16.

[3] Palfrey T, Srivastava S. Mechanism design with incomplete information: a solution to the implementation problem[J]. Journal of political economy, 1989(97):668-691.

[4] Hurwicz L. The Design of Mechanisms for Resource Allocation[J]. American Economic Review, 1973(63):1-30.

[5] Chen S Y. Engineering fuzzy set theory and application[M]. Beijing: State security industry Press,1998.

[6] Betsey Martens. A political History of Affordable housing[J]. Journal of Housing and Community Development,2009,66(1):6-12.

[7] United Nations. Housing in The World-GraPhical presentation[M]. Kent: United Publication,1993.

[8] 周雷. 基于机制设计理论的住房保障政策研究[D]. 南京:东南大学,2009.

[9] 李欣欣. 建立和完善保障性住房进入与退出机制的国外经验借鉴及措施[J]. 经济研究参考,2009(70):4-6.

[10] 张道航. 借鉴国外经验 完善住房保障体制[J]. 行政管理改革,2010(4):53-57.

[11] 刘黎辉. 浅谈构建廉租住房退出机制——借鉴香港公屋退出经验[J]. 消费导刊,2008(6):34-35.

[12] 邓加印.廉租住房配租机制研究[D].西安:西安建筑科技大学,2009.
[13] 龙茜,孙莉苹.对我国经济适用房回购政策的分析[J].市场论坛,2007(4):10-11.
[14] 张波,刘江涛.经济适用住房退出机制的构建[J].经济理论与经济管理,2008(7):34-40.
[15] 唐祥忠,陈燕如.经济适用住房退出机制的构建[J].武汉理工大学学报:信息与管理工程版,2009(3):479-482.
[16] 方贵跃.廉租房退出机制的探索与完善[J].法制与社会,2008(17):167-168.
[17] 朱慧.机制设计理论——2007年诺贝尔经济学奖得主理论评介[J].浙江社会科学,2007(6):188-191.
[18] 蔡如兴.完善建筑工程的招投标机制分析——基于现代经济学的寻租理论角度[J].重庆科技学院学报,2009(7):84-85.
[19] 薛东民.自愿性会计政策变更的寻租理论和博弈分析[J].商场现代化,2011(3):123-124.
[20] 徐俊武.公共教育支出、收入不平等与共享式增长——基于寻租理论的分析[J].湖北大学学报:哲学社会科学版,2011(3):107-111.
[21] 张永军.分配不公对自主创新能力影响的理性思考——基于寻租理论的视角[J].广西财经学院学报,2011(2):61-65.
[22] 张海峰.新制度经济学的方法论特色[J].北京工商大学学报:社会科学版,2003(4):18-20.
[23] 明航.家族制民办学校产权配置与治理机制的案例分析——基于新制度经济学视角[J].职业技术教育,2010(10):71-76.
[24] 魏晓蓉.经济欠发达地区开展政府采购的经济学基础和效益分析[J].开发研究,2002(5):35-37.
[25] 顾颖.基于创新的激励机制设计理论发展[J].经济理论问题,2004(3):29-30.
[26] 郭其友,李宝良.机制设计理论:资源最优配置机制性质的解释与应用——2007年度诺贝尔经济学奖得主的主要经济学理论贡献述评[J].外国经济与管理,2007(11):1-8.
[27] 段玲.重庆市城区社区卫生服务中心准入标准与评审机制探讨[D].重庆:重庆医科大学,2011.
[28] 张维迎.博弈论与信息经济学[M].上海:三联书店,2004.
[29] 孔志强,邢以群.基于博弈论的核心员工激励模型的探讨[J].技术经济与管理研究,2003(6):98-99.
[30] 张建坤,陈森发,周雷.经济适用房准入管理政策的激励机制设计与实证分析

[J]. 东南大学学报：自然科学版, 2010(5): 1115 - 1120.

[31] 刘冬卉. 基于企业核心能力的战略网络稳定性及准入标准研究[D]. 北京: 北京工业大学, 2005.

[32] 钟芸. 我国城镇廉租住房退出机制的研究[D]. 重庆: 西南大学, 2009.

[33] 李云飞. 机制设计理论及其他[J]. 新会计, 2009(6): 52 - 53.

[34] 迈克尔·波特. 竞争优势[M]. 北京: 华夏出版社, 2008.

[35] 何德旭, 王朝阳, 张捷. 机制设计理论的发展与应用[N]. 中国经济时报, 2007 - 10 - 23.

[36] 党曦明. 激励机制设计理论及其应用[D]. 北京: 北京邮电大学, 2004.

[37] 瞿焱, 李玉洁. 城市廉租住房的供给保障机制研究[J]. 建筑经济, 2009(2): 77 - 79.

[38] 韩冬梅. 论我国住房保障机制的进入和退出机制[D]. 武汉: 华中师范大学, 2008.

[39] 崔东红. 居者有其屋——新加坡公共住宅规划与建设[J]. 大连干部学刊, 2010(6): 9 - 14.

[40] 钱江. 日本的"经济适用房"[J]. 科技经济市场, 2003(Z1): 28 - 29.

[41] 雷勇, 蒲勇健. 委托—代理下人力资源有效激励模式与退出机制设计[J]. 管理工程学报, 2006(1): 46 - 49.

[42] 黄亚钧, 郁义鸿. 微观经济学[M]. 北京: 高等教育出版社, 2000: 28 - 55.

[43] 全贤唐, 张健. 经济博弈分析[M]. 北京: 机械工业出版社, 2009.

[44] 何灵, 郭士征. 廉租住房保障退出机制: 现状、问题与对策——以上海市为例[J]. 华东经济管理, 2010(2): 1 - 4.

[45] 艾英旭, 李静威, 唱亮. 香港住房保障制度的经验及启示[J]. 工业建筑, 2009(S1): 145 - 146.

[46] 周理. 保障性住房退出机制探讨[J]. 黑龙江科技信息, 2009(36): 170.

第八章 保障房住区物业管理模式研究

本章提要

在已过去的"十二五"规划中,南京市保障性住房建设走在了全国的前列,取得了令人瞩目的成就。但是在光鲜成绩的背后难掩建设运营过程中的诸多问题。课题组在研究过程中,并没有仅仅局限于本课题的研究范围,而是通过结合南京市住建委、南京市保障房建设指挥部、南京市安居集团、南京市房改办、南京市公房中心等政府职能部门,对在南京市保障性安居工程推进过程中积累的老问题和不断涌现的新问题进行分析研究。

目前,南京市四大保障房片区已初见规模,其建成后的管理问题成为摆在政府面前的一道难题。相对于建设期,长达几十年的运营期管理使政府面临极大考验。课题组对南京市保障房住区进行了全面、系统的调查,比较分析了保障房物业管理与商品房物业管理的区别,梳理了现阶段保障房物业管理中存在的问题,在此基础上,构建了适合南京的保障房物业管理模式——"准市场化模式"。该模式被南京市保障房建设指挥部采纳,并应用于南京市四大保障房住区的物业管理中。

8.1 研究背景及研究意义

保障性住房的建设,为低收入群体提供了稳定的居所,增加了他们的财富水平和总体社会福利。然而,随着目前保障房居住区规划体量的日趋庞大,建成后的管理问题将变得越来越困难。保障房与一般商品房存在很大的差异,包括土地的获取方式、成本的构成、租赁政策、购买条件和对象、价格政策、建设标准、设计理念等方面,其物业管理与一般商品房的物业管理在服务标准、服务内容、物管成本等方面也不同,因此不能以一般商品房的物业管理标准来服务被保障人群。

本课题组通过对南京市已交付使用的保障性住房进行调研后发现,在物业管理方面存在服务费收缴难、物业服务单位入不敷出、车辆管理难度大、社会治安问题突出、商业配套利用率不高等一系列问题。这些问题的存在,严重影响了被保障群体的生活质量和保障房的良性运营。保障房的建设本身是民生工程,然而,保障房后期运营物业管理问题得不到有效解决,还是会产生更多的民生问题,并直接影响到社会的稳定与和谐发展。

因此,对保障房居住区的物业管理进行全方位的研究和探讨,摸索出适合保障房居住区的物业管理模式,不仅仅是一个亟待解决的现实问题,也是一个学术问题。本研究的主要目的就是通过对南京市保障房物业管理的发展现状进行一些调查,了解南京市保障房物业管理发展的概况、存在的问题和取得的经验及教训,从而为南京市乃至全国的保障房住区物业管理提供一些有利的启示。

8.2 国内外相关经验借鉴

1) 国外方面

国外成功的保障房物业管理模式为我国物业管理模式的建立提供可贵的经验。

(1) 重视政府监管

无论是英国还是新加坡,都非常注重政府对保障性住房物业管理的监管,有着较为规范的政府支持运行机制和模式。

房地产政策是一种经济政策,它归根到底主要着眼于市场效率。而保障房政策则属于社会政策范畴,应该注重社会公平和居民的基本住房诉求。它要解决的问题是用什么手段使不同收入状况的居者有其屋。保障性住房的物业管理也是如此,它注重的不该是市场利益,而应该是保障性住房居民的诉求。一些国家和地区的实践经验证明,保障性住房的物业管理要满足居民的需求,还是要依靠大量的公共政策手段,所以应重视政府监管。

(2) 政府主导物业管理方向

尽管各地保障性住房物业管理模式和运行机制各异,但其政策的根本导向是让人们各得其所,基本努力方向:一是建立"便于进入"的市场,二是帮助低收入者获得"能够支付"的住房。无论是在其前期建设还是在后期物业管理上,政府都是一个主导者,体现政府实施社会救济和保障,确保保障性住房的实际效果。对于具有保障性质的住房建设,政府应当通过公共政策手段,从其资金保障、制度设计、规划建设、分配管理及其后期物业等各方面做出严格的制度保障和政策安排,积极鼓励各种民间机构和社会力量支持廉租房物业管理,确保物业管理"价低、质优"。

(3) 健全的物业管理组织

保障性住房的居住者与一般商品房居住者不同,其大多处于社会底层,更希望得到关心和爱护。所以,保障性住房的物业管理公司需要更专业,其业务人员的素质需要较高。

不管是新加坡,还是英国,其物业管理组织都是极为健全的。他们的政府都成立了专门的部门及其下属部门来管理保障房,提升保障房的物业管理水平。

我国也应建立健全的保障房组织。通过专门的部门或者工会监督保障房的物业管理,让他们对各保障房的物业管理公司等进行考核、监督、培训,提升物业人员的业务素质,提高物业公司的整体服务水平。

(4) 法制管理

英国和新加坡的物业管理都强调了法制的重要性。英国以详尽、完善的法律、法规来规范其保障性住房物业管理各方的行为与责任、权利。新加坡对物业管理的法制管理范围广泛,几乎涉及公屋修缮、维护的各个方面。

(5) 重视社区的文化建设,体现民本意识和主导思想

无论是国外还是国内的保障性住房,社区是政府也是保障房居住者必须面对的问题。虽然不是只有豪宅才有社区,但是保障房社区所面临的问题却是它们所独有的。在保障房社区建设中最重要的不是考量居住者平均收入数值和物业管理的服务档次,而是要注重保障房物业的全过程管理与服务,为居民更好地沟通联系、互帮互助搭建平台,创造条件,同时还应鼓励和支持居民通过自主参与社区建设,在自我服务和相互服务中建立互相信任和互相支持机制,从而构建一个相对和谐和舒适的社区生活环境。

(6) 培养业主的自治精神、社区意识,建设和谐社区

保障房物业管理是一个难点,因为从物业本身的所有权,居住者的层次、习惯、需求等多方面都与一般意义上的商品住宅物业有着很大的区别。以英国廉租房为例,从所有权来看,廉租房的所有者是政府,而租户只是暂时居住和使用,没有动力

修缮、装饰,因此房屋维护方面的成本或许也会加大。从经济条件来看,廉租房的住户属中、低收入阶层,无力承担过高的物业管理费。作为"房主"的政府如何对这些房屋进行良好的维护也将是一个重要的问题,政府不但要考虑"住房"的问题,还要考虑"住户"的问题,在提供住房的同时,应该鼓励和培养中、低收入人群自立和自助的精神。

2) 国内方面

保障性住房的商品和民生属性,决定了保障性住房物业管理既不能像商品房那样完全市场化,也不能采用福利型老公房的服务模式。要在保障性住房开发建设中,将保障性住房的规划布局、建设标准、社会配套、政策设计与物业管理有机结合在一起,统筹规划,同步推进,创造条件让物业服务企业提前介入,参与前期建设管理;采用市场招标形式,公开选聘社会责任感较强、物业管理经验丰富的物业服务企业,运用市场机制实行社会化服务,通过对保障性住房的经营管理和维修服务,改善保障性住房小区的居住环境,提升保障性住房的品质和价值。

(1) 市场化运作,专业物业公司管理

杭州市廉租房物业管理目前都是政府行政管理为主,这样不利于可持续的物业经营。对于政府来说,物业管理运行成本加大,政府就没有更多的财力、物力和精力去建设更多的廉租房来满足更多人的需要。长远来讲,政府应该只是在其中起指导和辅助作用,而将现场物业管理分离出去。

政府选聘专业的物业服务企业进驻小区开展专业化物业管理,双方签订物业服务合同。受聘的物业服务企业根据《物业服务合同》的约定,提供专业化物业服务,并按照合同的约定向业主收取物业服务费。

在物业管理企业的准入方面,通过资格预审和提高准入门槛,有效地保障了为保障性住房建筑区划提供前期物业服务的物业服务企业,其信用等级、经营管理能力和专业化程度均能够满足保障性住房物业管理的需要,同时也能够最大限度保障保障性住房物业管理工作的稳定性,切实有效地维护保障性住房业主、使用人的合法权益。

(2) 准社区化物业管理,由社区组织居民自治管理

保障性住房住户属于社会的弱势群体。他们对于政府的住房保障政策心怀感激。但由于某种心理积淀,他们中有的人往往在一些问题上处于被动地位,有时甚至产生偏激情绪。在保障房的物业管理工作中,需要调动他们的积极性和主动性,使保障房物业管理产生互动效应,以提高管理功效,促进小区和谐。武汉市采取的方法是,属于独立小区的,成立由住房保障中心和廉租房住户代表参加的廉租住房管理委员会;不属于独立小区的,按廉租房配建的组团、门栋,选派住户代表参加小区业主委员会。通过住户代表和门栋长参与小区物业管理,代表广大住户讨论和

决定小区卫生、治安、维修等方面的重要事务。

另外,小区内的居民有些为下岗职工,有些为低保户,为了解决这些人员的就业问题,可以组建起自管自治的"生力军",负责公共区域的卫生保洁、安全秩序维护、绿化养护,这些没有专业技术的人员在上岗之前必须到物业公司实践学习,对作业流程、标准要求等常识性内容考核合格之后方可上岗。同时小区可以聘请物业管理师或项目经理对小区内物业管理质量进行总体把关。这种运作模式比专业物业公司管理更有亲民性和灵活性,相对而言管理成本也会降低。

(3) 保障性住房的维修问题

保障性住房的维修问题是保障性住房的业主和使用人普遍关注的问题。对此,我们可以学习成都市的规定:廉租住房和公共租赁住房的维修改造等,由公管中心统一组织实施;保障性住房保修期满后,廉租住房、公共租赁住房专有部分的维修责任由公管中心承担,经济适用住房、限价商品住房专有部分的维修责任由业主自行承担;共用部位和共用设施设备的维修、养护、管理责任,由业主按专有部分占建筑物总面积的比例共同分担。

(4) 物业管理企业资金的平衡问题

① 资金的来源

a. 房租收入:按物业管理条例配足物业管理用房和物业经营用房,将出租经营用房所取得的收入补充物业管理支出。另外,对居住人的租金按照一定比例提成物业管理费用,其余主要租金纳入保障房基金。b. 有偿服务的收入:对物业实施有偿服务的收入。c. 汗水入股:居住人以出力的形式参与保障房的物业管理。d. 爱心互助:社会个人或者单位对保障房的捐赠。

② 资金的支出

a. 人员的工资:物业公司管理层及操作层员工的工资及福利。b. 养护与维修成本:进行维修及物业保养的成本。c. 服务成本:建立各种多渠道服务的成本。

③ 资金收支平衡

廉租房的资金流通实施"水库效应"长远思想,使资金的稳定性加高,廉租房的运行才有保障,其中物业管理资金的收支由物管公司负责管理,保障房的基金由政府进行管理。

另外,严格的财务制度非常重要。保障房的管理具有保障性,对其工作人员要求素质高。同时也要规定严格的制度去执行和监督财务状况,主要是资金使用状况要定期公开,接受政府和小区居民(业主委员会)的监督。

8.3　主要研究内容

(1) 南京市保障房的物业管理现状分析

本章首先分析了保障房物业管理的特点以及其与一般商品住宅物业管理的区别,之后对南京市保障房物业管理进行调查研究分析,主要以对南京市栖霞区龙潭街道江畔人家和景明佳园小区以及苏州、无锡等地的实地调研为研究基础,了解南京市保障房的物业管理现状,找出保障房物业管理中存在的问题并找出问题主要的影响因素。

(2) 被保障群体的特征分析

本章结合问卷调查和深度访谈的结果分析,对保障性住房针对人群的基本情况、住房需求、消费习惯进行了研究,为今后保障房建设和物业管理提供规划方面和管理方面的参考。

(3) 南京市保障房物业管理模式研究

本章首先分析了南京市现存的保障房物业管理模式,并对其进行对比,分析其优劣势。此外,我们还查阅了国内其他城市的比较新的保障房物业管理模式。基于现存的模式,我们提出了几种新型的保障房物业管理模式,最后结合南京市的现状,为南京市新建的保障房片区提出更加科学实用的物业管理模式。

(4) 南京市保障房物业管理收费研究

本章首先明确物业管理成本的计算和定价方面的相关内容,接着在研究物业管理企业的支出及收入明细的基础上,为物业管理企业节约成本提供数据参考及意见。此外,本章还针对南京市保障房物业管理费收缴困难的现状,提出解决问题的建议。

(5) 维修基金的问题研究

本章主要介绍维修基金的收取、管理和使用,然后比较分析了维修基金的三种管理模式,接着分析了目前普遍存在的维修基金使用困难的问题,最后提出相关政策建议。

(6) 南京市保障房商业配套设施的管理与运营研究

本部分首先提出保障性住房商业设施的功能和业态,然后对商业服务设施的配建指标和设置方式做出了说明,在此基础上探讨了保障性住房商业用房的运营模式,最后结合南京市西善花苑的商业用房运营模式这一案例来具体分析商业配套设施的管理和运营。

(7) 政府在保障性住房物业管理中的资源分析

本章主要分析政府在保障性住房物业管理的过程中所拥有的信息资源和权益资源。首先分析了物业管理各相关市场主体的信息优势及信息劣势，其次分析政府所独有的权益资源，使政府部门在做决策时知己知彼，做到顾全大局，最有效地规整保障房物业管理市场。

(8) 相关政策建议

通过前述相关内容的研究，本部分从规划设计、物业的前期介入和从政府、物业管理企业、业主三方提出的解决问题方法等方面提出了相关的建议。

8.4 南京市保障房居住区物业管理现状分析

1) 南京市保障房物业管理的现状调查

为了了解南京市保障房小区的物业管理的现状，物业管理公司、街道的相关人员等举行了多次座谈会，主要对南京市物业管理公司，例如银龙物业、安居物业、西善街道、牛首物业和马群物业的运营现状、存在的问题进行介绍，在此基础上归纳出南京保障房物业管理面对的主要问题以及解决的思路。

除此之外，通过向物业管理公司发放调查表的形式，我们共收集到南京目前正在运营的保障房小区调研表 11 份。

与此同时，本课题组对南京市栖霞区龙潭街道江畔人家和景明佳园小区，以及苏州、无锡的保障房物业管理的相关情况进行实地考察，调研主要涉及物业管理公司运营情况、物业管理模式、停车场运营情况、商业配套运营情况、绿化景观设计及维护、非机动车停放问题、小区居民的生活习惯及需求等，为南京市新建的四大保障房片区提供实际性的参考意见，同时为南京市保障房物业管理体系的建立提供科学的决策依据。

(1) 保障房小区物业管理满意度调查分析

调查结果显示，保障房小区的住户对物业管理的满意度很低。住户对物业管理的抱怨很多，埋怨服务态度不好，收费太高，物业管理并没有做太多的实质性工作，花钱没有买到相应的服务，等等。保障房物业管理方面存在的问题不仅影响了业主的居住质量，而且也阻碍了物业管理行业健康发展，应该引起全社会的高度重视。

(2) 保障房小区代办业务的需求调查分析

保障房小区的代办业务开展起来非常困难，首先由于保障房小区的住户大多只要维持基本的生活需要，不需要代订报纸、车票之类的服务，他们认为这些事情自己就可以做到或者找社会上专门的服务机构（如订奶、订报服务），既经济又实惠，就不愿意花钱交由物业管理企业代办。因此，物业管理公司要想开展的一些代办业务,比如一些简单的维修,必须要比社会上的服务机构的费用低,利润空间太小,物业管理公司本身也不愿意开展代办业务。

(3) 保障房小区物业管理费的调查分析

物业管理费一直是由政府定价或执行政府指导价的,目前保障房项目的物业管理费的标准普遍不高,多层公寓的收费标准在 0.20~0.40 元不等,高层、小高层公寓收费标准在 0.35~0.60 元不等,大大低于普通住宅的收费标准。

在保障房项目中,居民的缴费意识较为淡薄,物业服务费收缴困难。调研的 11 个项目中,物业费收缴率最高能达到 80%,大部分只能到 40%~50%,即使按照最高的收缴率,物业管理费也只能满足物业管理成本的 30% 左右,其他费用需要上级主管部门补贴或者利用商业配套收取租金进行补贴。这使得物业管理公司难以维持自身的经营开支,造成有些管理保障性住房的物业公司不得不通过减少服务项目、降低服务标准来减少开支、控制成本,从而出现业主认为物业公司服务质量差而拒缴物业费的现实局面,造成了恶性循环。

(4) 保障房小区停车问题的调查分析

通过对南京市保障房小区的实地调研,我们发现小区停车涉及地面停车位不足、地下车库闲置、收费标准未统一、停车收费不规范等问题。由于大部分业主都不愿意交纳地下车库的管理费,因此小区的地下车库形同虚设,而小区内部的交通干道上几乎都被用来停车,此现象严重影响了小区内部的交通,造成小区道路拥堵混乱。

此外,因为很多业主对小区物业管理长期不规范不满,加上许多物业公司从没有出示过停车收费经营许可证,停车费用也是自己决定,根本不通过业主委员会,更有甚者,有的收费标准高出规定数倍,导致众多业主拒绝缴费。

本次调查结果显示,业主对高档商品房小区物业评价好的比例较高,达到57%;对经济适用房的评价最低,总体评价"差"的占 9%,服务质量"差"的占24.6%,管理水平"差"的占 24.7%,收费"不规范"的占 35.3%。

调查结果显示保障性住房的物业管理情况不容乐观,存在诸多问题,不仅影响了业主的居住质量,同时也阻碍了整个物业管理行业的健康发展。针对我国目前保障性住房物业管理的情况,总结出以下问题和相应的解决建议。

2) 保障房物业管理存在的问题

通过对南京市保障房小区进行的物业管理调研结果进行分析,我们总结出南京市保障房物业管理存在以下的问题:

(1) 物业管理费用偏低、收缴困难,物业管理企业入不敷出

在保障性住房物业管理存在的问题中,关于物业管理费价格的争议从未停止过,群众对于保障性住房物业管理的不满大多也与物业费有关。

从物业管理一方来说,保障性住房的业主对象为低收入家庭,为切实起到缓解

低收入人群的经济困难问题,物业管理费一直是由政府定价或执行政府指导价的,目前保障房项目的物业管理费的标准普遍不高,多层公寓的收费标准在0.20~0.40元不等,高层、小高层公寓收费标准在0.35~0.60元不等,大大低于普通住宅的收费标准。这使得以劳动密集型为主的物业管理企业在本来就非常微利的经营中更加举步维艰,难以生存。低廉的物业费用很难维持物业公司正常的经营开支,这些资金的数目相对于庞大的物管前期成本的投入和日常的运行费用而言只能解决部分问题,政府限价与企业追求利益形成了不可调和的矛盾。因此,有些管理保障性住房的物业公司不得不通过减少服务项目、降低服务标准来减少开支、控制成本,从而出现业主认为物业公司服务质量差而拒缴物业费的现实局面,造成了恶性循环。

从另一方面来说,部分保障性住房的物业收费也超出了低收入家庭的经济承受能力。作为低收入家庭,许多住户仅能维持基本的生活消费开支,甚至有的还需政府救助补贴,每月的物业管理费用无疑加重了这些低收入人群的经济负担。因此,这些保障性社区经常因为物业费导致物管企业与业主、业主委员会的矛盾冲突。随着收益的减少或消失,加上无法收到足够的物业费用,物业公司往往无法坚持下去甚至出现单方撤走的情况,进而导致社区出现混乱局面,严重影响了安置居民的居住环境和生活质量。

(2) 保障房定位不符合受众,提供服务缺乏针对性

经济适用房小区居住人群的特殊性决定了其在物业管理模式上要区别于一般商品房小区,要依据服务对象的特殊性判断业主的需求,有针对性地开展服务,不能只注重物管企业本身的经济利益,脱离大多数业主的实际需求,盲目推出一些投入小、产出高的有偿服务。

有的城市在高档住宅小区里配建保障性住房,和商品房一起共用高档设施,而且小区内多数商业服务是以大多数富裕人群为服务对象,带来的问题就是一方面抬高了居住成本和物业管理费,另一方面就是保障房住户没有享受到适合他们消费水平的服务,同时也相当排斥小区内的高档服务,还会在内心产生被歧视的感觉。

(3) 没有充分利用劳动力资源

保障性住房是针对低收入人群的住房制度,而低收入人群中有相当一部分人是收入相当不稳定或是根本没有就业机会的,这也是造成物业管理费难收缴的原因之一。然而很多物业管理公司在管理保障性住房小区的时候并没有意识到这一点。聘请小区低收入者管理自己的小区,一方面能大大降低物业管理公司的运营成本,另一方面能缓解小区住户的就业问题,同时增强他们的主人翁意识,给其他方面的管理也能带来便利,可谓一举多得。

(4) 毛坯房交付,容易出现违章装修和违章搭建

保障房住户在毛坯房交付后会对房屋进行装修,这本无可厚非。但一部分住

户为了个人利益对房屋进行了违章装修和违章搭建。由于保障房住户的经济能力所限,他们所请的装修队很多是没有相应资质的不正规装修队,在装修的过程中往往不顾及房屋的结构问题,一味地根据个人喜好大肆进行改造,容易造成安全隐患。一部分住户为了个人利益搭建了违章建筑,则给小区管理带来了大麻烦,一方面对整个小区的环境布局造成了影响,另一方面很多违章建筑都侵害了整个小区住户的公共利益,给大家的生活带来了很大的不便。

当前好多保障性住房小区违章装修和违章搭建成风,但是由于物业管理公司不是执法部门,他们对于这些行为只能进行劝说、制止和发出整改通知,都不能取得什么效果,只能上报相关部门来协同执法部门管理这种现象。

(5) 商业配套利用率不高

当前相当一部分保障房小区建在非城市中心区,导致了小区周围商业配套跟不上的局面,更有甚者连医院、学校、菜市场等都没有在周边配置,给住户的日常生活带来了很多不便。另外,由于小区居民收入水平所限,消费能力不是很可观,周边商业服务常常面临经营困难的局面,从一定程度上也影响了一部分商铺进驻保障房小区的信心。

(6) 车辆随意停放,停车管理难度大

很多小区虽然建有地下停车库,但是由于离居住场所太远,还有租售率低等原因而闲置。有些小区居民为了图方便就把车辆随意停放,造成了整个小区车辆管理困难的局面,还易频发失窃事件,也容易引起邻里间的争执,破坏和睦的氛围。有些住户把车辆随意停放在小区内的干道上,影响大家的出行,还容易引发交通事故,造成不必要的麻烦。

(7) 电梯维保费用较高,收缴率不高

相对较高的电梯维修保养费用对于低收入住户来说是一笔不小的开支,他们的经济承受能力有限,容易对缴费产生抵触情绪,同时一部分较低楼层住户认为自己又不需要用电梯,于是拒绝缴纳电梯维保费用。很大一部分居民对物业管理知识和相关政策法规缺乏认识,认为电梯出了故障应该由物业来负责维修费用,没有对此达成共识,导致大家都不愿意承担该项费用。

(8) 环境卫生管理难度大

保障房小区居民多,由此带来的环境卫生方面的问题也不少。小区居民人数众多,受教育程度和个人素质也是参差不齐,有些住户公共意识单薄,不注重保护公共环境卫生,给整个小区的环境卫生工作带来较大困扰。

环境卫生工作是物业的分内事,但往往受限于人手不足或是资金不足,不能及时做好该方面的工作,导致这个问题成为顽疾。

(9) 开发商遗留问题严重,引发业主和物业管理企业矛盾

调研表明,由于项目前期的设计与规划的不合理,导致住户在入住之后发现一系列的缺陷,例如绿化植物的选择不当造成住宅采光不足、道路不干净等等。

我国的物业管理脱胎于传统的房地产管理,一直滞后于规划设计和施工建设,以致物业建成后出现布局不合理、配套不完善、管理不便、维修困难等诸多缺陷,不能明确分清建设遗留问题的责任归属,进而不能采取有效合理的措施来解决产生的问题,从而引发了业主、开发商和物业管理公司之间的矛盾和纠纷。

3) 影响保障性住房物业管理的关键因素分析

(1) 政策制度

经济适用房和廉租房是政府为改善城市低收入居民的住房条件而建造的。保障性住房物业管理涉及面很广,且具有社会保障性质,因此,物业管理活动的顺利进行需要政府行政主管部门的监督管理,也需要相关行政部门的协助管理。目前,我国针对保障性住房物业管理的法规制定不完善,行政监管不严。对于保障性住房的物业管理,只有政府对管理给予一定的政策倾斜,制定详细的法律法规,物业管理部门才能无后顾之忧地进行保障性住房的物业管理。另外,一些政策的制定缺乏可操作性,再加上物业管理一方不能完全按照政策制定的标准去实施,在实践操作中,导致很多职责无法落实。就保障性住房物业管理费一项而言,虽然各地方都有明确的收费规定,但是物业管理企业为维护自身经济利益,真正能够按照标准执行的却不多。

(2) 物业管理资质水平

物业管理企业资质水平与物业管理服务质量紧密相关,资质水平高的企业具备提供高水平服务的基础条件。即便是为具有福利性质的保障性住房服务,也必须符合国家规定的条件,如果因为缺乏经济利益就滥竽充数、降低准入资质标准,那么将直接导致保障性住房物业管理质量低下。

2004年原建设部出台的《物业管理企业资质管理办法》中将物业企业的资质定为三级,规定了包括注册资本、人员编制、物业管理面积类型、服务质量标准的建立及收费标准的建立等在内的各资质等级物业管理企业的具体评价指标和企业必须满足的条件。

(3) 从业人员素质

保障性住房物业管理从业人员的素质及业务能力也同样约束着保障性住房物业管理的服务水平和整个行业的健康发展。但应看到,物业管理机构数量众多,水平却参差不齐。要不断提高从业人员素质,才能提高保障性住房物业管理行业服务水平,减少业主投诉,从而提高业主满意率,促进社区和谐。目前由于市场准入门槛低,进入行业后,优胜劣汰的市场竞争机制还不能完全发挥作用,且由于物业

管理行业发展过快，管理人员素质跟不上业主不断增长的物业服务需求。要从以下两方面着手，提高从业人员素质。

一方面，保障性住房的居住人群具有一定的特殊性，这样就要求从业人员的素质过硬，具有一定的沟通能力和处理复杂事务的能力，能够应对不同层次的业主。

另一方面，由于保障性住房物业管理不是以经济效益为主要目的，是以福利性质为主的物业管理运作模式，因此，作为这类住房的物业管理从业人员就要求有较高的业务水平，能够从事多种物业管理活动。这样有利于有着福利意义的保障性住房物业管理公司的运行成本最小化，服务能力最大化。

（4）业主的自身素质

保障性住房小区的不少业主由于自身的经济水平和专业知识所限，只强调物业费的收取高低问题，只关注小区的绿化、保洁等表面现象，而对于需要花费大量资金的楼房主体的硬件维护、设施设备的安全维修等专业问题关注甚少。如果物业公司只按照业主意愿收取过低的物业管理费，将势必在一定程度上限制物业管理公司进一步提高服务的质量和水平，放弃对小区物业的妥善维修和保养，长此以往必将造成经济适用房小区出现"未老先衰"的可怕后果。

8.5 南京市保障房居住区物业管理模式构建

1）南京市现有的物业管理模式的对比分析

（1）南京市现有的物业管理模式

南京市现有的物业管理模式主要有以下四种（见表8-1）：

表8-1 南京市现有的物业管理模式

南京市现有的物业管理模式	特点
以街道办事处为主 成立居住物业管理委员会	这种模式目前比较少见，一般出现在城市中的旧小区、老小区中。这些小区的原开发建设企业将地产建成后将其交予街道办事处或居委会管理
企事业单位 组建的物业管理公司	房屋所有权部分商品化，由企业内部组织物业管理部门对其实行综合管理
房地产开发商 直接组建的物业管理公司	这种类型的物业管理公司在全国都比较常见，这类物业管理模式是从规划开发、建造开始物业管理就参与其中的
国家房管部门 成立的物业管理公司	支持"业主－物业管理公司"双向选择机制的形成，同时也是解决目前物业市场上收费难的可行方式

① 以街道办事处为主成立居住物业管理委员会

这种模式目前比较少见,一般出现在城市中的旧小区、老小区中。这些小区的原开发建设企业将地产建成后将其交予街道办事处或居委会管理。旧小区、老小区以及复建房屋由于住户的消费水平和观念的滞后,比较适应计划时代政府全权负责的模式,一时无法接受物业管理这种有偿服务、专业管理的理念,因此街道作为政府下级代表进行管理。随着城市的发展和旧城区的改造,这种单一街道为主的管理模式在旧小区物业管理改造中必将逐步革新,改制成适应现代化需求的管理方式。

② 企事业单位组建的物业管理公司

这种模式是在计划经济与市场经济相结合体制下产生的,是我国经济体制改革的过渡型产物。目前在部分城市,这类单位自管模式还占据一定比例。这种模式主要是一些大型国有企业建造一大片职工生活小区,按照一定的优惠条件内销给本单位的员工。单位员工享受这种福利待遇,以较低价格入住小区,但房屋所有权部分商品化,由企业内部组织物业管理部门对其实行综合管理。这种模式只能在企事业单位内部进行,它依赖于企事业单位效益的好坏,经济效益好,则物业管理水平高,反之则很难达到预期的效果。

虽然住房制度改革后取消了福利分房制度,原属于企业内后勤部门的物业管理部(处)改制成独立核算、有偿服务的企业,但是服务管理的对象仍然以本单位职工和本单位房屋为主,不会对外拓展业务、接管楼盘,基本还属于单位自管模式。

③ 房地产开发商直接组建的物业管理公司

房地产开发企业的飞速发展,使物业市场空前繁荣,业主和住户的需求也逐渐增多,房地产企业之间的竞争也日渐白热化,当概念营销、功能营销和产品——户型营销等营销手段都已经全部应用了,房地产企业另辟蹊径,选择房地产开发的延伸服务——物业管理作为卖点。

目前,这种类型的物业管理公司在全国都比较常见。物业管理公司的规模大小取决于房地产开发公司,管理区域——住宅小区也取决于房地产企业开发的楼盘。这种物业管理模式是从规划开发、建造开始物业管理就参与其中的一种模式。从选址开始到室内外装修阶段都为日后物业管理服从于满足置业者的需要为目的,为消费的长期性打下基础。这种模式还便于把房地产开发商对商品房销售后的售后服务乃至长期消费过程中的服务与管理衔接起来,为售后服务有人管理提供了保障。

④ 国家房管部门成立的物业管理公司

自深圳第一家专业物业管理公司成立以来,随着市场经济体制的逐渐完善,专业化模式在我国目前已经较为常见。按照宏观意义上说,公司可以提供一种特定

服务,也可以提供全方位的综合服务。单一的专业物业管理公司一般从事保洁、绿化、保安、消防、墙体修缮等工作;综合性的专业物业管理公司除了负责以上一种或多种服务外,还要统一管理一定数量的居住小区,还包括写字楼、商场等。这种模式的优点是发挥了房地产管理部门的管理专业所长,充分体现其对原房管地段内的产权、产籍情况清楚,对房屋维修技术、管理有实力的优势,有利于对房屋的科学管理,保证设备的完好率。但是在房地产开发和物业接管之间的连接会有一定的困难。

近几年,消费者的物业管理意识逐渐增强,物业管理法规条例不断完善,业主自身维权意识加强。目前,小区物业管理公司的选聘大多由业主通过业主委员会公开选择适合自己社区的物业管理公司。通过物业管理合同确定双方责权利关系,并处理社区的物业服务工作和日常服务中出现的问题。"业主出钱,物业公司服务"这一方式的普及能够促进专业化物业管理模式地位的稳固,促进物业管理市场的公平竞争,支持"业主-物业管理公司"双向选择机制的形成,同时也是解决目前物业市场上收费难的可行方式。

(2) 南京市现有物业管理模式的优劣势对比

以上四种模式的优劣势分析和对比分析分别如表8-2和表8-3所示。

表8-2 南京市主流物业管理模式优劣势分析

物业管理模式	优势	劣势	总结
以街道办事处为主成立居住物业管理委员会	物业管理费很少,甚至不收取	不具备专业的管理能力,不能有效保障物业管理有效地实施。由于物业管理费收取很少,甚至不收取,物业管理人员会有消极工作的情绪	此种模式是20世纪90年代比较常见的模式,现在,其已不能适应我国住房体制的改变和人民生活的需求
企事业单位组建的物业管理公司	企业内部自行组织物业管理部门进行管理,物业管理人员会比较尽心尽责,与居民的交流也较为密切,能了解居民的需求,并据此改进	不专门从事物业管理,导致其组建的物业管理公司并不专业,不能做到对物业的全面维护,其大部分的工作还是维修、清洁。除此之外还受总公司效益的影响:总公司效益好,其有精力、有条件去从事物业管理,物业管理的水平就高,反之,物业管理水平则会不尽如人意	此种模式有其优点,但是,由于这种物业管理公司是由企事业单位自建的,是自管模式,其并不能做到专业、高效。所以,这种物业管理模式也是会逐渐被淘汰的

续 表

物业管理模式	优势	劣势	总结
房地产开发商直接组建的物业管理公司	物业公司的管理可以从项目的规划开发开始,物业管理公司对房屋的信息掌握较全,更方便管理	由于物业公司是房地产企业旗下的,所以,业主就失去了选择权。若物业公司的服务不到位,有可能引起业主不满情绪,从而发生纠纷	此种模式对商品房开发商的要求比较高,需要规模较大、物业管理水平较成熟的房地产企业,因为只有这样的企业,才能提供合格、专业、令业主满意的物业管理
国家房管部门成立的物业管理公司	发挥了部门的管理专业所长,其对原房管地段内的产权、产籍的情况清楚,对房屋维修技术、管理有优势,有利于对房屋的科学管理,保证设备的完好率	在房地产开发和物业接管之间的连接会有一定的困难	此种模式是现行最常见的一种物业管理模式。业主可以自由选择自己心仪的物业管理公司,因此,物业管理公司会不断提升自己的管理能力,以带给业主更好的服务,同时也提升了物业管理自身的竞争能力。这是一种应该大力推广的物业管理模式

表 8-3 四种物业管理模式的对比分析

	物业管理费的高低	物业管理的专业程度	物业管理内容的全面性	物业接管的难易程度	业主可否自由选择物管公司
模式一	极低	非常不专业	非常不全面(仅打扫卫生、修缮)	难	不可以
模式二	较低	不专业	不全面	一般	不可以
模式三	较高	专业	全面	容易	不可以
模式四	较高	专业	全面	一般	可以

2) 我国萌生的新型物业管理模式

随着房地产市场的规范发展,传统的物业管理模式显然已经不能完全满足广大业主的需求。因此,新型物业管理模式应运而生,目前我国萌生的新型物业管理模式主要有以下几种类型。

(1) 业主自治式物业管理模式

所谓业主自治,就是住宅小区的物业管理既不由原房地产开发公司负责,也不聘请社会上专业的物业管理公司负责,而是由业主委员会聘用专业力量来完成。例如,由业主委员会从社会上招聘保洁人员、保安、绿化人员承担相应的服务工作。这种模式在国外已经很普遍,在我国的大城市也有部分小区开始采用。

这种模式下的业主委员会是由业主大会或者业主代表大会选举产生的,业主委员会不再提供义务服务。每个成员根据岗位及其职责从收取的物业服务费中领取工资和奖金,物业服务费的预算和结算由业主大会或者业主代表大会审批,一切服务项目的设立和收支情况都能做到透明、公开。物业服务没有了营利性,收费水平降低,业主缴费的抵触情绪会大大降低,这样,业主与物业管理公司经常发生的有关物业费上缴的矛盾就可以有效解决。同时,业主委员会成员竞聘上岗,带薪工作,也有了积极性,责任心会大大增强,小区的物业管理自然会更加完善。

然而,这种模式也有其限制条件。首先,由于物业是由业主委员会聘请专业力量来完成,则维修人员对于物业不会十分熟悉,这需要业主与开发商沟通或者需要政府建设行政管理部门采取措施来约束开发商和建设单位配合,留下完整的图纸、维修说明等相关资料以方便专业人员的维修。其次,这种新模式与老物业模式完全不同,如何实现这两者间的平稳过渡,减少交接矛盾是一个亟待解决的问题。

(2) 股权配送式物业管理模式

"Naga 上院"为北京的一处房地产开发项目,它创造出一种新的物业管理模式——股权配送式物业管理模式。其目标是解决目前开发商、物业管理公司、业主三方利益不一致,各自从自身利益出发,导致物业纠纷不断、物业服务水平下降的问题。

"Naga 上院"的具体运作模式为,在项目开发前期,开发商出资 200 万元组织成立了物业管理公司。在项目销售时,开发商将物业管理公司以股权的形式,按照业主所购房产占项目可售面积的比例配送给小区业主。项目销售完毕,开发商将不再持有物业管理公司的股权,业主则成为公司的股东。

Naga 模式在利益统一和业主自治程度上具有明显的优势,它将业主与物业管理公司的利益有机统一起来,破解了双方对立的局面,业主也实现了真正的自治。这种模式带来的不仅仅是物业管理模式的改革,更是一种服务理念的改革。业主是服务的主体,是服务的购买者和享受者,他们所需要的是专业化的优质服务。物业服务企业应该以业主的利益为核心,为业主带来方便、亲近、快捷、舒适的服务。

但是,由于《公司法》对股东数有限制,且各个业主的参与意识不同,所以,该种模式的物业管理也会受到一定的限制。

3) 南京市保障房物业管理模式的构建

(1) 模式的提出

南京市保障房物业管理建议采用"市、区政府主导，街道牵头，准市场化运营"的模式，见图8-1。

① 政府主导

市政府建立综合协调机制，分解目标任务，界定职责分工，研究解决重大问题，组织协调各级、各单位共同做好保障房小区的物业管理工作，并将其纳入全市城管大平台进行统一检查和考核。

各区政府负责辖区内保障性住房的物业管理工作的领导和组织工作，落实综合协调管理职责；要明确街道的管理责任，强化街道的管理职能，建立有效的考核机制，确保街道将保障房的物业管理工作落到实处。

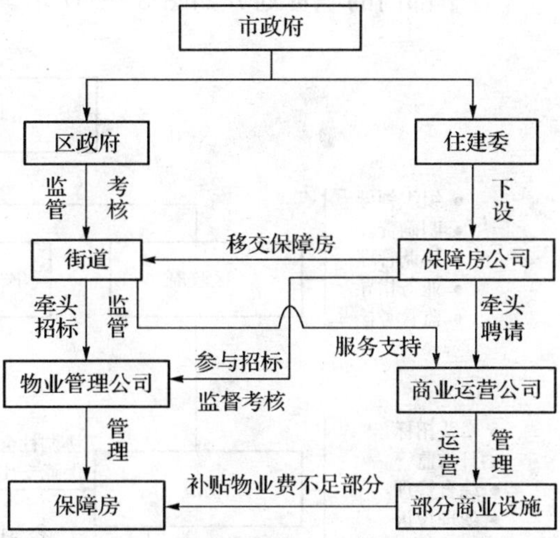

图8-1 保障房物业管理模式示意图

② 街道牵头

对保障房的管理，不仅仅是简简单单的物业管理，而应该是一个综合性的管理，需要涉及社区、城管、公安、司法、民政等多个部门的协同参与，必须纳入属地管理的大平台，街道作为属地管理的政府部门，必然要起到牵头作用，充分发挥综合管理的工作优势。街道的牵头作用主要体现在以下三个方面：一是要牵头招标，选定最合适的物业管理企业；二是牵头对物业管理企业日常服务工作的绩效考核与监督，保证服务质量；三是牵头保障房小区的社会综合管理工作，确保维护社会稳定。

③ 准市场化运营

在这种模式下，小区物业管理公司通过招投标方式确定。由街道组织，保障房公司、代建单位参与共同组建一个联合招标小组，通过市场化运作模式公开招聘物业管理公司。在确定物业管理公司后，由街道和中标单位签订合同，明确街道对后续物业的监管责任。

准市场化运营的"准"体现在三个方面：一是考虑到被保障群体的特殊性，物业费的收取标准以市场价的70%收缴，差额部分由运营商业设施收益补贴；对于保障房小区内的特困人群(约10%)减免物业管理费，此部分物业管理费纳入社会管理成本,由当地政府补贴物业管理公司。二是在街道的领导下,物业公司协助街道承担了部分社会管理职能。三是留存的商业物业统一运营,通过运营产生的收益进入资金"蓄水池",平衡物业公司收益不足,实现保障房物业管理的可持续性运营。

(2) 相关部门职责划分

各个部门的职责划分如图8-2所示。

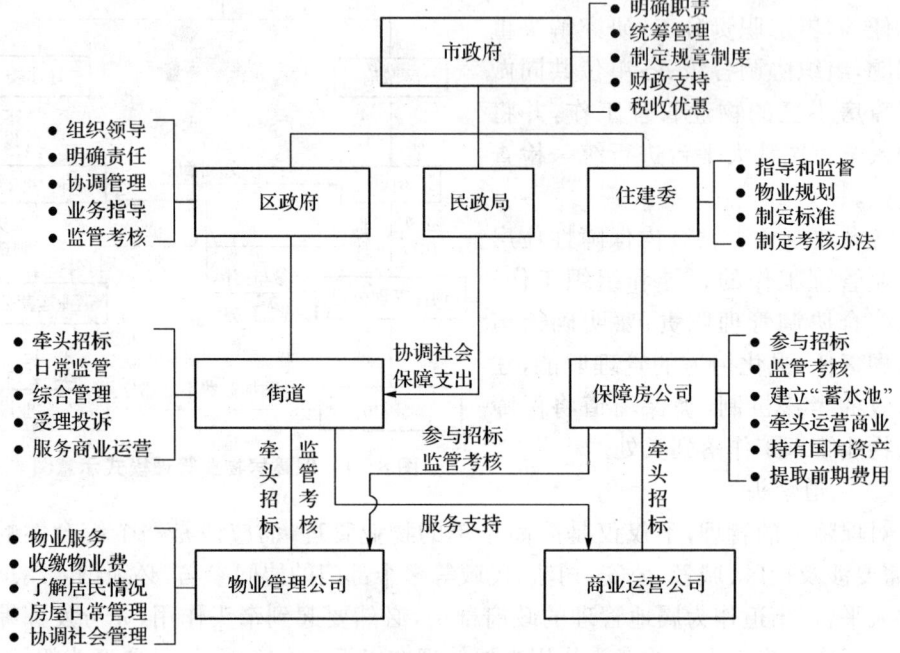

图8-2　保障房物业管理职责示意图

① 市政府

a. 明确职责

保障房的物业管理是一个综合性的管理任务,会涉及不同的部门,市政府应明确各部门的职责分工,各司其职,确保保障房物业管理工作井然有序地进行。

b. 统筹管理

作为市属保障房项目的最上级管理机构,市政府要加强统筹管理,建立有效的综合协调机制,做好住建委、市保障房公司、民政部门、财政部门、区政府、街道等相关部门的沟通工作,组织协调各级、各单位共同做好保障房的物业管理工作。

c. 制定相关政策法规

市政府要出台专门针对保障性住房的物业管理办法,以利于保障房小区的长效管理。

d. 财政支持

市政府要安排专门的经费用于街道在保障房片区内新设(扩充)社区之后的行政管理支出以及由此带来的社会保障成本支出。

e. 税收优惠

市政府应制定针对保障房物业管理公司的税收优惠政策,以降低其管理成本,提高其参与保障房物业管理的积极性。

② 住建委

a. 负责市属保障房物业服务的指导和监督

住建委要加强保障房片区物业管理工作的监督和管理职能,对保障房片区的物业管理工作提出建设性的意见,同时要强化对下级相应部门的指导与管理工作。

b. 做好物业管理规划

住建委应尽早着手做好保障房房源分配和后期运行管理等工作,研究制定切实可行的物业管理模式,为群众顺利入住提供保障。

c. 明确保障房物业服务标准和收费标准

住建委应明确保障房物业管理的服务标准和收费标准,通过这些标准来规范物业管理公司的经营。

d. 制定保障房小区物业管理考核办法

对于物业管理公司以及保障房小区日常的物业服务,要建立起有效的考核机制。通过制定完善的考核机制,评定保障房公司的资质和管理是否符合要求。考核的内容应涉及公司的资金、技术人员数量、服务人员数量、提供的服务水平、居民满意度、收费水平、收缴率等。

③ 市保障房公司

a. 参与物业管理企业的招标

作为保障房的开发单位,市保障房公司要配合街道做好保障房物业企业的招标工作,发挥对保障房片区比较了解的优势,积极对保障房片区的物业管理工作提出合理化建议。

b. 监管考核物业管理企业

市保障房公司应积极配合街道对物业管理企业的监管,根据物业管理考核办法,定期对保障房片区的物业管理工作进行考核。考核的期限以季度或者年度为宜。对于考核中物业管理公司存在的问题应责令其整改,直至让其退出保障房片区的物业管理。

c. 建立"蓄水池"

建议留存四大片区保障房小区总建筑面积2‰(根据宁政发〔2008〕116号)的

商业用房(约 16.13 万 m^2)由市保障房公司进行运营管理,产生的利润作为"蓄水池",用以平衡保障房物业管理支出不足,也可用于防范保障房后期运营过程中可能出现的资金不足情况。

d. 牵头运营商业设施

保障房商业由市保障房公司进行统一策划、统一设计、统一牵头招商、统一牵头运营。统一策划与设计以利于提高集中商业的利用率,聚拢人气;统一招商与运营以利于维护小区的高品质形象、经营收支的统一监管、加强城市功能建设。

e. 持有保障房国有资产

保障房片区公益性、准公益性及经营性的配套物业由市保障房公司代表政府持有,以利于在市级平台统一产权管理及资本运作。市保障房公司要通过引入优质的教育、医疗、商业等公共服务的资源,让入住居民享受到便利、优质的生活居住环境。

f. 提取前期物业费用

市保障房公司要提取物业开办费和前期介入费计入建设成本,以用于物业公司开办时办公用品的购买、物业用房装修以及物业公司前期介入管理等。

④ 区政府

区政府在保障房小区中的职责主要体现在对街道的监管,其职责如下:

a. 加强组织领导

区政府要负责辖区内保障房片区物业管理工作的领导和组织工作,构建起明确的责任管理体系,将保障房的物业管理工作落实到人。

b. 明确街道责任

区政府要明确街道对保障房片区的管理责任,强化街道的管理意识,确保街道将保障房片区的物业管理工作落到实处。

c. 协调管理

区政府要落实综合协调管理责任,明确辖区内街道、城管、公安、民政、司法等各个部门的职责,建立起有效的协调机制,部门协同,共同做好保障房的物业管理工作。

d. 业务指导

区物业管理行政主管部门具体负责辖区物业服务行业的指导监督、物业管理工作的业务指导和人员培训等相关工作。

e. 考核街道管理

区政府要建立起常态化的街道考核机制,定期对辖区内街道办事处保障房物业管理工作的实施情况及矛盾纠纷的处理情况进行检查考核,确保街道真正发挥保障房片区物业管理工作的牵头作用。

⑤ 街道

街道是保障房物业管理中与保障房小区物业管理公司联系最紧密的一个政府机构。在该种模式中,街道的职责是对保障房物业管理的日常监督和负责社会稳定。

a. 牵头物业管理招标工作

街道要具体负责保障房物业管理企业招标的牵头工作,联合保障房公司、区政府以及代建单位等共同组建一个招标小组,通过市场化运作模式公开选聘物业管理公司。确定物业管理公司后,由街道和中标单位签订物业管理合同,明确物业公司的权利义务和街道对后续物业的监管责任。

b. 对保障房物业管理的日常监管

街道要建立起对保障房辖区内保障房物业管理的日常监管机制,规范物业管理企业的行为,确保物业管理企业履行合同义务,提供满足要求的服务。

c. 社区综合管理

街道应将住宅区物业管理工作纳入社区居委会工作的重要内容,形成社区、街道双监管的模式。同时,要加强保障房片区物业管理的联动协调机制,充分发挥各部门的职责,真正实现齐抓共管和综合治理。

d. 受理投诉

街道应建立投诉受理和联动协调机制,受理调解本辖区物业管理方面的投诉,并充分与各方沟通,及时解决本区域内保障房小区物业管理中存在的问题和矛盾,维持社会稳定,保障人们安居乐业。

e. 服务商业运营

街道要为保障房商业设施的良好运营提供有利的外部环境,同时要与市保障房公司就商业设施补贴物业支出不足问题做好沟通协调。

⑥ 物业管理公司

物业管理公司是保障房小区物业管理的实施主体,其主要工作是为小区提供物业管理服务,同时协助相关部门做好保障房小区的管理工作。

a. 提供满足要求的物业管理服务

物业管理公司应对保障房小区提供满足要求的物业管理服务,考虑到保障房小区的建设品质与居民的可承受能力,建议物业管理企业提供二级服务标准。根据2006年《南京市普通住宅物业服务等级和收费标准》,物业服务标准共分五级,二级服务标准属于中等偏下水平。二级服务标准在保证了保安、保洁、保绿、保修等基本服务的基础上,能够满足居民的物业服务需求,提高物业费的收缴率。

b. 向居民收缴物业管理费

要改变保障房小区不收取物业费的做法,逐渐培养起住户"花钱买服务"的理

念。考虑到保障房小区内居民收入较低,可承受能力不高的实际情况,建议对保障房物业管理费的收缴标准按市价的70%收取(特困人员的物业费减免由政府特批弥补)。二级物业服务市价约为1.0元/(m^2·月),实际收取0.7元/(m^2·月),物业费优惠部分由四大片区保障房配套的运营收益进行弥补。

c. 了解入住居民的基本情况

物业管理企业应掌握保障性住房住户入住备案情况,负责办理住户入住、退出等相关手续。除此之外,还应定期走访住户,收集住户的意见和建议,及时了解住户家庭成员及收入、资产、住房变化情况,做好记录并报有关部门处理。

d. 做好保障性住房的日常管理工作

物业管理企业应了解、掌握保障性住房的转租、转借、转让、出租、调换、经营、空置等情况;要开展日常巡查,发现住户违章搭盖、改变房屋用途或擅自拆改房屋的行为应及时制止,并按规定报有关部门处理;受理社会保障性住房维修的报修,协助做好施工监督、竣工验收和现场管理等工作。

e. 协调做好保障房小区的社会稳定工作

物业管理企业应加强与居民的交流,了解居民的思想动向,及时掌握居民的纠纷与矛盾,积极配合街道、城管、公安等部门做好保障房小区内的社会稳定风险防范与化解工作。

8.6 本章小结

在已过去的"十二五"规划前两年,南京市保障性住房建设走在了全国的前列,取得了令人瞩目的成就。但是在光鲜成绩的背后难掩建设运营过程中的诸多问题。课题组在研究过程中并没有仅仅局限于本课题的研究范围,而是通过结合南京市住建委、南京市保障房建设指挥部、南京市安居集团、南京市房改办、南京市公房中心等政府职能部门,对在南京市保障性安居工程推进过程中积累的老问题和不断涌现的新问题进行分析研究。

目前,南京市四大保障房片区已初见规模,其建成后的管理问题成为摆在政府面前的一道难题。相对于建设期,长达几十年的运营期管理使政府面临极大考验。课题组对南京市保障房住区进行了全面、系统的调查,比较分析了保障房物业管理与商品房物业管理的区别,梳理了现阶段保障房物业管理中存在的问题,在此基础上,构建了适合南京的保障房物业管理模式——"准市场化模式"。该模式被南京市保障房建设指挥部采纳,并应用于南京市四大保障房住区的物业管理。

参考文献

[1] 文林峰. 城镇住房保障[M]. 北京:中国发展出版社,2007.
[2] 褚超孚. 城镇住房保障模式研究[M]. 北京:经济科学出版社,2005.
[3] 黄安永. 物业管理[M]. 北京:中国建筑工业出版社,2008.
[4] 李士和,蔡庆兵. 物业管理学[M]. 杭州:浙江大学出版社,2007.
[5] 王元月. 社会保障[M]. 北京:企业管理出版社,2008.
[6] 孙瑛,刘呈庆. 可持续发展管理导论[M]. 北京:科学出版社,2003.
[7] 张农科. 政府保障性住房物业管理模式探讨[J]. 中国物业管理,2011(10):6-9.
[8] 王筝. 我国物业管理模式转变及其动因分析[J]. 经济问题探索,2010(12):187-190.
[9] 武恒聚. 中国住房保障制度的进展与完善[J]. 黑龙江社会科学,2009(6):69-71.
[10] 李香. 中低收入家庭住房保障的经济学分析[D]. 保定:河北农业大学,2008.
[11] 董藩. 物业管理模式需要破茧重生——从美丽园事件看物业管理模式的创新问题[J]. 中南民族大学学报:人文社会科学版,2008(3):134-138.
[12] 庞绍堂. 社会保障中的干预主义与自由主义[J]. 江苏社会科学,2008(3):49-55.
[13] 马万里. 城市廉租房社区物业管理模式研究——以杭州为例[J]. 商业研究,2008(2):87-90.
[14] 陈方秀. 我国现代住宅小区物业管理中的业主自治[J]. 法学杂志,2006(5):133-135.
[15] 牛炳昆,王丽,于香梅. 浅议物业管理风险防范[J]. 商业研究,2006(7):75-76.
[16] 张晓辉. 我国物业管理业问题与对策研究[D]. 青岛:山东科技大学,2005.
[17] 王苹,满孝青. 论我国物业管理现状及对策[J]. 武汉理工大学学报:信息与管理工程版,2003(4):120-122.
[18] 林凤祥. 城市社区物业管理公共产品的生产——社区公共产品系列研究之一[J]. 福建论坛:经济社会版,2003(1):10-13.
[19] 黄安永. 物业管理与社区管理应协调发展[J]. 中国房地产,2002(5):39-41.
[20] 杨鹏,郑小晴. 从盈亏平衡分析看居住性物业管理的规模经营[J]. 重庆建筑大学学报,2000(5):45-48.

[21] 邓国雄.浅析廉租房的物业管理[J].现代建设,2011(10):37-38.
[22] 刘拓.我国物业管理问题研究[D].济南:山东大学,2010.
[23] 王均环.青岛市保障性住房运行机制和供给能力研究[D].青岛:中国海洋大学,2010.
[24] 曹艳君.我国物业管理模式研究[D].贵阳:贵州大学,2010.
[25] 康曦.我国保障性住房社区物业管理存在问题[D].太原:山西财经大学,2010.
[26] 贺巍.南京市居住小区物业管理模式研究[D].南京:东南大学,2006.
[27] 段淑娟.城市新建住宅物业管理发展研究[D].天津:天津大学,2008.
[28] 邱必震.城市廉租住房社区物业管理模式研究[D].西安:西安建筑科技大学,2009.
[29] 李丹.北京市不同产权住宅物业管理模式及相关问题研究[D].北京:北京工商大学,2009.
[30] 香港房屋委员会及房屋署.物业管理[EB/OL].http://www.housingauthority.gov.hk/sc/public-housing/estate-management/property-management/index.html.

第九章 保障房住区对城市社会空间的影响研究

本章提要

　　近年来，为适应紧迫的社会需求，我国的保障房建设驶入了"快车道"，许多城市采取了大规模集中式的保障房建设模式，"造城运动"式地形成了许多中低收入群体聚居区。但是，无论是早期的散点式建设，还是近几年的大规模集中式建设，均缺乏前期充分的理论研究和系统论证，尤其是对由此带来的对城市社会空间的冲击和可能不断加重的城市社会空间分异等社会问题关注度不高，研究深度有限。因此，厘清保障房住区对城市社会空间的影响机制、准确把握保障房住区产生的城市社会空间影响，成为我国城市研究领域不能回避的重要问题。

9.1 研究背景及意义

胡锦涛在十八大报告中提出"加强保障性住房建设和管理,满足困难家庭基本要求",这是"保障性住房建设"首次写入党代会报告。李克强指出,大规模保障性安居工程是"十二五"时期保障和改善民生的标志性工程,是加快转变经济发展方式的具体实践,是促进社会和谐稳定的必然要求。可见,保障房建设仍将是我国未来政策的重要着力点。

为解决拆迁安置户和部分困难人群的住房问题,我国于20世纪末期开始兴建保障性住房。早期建成的保障房在城市中逐步形成了小规模、零散式的保障房住区。近年来,为适应紧迫的社会需求,大多城市采取了大规模集中式的保障房建设模式,"造城运动"式地形成了许多大规模的中低收入群体聚居区,如1 500万 m^2 的天津滨海新区项目、总面积近1 000万 m^2 的南京市四大保障房住区等。但是,无论是早期的散点式建设,还是近几年的大规模集中式建设,均缺乏前期充分的理论研究和系统论证,尤其是对由此带来的对城市社会空间的冲击和可能不断加重的城市社会空间分异,对城市"贫民窟""文化沙漠"的形成,对被保障群体就业、交通、教育、养老、治安等方面的影响,对社会稳定构成的潜在威胁等关注度不高,研究深度有限。欧美发达国家的保障性住房建设起步较早,其保障房住区在长期的发展过程中产生过诸如社会隔离、贫困聚集等严重城市社会问题。我国在建设发展保障房住区的过程中应考虑如何避免类似问题在我国的重现。因此,研究保障房住区对城市社会空间的影响机制、准确评估保障房住区产生的城市社会空间影响、妥善解决保障房住区引发的内外部后遗症,成为我国城市研究领域不能回避的重要问题。

研究保障房住区对城市社会空间的影响机制,其核心的问题是研究社会过程与空间形态之间的相互关系。一方面,保障房住区会对城市原有的社会空间形成强烈、持续的冲击,使城市原有的社会空间环境与中低收入群体的社会、经济、文化等活动产生必然的碰撞;另一方面,早期以及近几年新建的各类保障房住区,必定成为城市的有机组成部分融入到城市运行当中。保障房住区不仅是人们的生活家园,而且作为促进城市发展、保障社会稳定、优化城市空间的重要增长极和动力源,必将越来越多地影响和改变着城市的经济、社会、文化生活和空间结构。因而,有必要将保障房住区的发展演变与城市经济社会发展结合起来,深入研究各类保障房住区的社会空间特征,系统分析保障房住区与城市社会空间的相互作用,通过合理有效的技术手段指导城市空间规划和管理工作,推动新型城镇化建设,为城市未来发展和转型提供动力。

本章旨在研究分析、评估保障房住区引发的城市社会空间影响,针对相关的居住、通勤、就业、养老等社会活动展开研究,分析其影响机理,可提出科学的城市规划建议。因此,本章将能指引保障房住区健康和谐的发展,建立城市和住区之间的友好互动关系,更好地发挥保障房住区在城市系统结构与功能优化过程中的作用,更好地在规划、管理、决策等环节把握住区及整个城市的发展,有效规避可能引发的各类社会经济问题,提升城市管理和城市规划的社会保障功能,具有重要的实践价值。同时,本章以南京市保障房住区为实证研究对象,研究成果对国内同类城市具有积极的借鉴价值。

9.2 文献综述

9.2.1 国内外保障房住区的实践

1)美国

美国的公共住房(Public Housing)始于20世纪30年代的经济大萧条时期,联邦政府出于振兴经济、增加就业和挽救建筑业的目的,为低收入者提供低租金的廉价房屋。早期的公共住房建设带有临时救助的性质。1937年《瓦格纳-斯特高尔低租住房法案》(*Wagner-Steagall Low Rent Housing Bill*)在国会的通过,标志着美国的公共住房建设正式进入实质性阶段,政府出于人道主义考虑,为城市低收入者提供负担得起、体面的住房。由此,美国住房政策开始逐步向低收入阶层倾斜,而发展公共住房也成为一项稳定和长久的政策。二战之后,在《1949年住房法》(*Housing Act of 1949*)的推动下,美国政府进行了大规模的公共住房建设,以解决战后出现的住房短缺危机。《1949年住房法》首次赋予美国政府在公共住房建设方面的重要责任,并明确规定了政府在随后的6年内将要建造81万套低租金公共住房。20世纪四五十年代,依据相关住房法案,美国政府将公共住宅的建设与治理内城贫民窟的"城市再开发"与"城市更新"运动结合在一起。但在实际建设中,城市中较好的地块被开发成了办公、商业区域,而公共住房多在内城较差的贫民窟清理街区或中低收入人群集中的城市边缘地区进行建设。美国公共住房的建设与发展在20世纪60年代开始进入转型阶段,在私人资本大量涌入公共住房领域的背景下,政府相关的政策性资金投入开始减少,随之带来的直接影响就是公共住房建设速度明显放缓。1973年尼克松总统暂停所有联邦补助公共住房计划是美国公共住房政策发展过程中的分水岭。在此之前,提供低租金的公共住房是政府援助低收入者的主要方式。而在这之后,随着《1974年住房和社区发展法》(*Housing and Community Development Act of 1974*)的正式颁布,形式多样的住房补贴计划

开始逐渐取代大量的公共住房实体建设成为美国政府解决低收入者住房困难问题的主要方式。在20世纪后期,美国公共住房的发展更多地从扩大建设转移到了运营维护与潜能开发上。现有的公共住房中,只有5%的住房是在1985年之后兴建的,一半多的房龄超过了30年。

20世纪美国在公共住房领域取得了巨大的成就,一定程度上保障了低收入人群的住房权益。但随着时间的推移和政府在公共住房政策上的转变,早期建设的公共住房项目逐渐走向衰落。美国国家严重衰败公共住房委员会(National Commission on Severely Distressed Public Housing)1992年的评估报告显示,全国范围内公共住房的衰败情况已非常严重,并且导致公共住房衰败的消极因素对周边社区的健康发展也产生了不利影响。20世纪90年代,公共住房的发展颓势已非常明显,芝加哥、纽约等大城市典型公共住房社区的衰败现象异常严重。除了房屋实体的破旧之外,美国公共住房社区出现的其他问题还包括低收入人群聚集和贫困集中、严重的种族隔离、公共基础设施和基本公共服务的缺乏(学校、公共卫生服务等)、社会治安恶化、犯罪分子横行、运营维护难以为继等。在此背景下,曾经的美国大型公共住房项目——圣路易斯市的普鲁蒂-艾戈(Pruitt-Igoe)居住区、芝加哥的罗伯特泰勒(Robert Taylor)家园、波士顿的哥伦比亚角(Columbia Point)等——都沦为了超级贫民窟。衰败的公共住房社区不仅给城市带来了沉重的财政负担,也严重影响着社区周边的社会发展,最为重要的是它产生的消极影响会给入住者尤其是儿童和青少年的身心健康和长远发展带来深重危害。

基于上述报告的评估结果,国家严重衰败公共住房委员会提出了一个总额为75亿美元、为期十年的城市复兴示范方案。后来,该方案更名为"第六希望计划"(Hope Ⅵ Program)。1992年10月,美国国会通过了"第六希望计划"。该计划旨在拆除严重衰败的高密度公共住房区,重新开发功能复合、混合居住项目,解决原有公共住房存在的问题。在"第六希望计划"的支持下,经过十多年的努力,美国的公共住房改造取得了明显的效果,拆迁了数以万计的严重破旧的公共住房,取而代之以高质量、设计良好、贫富混合的社区。这些改造项目不但改善了周围邻里的生活条件,同时也促进了整个中心城市的社区振兴。

2) 英国

作为老牌资本主义强国、世界上最早进行工业革命的国家,英国是世界上最早产生现代住房问题的国家,也是最早建设公共住房、对住房市场进行政策干预的国家。20世纪70年代以前,英国的公共住房统称为"社会住房(Social Housing)",是所有通过某种方式的补贴以降低成本、使租金或售价维持在低收入群体可支付范围内的住房统称。由于政府相关住房法案和政策的支持,英国的公共住房在20世纪40年代末至70年代得到快速发展。1946—1976年,地方政府年均建造14万套公房;1945—1980年全国竣工1 000多万套住房中,有半数是政府负责建造的。20世纪70年代,三分之一的英国人居住在社会住房内。在撒切尔夫人执政期间,政府大力推行"公房私有化"政策,允许住房协会的租户以很低的折扣购买他们的房屋,并禁止委员会借款兴建另外的社会住房。与此同时,本着惠民的原则,让住房协会将住房主要分配给那些最低收入的人群。这些政策使得社会住房逐渐成为弱势群体和失业者的庇护所。今天,住房协会住房中仅有23%的租户有全职工作,而三分之二则依靠住房补助来支付租金。

社会住房较大地改善了低收入群体的居住条件,使其居住质量有了明显提高,但其中有大量房屋由于年代久远、缺乏修缮等原因造成住房质量达不到合格住房标准。例如,在1996年的英国社会住房中,地方政府拥有53.88%的议会住房(Council Housing)、住房协会拥有47.61%的注册社会房东住房(Registered Social Landlords Housing),其质量低于合格标准。同时,社会住房相对集中的社区容易出现教育、就业及犯罪等各种问题,居民对社会住房的邻里环境不满意率也最高。2004年,社会住房的邻里环境不满意率达到21%,是私人租赁住房、自有住房邻里环境不满意率的2倍多。社会住房存在的诸多问题阻碍了社区之间多元文化、多元群体的融合。相对于提高住房质量,要消除这些社会与经济发展的不利因素要困难得多。

3) 法国

法国政府于1950年创建HLM(低租金住房)这一社会住房系统,以应对第二次世界大战后出现的住房短缺问题。在20世纪50年代中期,为弥补国家主要居住集聚区中住房数量的不足,政府开始以最快的速度建造大量住房,社会住房开始迅速扩张。与欧洲其他国家的情形一样,社会住房建设的步伐在20世纪70年代末期开始减慢,但至今从未中断。2000年开始,新的HLM计划开始以平均每年约50 000套的速度建设社会住房,约占每年法国新建住房总量的13%~17%。目前,全法国大概有480万套社会出租住房,占全国住房总量的17%左右。

理论上,三分之二的法国家庭收入都符合社会住房的收入准入标准,但实际情况是,在严格的规章限制下,法国住房管理部门会将社会住房分配给那些对住房有迫切需求的家庭。在20世纪70年末期住房改革的冲击下,法国的住房自由化进程加快,大量的中产阶级家庭离开了城市郊区的社会住宅区。在此之后,社会住宅区逐渐以失业工人、外来移民等人口为主。法国社会住房的地理位置大多较为偏僻,位处郊区且较为集中的大型居住社区将低收入群体汇集到相对孤立的区域,使得他们逐渐在地域、经济和社会等众多层面上被边缘化。随着经济社会的发展,法国社会住房产生的邻里负面特征也愈加明显,且这种负面特征已形成一种烙印——它是由那些由于贫穷而无可奈何只能居住在那里的家庭所居住的地方。为

复兴贫困的社会住房区,法国政府在20世纪80年代初期实施了以物质环境改善为主要手段的"城市复兴政策",但单一的物质环境改善并没能解决郊区社会住宅区存在的诸多发展问题。从20世纪80年代开始,由于社会住房区空间衰退引起的一系列社会问题,法国的社会住房建设不再仅仅是城市发展或经济建设领域的议题,而更多地成为国家社会综合政策的重要部分。

4) 中国

我国从20世纪90年代开始实行住房保障制度,除了21世纪开始几年保障性住房建设处于停滞外,其余阶段均有较大规模的保障性住房建设。2011年("十二五"规划开局之年),国家提出了3 600万套的保障性住房建设目标,新一轮的大规模建设浪潮由此拉开帷幕,保障性住房建设进入了一个爆炸性的增长阶段。20多年来,在社会转型的大背景下,我国的保障性住房无论是供应主体、供应对象,还是住房类型、住区规模等都出现了一定程度的转变:① 从供给主体看,从早期的由单位供给到国家、地方政府供给,再到政府和社会多主体供给;② 在住房类型上,从经济适用房、廉租房向多类型保障性住房并行转变,住房保障覆盖面也慢慢扩大至中低收入群体、新就业群体和外来务工群体;③ 在区位规模上,早期建设的保障房住区多位于城市边缘区,虽然此后政府也会将部分保障性住房零星安排在中心城区,但是规模较小,后期大规模兴建的保障性住房仍位于城市边缘区。

我国的保障性住房建设对促进社会公平、解决城市中低收入困难家庭的住房问题起到了较大的作用,但与国外相比,我国的保障性住房建设仍处于起步阶段,城市低收入群体的住房困难问题依然形势严峻。我国现有的保障房住区以较为单一的中低收入群体住区为主,且大多位于城市边缘,虽然发展时间较短,但存在着公共服务设施配套少、交通不便、就业率低、社会融合较差等问题。

综上,西方发达国家的保障性住房建设起步较早。无论是美国的公共住房,还是欧洲的社会住房,其保障房住区大致经历兴建、衰败、更新等多个发展阶段。针对保障房住区衰败阶段出现的社会分化与隔离、贫困聚集等问题,各国采取了多种手段,以促进不同阶层的社会融合。我国的保障性住房建设虽处于起步阶段,但目前已建成入住的保障房住区已涌现出了多种社会问题,这直接影响了保障性安居工程的经济社会效益,亟须引起高度重视。

9.2.2 当前研究评述

目前,我国涉及保障房住区的城市问题研究,主要针对低收入群体居住状况、居住区规划建设、居住区内部社会空间特征等展开初步探讨,对此类居住区(特别是集中建设的大规模保障房住区)在城市空间上的发展过程、演化机制、影响作用等缺乏清晰的认识,使得现有相关理论研究很难为保障房住区的建设提供实质性

的决策依据,导致当前保障房建设和管理存在盲目性,不能满足城市规划和城市社会空间发展相协调的要求。主要可总结如下:

(1) 目前在城市社会空间的研究中,保障房住区的研究工作刚刚展开,有待进一步深入探讨。保障房住区与城市社会空间之间的相互作用机制、保障房住区对城市社会空间演化的影响机制和规律等均不明确,政策制定缺乏有效依据。可以从保障房住区的个体特征和社会空间特征研究入手,利用目前的技术手段(如 GIS 等),结合传统调研方法进行研究。

(2) 目前保障房住区的研究侧重规划、管理、制度制定等,较少从城市社会空间角度出发对保障房住区的影响进行研究,对保障房住区造成的城市社会空间问题预见性不足,较少从空间网络角度分析城市空间中新生的保障房住区对城市空间结构的影响,缺乏合理的评估方法与技术手段。

(3) 目前城市社会空间的评价研究主要集中在中微观层面,缺乏居住区微观层面的实证研究。

可以预见,随着保障房建设的不断深入,大量中低收入群体长期聚集和不断入住,保障房住区对城市社会空间的影响会长期存在和不断增强。特别在大规模、集中式保障房住区的刺激下,这种影响有可能产生叠加与扩大效应。对保障房住区造成的城市社会空间问题及社会稳定风险应当引起足够重视。

9.3 案例选择

为客观全面地探索南京市保障房住区对城市社会空间的影响,深刻地揭示其影响因素及影响机制,本章需要选择典型案例展开论述。所谓"典型案例",是在对研究对象进行初步分析的基础上,从中选择具有代表性的研究对象作为典型,并通过对典型进行严密系统的调查研究来认识事物现象的本质及其发展规律的方法。"典型案例"强调,当研究对象的数量较多时,应将整体按研究设想中研究问题的标志进行分类,划分为若干组,再从各组别中找出有代表性的单位作为典型案例进行研究。"典型案例"的意义在于高度凝结了研究对象的各类特征,减轻组别内各单位差异程度的同时凸显了不同组别的差异程度,从而提高了研究典型的代表性程度。

按照"典型案例"方法的指引,本研究将根据南京已有保障性住区的类型,综合考虑住区的规模特征、空间区位、发展现状等因素,确定研究案例。本章典型案例的选取原则是:

一、制度因素。保障房住区经历的制度阶段,对住区自身的发展及对城市社会空间的影响极其重要,所以,典型案例应从南京市保障性住房的不同建设阶段中选取。

二、规模因素。规模较大的保障房住区具有一定的代表性。

三、要能体现各种类型特征。南京市保障房住区的典型案例选取应尽可能全面反映保障房住区的发展特征及其发展差异。

在资料分析的基础上,本研究就典型案例的选取对南京市保障性住房建设主管部门——南京市住房制度改革办公室进行了半结构性访谈,访谈的反馈信息对案例选取提出了诸多实质性意见。最后,综合各方面因素,本章选取景明佳园、摄山星城、银龙花园和丁家庄4个保障房住区作为本章的研究案例。具体的案例选择过程如图9-1、图9-2所示。

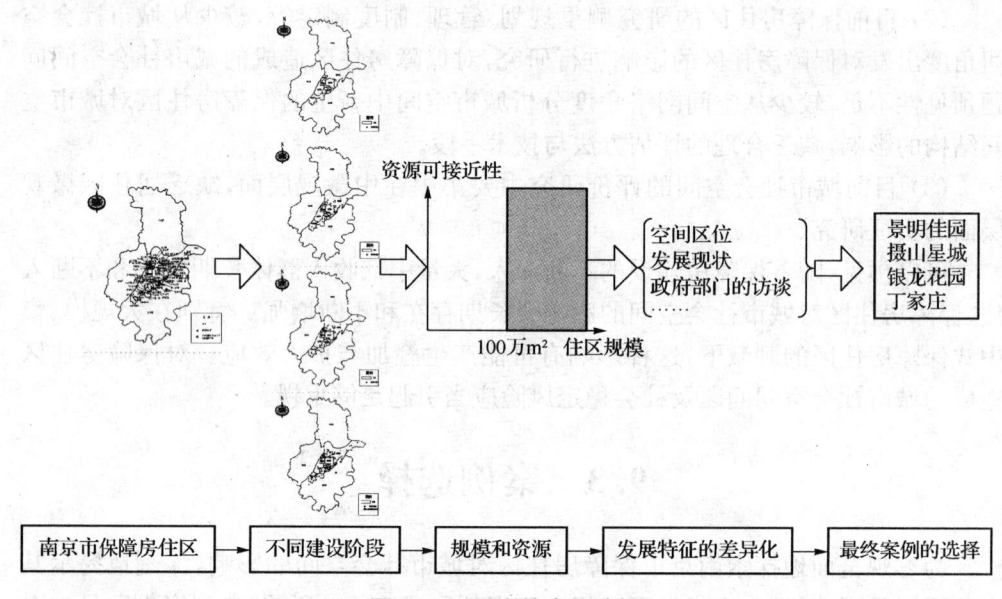

图9-1 研究的案例选择

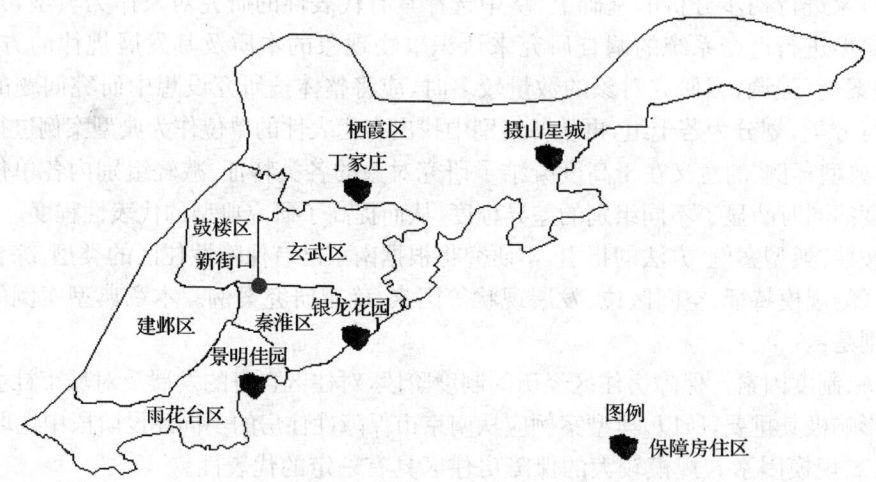

图9-2 所选案例的空间分布

9.4 空间的生产

保障房住区社会空间的生产是一个长期的历史进程,它既包括住区建设发展的过程,也包括在这个过程中产生的各种社会关系,它是各种社会要素在保障房住区范围产生和重构的集中体现。本节所研究的保障房住区社会空间的生产是指狭义上社会空间的生产,研究将主要聚焦于保障房住区从无到有再到逐步成熟的发展演变和住区的社会空间特征两个方面。

本节通过实地考察、参与式观察、访谈等方式获取保障房住区空间生产的相关资料,并将之归纳总结,具体见表9-1。

表9-1 4个保障房住区的发展演变及其社会空间特征

	景明佳园	摄山星城	银龙花园	丁家庄
发展演变	郊区农村→建成经适房小区→主城区边缘成熟小区	农村→征地拆迁安置小区	农村→征地拆迁安置小区→主城区边缘成熟小区	村庄和厂房→保障房集中居住区
社会空间特征	·居民一大半为拆迁安置户,还有大量租赁户 ·居民垂直流动少,水平流动多 ·社会网络松散,阶层之间联系弱 ·封闭的生活居住空间 ·较为恶劣的就业环境	·居民大多为周边区域的拆迁安置户 ·居民社会流动性低 ·社会网络简单且封闭,本地人与外来人有隔阂 ·配套设施不完善,出行矛盾突出 ·恶劣的就业环境	·居民由拆迁安置户、城市低收入家庭和外来租赁户组成 ·老龄化现象突出 ·外来人口流动性较大 ·生活方式传统,居民间联系较为紧密 ·就业率低,闲人多	·居民有拆迁安置户、城市低收入家庭、外来务工人员和刚毕业大学生 ·近郊中低收入人群 ·社会流动不明显 ·社会网络松散 ·生活空间较为封闭 ·居民满意度较高

9.5 空间的分异

社会空间分异是指各种社会要素在城市空间上表现出的明显不均衡分布现象。学术研究中的"分异"区别于一般语境下的"差别"。现实情况中,城市各组成要素在空间分布上总是有一些差别,我们没必要做到样样都均衡,所谓的均衡事实上也是不存在的。城市社会要素同样如此,但当这种不均衡的问题凸显甚至影响到城市的健康发展时，便可认为是城市社会空间分异。城市社会空间分异不但包括组成城市的物质实体，还包括城市社会生活的多个方面。

9.5.1 居住空间分异

居住空间分异是指由于城市中不同社会属性的人们居住在不同的区域内从而形成相互隔离的居住现象。在一相对隔离的区域内，人们之间的同质性往往较高，他们的社会特性相似，也有着相似的文化教育背景和交流语言。而性质不同的相互隔离区域往往会有较大的差异。

城市居住空间是城市社会空间的一个基本类型。城市居住空间分异是以物质居住空间反映城市中的社会阶层分化。随着我国经济社会的发展，城市居住空间分异日趋显化早已是不争的事实。居住空间分异有其合理性，主要表现在能够充分实现市场对城市有限资源的有效配置，合理、充分利用级差地租，实现经济效益的最大化，有助于维护阶层内统一性，充分满足社会的多元价值文化需求，实现和而不同的生态社会价值体系等。然而居住空间分异所带来的负面效应同样明显，由此引发的"社会隔离""贫困聚居""阶层冲突"等社会问题层出不穷。城市居住空间分异是客观存在的，应当正视其合理性，也要对其引发的负面性进行控制。

通过对景明佳园、摄山星城、银龙花园和丁家庄4个保障房住区及其周边的环境质量评价调查和居民的社会经济特征调查，笔者发现，景明佳园、摄山星城、银龙花园3个保障房住区及其周边存在较为明显的居住空间分异现象，其中景明佳园住区及其周边的居住空间分异现象最为严重，而丁家庄保障房住区及其周边则没有表现出明显的社会阶层分化倾向，亦不存在明显的居住空间分异现象。城市居住空间分异是客观存在的，有其存在的合理性，它能够充分实现市场对城市有限资源的有效配置，满足社会的多元价值需求等。但它的形成原因是复杂多元的，有些居住空间分异的形成是由基本公共服务差异化、城市发展边缘化导致的，这类居住空间分异现象的负面效应极为显著，由此引发的社会问题也较为严重。因此，有必要对保障房住区及其周边存在的居住空间分异现象进行深入分析，分析其形成机理，对于负面效应较大的居住空间分异予以重点关注。

9.5.2 行为空间分异

行为空间是个人日常活动空间的集合。居民的感知与行为是对物质环境结构的反映和响应的结果。基于生态学理论，居民的行为空间与他所占据的生态位势和对城市资源的占有程度密切相关。行为空间分异是社会空间分异的一种表现形式，它的产生与物质环境、居民的经济社会属性密切相关，对保障房住区居民行为空间分异的探析有助于下文对保障房住区社会空间影响机制的理解。本章在调查总结南京市保障房住区居民行为空间特征的基础上,发现了保障房住区存在的居民行为空间分异现象。

本部分对保障房住区行为空间分异的研究主要通过多种调查方式从整体上分析保障房住区与其他住区居民在工作、购物、休闲娱乐等行为特征与行为空间上的差异。基于调查数据,本部分研究从通勤、购物、休闲三方面总结了保障房住区居民行为空间存在的分异现象(见表9-2)。行为空间分异现象的产生与城市空间布局、居民社会属性及社会环境有着密切关系。保障房住区居民行为空间分异的产生是保障房住区社会空间影响的结果,本部分的行为空间分异分析加深了对保障房住区社会空间影响内涵的理解。

表9-2 保障房住区居民行为空间的分异特征

通勤行为空间分异	购物行为空间分异特征	休闲行为空间分异特征
1. 对公共交通依赖大 2. 非机动车出行比例高 3. 通勤距离长 4. 自驾通勤比例极低	1. 内部居民购物行为空间基本一致 2. 基本生活类商品购物频率高 3. 对区域购物中心依赖大 4. 缺少中高档购物空间	1. 外部休闲空间资源匮乏 2. 以社区内部休闲活动为主 3. 休闲方式单一 4. 缺乏城市基本公共休闲设施 5. 与周边社区的共享休闲空间资源少

9.5.3 公共服务设施分异

城市公共服务设施是城市社会性服务业的依托载体,是指城市中呈点状分布并服务于社会大众的教育、医疗、文体、商业等社会性基础设施。城市公共服务设施按照其使用功能应包括教育设施、医疗卫生设施、文化娱乐设施、体育设施、社会福利与保障设施、行政管理与社区服务设施、商业金融服务、邮政电信设施八类。

伴随着城镇化的快速发展,公共服务设施在不同区域范围内的差异性越来越明显。公共服务设施的分异表现为两个方面,一是设施建设,二是空间分布。前者注重于公共服务建设量是否符合城市规划要求,是否能满足居民基本需求;后者则是通过公共服务设施的可接近性或是公共服务资源的可获得性来表示。上述两个方面中诸多差异因素的累积,造成城市居民之间享用公共服务设施服务水平的较大差异。

本部分主要从公共服务设施的配套建设与使用评价、公共服务设施资源可接近性两个方面来定量考察景明佳园、摄山星城、银龙花园和丁家庄4个保障房住区的公共服务设施分异情况。

可接近性是某一区域的个体或群体去参加某种特定活动的机会性。保障房住区公共服务设施资源可接近性表明了保障房住区居民获取公共服务资源的机会,而这种机会在保障房住区及其周边居民中的差异性则导致了公共服务设施分异的形成。

从9-3图中我们可以清晰看出4个保障房住区周边的公共服务设施分布情况。从整体上看,景明佳园、银龙花园和丁家庄3个保障房住区周边的公共服务设施较为丰富,而摄山星城住区周边的公共服务设施则较为匮乏。而图9-4的结果显示,公共服务设施资源可接近性的优劣排序为银龙花园、景明佳园、丁家庄、摄山星城,这表明在公共服务设施较为丰富的情况下,同样存在由可接近性范围数量差异导致的获取公共服务设施资源机会的差异。

综合上述各项调查和分析的结果发现,4个保障房住区都或多或少存在着公共服务设施配套建设不达规划要求、设施使用不尽如人意、空间分布不合理等问题,摄山星城住区的问题最为严重。但结合居民的满意度调查结果来看,丁家庄住区在公共服务设施方面的表现要明显好于另外3个住区。因此,笔者认为4个保障房住区中景明佳园、摄山星城和银龙花园3个保障房住区存在较为明显的公共服务设施分异现象。

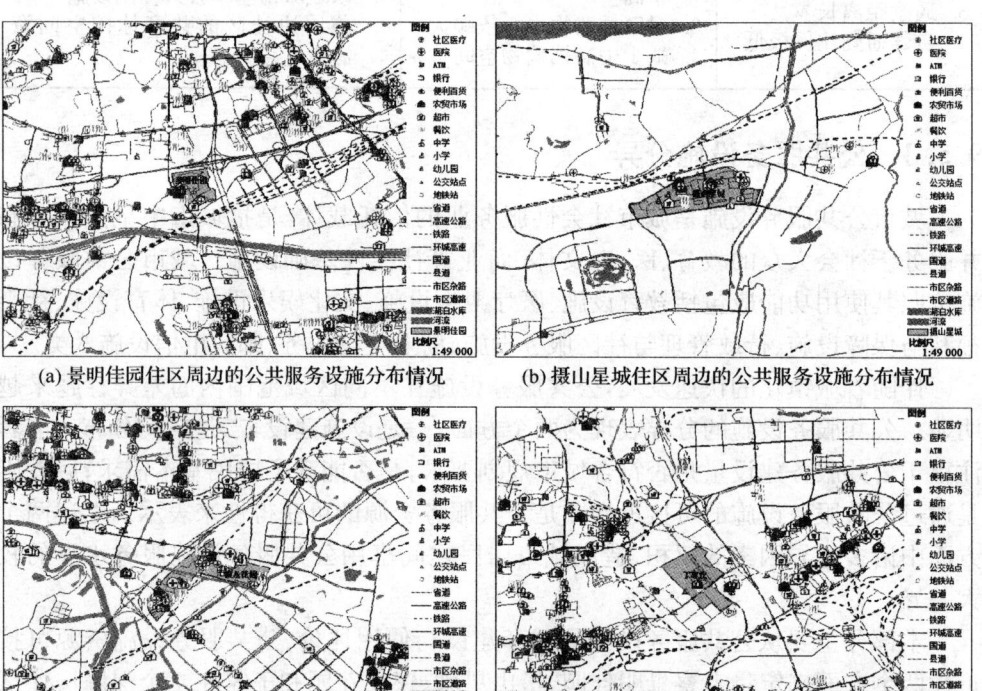

图9-3 4个保障房住区周边的公共服务设施分布情况

第九章 保障房住区对城市社会空间的影响研究

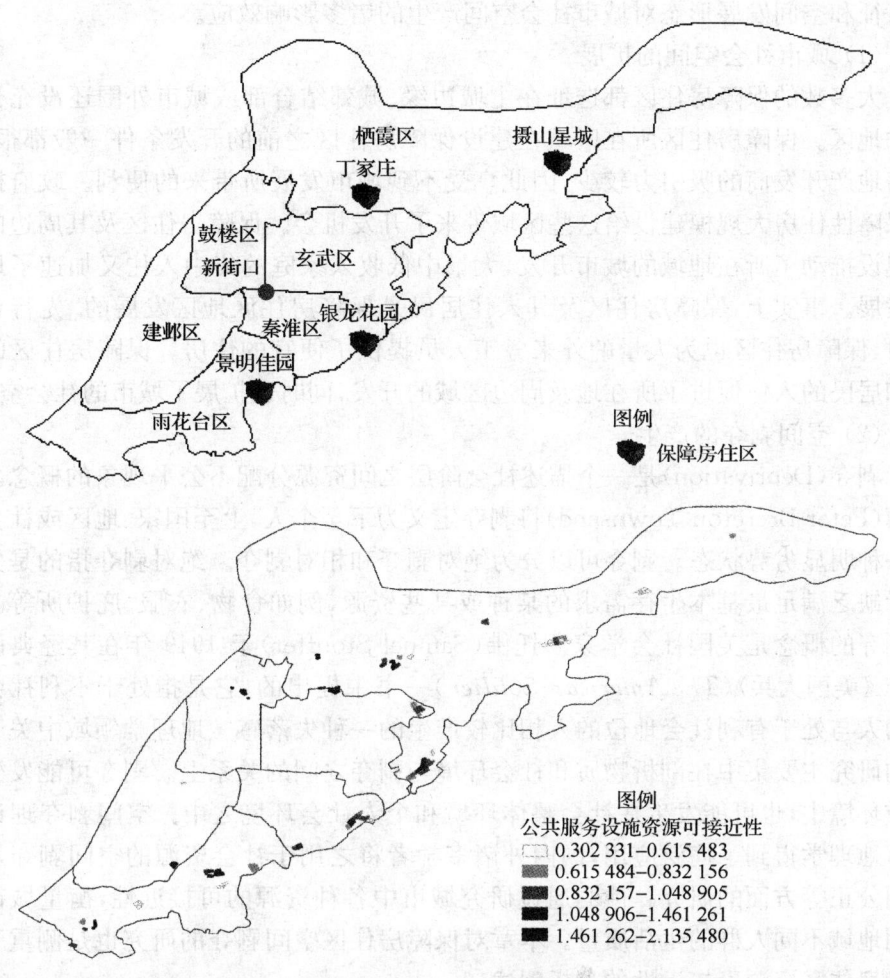

图9-4 4个保障房住区公共服务设施资源可接近性

9.6 南京市保障房住区对城市社会空间的影响效应

  保障房住区对城市社会空间的影响效应是指保障房住区在建设和发展过程中对所在地区社会、经济等各个方面的影响，最终引起城市不同尺度内社会空间变化与重构的现象。保障房住区对城市社会空间的影响是长期的过程，而影响效应则是其在不同时期内影响的因素和结果。由保障房住区社会组成要素引起的城市区域内物质要素及非物质要素的变化是潜移默化的，而影响效应则是显性的。本章将在上文的研究基础上，结合相关理论分析，归纳总结出南京市保障房住区社会经济特征和空间发展形态对城市社会空间产生的诸多影响效应。

（1）城市社会空间的扩展

大多数的保障房住区都选址在主城边缘、城郊结合部或城市外围还没充分开发的地区。保障房住区所在区域在建设保障房住区之前的开发条件一般都很差，对房地产开发商的吸引力较少，因此享受不到城市发展所带来的便利。政府推行的保障性住房大规模建设给这些区域带来了开发机会。保障房住区及其周边的配套建设推动了所在地域的城市开发，大量中低收入家庭的集中入住又加速了地区的发展。事实上，保障房住区及其入住居民是保障房住区地区发展的"先行者"。同时，保障房住区也为大量的外来务工人员提供了便宜的住房。保障房住区的建设和居民的入住促进了所在地及周边区域的开发，同时也扩展了城市的社会空间。

（2）空间剥夺的产生

剥夺（Deprivation）是一个描述社会阶层之间资源分配不公平现象的概念。汤森德（Peter Brereton Townsend）将剥夺定义为下至个人，上至国家、地区或社会中的一种明显劣势状态。剥夺可以分为绝对剥夺和相对剥夺。绝对剥夺指的是失去或者缺乏满足最基本生存需求的某种或某些资源，例如食物、衣服、庇护所等。相对剥夺的概念是美国社会学家斯托佛（Samuel Stouffer）于1949年在其经典研究著作《美国大兵》（*The American Soldier*）一书中提出的，它是指处于不利社会地位的人与处于有利社会地位的人相比较产生的一种失落感。地理学领域中关于剥夺的研究主要集中在剖析物质和社会环境与剥夺之间的关系上。剥夺可能发生在物质环境中，也可能发生在社会整体环境和个人社会环境之中。空间剥夺理论在城市地理学得到了广泛应用，国内外诸多学者将之用于社会资源的空间剥夺及其空间公正等方面的研究。他们通过研究城市中各种资源的可接近性，衡量城市中不同地域不同人群的生活质量。本章对保障房住区空间剥夺的研究也是侧重于对保障房住区资源可接近性的分析阐述。

在资源要素配置市场化的环境下，城市住区资源类型与质量的配置往往会因不公正而产生剥夺。保障房住区配套建设不达规划要求、设施使用不尽如人意、空间分布不合理等问题层出不穷，公共服务设施分异严重，住区居民的基本需求得不到有效满足。而公共服务设施的老化、难以升级换代更是加重保障房住区空间剥夺的强度。这种现象在老旧保障房住区较为明显。上文的调查和研究结果显示，南京市的保障房住区距离优质的教育、医疗、商业、大型文体设施等资源都比较远，交通和公共服务等设施可达性较差，空间剥夺较为严重。

（3）居住—就业空间的失配

"空间失配假说"（Spatial Mismatch Hypothesis）是美国哈佛大学学者凯恩（John Kain）在1964年提出的一个概念，原指在黑人居住的区域比白人居住的区域拥有更少的工作机会。这样,黑人寻找工作的困难就会增大,或者工资较低,或者要花费比白人更多的通勤时间,从而造成失业率的增高。"空间失配"理论的提出具有重要的现实意义,它显化了空间位置对就业市场的影响,突出了城市规划和地理学在解决贫困弱势群体就业障碍问题上的价值。目前学术界对空间失配内涵的普遍看法是,空间失配指的是居住地和相应工作机会所在地两者的错开、不一致,造成了居民在地理上的一系列广泛的就业障碍,而这些就业障碍会使得相应的工作者在劳动力市场中处于不利地位。由此可见,空间失配的概念和理论描述的是空间视角上居住与就业的地理关系,它以通勤为途径将居住地与工作地紧密联系起来,关注和研究出行问题和就业市场问题。

与美国城市人口空间分布不同,我国城市中心聚集了拥有大量财富的高收入者,而郊区则是大部分低收入人群的安身立命之所。美国空间失配研究解决的是如何帮助低收入群体走出破旧衰败的城区寻找工作机会,我国所面临的空间失配问题则是如何为地处城市偏远地区的低收入人群提供合适的工作机会。城市低收入人口的郊区化使得他们的出行时间和成本都呈上升的趋势,而郊区出行困难的主要对象也正是该群体。

国内外相关的研究结果表明,对于城市低收入人口来说,大量的出行时间和成本会导致他们难以获得工作机会。出行难一方面会使低收入人群产生懈怠,从而不积极努力寻找工作;另一方面会让低收入群体的就业竞争力下降。保障房住区居住—就业空间失配的具体表现就是因保障房住区郊区化和边缘化导致的通勤不便,从而给居民带来就业障碍。

保障房住区居民多是因城市改造、拆迁安置的家庭,政府通过行政手段将众多人口迁往城市边缘区,实现了人口的郊区化转移,然而相应的就业机会并没有随之转移。景明佳园的调查结果显示居民在拆迁安置到景明佳园以后,就业率出现了大幅下降。文化程度不高、就业技能缺乏、保障房住区周边就业机会少是导致保障房住区居民就业率降低的主要原因。由于居住地的变化,约一半的被调查者工作地点发生了跨区的大变动。到以前的工作地点距离远、通勤时间长是保障房住区居民工作地点变动的一个主要因素。

摄山星城住区则是另一种情况。摄山星城作为仙林大学城开发相配套的重要拆迁居民安置,其居民绝大多数为失地农民。在中国,土地自古以来就是农民最重要的财富,土地不但意味着农民的生活收入来源,而且还是其养老的保障。现在,这些农民的土地被征用了,政府虽然进行了"还房工程"建设,失地农民安了家,但是"立业"问题却没有得到很好的解决。摄山星城居民的就业问题由来已久,早期是座"就业孤城",近年来由于政府大力开展技能培训工作,积极推进居民就业,就业难的现象已有所缓和。但据社区管理人员提供的数据,目前仍有近30%的居民没有固定工作。失地农民未能及时就业,严重影响了他们的正常生活,虽然有政府提供的住房补偿,但部分失地农民的生活水平和质量呈现逐渐下降趋势。这些农民的生活来源只能依靠国家低保、住房收入和残余少量土地,所得收入甚少,不足以维持他们的日常生活、子女教育和医疗等支出。

摄山星城就业环境恶劣主要表现在三个方面。一、大部分的人口是集体土地上的农民,除了种地没有其他技能,自从入住摄山星城后他们已经从农村人口转变为城市人口,他们缺乏城市人口的谋生技能。二、与周边开发区及主城都有一定的距离,外加周边几乎没有企业,没有合适的工作岗位可提供。三、摄山星城交通极为不便,离最近的地铁站车程——南京地铁2号线东起点站经天路站约15分钟,乘坐公交车到地铁站更需花费半小时乃至更久的时间,而若要进入主城新街口等地则需要数小时之久。居民若要跨区工作,那就意味着通勤距离、时间和成本大大增加。南京4个保障房住区与南京地铁的位置关系见图9-5。

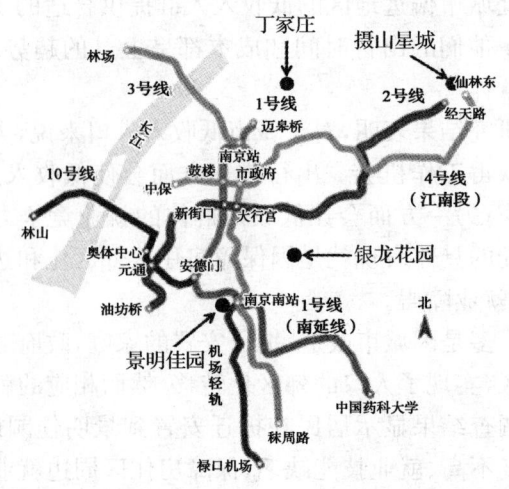

图9-5 4个保障房住区与南京地铁的位置关系图

(4) 高比例老年人口住区的形成

根据民政部门统计,截至2014年年底,南京市60岁以上老年人口为129.49万人,占户籍人口比重为19.96%。其中,80岁及以上高龄老人超过17万人,占老年人口的14%以上。从区域看,秦淮、鼓楼、高淳、溧水,60周岁以上的老年人已占该区总人口的20%以上。据笔者所在课题组的养老需求调查结果显示,南京市保障房住区常住人口中近半数为老年人,有的新建保障房片区,60岁以上的老年人占整个登记入住人口的60%,大大超过了南京市老年人口的比例。本研究调查的4个保障房住区中,景明佳园60岁以上老人约占住区总人口的28.9%,高于所在雨花台区19.8%的老年人口比例;丁家庄和摄山星城60岁以上老人约占住区总人口的比例分别为20.6%和35.7%,高于所在栖霞区18.9%的老年人口比例;银龙花园60岁以上老人约占住区总人口的31.8%,也高于所在秦淮区22.6%的老年人口比例。

保障房住区老年人口比例高是由多方面因素造成的。一方面,保障房住区的居民多是来自老城区和城郊结合部,这些区域的老年人口数量本身就较多;另一方面,保障房住区地处偏远,交通不便,配套设施不完善,有条件的年轻人和中年人出于工作、社交、子女教育的考虑,在自身有一定财富积累或是有父母资助的情况下往往会离开此地,而把父母留在保障房住区。此外,相对于数量庞大的拆迁安置老人,以二三十岁年轻人为主的外来租房者仍是少数。在对南京市保障房住区的长期调研过程中,各调查小组对保障房住区严重的老龄化现象深有体会。工作日的上下午,保障房住区的广场、花园、走廊、社区活动中心聚集着大量老人,过了下班时间,才有三三两两的年轻人下班回来。夜间的各种社区活动也基本以老年人为主,年轻人也只是零星。4个保障房住区老年人口比例与所在区老年人口比例的对比见图9-6。

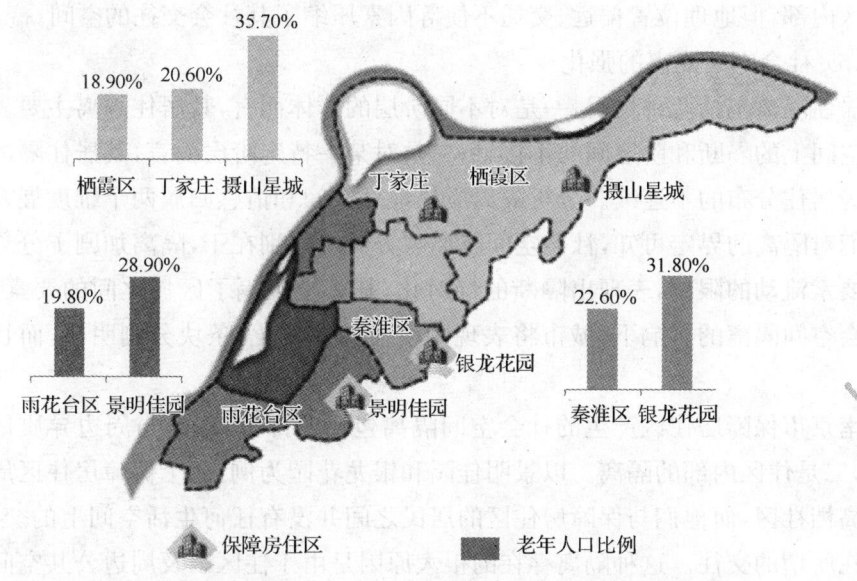

图9-6　4个保障房住区老年人口比例与所在区老年人口比例的对比

(5) 社会交往空间的内缩与封闭

南京市保障房住区的居民大多是拆迁安置户,他们有的是因旧城改造和道路建设拆迁的城市居民,有的是农村集体土地征用安置的农民。对于他们来说,拆迁安置之前的共生关系是他们社会交往的重要基础。城区居民和郊区农民的原住地

的形成具有一定的历史背景,居民之间的社会交往较多,共生关系较为牢固。随着原住地的拆迁安置,居民间的共生关系也被带入了保障房住区。在保障房住区内部,原住地居民的社会交往是最频繁也是最牢固的。然而,这种长期历史发展形成的有机社区邻里网络并没有随着拆迁安置而实现整体迁移,多数邻里交往已被瓦解,留下来的也只是部分。此外,保障房住区大多地处偏远,长距离和长时间的通勤给居民走亲访友带来了诸多不便,降低了保障房住区居民原有社会网络的交往频率,加之与周边地区交往的匮乏,导致了拆迁安置居民社会交往空间的内缩与封闭。

保障房住区的居民组成多元化,不仅包括各类拆迁安置户,还包括外来租房者。与拆迁安置的居民不同,租房者社区归属感意识淡薄,对社区和邻里交往抱着"无关紧要"的心态。他们是一群"沉默"的人,对社区事务不会发声,也基本不参与各类社区活动。他们有自己的社交活动,对保障房住区的依赖也仅仅是将它作为一个住处和落脚点。租房者与拆迁安置户之间的社会隔离比较明显,除去租赁关系外,两者的社会交往很少发生交集。虽然租房者的社会交往空间不存在于保障房住区内部,但地理位置偏远、交通不便等因素压缩了其社会交往的空间。

(6) 社会空间隔离的强化

居住隔离包括两种情况:一是对不同阶层的群体而言,其居住隔离主要表现为居住空间上的隔断和阶层间的不接触;二是对某一特定阶层而言,其居住隔离主要表现为居住分布的不连续。分析隔离应从地理空间和情感归属两个维度展开。由学者们对隔离的界定可知,社会空间隔离与分异的区别在于,隔离加剧了分异中对城市要素流动的限制,表现出隔断的绝对化,其完全阻隔了区域之间的要素流动。在社会空间隔离的影响下,城市将表现为明显的多元化,条块分割明显,而且差异明显。

南京市保障房住区产生的社会空间隔离包括两部分,一是与周边异质住区的隔离,二是住区内部的隔离。以景明佳园和银龙花园为例,两个保障房住区周边都存在高档社区,而他们与保障房住区的居民之间并没有任何生活空间上的交集,亦不存在所谓的交往。这种隔离存在的很大原因是由于住区以及周边公共空间的封闭式设计引起的。南京市保障房住区内部同样存在着社会隔离。南京市保障房住区是典型的"混合居住型"小区,居住人群相对复杂,其内部的社会隔离主要表现为以下两个特征:一、保障房住区的居民与外来租房者或是公租房、廉租房居民几乎从不交流;二、保障房住区拆迁安置居民之间贫富分化造成的居民之间的排斥。

南京市保障房住区地处偏远,就业和发展机会少,一定程度上阻碍了保障房住区居民向上的垂直流动。同时,由于公共基础教育资源的缺乏,极有可能导致保障房住区贫穷的代际传递,进一步固化了社会空间隔离。

(7) 城市贫困空间的再生产

城市贫困空间是指贫困在城市地理空间上的分布,城市贫困空间的研究主要是研究贫困与城市地理环境之间的关系。城市贫困空间是在长期的经济社会发展过程中形成的,具有特定的历史背景。目前我国大城市的贫困空间有向城市边缘区转移的趋势。南京市保障房住区大多建于城郊结合部,中低收入家庭的大量聚居必然会带来一定的贫困问题,如若问题得不到妥善解决,那么保障房住区极有可能演化为一个新的城市贫困空间。贫困空间的产生极易引发一系列严重的社会问题,根据发达国家的公共住房发展经验,保障房住区一旦演化为贫困住区,那么终将避免不了被拆除的命运。

(8) 加速城市社会空间的碎片化

城市社会空间分异现象在城市中的长期演化最终会导致城市社会空间的碎片化。城市社会空间的碎片化会减弱城市的聚集规模效应,阻碍城市要素资源的自由流动。因此,在城市的发展过程中应尽量避免城市社会空间碎片化的产生和扩大。

经历了经济体制和社会体制的转型,高度统一社会的瓦解,我国城市社会空间呈现出"碎片化"的分布特征,并通过空间加以表现,如城市中心的高档住宅、商业区、城中村与未被拆迁的老城区混杂交错;郊区则表现为保障房住区、城郊农村社区以及棚户区等多种类型社区的融合交错。

目前,南京大规模开发的保障房住区多位于城市边缘区,保障房住区聚集着大量的中低收入群体,然而其配套等方面却很薄弱,这与南京城区中不断开发的高档住区形成了鲜明对比。由于保障房住区在城市空间上与高品质社区出现了明显的居住和社会隔离,低收入人群聚集产生的"马太效应"更是进一步加剧了城市社会空间的碎片化程度。

9.7 南京市保障房住区对城市社会空间影响的产生因素

在南京市保障房住区对城市社会空间产生影响的过程中,各个层次因素起着不同的作用,本章从宏观、中观和微观3个层次分析其影响的形成因素。南京市保障房住区对城市社会空间影响的产生因素见图9-7。

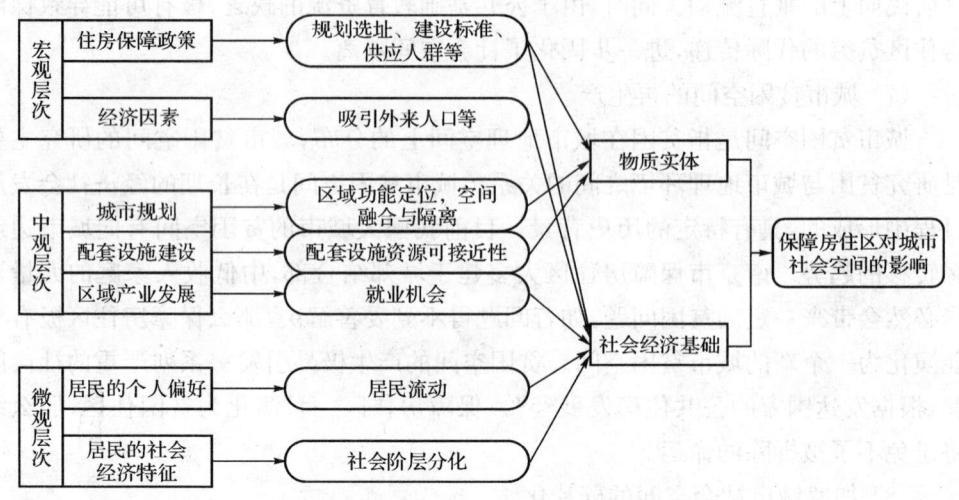

图 9-7 南京市保障房住区对城市社会空间影响的产生因素

9.8 基于解释结构模型的影响因素分析

诸多文献的研究结果显示,影响城市社会空间的因素并不是孤立的,而是相互联系、相互作用的,直接去描述因素之间的关系比较困难。因此,本章借助于解释结构模型对因素进行相应分析归类。

9.8.1 解释结构模型介绍

解释结构模型(Interpretative Structure Modeling,ISM)是 1973 年由 J. Warfield 教授开发的系统分析模型,是结构化模型技术的一种,可用于分析宏微观不同层面的问题。解释结构模型利用实践经验与知识,并借助于计算机,对复杂的系统进行分解,基于有向图与矩阵结构,分析所研究问题构成要素间的各种直接与间接关系(包括包含关系、传递关系等),最终将构成要素分解为不同层次,形成一个层级清晰的多级递阶的结构模型。解释结构模型是一种概念模型,可以将研究系统中模糊不清的概念、思想,研究要素间难以描述的关系等,用直观形象的且具有良好结构关系的模型表示出来。

解释结构模型使用方便,能够将要素之间模糊不清、错综复杂的关系转化为直观的层级结构关系,经常被用来分析复杂的社会经济关系,在能源、教育资源管理、环境影响、地区规划等领域得到了广泛应用。

解释结构模型主要具有以下优点：

（1）操作流程简单，计算简便，不需要借助复杂的软件分析即可得出最终结果，容易掌握。

（2）通过有向连接图以及结构矩阵，简单直观地描述系统各构成要素之间的递阶结构关系。

（3）通过文献收集法、头脑风暴法、专家咨询法等方法，能将系统各构成要素之间模糊不清的关系转化为一目了然的递阶结构关系，并将各构成要素划分为不同的层级。

（4）将定性分析与定量分析相结合，在定性分析的基础上通过矩阵运算进行定量分析。

一般来说，解释结构模型的应用步骤主要有：

（1）基于所需解决问题，建立构成要素体系。

（2）分析系统各构成要素之间的相互关系，将定性分析转化为定量分析，建立邻接矩阵。

（3）建立与分解可达矩阵。

（4）计算结构矩阵，形成多层递阶结构模型。

（5）结论分析。

建模步骤详见图9-8。

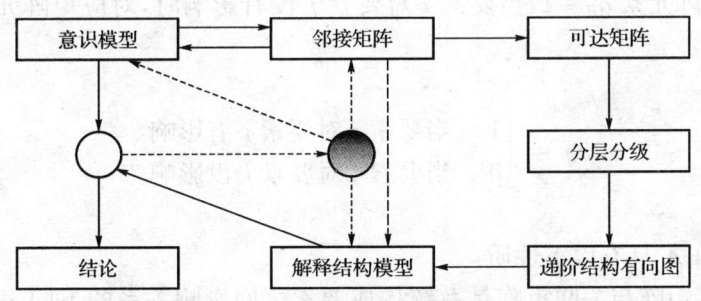

图9-8 解释结构模型建模步骤

9.8.2 南京市保障房住区对城市社会空间影响的因素列表

南京市保障房住区对城市社会空间影响的因素众多，各个因素之间不是孤立的，存在错综复杂的关系。为准确理解保障房住区对城市社会空间的影响机制，有效评估其影响，需要理清各影响因素间的相互影响关系，找出关键影响因素。

在上文研究归纳梳理有关因素的基础上，接下来通过咨询相关专家意见，筛选出18个影响因素，具体见表9-3。

表 9-3　南京市保障房住区对城市社会空间影响的因素

标号	影响因素	标号	影响因素
1	住房保障政策	10	空间剥夺
2	选址区位	11	社会空间分异
3	建设标准	12	失业现象严重
4	经济因素	13	居住—就业空间失配
5	城市规划	14	高比例老年人口
6	配套设施建设	15	社会交往空间的内缩与封闭
7	区域产业发展	16	社会空间隔离
8	居民的个人偏好	17	产生贫困空间
9	居民的社会经济特征	18	城市社会空间碎片化

9.8.3　模型构建

1) 建立邻接矩阵

邻接矩阵 A 将构成要素之间的相互关系数量化,用数字来描述构成要素之间的两两关系。系统有 n 个构成要素,邻接矩阵即为 $n \times n$ 阶,规定当要素 i 对要素 j 有影响时,矩阵元素 $a_{ij}=1$,当要素 i 对要素 j 没有影响时,对应矩阵元素 $a_{ij}=0$。即可表示为

$$a_{ij} = \begin{cases} 1 & \text{当要素 } i \text{ 对要素 } j \text{ 有影响,} \\ 0 & \text{当要素 } i \text{ 对要素 } j \text{ 没影响。} \end{cases} \quad (9-1)$$

邻接矩阵 A 具有以下性质:

(1) 邻接矩阵与关联矩阵是系统构成要素之间影响关系的不同表示方式,具有一一对应关系,邻接矩阵是唯一确定的。

(2) 邻接矩阵包含的元素只有 0 和 1。若邻接矩阵 A 中第 j 列所有元素均为 0,说明其他要素对要素 j 均无影响;若第 i 行所有元素均为 1,说明要素 i 对其他要素均有影响。

(3) 在 k 阶矩阵 A^k 中,若 $a_{ij}=1$,表示因素 i 经过 $k-1$ 个要素对要素 j 产生影响。

模型运算结果(图 9-9)显示输入数据为一个系统,矩阵运算显示是一个连通区域。

	1	2	3	4	5	6	7	8	9	10	11	12	13	14	15	16	17	18
1	1	1	1					1	1	1	1	1	1	1			1	
2		1			1	1					1		1	1				
3			1									1		1				
4				1			1		1							1		
5	1	1			1	1	1				1			1		1		
6		1			1	1					1		1		1			
7								1		1		1						
8								1					1	1				
9								1	1		1					1	1	
10								1		1			1		1	1		
11												1			1	1		1
12								1	1			1			1	1		
13													1	1				
14														1				
15															1	1		
16																1		
17																	1	
18																		1

图 9-9 系统的邻接矩阵

2) 系统的环路分析

系统的环路分析要运用 Gabow 算法, Gabow 算法的用途之一是求一个有向图 $G=(V,E)$ 里极大强连通分量。强连通分量就是一个环,它是指有向图 G 里顶点间能互相到达的子图。而如果一个强连通分量已经没有被其他强连通分量完全包含的话,那么这个强连通分量就是极大强连通分量。

步骤概要:

步骤1:找一个没有被遍历过的顶点 v,进行步骤 $2(v)$(遍历时间由 1 开始累加,若是非连通图,则需重复进行步骤1)。否则,算法结束。

步骤2:将 v 压入堆栈 stk1[] 和 stk2[];

对于 v 所有的邻接顶点 u:

(1) 如果 u 没有被遍历过,则进行步骤 $2(u)$,同时维护 stk2[];

(2) 如果 u 已经被遍历过,如果访问过,但没有删除,维护 stk2[](处理环的过程,在 stk2 中删除构成环的节点);

如果 stk2[] 的顶元素==v,那么输出相应的强连通分量。

运算结果显示该矩阵有环路,其着色矩阵如图 9-10 所示。

图 9-10 系统的环路分析

对环路进行缩减,也就是进行缩点运算,缩减后的矩阵如图 9-11 所示。

图 9-11 缩减后的系统矩阵

3）建立可达矩阵

可达矩阵 M(Reachability Matrix)是描述要素 i 通过一定的长度(或要素)对要素 j 的影响关系的矩阵,表明了所有构成要素之间是否存在影响关系。应用邻接矩阵 A 加上单位矩阵 I,将矩阵 $(A+I)^k$ 经过一定布尔运算,当

$$(A+I)^{k-1} \neq (A+I)^k = (A+I)^{k+1} \qquad (9-2)$$

即可得可达性矩阵 $M=(A+I)^k$。

布尔运算规则为：① 逻辑乘取小：$0\times0=0$、$0\times1=0$、$1\times1=1$；② 逻辑加取大：$0+0=0$、$0+1=1$、$1+1=1$。在矩阵 $A \cdot A=A^2$ 中，元素为 1 时，说明因素间有二次通道，及两个因素通过 1 个中间因素产生联系；元素为 0 时，说明因素间无通道即无联系（见图 9-12）。在矩阵 $A^k \cdot A=A^{k+1}$ 中，元素为 1 时，说明因素间有 $k+1$ 次通道，即两个因素通过 k 个因素产生联系；元素为 0 时，说明因素间无通道，即无联系。

	1+2+5+6	3	4	7	8	9	10	11	12	13	14	15	16	17	18
1+2+5+6	1		1		1	1	1	1	1	1	1	1	1	1	1
3		1						1				1	1	1	1
4			1	1	1	1	1	1	1	1		1	1	1	1
7				1	1	1	1	1	1	1		1	1	1	1
8												1	1	1	1
9															
10															
11															
12															
13															
14											1				
15											1	1			
16													1		
17														1	
18															1

图 9-12　系统的可达矩阵

4）建立骨架矩阵

骨架矩阵指的是系统里存在环路，在进行缩点处理后，得到的缩点矩阵再把其所有的前向边全部删除得到的矩阵。骨架矩阵的求法有两种方法：一是缩点后，得到的新矩阵缩边；二是缩点后，得到的新矩阵利用代数公式求解。骨架矩阵具有唯一性，某个系统的骨架矩阵是唯一的（见图 9-13）。如果一个系统是一个大回路系统，其骨架矩阵就是一个点。

5）进行层级分解

解释结构模型的最重要的作用，就是把一个无序的、凌乱的系统变成一个有序的、具有层次性的结构图。层级分解在每一个区域内进行。在骨架矩阵中，若存在因素 i、j 对应的行与列完全相同，说明因素 i、j 为强连接因素，即这两个因素间存在循环影响关系，在进行分解时，可将所有强连接因素用其中一个因素代替。若可

达集与先行集的交集与可达集相同,即可得到最上级因素,将最上级因素从可达矩阵去除得到可达矩阵 M_1,用同样的方法分析可达矩阵 M_1,即可求得次一级因素,以此类推,即可划分出各级因素。

	1+2+5+6	3	4	7	8	9	10	11	12	13	14	15	16	17	18
1+2+5+6			1		1		1								
3								1			1				
4				1					1						
7															
8												1	1		
9					1			1						1	
10									1						
11												1			1
12						1									
13								1							
14															
15													1		
16															
17															
18															

图 9-13　系统的骨架矩阵

层次性,最直观简单的定义就是有向图的箭头朝向的一致性排列,在本章分析中是用箭头一致朝上来表示。

解释结构模型的层级,不同于图论中的生成树。它与普通图论中,比如求所有强连通子集,返回的所有强连通子集构成的图也是一个层级图,其箭头方向也是一致的。但是其层级跟解释结构模型经典方法求解得到的层级结构图并不相同。

	16	14	15	18	8	11	17	9	12	13	3	7	10	1+2+5+6	4
16															
14															
15	1														
18															
8		1	1												
11			1	1											
17															
9					1	1	1								
12								1							
13									1						
3															
7															
10															
1+2+5+6											1	1	1		
4												1	1		

图 9-14　系统的原因优先层级划分

解释结构模型的层级划分,直观的定义为:第一,箭头朝向一致;第二,层级数最少。其中,回路中的元素都必定在同一个层级。

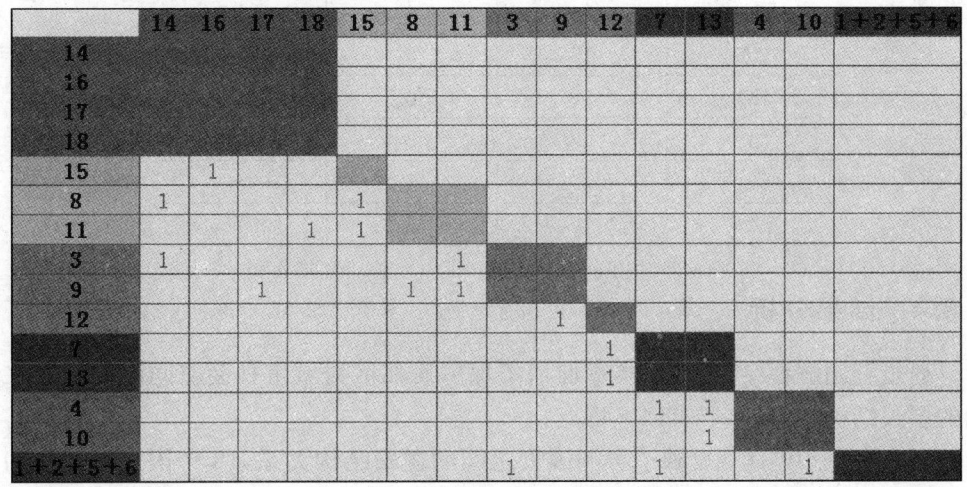

图 9-15 系统的结果优先层级划分

6) 对骨架矩阵中的活动要素进行分析

表 9-4 骨架矩阵中的活动要素分析

层级的序号	原因优先的方法得到的各层级的要素	结果优先的方法得到的各层级要素	共同有的要素	活动的要素
0	16	14,16,17,18	16	14,17,18
1	14,15,18	15	15	14,18
2	8,11,17	8,11	8,11	17
3	9	3,9	9	3
4	12	12	12	
5	13	7,13	13	7
6	3,7,10	4,10	10	3,7,4
7	1+2+5+6,4	1+2+5+6	1+2+5+6	4

由上表计算得出活动的要素以及它们活动的层级:

表 9-5 活动要素的层级

要素的序号	要素的名称	开始层级	终止层级
10	14	0	1
13	17	0	2
14	18	0	1
1	3	3	6
3	7	5	6
2	4	6	7

9.8.4 结果分析

通过利用解释结构模型,本章厘清了保障房住区对城市社会空间影响因素之间的层级结构关系,主要有以下特点:

(1) 图 9-16 直观反映了影响因素之间的逻辑结构关系,18 个因素被划分为 7 个层级,各层之间为由下往上的层级递阶关系。

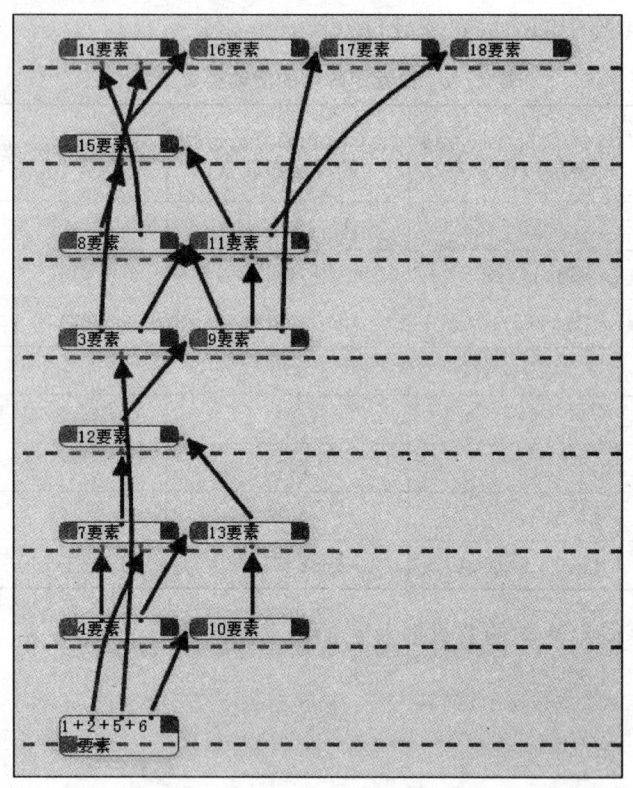

图 9-16 系统运行结果

(2) 住房保障政策、选址区位、城市规划和配套设施建设处于最底层,是深层因素。高比例老年人口、社会空间隔离、产生贫困空间、城市社会空间碎片化处于最高层,是表层因素。其他因素处于中间,属于中层因素。保障房住区通过深层因素影响到中层因素、表层因素,最终影响到城市社会空间。

9.9 南京市保障房住区对城市社会空间的影响机制

由于南京市保障房住区的发展演化不尽相同,现状特征也各具特色,所以本节对南京市保障房住区对城市社会空间影响机制的分析探讨将在上文 4 个保障房住区典型案例的基础上,以问题为导向,厘清影响的产生路径,总结影响形成与发展的内在规律。

9.9.1 社会空间辩证法

社会空间辩证法为本章研究在中国经济社会转型背景下,大规模集中式的保障性住房的建设,产生了何种城市社会空间效应以及对城市社会空间产生了何样的影响提供了重要的理论基础。保障房住区对城市社会空间的影响包括两个层面,一是微观的保障房住区层面,保障房住区的形成与发展对住区及其周边的社会空间影响;另外就是较为宏观的城市层面,保障房住区对城市整体的社会空间影响。作为一种新兴的城市事物和空间形态,保障性住区的产生会对城市社会空间的内容与结构产生较大的影响。在保障房住区融入城市社会的过程中,保障房住区自身也在慢慢地发展壮大,在上述两个层面上,它对城市社会空间的影响是极为显著的。一方面,作为城市社会空间的组成部分,保障房住区的社会空间在不断塑造着新的城市社会空间;另一方面,作为城市社会空间的基本性质,城市社会空间结构反映了包括保障房住区在内的城市不同类型居民的社会生活特性。

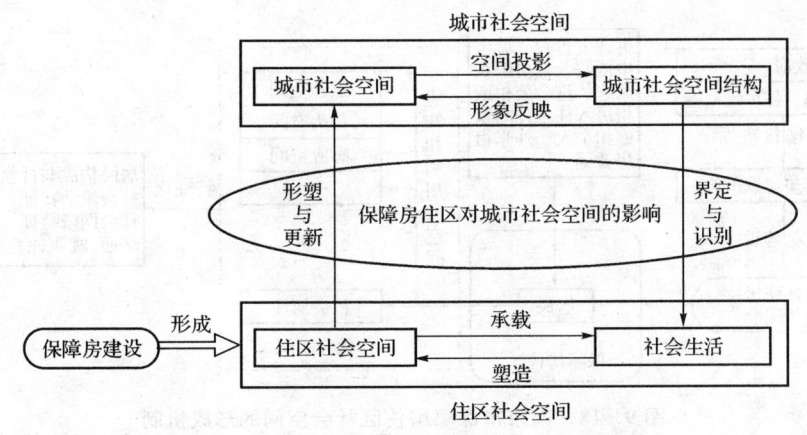

图 9-17 保障房住区与城市社会空间的互动影响

9.9.2 南京市保障房住区社会空间的形成机制

在南京市保障房住区社会空间的形成过程中,各个层次多种因素起着不同的作用,本章从宏观、微观两个方面分析其形成机制。

政府作为各种政策的制定者,是南京市保障房住区社会空间形成的直接推动者。无论是早期的"解困工程",还是后期的老城区改造、城市道路建设、农民集中居住,都是政府制定的城市规划和各种住房政策的集中体现。保障房住区的产生多与南京的城市规划相关,2010年之前建成的保障性住房86%为拆迁补偿房屋就是这种相关的直接表现。政府因区域经济发展、产业布局与调整、道路建设等原因,将老城区居民、城郊农民搬离原居住区,并委托开发商与建设单位开发建设保障房住区对拆迁安置户进行集中安置。同时,政府将保障房住区安置完拆迁安置户的剩余房屋作为经济适用房、廉租房,面向符合条件的城市中低收入家庭和低保特困户出售、出租。在居民入住前后,保障房住区配套服务设施的建设与完善、委托物业公司进行物业管理、成立社区进行社区建设与治理等也是政府在一手推动,而这些也是影响保障房住区社会空间形成与演化的主要因素。

保障房住区的形成是政府推动和开发商、建设单位开发建设的结果,入住居民只能被动地选择和接受。保障房住区居民成分复杂,既有拆迁安置户,又有城市中低收入住房困难家庭和公租廉租房住户,还有外来租房者。保障房住区居民的内部社会交往既有拆迁居民原有的共生关系,也有在同一生活空间中通过各种交往和感知形成的新的社会联系。居住空间、行为空间、公共空间等空间的重叠为居民们的相互交往提供了便利。保障房住区的邻里关系基本上都是通过居民们家庭生活这一纽带形成的。保障房住区的各种生活场景使得居民们有机会接触并形成交往和联系。由此可见,保障房住区社会空间的形成更多的是依靠住区和居民内部的自我发展,因此具有自组织的性质。

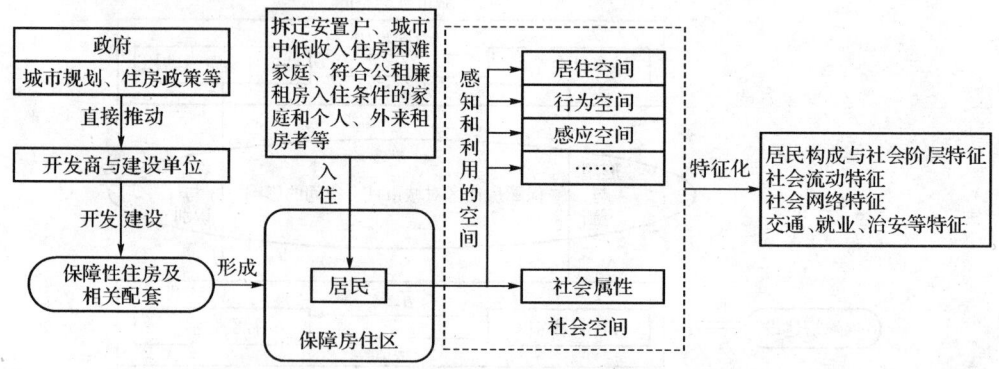

图9-18 南京市保障房住区社会空间的形成机制

9.9.3 南京市保障房住区社会空间的演化机制

在长期的发展演化过程中,保障房住区对城市社会空间的影响不能一概而论,我们应该用辩证的眼光来看这种影响。一方面,保障房住区的建设与发展对城市经济社会发展产生了极为显著的正面空间效应。保障房住区的建设不仅有效地解决了中低收入群体的住房困难问题,改善了他们的居住条件,提高了他们的生活水平;同时还促进所在区域的发展,扩展了城市的空间范围。另一方面,我们也该正视保障房住区所带来的种种社会问题及其负面影响。保障房住区大多位于城市边缘,居民出行不便,通勤时间较长;而且"封闭社区"的设计手法人为地造成了保障房住区与周边外部的居住隔离,大量低收入群体在特定区域内的同质聚集存在着多种社会风险,如若治理不当极易引发城市社会危机。本文对南京市保障房住区社会空间的演化分析将聚焦保障房住区发展演化给城市社会空间带来的负面效应,分析形成与演化路径,探讨其演化趋势。

任何事物的发展都是经历着一个从无到有再到逐渐完善的过程,保障房住区的基本公共服务配套设施也是如此。保障房住区从雏形到成熟,一些基本的配套设施也在日趋完备,但还是相对缺乏,必要的公共服务设施可达性也较低,导致了保障房住区居民并不能方便地获取基本的公共服务。保障房住区周边就业机会较少,保障房住区的居民大多在距离很远的地方工作,长距离通勤造成了居民就业通勤时间和通勤成本的大幅提高,这对保障房住区居民提高就业收入和提高生活质量是极为不利的。长期发展下去,保障房住区的就业环境极有可能会变得越来越差。此外,居住分异产生的居住隔离和通勤不便,抑制了保障房住区居民的对外交往,也进一步压缩了居民的社会交往空间。出于工作、社交、子女教育的考虑,有经济条件的年轻人已搬离了保障房住区,也使得住区老年人口比例进一步提高。在上述因素作用下,保障房住区有发展演化为一个老龄化程度严重、低收入人群聚集乃至贫困化住区的趋势。这些趋势在本文调查的摄山星城、银龙花园住区都有显现。总体而言,保障房住区社会空间的演化既受到物质空间形态改变的影响,也是居民社会网络和生存环境发生显著变化的结果。

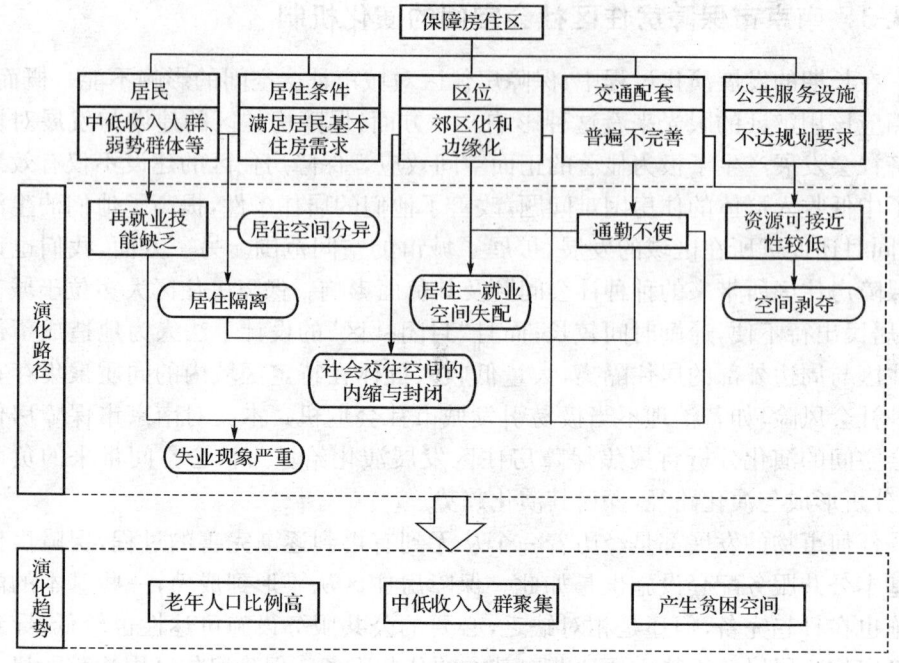

图 9-19　南京市保障房住区社会空间的演化路径及演化趋势

9.9.4　南京市保障房住区对城市社会空间的影响机制

　　保障房住区的大量出现将会对整个城市的社会经济发展及社会结构产生巨大而持久的影响。在上述分析南京市保障房住区社会空间的形成机制及其演化机制的基础上，本文研究的南京市保障房住区对城市社会空间的影响机制主要包括以下三个主要方面：

　　一是保障房住区的建设与发展加剧了城市社会空间的分异。保障房住区的居民入住，是政府人为地将具有相似社会属性的人群大规模集中安置的过程。在相对封闭的空间范围内，保障房住区的发展在居民长期不断的社会比较和社会认同过程中会逐渐走向同质化的道路。与高收入阶层的外流形成鲜明对比的是，中低收入阶层的留守将是无法避免的结果，而保障房住区的物质环境与居民社会交往的相互影响，则进一步强化了中低收入群体的社会属性。

　　二是保障房住区的发展与演变固化了城市社会空间的隔离。由于保障房住区的"先天不足"（区位偏远、配套不足等）和"后天失调"（社会管理不善），使得保障房住区的空间再生产偏离了空间正义的轨道。与城市中心区域相比，保障房住区的社会空间"劣等化"趋势明显。在阶层分化越来越严重的今天，交往的封闭使得保障房住区所营造的不利社会空间加重了保障房住区与城市社会的割裂状态。社会空间的隔离在保障房住区融入城市社会的过程中得到了固化。

三是贫困空间的再生产。保障房住区居民的贫困来源于客观的空间剥夺和主观的空间认知两个方面。随着城市经济社会的发展,保障房住区的空间剥夺相对之前会得到一定程度的缓解,但在市场经济下,占有城市空间资源能力差距的不断扩大使得保障房住区空间剥夺越来越严重。在严峻的空间剥夺压制下,保障房住区居民提升自我的经济社会地位将会变得异常困难。另一方面,阶层的差异与社会隔离的产生将会对保障房住区中低收入阶层居民改善自身处境的想法造成心理障碍。保障房住区所构建的生活场所与居民的社会生活之间相互影响,进一步强化了他们的阶层性和身份认同,对贫困社区产生归属感,形成贫困亚文化,更是在物质空间的再生产中完成了贫困空间的再生产。

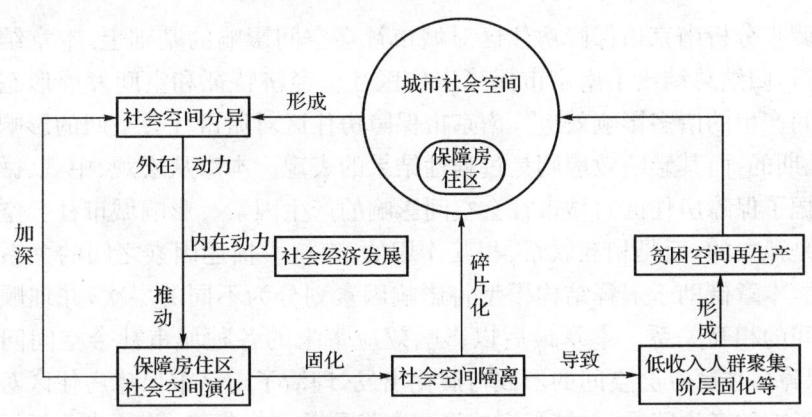

图 9-20　南京市保障房住区对城市社会空间的影响机制

9.10　本章小结

本章运用典型案例的研究方法,选择景明佳园、摄山星城、银龙花园和丁家庄4个保障房住区,从社会空间的生产和分异两个方面对城市社会空间的影响进行了系统性的实证研究。本章基于调查所获得的各类数据从微观视角深入剖析了保障房住区的建设与发展对城市社会空间造成的种种影响。研究结果显示,4个保障房住区在社会空间的形成及特征方面表现迥异,而各个住区的社会空间分异程度也不尽相同(具体见图 9-21)。

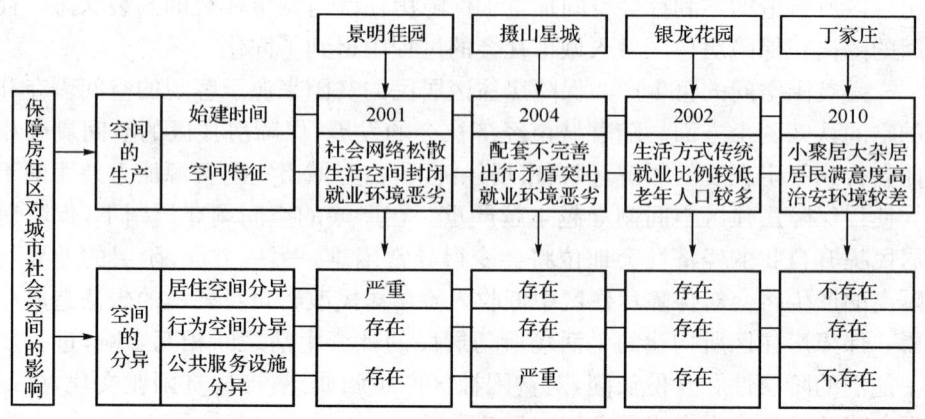

图9-21 4个保障房住区对城市社会空间的影响

在调查分析南京市保障房住区对城市社会空间影响的基础上,本章结合相关理论分析,归纳总结出了南京市保障房住区社会经济特征和空间发展形态对城市社会空间产生的诸多影响效应。南京市保障房住区对城市社会空间的影响是潜移默化、长期的,而其影响效应则是过程性结果的表现。本章从宏观、中观、微观三个方面挖掘了保障房住区对城市社会空间影响的产生因素。影响城市社会空间的因素并不是孤立的,而是相互联系、相互作用的,直接去描述因素之间的关系比较困难,因此,本章借助于解释结构模型将影响因素划分为不同的层次,并理顺了影响因素之间的相互关系。本章最后以影响效应带来的各种城市社会空间问题为导向,从保障房住区社会空间的形成与演化出发,理清了南京市保障房住区对城市社会空间影响的产生路径,总结了影响形成与发展的内在规律,并最终分析了影响的产生机制。

参考文献

[1] 顾朝林. 转型发展与未来城市的思考[J]. 城市规划,2011,35(11):23-41.

[2] 方创琳,周尚意,柴彦威,等. 中国人文地理学研究进展与展望[J]. 地理科学进展,2011,30(12):1470-1478.

[3] 马晓亚,袁奇峰. 保障性住房制度与城市空间的研究进展[J]. 建筑学报,2011(8):55-59.

[4] 马晓亚,袁奇峰,赵静. 广州保障性住区的社会空间特征[J]. 地理研究,

2012,31(11):2080-2093.

[5] 孙鼎,田晨光,宋家宁. 国外保障性住房供应机制:一个研究综述[J]. 郑州大学学报:哲学社会科学版,2010(4):156-159.

[6] 洪亮平,王旭. 美国保障性住房政策变迁及其启示[J]. 城市发展研究,2013(6):129-134.

[7] 李晓非. 拿来、改造、中国式运用——社区概念中国化的思考[J]. 学术探索,2012(9):36-41.

[8] 夏建中. 社区概念与我国的城市社区建设[J]. 江南论坛,2011(8):7-8.

[9] 李飞. 对《城市居住区规划设计规范》(2002)中居住小区理论概念的再审视与调整[J]. 城市规划学刊,2011(3):96-102.

[10] 王晓磊. "社会空间"的概念界说与本质特征[J]. 理论与现代化,2010(1):49-55.

[11] 郑震. 空间:一个社会学的概念[J]. 社会学研究,2010(5):167-191,245.

[12] 曾文,张小林. 社会空间的内涵与特征[J]. 城市问题,2015(7):26-32.

[13] 张之沧. 论后现代地理学的空间概念[J]. 山东科技大学学报:社会科学版,2006(2):8-12.

[14] 石崧,宁越敏. 人文地理学"空间"内涵的演进[J]. 地理科学,2005(3):3340-3345.

[15] 保罗·诺克斯,史蒂文·平奇. 城市社会地理学导论[M]. 北京:商务印书馆,2005.

[16] 张鸿雁. 城市空间的社会与"城市文化资本"论——城市公共空间市民属性研究[J]. 城市问题,2005(5):2-8.

[17] 王兴中. 中国城市生活空间结构研究[M]. 北京:科学出版社,2004:7-185.

[18] McDonald J F. The deconcentration of poverty in Chicago:1990-2000[J]. Urban Studies,2004(41):2119-2137.

[19] Lo C P. Decentralization and polarization:Contradictory trends in Hong Kong's postcolonial social landscape [J]. Urban Geography,2005,26(1):36-60.

[20] Baum S, Haynes M, Van Gellecum Y, et al. Advantage and disadvantage across Australia's extended metropolitan regions:A typology of socioeconomic out-comes [J]. Urban Studies,2006,43(9):1549-1579.

[21] Andresen M A. Location quotients, ambient populations and the spatial analysis of crime in Vancouver, Canada [J]. Environment and Planning A,

2007, 39(10):2423-2444.

[22] Cohen M, Baudoin R, Palibrk M, et al. Urban biodiversity and social inequalities in built-up cities: New evidences, next questions. The example of Paris, France [J]. Landscape and Urban Planning, 2012, 106(3):277-287.

[23] Uysal U E. An urban social movement challenging urban regeneration:The case of Sulukule, Istanbul [J]. Cities, 2012, 29(1):12-22.

[24] Newbold K B, DeLuca P. Short-term residential changes to Toronto's immigrant communities: Evidence from LSIC Wave 1 [J]. Urban Geography, 2007, 28(7):635-656.

[25] Mcilwaine C. Constructing transnational social spaces among Latin American migrants in Europe:perspectives from the UK, Cambridge Journal of Regions[J]. Economy and Society, 2012, 5(2):271-288.

[26] Martin D G. Regional Urbanization, Spatial Justice, and Place[J]. Urban Geography, 2011, 32(4):484-487.

[27] Arbaci S, Tapada-Berteli T. Social inequality and urban regeneration in Barcelona city centre: reconsidering success [J]. European Urban and Regional Studies, 2012, 19(3):287-311.

[28] Reibel M, Regelson M. Neighborhood Racial and Ethnic Change:The Time Dimension in Segregation [J]. Urban Geography, 2011, 32(3):360-382.

[29] Marsh B, Parnell A M, Joyner A M. Institutionalization of Racial Inequality in Local Political Geographies [J]. Urban Geography, 2010, 31(5):691-709.

[30] Mundia C N, Murayama Y. Modeling Spatial Processes of Urban Growth in African Cities: A Case Study of Nairobi City [J]. Urban Geography, 2010, 31(2):259-272.

[31] Maantay J A, Maroko A R, Porter-Morgan H. A New Method for Mapping Population and Understanding the Spatial Dynamics of Disease in Urban Areas: Asthma in the Bronx, New York[J]. Urban Geography, 2008, 29(7):724-738.

[32] 许学强,胡华颖,叶嘉安. 广州市社会空间结构的因子生态分析[J]. 地理学报,1989, 44(4):385-397.

[33] 顾朝林,C. 克斯特洛德. 北京社会空间结构影响因素及其演化研究[J]. 城市规划,1997(4):12-15.

[34] 冯健,周一星. 北京都市区社会空间结构及其演化(1982—2000)[J]. 地理研究,2003,22(4):465-483.

[35] 李志刚. 中国城市"新移民"社会网络与空间分异[J]. 地理学报,2011,66(6):785-795.

[36] 孙平军,丁四保. 人口—经济—空间视角的东北城市化空间分异研究[J]. 经济地理,2011,31(7):1094-1099.

[37] 梁汉媚,方创琳. 中国城市贫困人口动态变化与空间分异特征探讨[J]. 经济地理,2011,31(10):1610-1617.

[38] 冯健,陈秀欣. 北京市居民购物行为空间结构演变[J]. 地理学报,2007,62(10):1083-1096.

[39] 张文佳,柴彦威. 居住空间对家庭购物出行决策的影响[J]. 地理科学进展,2009,28(5):362-369.

[40] 郑思齐,丁文捷. 住房、交通与城市空间规划[J]. 城市问题,2009(1):29-34.

[41] 仝德,冯长春. 城中村空间形态的演化特征及原因[J]. 地理研究,2011,30(3):437-445.

[42] 张力,李雪铭. 基于生态位理论的居住区位及居住空间分异[J]. 地理科学进展,2010,29(12):1548-1554.

[43] 何深静,刘玉亭. 中国大城市低收入邻里及其居民的贫困集聚度和贫困决定因素[J]. 地理学报,2010,65(12):1464-1475.

[44] 周素红,等. 广州市保障房社区居民居住—就业空间匹配性[J]. 地理研究,2010,29(10):1735-1744.

[45] 郑思齐,张英杰. 保障性住房的空间选址[J]. 现代城市研究,2010(9):18-22.

[46] 张祚,李江风. 经济适用住房在城市中的空间分布[J]. 地理学报,2011,66(10):1309-1320.

[47] 王波,甄峰. 南京市区就业空间布局研究[J]. 人文地理,2011(4):58-65.

[48] 党云晓,张文忠. 北京城市居民住房消费行为的空间差异及其影响因素[J]. 地理科学进展,2011,30(10):1203-1209.

[49] 申悦,柴彦威. 基于GPS数据的城市居民通勤弹性研究——以北京市郊区巨型社区为例[J]. 地理学报,2012,67(6):733-744.

[50] 柴彦威,马静. 基于巡回的北京市居民出行时空决策的社区分异[J]. 地理研究,2010,29(10):1725-1733.

[51] 柴彦威,申悦,肖作鹏,等. 时空行为研究动态及其实践应用前景[J]. 地理科学进展,2012,31(6):667-675.

[52] 柴彦威,赵莹,马修军,等.基于移动定位的行为数据采集与地理应用研究[J].地域研究与开发,2010,29(6):1-7.

[53] 陶海燕,黎夏,陈晓翔.基于多智能体的居住空间格局演变模拟[J].地理学报,2009,64(6):665-676.

[54] 孟庆洁,贾铁飞.侵入与接替:上海市闵行区古美街道居住空间的演变[J].人文地理,2010(5):81-85.

[55] 单玉红,朱欣焰.城市居住空间扩张的多主体模拟模型研究[J].地理科学进展,2011,30(8):956-966.

[56] 冯健,周一星.转型期北京社会空间分异重构[J].地理学报,2008,63(8):829-844.

[57] 姚永玲.北京郊区化进程中的"超非均衡"空间结构[J].经济地理,2011,31(9):1458-1462.

[58] 林耿.居住郊区化背景下消费空间的特征及其演化[J].地理科学,2009,29(3):353-359.

[59] 陆玉麒,林康,张莉.市域空间发展类型区划分的方法探讨[J].地理学报,2007,62(4):351-363.

[60] 付磊,唐子来.上海市外来人口社会空间结构演化的特征与趋势[J].城市规划学刊,2008(1):69-76.

[61] 徐旳,朱喜钢,李唯.西方城市社会空间结构研究回顾及进展[J].地理科学进展,2009,28(1):93-102.

[62] 余建辉,张文忠.基于社会属性的北京市居民群体空间自相关分析[J].地理研究,2010,29(5):820-828.

[63] 田艳平.旧城改造对城市社会空间分异的影响——以武汉市为例[J].人口学刊,2012(6):72-80.

[64] 杨忠伟,徐勇.基于多元利益的当代苏州市边缘区空间结构演化[J].城市规划学刊,2012(3):37-43.

[65] 宣国富,徐建刚.基于ESDA的城市社会空间研究[J].地理科学,2010,30(1):22-29.

[66] 宋伟轩,吴启焰,朱喜钢.新时期南京居住空间分异研究[J].地理学报,2010,65(6):685-694.

[67] 李志刚.中国城市"新移民"社会网络与空间分异[J].地理学报,2011,66(6):785-795.

[68] 张利,雷军,等.乌鲁木齐城市社会区分析[J].地理学报,2012,67(6):817-828.

[69] 张志斌,潘晶,等. 兰州城市人口空间结构演变格局及调控路径[J]. 地理研究,2012,31(11):2055-2068.

[70] 苏振民,林炳耀. 城市居住空间分异控制:居住模式与公共政策[J]. 现代城市研究,2007(2):45-49.

[71] 周春山,高军波. 转型期中国城市公共服务设施供给模式研究[J]. 地理科学,2011,31(3):272-279.

[72] Porta S, Crucitti P, Latora V. The network analysis of urban streets: a primal approach [J]. Environment and Planning B: Urban Analytics and City Science, 2006, 33(5):705-725.

[73] Gill N. Pathologies of migrant place-making: the case of Polish migrants to the UK [J]. Environment and Planning A, 2010, 42(5):1157-1173.

[74] Huning S, Bens O, Hüttl R F. Demographic Change beyond the Urban-Rural Divide: Re-Framing Spatial Differentiation in the Context of Migration Flows and Social Networks [J]. Erde, 2012, 143(1/2):153-172.

[75] 杨效忠,张捷,叶舒娟. 基于社会网络的跨界旅游区边界效应测度[J]. 地理科学,2010,30(6):826-832.

[76] Soetanto D P, Van Geenhuizen M. Social Networks and Competitive Growth of university spin-off firms: a tale of two contrasting cities [J]. Tijdschrift Voor Economische en Sociale Geografie, 2009, 100 (2): 198-209.

[77] Walther O, Dautel V. Intra-regional employment growth in LUXEMBOURG(1994-2005)[J]. Geografiska Annaler Series B: Human Geography, 2010, 92(1):45-63.

[78] 王燕军,等. 关中天水经济区协调发展进程的社会网络分析[J]. 地域研究与开发,2011,30(6):18-21.

[79] 张祚,李江风. 经济适用住房在城市中的空间分布[J]. 地理学报,2011,66(10):1309-1320.

[80] 张永波,翟健. 北京市保障性住房空间布局探讨[C]//中国城市规划学会. 和谐城市规划——2007中国城市规划年会论文集,2007:9.

[81] 侯小伟. 美国公共住房的困境与转型[D]. 石家庄:河北师范大学,2009.

[82] 李培. 中国经济适用房政策运行的特征分析[J]. 财经研究,2008,12:129-139.

[83] 欧阳康,丁明渊. 保障性住区规划与建筑设计的思考[J]. 时代建筑,2011(4):20-23.

[84] 郭红旗. 探讨低收入阶层住区建设的公共政策[J]. 山西建筑,2006,32(2):25-26.

[85] 邢佳林. 大型保障性住房项目的规划实践——以西善桥岱山西侧经济适用房项目为例[J]. 城市规划,2011(S1):157-160.

[86] 武超群,蓝天. 国外保障房建设中政府参与方式分析及对我国的启示[J]. 中央财经大学学报,2011(9):13-18.

[87] 魏立华,李志刚. 中国城市低收入阶层的住房困境及其改善模式[J]. 城市规划学刊,2006(2):74-80.

[88] 周艺. 基于混合居住模式的广州市保障房住区建设策略研究[D]. 广州:华南理工大学,2011.

[89] 杨豪中,王劲. 面向低收入群体的城中村改造模式研究[J]. 理论月刊,2011(2):170-172.

[90] 许广. 我国城市低收入者住宅设计研究[D]. 长沙:湖南大学,2006.

[91] 常宁,裴小明. 大型保障房住区规划设计探讨——以南京岱山保障房项目为例[J]. 江苏城市规划,2012(3):12-16.

[92] 徐菊芬,张京祥. 中国城市居住分异制度成因及其调控——住房供给视角[J]. 城市问题,2007(4):95-99.

[93] 王丹. 制度变迁背景下上海居住空间结构演化研究[D]. 上海:华东师范大学,2011.

[94] Wang Y P. Low-income communities and urban poverty in China[J]. Urban Geography,2005,26(3):222-242.

[95] 刘望保,翁计传. 住房制度改革对中国城市居住分异的影响[J]. 人文地理,2007(1):49-52.

[96] 王美琴,李学迎. 城市住房体制改革与传统单位社区的底层化[J]. 山东社会科学,2011(4):80-85.

[97] Zhang J K, Zhou L. Incentive Mechanism Designing of Access Management Policy in Affordable Housing and the Example Analysis [J]. Cities,2011,28(2):186-192.

[98] 李和平,章征涛. 城市中低收入者的被动郊区化[J]. 城市问题,2011(10):97-101.

[99] 袁媛,吴缚龙,许学强. 转型期中国城市贫困和剥夺的空间模式[J]. 地理学报,2009,64(6):753-763.

[100] 何深静,刘玉亭. 中国大城市低收入邻里及其居民的贫困集聚度和贫困决定因素[J]. 地理学报,2010,65(12):1464-1475.

[101] 薛德升,蔡静珊,李志刚.广州市城中村农民工医疗行为及其空间特征[J].地理研究,2009,28(5):1341-1351.

[102] 杨上广.浦东新区迁入人口的分异[J].城市问题,2006(1):94-99.

[103] 张京祥,陈浩.南京市典型保障性住区的社会空间绩效研究[J].现代城市研究,2012(6):66-71.

[104] 张建坤,李灵芝,李蓓.基于历史数据的南京市保障房空间演化研究[J].现代城市研究,2013(3):15-24.

[105] 黄一如,陈珊.美国公共住宅建设模式的发展演变及其启示[J].时代建筑,2011(4):56-61.

[106] Han J, Hayashia Y, Cao X, et al. Application of an integrated system dynamics and cellular automata model for urban growth assessment:A case study of Shanghai, China [J]. Landscape and Urban Planning, 2009, 91(3):133-141.

[107] Harner J, Huerta E J, Solís H C. Buying development:Housing and urban growth in Guadalajara, Mexico [J]. Urban Geography, 2009, 30(7):465-489.

[108] He S, Wu F L, Webster C, et al. Poverty concentration and determinants in China's urban low-income neighborhoods and social groups [J]. International Journal of Urban and Regional Research, 2010, 34(2):328-349.

[109] Helbich M, Leitner M. Postsuburban spatial evolution of Vienna's urban fringe:Evidence from point process modeling [J]. Urban Geography, 2010, 31(8):1100-1117.

[110] Kocabas V. Coupling Bayesian Networks with GIS-Based Cellular Automata for Modeling Land Use Change[J]. Geographic Information Science, 2006,4197:217-233.

[111] Luus K A, Robinson D T, Deadmanc P J. Representing ecological processes in agent-based models of land use and cover change [J]. Journal of Land Use Science, 2011, 8(2):175-198.

[112] Maithani S. Cellular Automata Based Model of Urban Spatial Growth [J]. Journal of the Indian Society of Remote Sensing, 2010, 38(4):604-610.

[113] Mudu P. Patterns of segregation in contemporary Rome [J]. Urban Geography, 2006, 27(5):422-440.

[114] Musterd S, Bontje M, Ostendorf W. The changing role of old and new

centers:The case of the Amsterdam region[J]. Urban Geography, 2006, 27(4):360-387.

[115] ÓhUalláchain B, Leslie T F. Postindustrial manufacturing in a Sunbelt Metropolis:Where are factories located in Phoenix[J]. Urban Geography, 2009, 30(8):898-926.

[116] Onsted J A, Clarke K C. Forecasting enrollment in differential assessment programs using cellular automata[J]. Environment and Planning B: Planning and Design, 2011, 38(5):829-849.

[117] Pinto N N, Antunes A P. A cellular automata model based on irregular cells:application to small urban areas[J]. Environment and Planning B: Planning and Design, 2010,37(6):1095-1114.

[118] Samat N. Integrating GIS and CA-MARKOV model in evaluating urban spatial growth[J]. Malaysian Journal of Environmental Management, 2009, 10(1):83-99.

[119] Tannier C, Vuidel G, Houot H, et al. Spatial accessibility to amenities in fractal and nonfractal urban patterns[J]. Environment and Planning B: Planning and Design, 2012, 39(5):801-819.

[120] Valbuena D, Verburg P H. An agent-based approach to model land-use change at a regional scale[J]. Landscape Ecology, 2010, 25(2):185-199.

[121] Van Vliet J. Modeling urban using a variable grid cellular automaton[J]. Computers, Environment and Urban Systems, 2009, 33(1):35-43.

[122] Knox P, Pinch S. Urban social geography:an introduction[M]. 4th ed. New Jersey:Pearson Education Limited, 2000:122-125.

[123] Pacione M. Urban Geography-a global Perspective[M]. 2nd ed. London: Routledge, 2005:309-310.

[124] Wong C. Indicators at the crossroads:ideas, methods and applications[J]. Town Planning Review,2003,74:253-279.

[125] Knox P. Territorial social indicators and area profiles[J]. Town Planning Review,1978, 49:75-83.

[126] 袁媛,吴缚龙. 基于剥夺理论的城市社会空间评价与应用[J]. 城市规划学刊,2010(1):71-77.

[127] 袁媛,王磊,许学强. 基于社会剥夺理论的城市贫困空间研究体系[C]//中国城市规划学会. 和谐城市规划——2007中国城市规划年会论文集,2007:6.

[128] 冯京津. 我国保障性住房的发展与现状[J]. 中国房地产业,2011(9):27-31.

[129] 张占录. 我国保障性住房建设存在问题、发展障碍与制度建设[J]. 理论与改革,2011(3):72-75.

[130] Apparicio P,Seguin A M. Measuring the Accessibility of Services and Facilities for Residents of Public Housing in Montreal[J]. Urban Studies,2006,43:187-211.

[131] 王兴中. 中国城市生活空间结构研究[M]. 北京:科学出版社,2004.

[132] 张建同,孙昌言. 以 Excel 和 SPSS 为工具的管理统计[M]. 北京:清华大学出版社,2005:293-303.

[133] 冯长春,丰学兵,刘思君. 高速铁路对中国省际可达性的影响[J]. 地理科学进展,2013(8):1187-1194.

[134] 刘辉,申玉铭,孟丹,等. 基于交通可达性的京津冀城市网络集中性及空间结构研究[J]. 经济地理,2013(8):37-45.

[135] 刘传明,曾菊新. 县域综合交通可达性测度及其与经济发展水平的关系——对湖北省79个县域的定量分析[J]. 地理研究,2011(12):2209-2221.

[136] 谌丽,张文忠,杨翌朝. 北京城市居民服务设施可达性偏好与现实错位[J]. 地理学报,2013(8):1071-1081.

[137] 潘竟虎,张建辉. 中国国家湿地公园空间分布特征与可接近性[J]. 生态学杂志,2014(5):1359-1367.

[138] 尹海伟,孔繁花,宗跃光. 城市绿地可达性与公平性评价[J]. 生态学报,2008(7):3375-3383.

[139] 张侃侃,王兴中. 城市社区体系结构可获性评价的原理研究[J]. 人文地理,2012(2):78-81.

[140] 许东. 我国典型案例城市竞争力的分析与评价[D]. 开封:河南大学,2003.

[141] 马晓亚. 广州保障性住区的发展特征及其影响机制研究[D]. 广州:中山大学,2010.

[142] 邵祁峰. 保障性住区的空间生产与社会再造[D]. 南京:南京大学,2013.

[143] 李阿萌. 保障性住区建设的社会空间效应及调控策略研究[D]. 南京:南京大学,2012.

[144] Lefebvre H. The production of space[M]. Oxford:Blackwell, 1991:55-59.

[145] 吴宁. 日常生活批判——列斐伏尔哲学思想研究[M]. 北京:人民出版社,2007:101-103.

[146] Harvey D. Social Justice and the City [M]. London:Edward Arnold,1973:45-50.

[147] Harvey D. The Urbanization of Capital [M]. Oxford:Blackwell,1985:134-137.

[148] 爱德华·贾. 后现代地理学:重申批判社会理论中的空间[M]. 王文斌,译. 北京:商务印书馆,2004:65.

[149] Castells M. The City and the Grassroots [M]. London:Edward Arnold,1983:87-89.

[150] Soja E W. Postmodern Geographies:The Reassertion of Space in Critical Social Theory[M]. London:Verso,1989:79,80.

[151] 姜文锦,陈可石,马学广. 我国旧城改造的空间生产研究——以上海新天地为例[J]. 城市发展研究,2011(10):84-89.

[152] 胡大平. 空间生产:当代人文社会科学新的理论生长点[J]. 中国社会科学报,2009(9):11-18.

[153] 钱振明. 走向空间正义:让城市化的增益惠及所有人[J]. 江海学刊,2007(2):23-29.

[154] 陈云. 居住空间分异:结构动力与文化动力的双重推进[J]. 武汉大学学报:哲学社会科学版,2008(5):744-748.

[155] 罗杰·A. 萨莱诺,张燕. 沃斯的"城市化"中的理论与行为[J]. 中共中央党校学报,1993(21):29-31.

[156] 朱明艺. 新韦伯主义视角下我国城市社会空间分异及其治理研究[D]. 济南:山东大学,2014.

[157] 庞瑞秋. 中国大城市社会空间分异研究[D]. 长春:东北师范大学,2009.

[158] 冯健. 正视北京的社会空间分异[J]. 北京规划建设,2005(2):174-179.

[159] 阎水玉. 城市生态学学科定义、研究内容、研究方法的分析与探索[J]. 生态科学,2001(Z1):96-105.

[160] 李强. 社会分层与社会空间领域的公平、公正[J]. 中国人民大学学报,2012(1):2-9.

[161] 王洋. 农村项目公路扶贫效果社会影响评估[D]. 武汉:华中科技大学,2009.

[162] 吴启焰,任东明,杨荫凯,等. 城市居住空间分异的理论基础与研究层次[J]. 人文地理,2000(3):1-5.

[163] 吴启焰,张京祥,朱喜钢,等. 现代中国城市居住空间分异机制的理论研究[J]. 人文地理,2002(3):26-30,4.

[164] 李东泉,李贤. 街区尺度的居住空间分异现象研究——以北京三里河四个居住小区为例[J]. 新建筑,2014(2):126-129.

[165] 柴彦威,沈洁. 基于活动分析法的人类空间行为研究[J]. 地理科学,2008,28(5):24-34.

[166] 徐从淮. 行为空间论[D]. 天津:天津大学,2005.

[167] 柴彦威,王恩宙. 时间地理学的基本概念与表示方法[J]. 经济地理,1997,17(3):16-24.

[168] 柴彦威. 时间地理学的起源、主要概念及其应用[J]. 地理科学,1998,18(1):43-51.

[169] 柴彦威,林涛,龚华. 深圳居民购物行为空间决策因素分析[J]. 人文地理,2004(6):85-88.

[170] 高军波,周春山,江海燕,等. 广州城市公共服务设施供给空间分异研究[J]. 人文地理,2010(3):78-83.

[171] 高军波,余斌,江海燕. 城市公共服务设施空间分布分异调查——以广州市为例[J]. 城市问题,2011(8):55-61.

[172] Townsend P. Deprivation[J]. Journal of Social Policy, 1987, 16(1): 125-146.

[173] Pacione M. Quality-of-life research in urban geography[J]. Urban Geography, 2003, 24(4):314-339.

[174] White P, Winchester H P M. The poor in the inner city: Stability and change in two Parisian neighborhoods[J]. Urban Geography, 1991, 12: 35-54.

[175] 王兴中,等. 国外对空间剥夺及其城市社区资源剥夺水平研究的现状与趋势[J]. 人文地理,2008(6):7-12.

[176] 虞晓芬,高鋆,梁超. 国内外空间失配理论的研究进展述评[J]. 经济地理,2013(3):15-21.

[177] 宋伟轩. 大城市保障性住房空间布局的社会问题与治理途径[J]. 城市发展研究,2011(8):103-108.

[178] 宋伟轩,朱喜钢. 新时期南京居住社会空间的"双重碎片化"[J]. 现代城市研究,2009(9):65-70.

[179] 李晓争. 基于解释结构模型的铁路智能运输系统体系结构研究[D]. 北京:北京交通大学,2007.

[180] 尹洪英,徐丽群,权小锋. 基于解释结构模型的路网脆弱性影响因素分析[J]. 软科学,2010,10:122-126.

[181] 徐琴. 制度安排与社会空间极化——现行公共住房政策透视[J]. 南京师大学报:社会科学版,2008(3):26-31.

[182] 崔江涛. 世纪之交的美国公共住房政策[D]. 石家庄:河北师范大学,2012.

[183] Schwartz, Alex F. Housing policy in the United States:an introduction [J]. Journal of Urban Affairs, 2007, 29(4):428-430.

[184] Hades J. Orlebeke. The Evolution of Low-Income Housing Policy, 1949 to 1999 [J]. Housing Policy Debate, 2000, 11(2):489-520.

[185] RM Blank. It takes a nation:a new agenda for fighting poverty[M]. New Jersey:Princeton University Press, 1998.

[186] 吴伟,林磊. 从"希望六"计划解读美国公共住房政策[J]. 国际城市规划,2010(3):70-75.

[187] 孙鸿,侯小伟. 美国第六希望计划与公共住房改造[J]. 河北师范大学学报:哲学社会科学版,2010(5):128-133.

[188] 戚常庆,吴虑. "芝加哥公共住房改革计划"评估及对我国的启示[C]//中国城市规划学会. 城乡治理与规划改革——2014 中国城市规划年会论文集,2014:13.

[189] 汪建强. 二战后英国公共住房发展阶段简析[J]. 科学经济社会,2011(1):95-97.

[190] 臧崇晓,刘洪玉,徐玉勇. 英国可支付住房的投融资体系及其经验借鉴[J]. 现代城市研究,2012,10:88-93.

[191] 徐强. 英国城市研究[M]. 上海:上海交通大学出版社,1995:138.

[192] John Hills. Ends and means:the future roles of social housing in England [C]. ESRC Research Centre for Analysis of Social Exclusion, 2007.

[193] 汪文雄,李进涛. 英国的住房政策实践及启示[J]. 城市问题,2010(3):87-92.

[194] Housing Europe. Social Housing in Europe, The United Kingdom [EB/OL]. 2016-01-05. http://www.housingeurope.eu/resource-126/social-housing-in-europe.

[195] 让·克劳德·德里昂,马璇,姚鑫. 欧洲与法国社会住房政策的主要问题[J]. 国际城市规划,2009(4):22-27.

[196] Housing Europe. Social Housing in Europe, France[EB/OL]. 2016-01-05. http://www.housingeurope.eu/ resource-106/ social-housing-in-europe.

[197] 孙莹. 法国社会住房的政策演变和建设发展[J]. 国际城市规划,2016,31(6):81-88.

[198] 田野. 巴黎郊区公共住房区域边缘化问题[J]. 中国房地产业, 2010, 10: 66-69.

[199] 何微丹, 刘玉亭. 国内外城市保障性住房及其住区建设特征对比[J]. 规划师, 2014, 12: 5-12.

[200] 张冬梅, 葛励闻. "十二五"期间我国保障性住房建设进展与思考[J]. 经济纵横, 2015(3): 43-46.

[201] 诸德律. 保障房社区生活空间的资源可接近性研究[D]. 南京: 东南大学, 2015.

[202] 冯健, 王永海. 中关村高校周边居住区社会空间特征及其形成机制[J]. 地理研究, 2008(5): 1003-1016.

[203] 李毅. 社会学概论[M]. 广州: 暨南大学出版社, 2011.